天津市地方志工作辦公室資助出版

天津地方史研究叢書

現存天津著作總錄

王國香 著

天津社会科学院出版社

圖書在版編目（CIP）數據

現存天津著作總錄 / 王國香著. -- 天津 ： 天津社
會科學院出版社，2024. 12. --（天津地方史研究叢書）.
ISBN 978-7-5563-1036-4

Ⅰ．Z812.221

中國國家版本館 CIP 數據核字第 2024WG2914 號

現存天津著作總錄
XIANCUN TIANJIN ZHUZUO ZONGLU
選題策劃：韓　鵬
責任編輯：李思文
裝幀設計：高馨月
出版發行：天津社會科學院出版社
地　　址：天津市南開區迎水道 7 號
郵　　編：300191
電　　話：（022）23360165
印　　刷：高教社（天津）印務有限公司
開　　本：710×1000　　1/16
印　　張：38.75
字　　數：660 千字
版　　次：2024 年 12 月第 1 版　　2024 年 12 月第 1 次印刷
定　　價：88.00 元

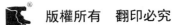

總　序

　　盛世修史是中華民族的優良傳統，史志文化是中華民族光輝燦爛文化的組成部分。習近平總書記指出："要高度重視修史修志"，强調"推進文化自信自强，鑄就社會主義文化新輝煌"，特別是習近平總書記在視察天津時提出的"在推動文化傳承發展上善作善成"重要指示，爲新時代史志工作指明了方向，也提出了新的更高的要求。

　　津沽豐饒，人杰地靈。天津是我國歷史文化名垣，是高人巨匠聚集之地，有著獨特的歷史發展軌迹和地域人文氣質。"天津地方史研究叢書"堅持以習近平新時代中國特色社會主義思想爲指導，堅持辯證唯物主義和歷史唯物主義的立場、觀點、方法，從社會生活不同的角度觀察天津城市發展脉絡和不同歷史階段特徵，在不同領域的發展演進中感受天津滄桑變遷的歷史邏輯。

　　天津市檔案館(天津市地方志工作辦公室)將深入學習貫徹黨的二十大精神，貫徹落實習近平文化思想，挖掘天津歷史文化資源，助力文化强市建設，繁榮城市文化和學術研究，繼續打造好更多的史志研究成果展示平臺。我們願携手廣大史志工作者，以史

1

爲鑒，開創未來，堅定文化自信，講好中國故事、天津故事，彰顯天津獨具魅力的城市形象，貢獻更多的精品力作，豐富人民精神文化生活，弘揚中華優秀傳統文化，弘揚民族精神和時代精神，爲奮力開創全面建設社會主義現代化大都市新局面貢獻智慧和力量。

天津市檔案館

（天津市地方志工作辦公室）

2024 年 12 月

序

　　2024年闰年伊始,接到王國香女士微信發來的新年祝福。她同時告訴我一個好消息:自己編著的《現存天津著作總録》一書,已經脱稿,并索序於我。展卷閱讀,發現這部《現存天津著作總録》具有幾個顯著特點。歸而納之,突出一個"新"字。

　　第一,採用的研究方法新。作者除了在前期採用傳統的研究方法外,在後期則採用了新的研究方法,即充分利用了存儲海量古籍資訊的"古籍資料庫"進行研究。作者依據上海圖書館的"中文古籍聯合目録"、高校古文獻資源庫"學苑汲古",以及近年來各家圖書館《古籍普查登記目録》,逐人逐條反復進行檢索、查驗和比對。

　　"中文古籍聯合目録",爲公共圖書館古籍資源庫,包括《中國古籍總目》《中國古籍善本書目》《販書偶記》《販書偶記續編》《清史稿·藝文志》《哈佛大學哈佛燕京圖書館藏中文善本古籍》等。主要揭示公共圖書館古籍藏書部分。"學苑汲古",爲高校古文獻資源庫,包括北京大學、南京大學、復旦大學等24家全國重點高校圖書館所藏古籍書目。通過"學苑汲古"查詢津人著述,同時還可以調閱該系統配有的該書之書影。這樣相當於目驗原書,基本可以解决問題。通過這種海量文獻檢索,可以搜集到全國範圍内乃至海外各家藏書機構所藏津人著述。自2007年國務院辦公廳信任《關於進一步加强古籍保護工作的意見》以來,在全國範圍内開展了館藏古籍普查等各項基礎業務工作。各家圖書館陸續編寫館藏《古籍普查登記目録》。這些《普查登記目録》,彌補了上列兩個古籍資料庫之不足。

　　第二,採用的分類目録新。《現存天津著作總録》所收各書,採用了現行最新的古籍分類目録,即《中華古籍總目》(待出版,以下簡稱爲《總目》)設置的分類目録。《總目》是目前正在全國範圍内著手編制的一部大型現存古籍總目。其分類體系是在傳統四部分類體系基礎上,將部頁進行研究、整合

1

歸併後,重新建立的五部分類目録。

《現存天津著作總録》採用了這個分類目録,對已收集到的所有現存天津地方文獻,按照經、史、子、集及類叢"五部"進行分類,後附"新學類",做到了所收之書各入其類。本著依書設類原則,本書目對《總目》類目作了必要的精減,一般分到二級類,即部、類。若本類中收録的書數量較多,則再細分至三級類,即部、類、屬。這是天津市範圍内到目前爲止利用這個分類目録對地方文獻進行類分的第一部專題文獻書目。

第三,取得的研究成果新。《現存天津著作總録》取得的研究成果新,主要體現在"現存"二字上。

我們知道,高鴻鈞先生編著出版的《天津藝文志》,是一部反映津人著述情況的知見書目,共計收録津人著述 3200 種。其中將知而未見者列入了"存目"。《現存天津著作總録》在《天津藝文志》的基礎上,整理確認"現存"天津地方文獻資料 3059 條。其中經部 135 條、史部 972 條、子部 628 條、集部 1112 條、類叢部 53 條、新學類 159 條。相比《天津藝文志》,新增補了書目資料 1090 條,主要增補津人(確認籍貫)、著述、版本及藏地四項。在增補的過程中,若對津人、書名、版本、藏地等存有疑問,則通過各種途徑進行查核。或通過"中華古籍資源庫"等資料庫進行查核,或登録"學苑汲古"等資料庫調閲書影查核;或通過其他專著查核,目的是找到可靠的有説服力的依據;若是天津圖書館館藏文獻,則直接從庫房取書,通過目驗原書加以核實并解決問題。

國香女士對所收每種書的核查,幾乎做到了"極致"。例如:清釋智方撰《雪笠山人詩集》存在一書多名的問題,其書名有著録爲《禪余八居吟》者。作者通過查找書影,發現該集前爲《禪余八居吟》,後爲《蓮喻閣詩草》。内容多爲與津人倡和之作。根據書的内容,作者確認該書的書名頁所題書名《雪笠山人詩集》是準確的。

《現存天津著作總録》,是在高鴻鈞編著《天津藝文志》的基礎上,在全國範圍内,利用各種方法進行窮盡式收集,逐條核查,不斷進行删削與增補而編制的一部專題地方文獻書目。在全國傳承和弘揚中華優秀傳統文化,大力揭示地方文化底藴的背景下,這部書目的編寫工作,正合其時。其具有重要的理論意義和現實功用。

《現存天津著作總録》以天津地方文獻爲研究物件,通過深入挖掘與理論探討,搞清楚了天津地方文獻的現存數量、種類,以及每一部書的書名卷數、著者、版本及收藏機構等事項。對我們深入了解現存天津地方文獻的總體情況,揭示天津文化底蘊均具有重要的理論指導意義。其在天津現代化建設、城市規劃及天津史研究等諸多方面,均有很高的實用價值。具體而言,當有以下幾點:

其一、爲天津地方文獻的深入揭示與研究提供依據。已經出版的《徐世昌文獻輯刊》共收錄徐世昌著述二十八種。本書目收錄了徐世昌著作多達百餘種,由此可見,本書目可爲學者提供更多搜訪鄉邦文獻的途徑。

其二、爲天津歷史人物的研究提供第一手原始文獻。每一部天津文獻的問世,一般書中都載有前序後跋。這些序跋或自己撰寫,或延請當時學界名家及業界名流撰寫。在這些序跋中有相當數量僅端賴本書以傳。倘若我們將每種書的前後序跋并進行整合、收集與研究,可以編制一部頗有價值的《現存天津著述序跋集成》。既可以摸清明清及民國時期天津籍文人與非天津人士之間的交游情況,還可以從中窺視當時天津地區文化在全國所佔有的大致地位。

其三、爲編纂天津地方文獻叢書提供遴選依據。盛世修典,太平纂帙。近年以來,山東、廣東、江蘇、浙江及湖北等經濟與文化發達的地區,把編制大型地方文獻叢書列爲文化基本建設項目,投入財力人力物力,編纂出版了大型地方文獻叢書。《現存天津著作總錄》的出版,將爲後續天津地方文獻類書籍的出版提供遴選依據。

2018 年,王國香女士開始編寫《現存天津著作總錄》,收集整理天津地方文獻。在收集整理天津文獻過程中,我發現國香偶爾在一書的書名、著者、版本或藏地有新的發現,她會一整天都興奮不已,把它作爲當天的新收穫,這也許正是她不斷進取、刻苦鑽研的原動力吧。如此日復一日,集腋成裘,歷時五年終於完成編寫。

推動學術發展,需要幾代人的努力。地方文獻建設,需要薪火相傳。業界名家高鴻鈞先生編纂出版《天津藝文志》,篳路藍縷,具有開創之功,爲天津古代文化基礎建設奠定了基礎。業界新秀王國香女士,正當盛年,虛心好學,肯於鑽研,在前人基礎上,歷五年之功,完成了這部《現存天津著作總錄》的編寫工作。相信王國香女士在業務研究上,繼續發奮,再接再勵,勇攀高峰。

欣悉《現存天津著作總錄》出版在即,謹致祝賀!

李國慶

2024 年 2 月 4 日立春

前　言

　　天津市是一座國家級历史文化名城,也是中國古代唯一有確切建城時間記載的城市。雖然建城歷史相對短暫,至今只有六百餘年,不過,如果算上中心城區以外的區域,天津的歷史應該在兩千年以上。在這漫長的歷史進程中,天津文人輩出,积累了數量可观的地方文獻。所謂地方文獻,通常包括本地人撰寫的著述以及内容與本地相關的著述。二十世紀八十年代初,天津圖書館聯合天津市各藏書單位共同編制了一部《天津地方史資料聯合目錄》。該目錄所收資料,是以天津市各參加編目單位入藏的、有天津内容的中外文圖書資料爲主,基本上囊括了天津本地圖書館收藏的内容涉及天津的著述。2019年,國家圖書館出版社出版的《天津藝文志》,由高洪鈞老師編撰,全面著錄了天津歷史上的鄉人著述。《天津藝文志》是天津鄉人著述的知見書目,是在諸多舊志藝文,如《大清畿輔書徵》《天津縣新志·藝文》《津人著述存目》等基礎上,同時參照《續修四庫全書總目提要》《清人詩文集總目提要》及《清人別集總目》等書目編制而成。其收錄的津人著述,大多來源有自,確定歷史上曾有過其人其書。

　　然而,《天津藝文志》所收錄的3200餘種津人著作,僅有部分有明確的藏地,尚有一部分爲未見或亡佚之書。鑒於後期的《中國古籍總目》及全國各圖書館《古籍普查登記目錄》的陸續出版,筆者對《天津藝文志》所收錄的天津地方文獻進行了一些增補與正訛,即脱漏之處予以補充、疏誤之處予以糾正,於是就有了今天的《現存天津著作總錄》。

　　《現存天津著作總錄》(以下簡稱《總錄》)是一部天津地方文獻現存品種之版本目錄。這裏所謂的現存,是指該目錄所收錄的每一部書,除了少量現代整理出版的,都有明確的收藏地。此目錄收錄的是天津籍人的著作,這裏的天津籍,除了當地居民和久已入籍者外,還包括那些既年定居天津的以及他們的後人。不包括那些短期在天津寄寓,後來又離開天津的(方顯廷,其著作多數是在天津任職期間完成,且部分是有關天津的,故作爲特例收録)。因爲此目録是著録天津地方文獻的綜合性書目,故名之"總録"。

《總録》是在《天津藝文志》的基礎上,對津人及其著述、版本、藏地等進行補充完善。補充津人52人:補充了房陸、白之紀、王春園等26位津門名醫,這些醫家不僅在津懸壺問診,更是將自己的多年的行醫經驗之累積編纂成書,澤被後世;補充了天津水西莊查氏家族中的查咸勤、查恩綬、查景綬、查雙綬;補充了津沽詩詞名家張同書、楊軼倫等,以及在津門成長起來的作家張燾;補充了王竹銘、王華棠、邰光謨、陳同度等在天津各行各業作出了極大貢獻的天津人。補充著述款目772條:補充劉建封關於長白山的著作,比如《長白山江岡志略》不分卷、《長白彙徵録》八卷、《長白山靈蹟全影》等,其中《長白山江岡志略》,全書詳細地介紹了長白山地帶的地名和豐富的動植物資源,是研究長白山文化不可或缺的文獻之一,劉建封亦被後人譽爲"全面科學考察長白山區第一人";補充王崇焕著述多達35種,其中稿抄本有32種,尤其是六種清人年譜,《澹歸大師年譜》《劉繼莊年譜》《紀曉嵐年譜》《天南遯叟年譜》《福山王文敏公年譜》《盛意園先生年譜》,皆爲稿本,尤爲珍貴。補充版本款目293條:清乾隆時期的齊嘉紹撰《筠翹書屋試律存稿》二卷,《天津藝文志》著録僅見"清道光二十七年(1847)重刻本",其實石家莊市圖書館還藏有此書更早的版本"清嘉慶十七年(1812)刻本";宋寶儀撰《重詳定刑統》三十卷,爲中國傳世法典之一,《天津藝文志》著録此書有"民國七年(1918)國務院法制局刻本"和"民國十年(1921)吳興劉氏嘉業堂刻嘉業堂叢書本",經查詢,臺灣圖書館藏有此書的明抄本,日本立命館大學及日本國會也藏有明抄本膠片。補充藏地款目25條:清雍陽(今天津武清區)趙錫綬於嘉慶年間篆刻了三部印譜《雲峰書屋集印譜》《竹亭摹勒》《印香閣印譜》,《天津藝文志》未著録藏地,《總録》均一一予以補充;津門名醫朱耀榮輯《三指捷編》三卷,清光緒癸卯孟春梓,《總録》補充了如今的藏處爲中國中醫科學院圖書館以及天津市衛生職工醫學院。

具體來説,《現存天津著作總録》是將收集的所有現存天津地方文獻按照經部、史部、子部、集部、類叢部五部及新學類進行分類整理,一般分到二級類,即部、類,若數量較多的則分到三級類,即部、類、屬。同一類文獻,先按照著者籍貫所在的區域劃分,首先天津市區,其次薊州區、寶坻區、寧河區、武清區、静海區。然後按照著者(若一書有多個著者,以標有"*"者爲排序依據)生卒年排序,同一著者的著述按照版本年代的先後進行排序。每條書目數據按照書名卷數、著者、著者籍(未標註著者籍的爲天津市區人,多著者以標註"＊"者爲該條目所著録籍貫者)、版本、行款、備註、存藏地、補充（津人、著述、版本、藏地)、子目依次排序。《天津藝文志》著録書名、著者名及著者生卒年有失誤者,均在備註中予以説明。如"古書虛字集釋"條目,《天津藝文志》著録此書書名"古書虛字集釋"誤爲"古虛詞集釋";"賀崧齡"條目,《天津藝文志》著録著者名"崧"誤爲"松"。

　　《現存天津著作總録》後半部分專門列出了對《天津藝文志》的增補部分,包括增補津人、增補著述、增補版本及增補藏地,增補津人附有津人小傳。此外,還附有項目的階段性研究成果——《〈天津藝文志〉的增補與正訛》。

編　例

（一）本目録爲知見性版本書目，收録歷代天津籍人以傳統撰述方式、用文言文（或繁體形式的白話文）寫成的書籍。

（二）本目録的地域範圍爲如今的天津市，即包括天津市區及薊州區、寶坻區、寧河區、武清區、静海區。本目録收録津人著述時間下限爲中華人民共和國成立以前，少量的延長至中華人民共和國成立以後（如天津市具有代表性的文史專家卞慧新的著述，基本爲近幾年整理出版，本目録也作爲特例收録）。

（三）本目録分類採用了現行的最新古籍分類目録，即採用了《中華古籍總目》（待出版）設置的分類目録，即經、史、子、集及類叢“五部”分類目録，後附“新學類”（即指西學傳入後産生的相關書籍）。分類一般分到二級類，即部、類，若數量較多，則分到三級類，即部、類、屬。譯作小説均置於新學類目下的雜撰類。

（四）爲方便編製索引，每條書目給一個五位數序號，序號首碼1、2、3、4、5、6分別代表“經”“史”“子”“集”“叢”“新學類”。《天津藝文志》增補著述所涉條目則在前述基礎上前增“補”字。

（五）類目下條目之間，按照著者籍貫所在的區域劃分，首先天津市區，其次薊州區、寶坻區、寧河區、武清區、静海區。然後按著者（若一書有多個著者，以標有“＊”者爲排序依據）生卒年排序，同一著者著述按照版本年代先後進行排序。

（六）每條書目數據按照書名卷數、著者、著者籍（未標註著者籍的爲天津市區人，多著者以標註“＊”者爲該條目所著録籍貫者）、版本、行款、備註、存藏地、補充（津人、著述、版本、藏地）、子目依次排序。

（七）題名以卷端題名爲依據，如王春園編《新編針灸學》，爲卷端題名，封面題名爲《針灸學編》。若依據其他地方題名，則於備註中説明。原書正式題名外,別有通行習見之題名,可括號附註於後,不稱"一名""又名"等。

(八)著者姓名後,圓括弧内是著者的別名、又名或字號,如石永茂(永楙)、甘韓(厚慈)、韓梯雲(補菴)。著者以字行時,圓括弧内是著者之名,如陳哲甫(恩榮)、宋則久(壽恆)。著者以別名著録時,圓括弧内是著者的正名,如林墨青(林兆翰)。若一書有多個著者,以標註"＊"者作爲排序依據的天津籍著者。

(九)如有底本,且知藏處的,一般不著録以此爲底本的現代影印本或整理本;未查到底本藏處,若有此底本的影印本或整理本,則著録其現代影印本或整理本;或者現代影印本在已知底本基礎上,内容有所增益,那麽則著録該影印本。

(十)有較多藏地時,主要以京津冀及周邊地區爲主,其餘適當增加,并未全部列舉。藏處按照地區排序,依次爲北京、天津、東北地區、上海等,先公共圖書館、後高校圖書館,海外藏書地列於最後。藏處標有如"國圖:縮微品"者,表示未查到該書藏於何處,但國圖藏有以其爲底本的縮微膠片;藏處標有"私人收藏"者,僅僅表示可在相關圖書交易網站檢索到該書,但未見圖書館收藏。現代影印本或整理本,一般不著藏處。

(十一)補充津人部分,皆附小傳,概述其年代、籍貫、生平及著述等。著述附簡要介紹及如今存藏情況。

(十二)正文及索引中的書名、著者均依照原書卷端客觀著録,版本信息及引文均依照原書信息著録,正文其他文字使用規範漢字。

目　録

經部

叢編類

10001

滌襟樓考古錄不分卷

（清）郭師泰輯

稿本

天師大

10002

彙刻十三經義疏

陶湘等編

民國二十年（1931）刻朱印本

國圖

易類

類編之屬

10003

華氏易學三種

（清）華承彥撰

清光緒二十五年（1899）刻本

南開

周易繫辭二卷說卦二卷

學庸述易一卷

古本大學一卷

傳說之屬

10004

易翼述信十二卷

（清）王又樸撰

清乾隆內府寫文淵閣四庫全書本

臺北故宮

10005

周衣亭譚易不分卷

（清）周人麒撰

清抄本

天圖

10006

湘薌漫錄二卷易經集說一卷

（清）查彬撰

清道光十九年（1839）有懷堂刻本

九行二十一字白口四周雙邊

國圖　北大　清華　中科院　天圖

上圖　南大　山東　山東大

10007

湘薌漫錄二卷易經集說一卷

（清）查彬撰

1998 年據清道光十九年（1839）
　　有懷堂刻本影印四庫未收書輯
　　刊本
上圖

10008
周易函書補義八卷
　（清）胡煦撰　（清）李源*補義
　清同治李氏所慎齋刻本
　十行二十四字白口四周雙邊
國圖

10009
周易函書補義八卷
　（清）胡煦撰　（清）李源*補義
　清光緒元年（1875）大梁李氏所慎
　　齋刻本
　十行二十四字白口四周雙邊
中科院　天圖　湖北　東北大
補充版本

10010
周易函書補義八卷
　（清）胡煦撰　（清）李源*補義
　清末至民國初抄本
國圖
補充版本

10011
周易函書補義八卷
　（清）胡煦撰　（清）李源*補義
　民國天津金氏抄本　金鉞題識
天圖

補充版本

10012
易義輯聞二卷附錄一卷
　（清）沈兆澐撰
　清同治二年（1863）刻本
　九行二十一字白口左右雙邊
國圖　天圖　湖北

10013
**易義泝源二十卷易說匯解二卷讀易
雜錄二卷**
　（清）吳士俊撰
　清吳士俊稿本
國圖
補充著述

10014
易理匯參臆言二卷
　（清）周馥撰
　民國十年（1921）天津華新印刷局
　　鉛印本
國圖　北大　天圖　南開　上圖
補充著述

10015
易理匯參臆言二卷
　（清）周馥撰
　民國二十四年（1935）刻本
　十一行二十五字黑口四周單邊
人大　天圖
補充版本

10016

讀易偶題一卷

　（清）周馥撰

　民國九年（1920）石印本

天圖　上圖

補充著述

10017

周易古本一卷學庸述易一卷

　（清）華承彥撰

　清光緒刻本

　九行十九字黑口四周雙邊

天圖

10018

周易篇第考一卷

　（清）華承彥訂

　清光緒三十四年（1908）刻本

　八行二十四字白口四周單邊

天圖

10019

易貫章段四卷

　（清）華承彥撰

　清光緒二十一年（1895）抄本

天圖

10020

周易注二卷

　李士鉁撰

　民國二十五年（1936）周氏師古堂
　　刻周氏師古堂所編書本

　十一行二十五字黑口左右雙邊

國圖　天圖　南罰　華師大　山東
大　廣西

10021

周易注二卷

　李士鉁撰

　1995 年據周氏師古堂所編書本影
　　印續修四庫全書本

上圖

補充版本

10022

周易講義不分卷

　陳哲甫（陳恩榮）撰

　民國抄本

天圖

補充著述

10023

易學

　陳哲甫（陳恩榮）撰

　民國油印本

北大

補充著述

10024

周易參考三卷

　（清）高靜輯　　寧河區

　清宣統元年（1909）甯河高氏思貽
　　齋刻本

　十行二十二字白口四周雙邊

國圖　湖北　陝西

3

10025

周易大象應大學說附卦畫生數序

（清）高賡恩撰　　寧河區

清光緒刻本

九行二十二字小字雙行同黑口四
周雙邊

國圖　北大　中科院　天圖　湖北

文字音義之屬

10026

易經音訓節本不分卷

（清）周馥撰

民國二十一年（1932）周氏師古堂
刻本

人大

補充著述

書類

10027

尚書補闕不分卷

（清）華長卿集注

清咸豐元年（1851）刻本

九行十七字小字雙行同白口左右
雙邊

國圖　中科院　天圖　天師大

10028

書經六卷

（宋）蔡沈撰　　（清）楊光儀*校

清光緒十四年（1888）天津文美齋
刻本

九行十七字小字雙行同白口四周
雙邊

天圖

補充著述

詩類

10029

詩經說約不分卷

（清）李源撰

清嘉慶元年（1796）刻本

國圖

補充著述

10030

詩本音補正一卷

（清）查景綏*撰　　（清）文素松跋

稿本

浙江

補充著述

儀禮類

10031

天津喪禮說略一卷

陳哲甫（陳恩榮）輯

民國七年（1918）油印本

天圖

禮記類

10032
周衣亭先生禮記精選四卷
　（清）周人麒撰
　清光緒十八年（1892）李氏抄本
天圖

春秋左傳類

10033
春秋左傳杜注三十卷
　（清）姚培謙撰　　嚴修*評點
　清同治五年（1866）金陵書局刻本
　十一行二十二字黑口左右雙邊
天圖
補充著述

春秋總義類

10034
春秋經傳引得
　聶崇岐等編纂　　薊州區
　1983年上海古籍出版社重印
國圖

10035
毛氏春秋三種
　（清）毛士撰　　静海區

　清同治十一年（1872）深澤王氏
　　刻本
國圖　北大　中科院　遼寧　復旦
　春秋三子傳六卷首一卷
　春秋諸家解十二卷總論一卷
　春秋三傳駁語十卷首一卷

孝經類

10036
孝經正一卷附一卷
　石永茂（石永梀）撰
　民國三十五年（1946）鉛印求際齋
　　叢書本
國圖　天圖

10037
孝經淺解一卷
　齊燮元撰　　寧河區
　民國二十八年（1939）鉛印本
國圖　天圖　愛知大

10038
孝經注疏一卷
　齊燮元撰　　寧河區
　民國天津大公報承印股鉛印本
天圖
補充著述

四書類

大學之屬

10039
大學原本說略一卷讀法一卷
(清)王又樸撰
清乾隆内府寫文淵閣四庫全書本
臺北故宫

10040
大學演不分卷
王錫彤撰
民國二十三年(1934)刻本
十行二十五字黑口左右雙邊
天圖

10041
大學釋要一卷
金紹曾釋
民國九年(1920)鉛印本
國圖　首圖

中庸之屬

10042
中庸總說一卷讀法一卷
(清)王又樸撰
清乾隆内府寫文淵閣四庫全書本
臺北故宫

論語之屬

10043
論語廣義不分卷
(清)王又樸撰
清乾隆内府寫文淵閣四庫全書本
臺北故宫

10044
論語鐸聲
(清)潘守廉纂
民國二十六年(1937)鉛印本
國圖　上圖　蘇大

10045
論語分類講誦六卷
周學熙編
民國文嵒簃古宋印書局鉛印本
國圖

10046
論語分類講誦六卷
周學熙撰
民國三十年(1941)周氏師古堂刻朱印本
天圖

10047
論語正九卷附序例一卷
石永茂(石永楙)撰
民國三十五年(1946)天津大公報館鉛印求際齋叢書本
國圖　天圖　上圖

孟子之屬

10048

孟子讀法十五卷

（清）王又樸撰

清乾隆內府寫文淵閣四庫全書本

臺北故宮

10049

孟子讀法附記十四卷

（清）周人麒撰

清乾隆四十九年（1784）保積堂
刻本

八行二十二字白口左右雙邊

國圖　北大　中科院　天圖　湖北

10050

孟子讀法附記十四卷

（清）周人麒撰

清道光四年（1824）啟心堂刻本

八行二十二字白口左右雙邊

北大　天圖

補充版本

10051

孟子讀法附記十四卷

（清）周人麒撰

1998 年據清乾隆四十九年保積堂
刻本影印四庫未收書輯刊本

上圖

10052

孟子正義補正

裴學海撰

1978 年臺北學海出版社鉛印本

臺圖

補充著述

總義之屬

10053

四書教子尊經求通錄六卷

（清）楊一崑 * 撰　（清）楊恒占編

清津門楊氏刻本

九行二十字白口四周雙邊

國圖　天圖　南開　天津社科院

天師大　上圖

10054

四書釋文□□卷

（清）何焯考訂　（清）梅寶璐 *

（清）楊光儀校字

清光緒十四年（1888）天津文美齋
刻本

南開區

補充著述

10055

四書音補一卷土音正誤一卷

（清）張大仕輯

清光緒十九年（1893）刻小琅嬛居
叢書本

九行二十字黑口左右雙邊

備註：是書有光緒癸巳年李慈銘序。

天圖　南開　天津社科院　山東大

湖北

群經總義類

10056
木鐸千聲十六卷首一卷附錄一卷
　　(清)潘守廉 * 撰　袁紹昂續撰
　　民國二十三年(1934)儒佛合一救
　　劫會鉛印本
國圖　北大　吉大　上圖　復旦
華師大

10057
聖哲微言六卷
　　周學熙輯
　　民國二十一年(1932)謄清稿本
南開
補充版本

10058
聖哲微言六卷
　　周學熙輯
　　民國二十二年(1933)周氏師古堂
　　刻本
國圖　北大　南開　山東大　廣西

10059
宋刊巾箱本八經
　　陶湘輯
　　民國十五年(1926)武進陶氏影
　　印本
北大　天圖　遼大
　　周易

尚書
毛詩
禮記
周禮
孝經
論語
孟子

10060
大學中庸禮運三經正三卷
　　石永茂 * (石永棅)撰　王彬校
　　民國三十六年(1947)中國文化復
　　興會鉛印本
天圖

10061
兩漢經學史不分卷
　　郭霭春講述
　　民國崇化學會油印本
備註:《天津藝文志》著錄著者名
"霭"誤為"藹"。
天圖

10062
續補三體石經時代辨誤
　　(清)王照撰　　寧河區
　　民國十六年(1927)刻朱印本
備註:題名據封面題。
國圖

10063
雜說通解一卷外集四卷
　　(清)張坦撰　　武清區

清刻本

十行二十字小字雙行同白口左右
雙邊

備註:書名據書名頁題。

國圖　首圖

10064

陝拓十三經考異

（清）勵宗萬輯　　靜海區

2000年海南出版社影印故宮珍本
叢刊本

京大人文研

補充著述

小學類

類編之屬

10065

臨文便覽

（清）張啟泰輯　（清）王維珍*
重訂

清光緒五年（1879）刻本

八行字不一白口四周單邊

國圖　日本國會

補充著述

文字之屬

10066

字學彙考□□卷

（清）吳士俊撰

清末稿本

天圖:存匡俗八卷,訂譌一卷

補充著述

10067

六書原始十五卷

（清）賀崧齡輯

稿本

重慶

補充版本

10068

六書原始十五卷

（清）賀崧齡輯

清同治三年（1864）劍州賀崧齡
刻本

六行十字小字雙行二十字白口四
周雙邊

備註:《天津藝文志》著錄著者名
"崧"誤爲"松"。

國圖　北大　遼大　上圖

10069

六書原始十五卷

（清）賀崧齡輯

朱墨抄本

四川大

補充版本

10070

正字原七卷

（清）華長卿撰

清抄本

天圖:存十四頁

10071
說文形聲表二卷附表
　（清）華長卿輯
　清抄本
天博
補充著述

10072
藤花小舫字學藏本不分卷
　（清）王維珍撰
　清光緒二年（1876）京都懿文齋
　刻本
　八行十三字小字雙行二十六字白
　口左右雙邊
北大　上圖　南開　哈爾濱
補充著述

10073
藤花小舫字學藏本不分卷
　（清）王維珍撰
　清光緒十一年（1885）長沙墨香簃
　刻本
湖南
補充版本

10074
重校字學舉隅不分卷
　（清）龍光甸撰　（清）王維珍＊等
　考訂
　清光緒二年（1876）刻本
東洋文庫
補充著述

10075
字學舉隅續編不分卷
　（清）龍光甸撰　（清）王維珍＊輯
　清光緒元年（1875）天津刻本
東洋文庫
補充著述

10076
字學舉隅續編不分卷
　（清）王維珍輯
　清光緒二年（1876）京都琉璃廠懿
　文齋刻本
内蒙古　寧波　紹興
補充版本

10077
說文類鈔不分卷
　嚴修＊　陶仲明手鈔
　抄本
天圖

10078
段注說文正字二卷說文雋言一卷
　胡宗楙撰
　1993年中國書店影印本
南開　華師大　南大　浙江師大
補充版本

10079
秦書八體原委不分卷
　華學涑輯
　民國十年（1921）天津博物院石
　印本

國圖　北大　北師大　天圖　南開
天師大　吉大　上圖　鄭大　臺圖
東洋文庫

10080

秦書集存十四卷補遺二卷

　華學涑撰

　民國十一年(1922)天津博物院石
　　印本

國圖　北大　北師大　天圖　南開
上圖　臺圖　東洋文庫　關大

10081

國文探索一斑

　華學涑撰

　民國十年(1921)天津博物館石
　　印本

國圖　天圖　華師大　臺圖

10082

文字系十五卷例言分部

　華學涑撰

　稿本

天圖

10083

文字系十五卷董理文字之我見一卷

　華學涑撰

　民國二十八年(1939)天津市教育
　　文化振興委員會石印本

國圖　北大　天圖　南開　天師大
上圖　京大文

10084

文字比較沿革表不分卷

　華學涑撰

　民國十年(1921)天津博物院石
　　印本

天圖

10085

文法捷徑一卷

　王季烈撰

　清光緒二十四年(1898)上海蒙學
　　會石印蒙學書報本

日本國會

補充著述

10086

文法快捷方式一卷

　王季烈撰

北大　東北師大　湖北

補充著述

10087

古文流變臆說

　王襄撰

　1961年龍門聯合書局影印本

吉大

10088

中阿新字典

　王靜齋編

　民國二十三年(1934)天津清真北
　　寺前伊光報社出版

國圖　北大

11

10089
中阿新字典
  王靜齋編
  1977 年臺北南天書局有限公司影
    印本
國圖
補充版本

10090
許學四種
  金鉞輯
  民國八年（1919）金鉞屏廬刻本
國圖　天圖　南開　天師大　吉大
京大人文研　東京都立　中央
  說文提要校訂二卷
  說文提要增附一卷
  說文約言一卷
  許君疑年錄一卷

10091
許學四種
  金鉞輯
  1990 年北京中國書店影印本
吉大　復旦
補充版本

10092
戰國楚帛書文字考證
  陳邦懷撰
  1964 年油印本
天圖
補充著述

10093
一得集
  陳邦懷撰
  1989 年濟南齊魯書社出版
國圖

10094
嗣樸齋叢稿
  陳邦懷撰
  2019 年天津人民出版社影印本
國圖　天圖
補充著述

10095
學習文字的方法
  萬曼撰
  1951 年文教出版社出版
國圖

10096
玉篇反切考
  汪桂年撰
  民國二十四年（1935）天津藝文學
    會出版天津藝文學會叢書本
備註：汪桂年曾寫有文章《"高山仰
止"——懷念吾師馬千里先生》。
天圖

10097
英文法的研究
  韓侍桁譯
  民國二十年（1931）上海北新書局
    出版

國圖

10098
説文解字十二卷
　（宋）李燾編　（明）宮偉鏐＊補
　静海區
　明末吳陵宮紫陽刻本　有抄配
　七行十四字小字雙行二十字黑口
　四周雙邊
備註：此書即《説文解字五音韻譜》，
始東終甲。宮偉鏐，直隸静海籍，江
蘇海陵人。
國圖

音韻之屬

10099
兼韻音義四卷
　（清）殷秉鏞撰
　清道光二十三年（1843）刻和樂堂
　主人印本
　九行二十五字小字雙行同白口四
　周雙邊
國圖　北大　北師大　天圖　上圖
復旦

10100
韻學一得二卷
　（清）殷秉鏞輯
　清道光二十三年（1843）刻和樂堂
　主人印本
南京
補充著述

10101
韻字同異一卷
　（清）殷秉鏞輯
　清道光二十三年（1843）刻和樂堂
　主人印本
南京
補充著述

10102
韻字同異一卷
　（清）殷秉鏞輯
　清光緒十一年（1885）富順考蕘堂
　刻本
中科院
補充著述

10103
等韻易簡一卷
　（清）張恩成撰
　清光緒二十六年（1900）刻本
　六行字不等黑口四周雙邊
天圖

10104
韻籟四卷
　（清）華長卿撰
　清光緒十五年（1889）華氏松竹齋
　刻本
　十行十八字白口左右雙邊
備註：《天津藝文志》第 173 頁與第
181 頁均著錄有"《韻籟》四卷"，著
者既有華長卿，又有華長忠。據馮
志白《〈韻籟〉作者考辨》，此書著者

當爲華長卿。

國圖　北師大　首圖　中國民族
天圖　天津社科院　上圖　湖北
內蒙古

10105
韻籟四卷
　（清）華長卿撰
　1995 年上海古籍出版社據清光緒
　　十五年（1889）華氏松竹齋刻本
　　影印續修四庫全書本
上圖
補充著述

10106
合聲易字不分卷附補訂傳音快字
　盧靖撰
　清光緒二十三年（1897）刻朱墨
　　印本
人大　中科院　天師大
補充著述

10107
中國音標字書
　劉孟揚撰
　1957 年北京文字改革出版社影印
　　拼音文字史料叢書本
國圖　天圖

10108
注音字母之商榷
　劉孟揚編
　民國十一年（1922）天津新教育書

社出版
天圖

10109
無師自通注音符號簡易讀習法
　劉孟揚撰
　民國二十五年（1936）天津市市立
　　民眾教育館出版
天圖
補充著述

10110
國語留聲片課本
　趙元任撰
　民國十二年（1923）上海商務印書
　　館出版
天圖

10111
國語正音字典
　趙元任*正音　趙虎廷　孫珊聲
　　編校
　民國十五年（1926）上海商務印書
　　館出版
天圖
補充著述

10112
中國音韻學研究
　〔瑞典〕高本漢撰　趙元任*等譯
　民國二十九年（1940）上海商務印
　　書館出版
天圖

10113

國語發音學講義

趙元任撰

民國十九年(1930)北京國立北平
師範大學鉛印本

華師大

補充著述

10114

左氏韻聯

金鳳翥撰　　薊州區

民國三十年(1941)出版里黨藝文
存略本

薊州區檔案館

補充著述

10115

問奇集不分卷

(明)張位撰　(清)杜立德*增續

寶坻區

清嘉慶十六年(1811)刻本

復旦

補充著述

10116

唐律詩韻二卷首一卷末一卷

(清)蔣國祥　(清)蔣國祚*訂

寶坻區

清康熙三十四年(1695)刻本

湖北

10117

唐律詩韻二卷首一卷末一卷

(清)蔣國祥　(清)蔣國祚*訂

寶坻區

清乾隆二十三年(1758)刻本

福建

10118

唐律詩韻二卷首一卷末一卷

(清)蔣國祥　(清)蔣國祚*訂

寶坻區

清刻高遷閣叢書本

國圖

10119

重刊官話合聲字母序例及關係論說

(清)王照*撰　何鳳華輯　寧
河區

清光緒二十九年(1903)刻本

九行二十一字小字雙行同黑口左
右雙邊

備註:書名據書名頁題。

國圖

10120

**官話合聲字母(官話合聲字母序例
及關係論說)**

(清)王照撰　　寧河區

1957年北京文字改革出版社影印
拼音文字史料叢書本

國圖　天圖

10121

官話字母讀物八種

(清)王照撰　　寧河區

1957 年北京文字改革出版社影印
　拼音文字史料叢書本
國圖　天圖
　拼音對文三字經
　拼音對文百家姓
　對兵說話
　地文學
　植物學
　動物學
　家政學
　人人能看書(拼音官話報)

10122
類韻箋異三卷
　(清)陳寅撰　　武清區
　清陳氏忘尤館刻本
中科院
補充著述

訓詁之屬

10123
緘齋爾雅註三卷
　(清)華鼎元撰
　清抄本
天圖:存二卷(中　下)

10124
字訓四卷字畫承變考一卷
　李士鉁纂輯
　清末石印本
國圖　北大　北師大　天圖　南開
吉大　上圖

10125
廣西猺歌記音
　趙元任撰
　民國十九年(1930)國立中央研究
　　院歷史語言研究所鉛印本
國圖　清華　東洋文庫

10126
現代吳語的研究
　趙元任撰
　民國二十四年(1935)鉛印本
上圖

10127
現代吳語的研究
　趙元任撰
　1956 年北京科學出版社影印本
天圖

10128
湖北方言調查報告
　趙元任撰
　民國三十七年(1948)上海商務印
　　書館出版
天圖
補充著述

10129
鍾祥方言記
　趙元任撰
　1956 年北京科學出版社出版
天圖

10130
中山方言
　　趙元任撰
　　1956 年北京科學出版社出版
天圖

10131
漢語口語語法
　　趙元任 * 撰　呂叔湘譯
　　1979 年北京商務印書館出版
天圖

10132
語言問題
　　趙元任撰
　　1980 年北京商務印書館出版
天圖

10133
古書虛字集釋十卷
　　裴學海撰

　　民國二十三年(1934)上海商務印
　　書館鉛印本
備註:《天津藝文志》著錄此書書名
"古書虛字集釋"誤爲"中古虛詞集
釋"。
天圖　臺圖　東京都立　中央
關大

10134
古書虛字集釋十卷
　　裴學海撰
　　1954 年北京中華書局鉛印本
國圖　天圖　吉大　臺圖　一橋大
神外大

10135
釋馬一卷
　　張重威編
　　民國石印本
北大考古　天圖　南開
補充著述

史部

紀傳類

正史之屬

20001
史記七篇讀法二卷
　（清）王又樸撰
　清乾隆内府寫文淵閣四庫全書本
臺北故宮

20002
史記七篇讀法不分卷
　（清）王又樸撰
　清孔氏嶽雪樓抄本
臺圖
補充版本

20003
宋史校錄不分卷
　章鈺撰
　民國二十八年（1939）藍色曬印本
上圖
補充著述

20004
三國志集解附錄一卷
　盧弼撰
　民國鉛印本
上圖

20005
三國志集解六十五卷補二卷
　（晋）陳壽撰　（南朝宋）裴松之
注　盧弼*集解
　1957 年北京古籍出版社鉛印本
國圖　北大　北師大　天圖　南開
上圖　復旦　臺圖　東北大　京大
人文研　日本國會

20006
三國志集解
　（晋）陳壽撰　（南朝宋）裴松之
注　盧弼*集解
　1982 年北京中華書局影印本
國圖

20007
**清史稿校勘十一卷附關於修史意見
來函**
　金梁校輯
　民國稿本

天圖

補充著述

20008

清史稿補四卷清詩補二卷

　　金梁撰

　　民國三十一年(1942)鉛印本

國圖　北大　人大　天圖　南開

內大

20009

宋史地理志考異一卷

　　聶崇岐撰　　薊州區

　　民國二十五年(1936)上海開明書

　　店鉛印二十五史補編本

國圖　北大　中科院　天圖　遼寧

復旦　山東　日本國會　東洋文庫

20010

補宋書藝文志一卷

　　聶崇岐撰　　薊州區

　　民國二十五年(1936)上海開明書

　　店鉛印二十五史補編本

國圖　北大　中科院　天圖　遼寧

復旦　山東　日本國會　東洋文庫

20011

宋史叢考

　　聶崇岐編　　薊州區

　　1980年北京中華書局出版

國圖　天圖

別史之屬

20012

南唐書合刻二種

　　(清)蔣國祥　(清)蔣國祚*輯

　　寶坻區

　　清末刻本

　　十行十九字黑口四周單邊

備註:蔣國祚,字梅中,清代康熙年

間學者,寄居寶坻。

國圖

編年類

通代之屬

20013

胡刻通鑑正文校宋記述略一卷

　　章鈺撰

　　民國十八年(1929)鉛印本

國圖

20014

**胡刻通鑑正文校宋記三十卷附錄三
卷**

　　章鈺撰

　　民國二十年(1931)章氏四當齋

　　刻本

　　十行二十字小字雙行同黑口四周

　　單邊

國圖　天圖　上圖

20015

中國通史綱要二十二講

　李光璧編

　民國北京國立北京大學文學院鉛
　　印本

國圖

斷代之屬

20016

清鑑前編四卷

　王錫彤撰

　民國鉛印本

備註:此書爲王錫彤代表作之一。

國圖　北大　北師大　吉大　上圖

東大東文研

補充著述

20017

兩漢紀字句異同考不分卷

　(清)蔣國祚撰　　寶坻區

　清康熙三十五年(1696)刻兩漢
　　紀本

　十一行二十一字黑口左右雙邊

國圖　人大　天圖　南開　遼大

20018

兩漢紀字句異同考一卷

　(清)蔣國祚撰　　寶坻區

　民國六年(1917)刻龍溪精舍叢
　　書本

　十行二十一字白口左右雙邊

國圖　北大　浙江師大

20019

兩漢紀字句異同考一卷

　(清)蔣國祚撰　　寶坻區

　民國二十年至二十三年(1931—
　　1934)鉛印遼海叢書本

國圖　北大　遼大　河南大

20020

兩漢紀字句異同考一卷

　(清)蔣國祚撰　　寶坻區

　清抄本

國圖

紀事本末類

20021

直隸農商會懇親會紀不分卷

　嚴智怡編

　民國十八年(1929)鉛印本

備註:書名據書名頁及版心題。

國圖　天圖

雜史類

類編之屬

20022

[金梁舊稿]

　金梁撰

　民國稿本

備註:書名本館自擬。書中夾有《會試墨卷·光緒甲辰恩科》一冊,《關母錢太夫人七秩徵詩文畧》一冊。

天圖

補充著述

通代之屬

20023

台灣史料一卷

　金梁輯

　1955 年油印本

國圖　天圖　復旦　蘇大

20024

采菲錄初編

　姚靈犀編

　民國二十三年(1934)天津時代公司鉛印本

備註:是書爲中國婦女纏足史料。

國圖

20025

采菲錄續編

　姚靈犀編

　民國二十五年(1936)天津時代公司鉛印本

首圖　天圖

20026

采菲錄第三編

　姚靈犀編

　民國二十五年(1936)天津書局鉛印本

國圖　首圖

20027

采菲錄第四編

　姚靈犀編

　民國二十七年(1938)天津書局鉛印本

首圖

20028

采菲錄新編

　姚靈犀編

　民國三十年(1941)天津書局鉛印本

首圖

20029

采菲精華錄

　姚靈犀編

　民國三十年(1941)天津書局鉛印本

國圖　首圖

20030

采菲錄

　姚靈犀編

　1998 年上海書店出版民國史料筆記叢刊本

國圖　首圖

20031

明清史論叢

　李光璧編

1957 年湖北人民出版社出版
私人收藏

20032
中國農民起義論集
李光璧編
1958 年北京三聯書店出版
國圖　天圖

20033
中國古代史通俗講話
李光璧編
1958 年通俗讀物出版社出版
私人收藏

斷代之屬

20034
五代史續補二卷附廢朱梁論一卷
（清）牛坤撰
清道光刻本
九行十八字白口四周雙邊
國圖　南京　京大文
補充著述

20035
籌辦粵匪軍需日記一卷
（清）張錦文纂
清光緒二十年（1894）華亭沈氏一
　硯齋刻本
北大
補充著述

20036
張公[錦文]襄理軍務紀略六卷
（清）張錦文撰　（清）丁運樞*
（清）陳世勛*　（清）葛毓琦*編
清宣統元年（1909）石印本
備註:記述天津大鹽商張錦文之事。
國圖　首圖　天圖　南開　天津社
科院　天津市委黨校　天師大
天博

20037
張公[錦文]襄理軍務紀略四卷
（清）張錦文撰　（清）丁運樞*
（清）陳世勛*　（清）葛毓琦*編
民國四年（1915）鉛印雪堂叢刻本
國圖
補充版本

20038
張公[錦文]襄理軍務紀略六卷
（清）張錦文撰　（清）丁運樞*
（清）陳世勛*　（清）葛毓琦*編
1969 年臺北成文出版社影印清末
　民初史料叢書本
國圖
補充版本

20039
唐宋陽秋五卷
（清）華長卿撰
清稿本　王燮　高凌雯題識
天圖

20040

津門聞見錄六卷

（清）郝福森撰

清抄本

天圖

20041

津門聞見錄

（清）郝福森撰

清抄本

上圖

補充版本

20042

津門聞見錄不分卷

（清）郝福森撰

1983 年天津圖書館影印本

天圖

20043

津門聞見錄不分卷續編不分卷

（清）郝福森撰

1988 年天津圖書館抄本

天圖

20044

津門聞見錄六卷

（清）郝福森撰

1999 年北京中華全國圖書館文獻
　　縮微複製中心影印天津圖書館
　　孤本秘籍叢書本

南大

20045

勝國文徵四卷

（清）楊家麟輯

清咸豐三年（1853）鉛印本

清華　鄭大

補充版本

20046

勝國文徵四卷

（清）楊家麟輯

清光緒上海申報館鉛印申報館叢
　　書本

國圖　北大　首圖　南開　上圖
揚州　山西　陝西師大

20047

史餘萃覽四卷

（清）楊家麟輯

清光緒上海申報館鉛印申報館叢
　　書本

國圖　北大　首圖　上圖　山西
內蒙古　常州　揚州　陝西師大

20048

**庚子京津拳匪紀略八卷前編二卷後
編二卷**

楊鳳藻輯

清光緒二十七年（1901）香港書局
　　石印本

備註：天圖著錄著者爲“（清）僑析
生輯”，僑析生爲楊鳳藻之託名。

天圖　南開　天博　上圖　日本
國會

20049
庚子京津拳匪紀略八卷前編二卷後編二卷
　楊鳳藻輯
　清光緒二十九年（1903）上洋書局石印本
天圖　天師大　上圖　天一閣：存七卷（四至六、前編一至二、後編一至二）　東洋文庫　日本國會

20050
庚子京師褒卹録四卷
　（清）裕厚撰　王守恂*編
　民國鉛印本
國圖　天圖　上圖　北碚

20051
黑韃事略一卷校記一卷
　（宋）彭大雅撰　（宋）徐霆疏證　章鈺*校記
　民國東方學會鉛印六經堪叢書本
國圖　上圖

20052
平韻要事記一卷
　李廷玉撰
　民國財政部印刷局鉛印本
國圖　天圖
補充著述

20053
段氏賣國記一卷
　溫世霖撰

1988年四川人民出版社鉛印近代稗海本
一橋大

20054
段氏賣國記一卷
　溫世霖撰
　2007年北京中華書局鉛印近代史料筆記叢刊本
國圖

20055
光復廣東始末記不分卷
　李準撰
　民國元年（1912）香港循環日報館鉛印本
備註：是書封面及書口題名爲《光復粵垣記》，書口下印有“香港循環日報館承印”。
人大

20056
光復廣東始末記不分卷
　李準撰
　民國元年（1912）鉛印本
備註：是書書口題名爲《光復粵垣記》，書口無“香港循環日報館承印”。
國圖　北大　上圖

20057
光復廣東始末記不分卷
　李準撰

1957 年上海人民出版社鉛印中國
　　近代史資料叢刊本
一橋大　日本國會
補充著述

20058
清末遺聞不分卷
　　李準撰
　　稿本
南開
補充著述

20059
蒔心堂聞見錄十六卷
　　儲仁遜撰
　　稿本
天圖

20060
蒔心堂聞見錄十六卷
　　儲仁遜撰
　　抄本
天津社科院

20061
儲仁遜聞見錄
　　儲仁遜撰
　　2016 年國家圖書館出版社影印本
國圖
補充版本

20062
天津拳匪變亂紀事二卷

　　劉孟揚撰
　　清宣統二年（1910）民興報館鉛
　　印本
國圖　北大　北師大　天圖　南開
天博　上圖　東洋文庫

20063
天津拳匪變亂紀事二卷
　　劉孟揚撰
　　1951 年上海神州國光社鉛印中國
　　近代史資料叢刊本
一橋大　日本國會
補充版本

20064
天津拳匪變亂紀事一卷
　　劉孟揚撰
　　1998 年影印四庫未收書輯刊本
天圖　上圖　臺圖　京大人文研
補充版本

20065
四朝佚聞二卷
　　金梁撰
　　民國二十五年（1936）復東印刷局
　　鉛印本
國圖　北大　清華　人大　北師大
天圖　南開　天師大　上圖

20066
清宮史略不分卷
　　金梁編
　　民國二十二年（1933）鉛印本

國圖　北師大　天圖　吉大

20067
光宣小記一卷
　　金梁撰
　　民國二十二年(1933)鉛印本
人大　天圖　吉大　上圖

20068
清帝外紀一卷清后外傳一卷
　　金梁編
　　民國二十三年(1934)鉛印本
國圖　天圖　吉大　上圖

20069
滿州老檔秘録二編
　　金梁輯
　　民國抄本
國圖

20070
滿洲老檔秘録二編
　　金梁輯
　　民國十八年(1929)鉛印本
國圖　北大　清華　人大　天圖
遼大　吉大　復旦

20071
兵事
　　趙芾撰
　　稿本
國圖

20072
馬占山將軍抗日戰
　　徐菜　馬千里*撰
　　民國二十二年(1933)北平中北印
　　　書局鉛印本
吉大
補充著述

20073
辛丙祕苑
　　袁克文撰
　　抄本
上圖
補充版本

20074
丙寅戰史二卷
　　劉髯公撰
　　民國十六年(1927)天津新天津報
　　　館鉛印本
天津社科院

20075
殷代社會史料徵存二卷
　　陳邦懷撰
　　1959年天津人民出版社影印本
國圖　北大　天圖　南開　上圖
復旦　華師大

20076
明朝對瓦剌的戰爭
　　賴家度　李光璧*撰
　　1954年上海華東人民出版社出版

國圖

20077
明代禦倭戰爭
　　李光璧撰
　　1956 年上海人民出版社出版
私人收藏

20078
明朝史略
　　李光璧撰
　　1957 年湖北人民出版社出版
私人收藏

20079
于謙和北京
　　李光璧* 　賴家度撰
　　1961 年北京出版社出版
私人收藏

20080
北國鋤奸
　　陳恭澍撰　　寧河區
　　1981 年臺北傳記文學出版社出版
天圖　臺圖

20081
剿賊圖記一卷
　　(明)元默撰　　静海區
　　清道光元年(1821)金陵友恭堂
　　　刻本
　　十四行二十五字白口四周雙邊
國圖

20082
剿賊圖記一卷
　　(明)元默撰　　静海區
　　清同治十一年(1872)石印本
備註:書名據書名頁題。
國圖

20083
剿賊圖記一卷
　　(明)元默撰　　静海區
　　2013 年重慶市西南師範大學出版
　　　社據美國國會圖書館藏明崇禎
　　　間刊本影印本
臺圖
補充版本

外紀之屬

20084
加里弗尼亞見聞隨筆一卷
　　陸文郁撰
　　民國十年(1921)鉛印巴拿馬賽會
　　　直隸觀會叢編本
備註:《天津藝文志》著錄著者"陸
文郁"生年錯誤,當爲 1888 年。
國圖　北大　人大
補充著述

載記類

20085
高閭燕志一卷
　　(北魏)高閭*撰　　(清)湯球輯

薊州區
清光緒廣雅書局刻廣雅叢書本
十一行二十四字小字雙行同黑口
　四周單邊
國圖　北大　中科院　天圖　上圖
東洋文庫　京大人文研

20086
燕志一卷
　（北魏）高閭撰　　薊州區
　民國上海商務印書館鉛印叢書集
　　成初編本
東北大

20087
金錢會資料
　聶崇岐編　　薊州區
　1958 年上海人民出版社出版
國圖　天圖

20088
捻軍資料別集
　聶崇岐編　　薊州區
　1958 年上海人民出版社出版
國圖　天圖

20089
九一八至雙九日寇侵華大事記
　聶崇岐編　　薊州區
　民國三十五年（1946）北平大中雜
　　誌社出版
備註：是書按時間順序記述 1931 年
九一八事變至 1945 年"九九"日軍

投降期間的日本侵華大事。
國圖：縮微品

20090
藍衣社內幕
　陳恭澍撰　　寧河區
　民國三十一年（1942）上海國民新
　　聞圖書印刷公司出版
天圖　臺圖

20091
河內汪案始末
　陳恭澍撰　　寧河區
　1983 年臺北傳記文學出版社出版
天圖　臺圖

20092
上海抗日敵後行動
　陳恭澍撰　　寧河區
　1984 年臺北傳記文學出版社出版
臺圖

20093
抗戰後期反間活動
　陳恭澍撰　　寧河區
　1986 年臺北傳記文學出版社出版
臺圖

史表類

20094
中國古代紀年叢考

劉坦撰　　武清區

2018 年北京國家圖書館出版社影
印本

國圖　天圖

補充版本

史抄類

20095

讀史年表附引得

聶崇岐編　　薊州區

民國二十年（1931）石印本

上圖

20099

駢體鑑畧一卷

（清）吳士俊撰

清道光二十七年（1847）刻本

上欄十八行二十字下欄六行八字
白口四周雙邊

天圖　天師大

20096

論星歲紀年

劉坦撰　　武清區

1955 年北京科學出版社出版

國圖　天圖

20100

駢體鑑畧一卷

（清）吳士俊撰

清光緒刻本

上欄十八行二十字下欄六行八字
白口四周雙邊

天圖

補充版本

20097

中國古代之星歲紀年

劉坦撰　　武清區

1957 年北京科學出版社出版

國圖　天圖

史評類

史論之屬

20098

史記紀年考三卷

劉坦撰　　武清區

民國二十七年（1938）長沙商務印
書館影印本

國圖　上圖　澳大

20101

傅巖讀史閒評一卷

（清）吳士俊撰

清刻本

九行二十三字小字雙行同白口四
周單邊

國圖　天圖　天師大　東北師大

補充藏地

20102
國朝名大家歷代史論初編一卷
（清）張兆祥輯
清光緒二十四年（1898）文美齋石
印本
天圖

20103
歷代興亡因果論
金紹曾撰
民國十九年（1930）鉛印本
國圖　北師大　首圖　中山大　京
大人文研

20104
台灣史話
王芸生撰
1955年北京中國青年出版社出版
國圖　天圖

20105
**資治通鑑評剩不分卷附大清畿輔先
哲大臣傳不分卷**
（清）廉兆綸*評　（清）廉佺輯
寧河區
清末抄本
國圖

考訂之屬

20106
唐鑑校勘記

傅增湘校錄
民國二十六年（1937）國立北平圖
書館烏絲欄抄本
國圖

20107
**通鑑目錄校文三十卷通鑑本末校鑑
記一百四十二卷**
黃德功撰
民國稿本
天圖

20108
明史考證攟逸補遺一卷
王季烈撰
民國五年（1916）吳興劉承幹嘉業
堂刻嘉業堂叢書本
國圖　中科院　首圖　復旦

20109
明史考證攟逸補遺一卷
王季烈撰
民國上海商務印書館影印百衲本
二十四史本
國圖
補充版本

20110
明史考證攟逸補遺一卷
王季烈撰
1956年臺北二十五史編刊館影印
仁寿本二十五史本
國圖

補充版本

詠史之屬

20111
詠史詩鈔一卷
　（清）沈兆澐撰
　清同治三年（1864）刻本
　九行二十一字白口左右雙邊
國圖　人大　天圖　天博

20112
息廬詠史一卷
　金梁撰
　民國天津鉛印本
國圖　天圖　上圖　吉大　復旦
南京

20113
息廬詠史（一息吟）一卷
　金梁撰
　稿本
南開
補充版本

傳記類

總傳之屬

20114
查氏七烈編三卷詞一卷
　（清）查日乾輯
　清乾隆刻本

國圖　中科院　浙江

20115
咸熙錄一卷
　（清）查禮輯
　清乾隆四十二年（1777）刻本
清華
補充著述

20116
查氏一門列女編一卷
　（清）查禮編
　清嘉慶二年（1797）京口刻本
　十二行二十三字白口左右雙邊單
　　魚尾
國圖　天師大

20117
查氏一門列女編一卷
　（清）查禮編
　清道光十一年（1831）雲南宛平查
　　林刻本
　十二行二十三字白口四周雙邊單
　　魚尾
國圖
補充版本

20118
查氏一門列女編一卷
　（清）查禮編
　清咸豐七年（1857）刻本
上圖
補充版本

20119

查氏一門列女編一卷

　（清）查禮編

　清光緒二十五年（1899）廣信府查

　　恩綬活字本

　九行二十字黑口四周雙邊

北大　天圖

20120

[浙江諸暨]暨陽紫岩周氏宗譜不分
卷

　（清）周連茂等修　（清）周光裕＊
　等纂

　清光緒十四年（1888）余慶堂活
　　字本

　十三行二十七字白口四周雙邊

國圖

補充著述

20121

[天津]徐氏家譜不分卷

　（清）徐炘＊　（清）徐基纂修

　清道光四年（1824）壽怡堂刻本

　十行二十四字白口左右雙邊

中科院　天津社科院

20122

[河北蔚縣]李氏家譜十卷

　（清）李源撰

　清乾隆四十年（1775）蔚州李氏
　　刻本

東洋文庫

補充著述

20123

[天津]沈氏族譜六卷

　（清）沈兆澐纂修

　清道光二十八年（1848）刻本

　八行二十字白口左右雙邊

國圖　中科院　京大人文研

補充藏地

20124

[天津]續修天津徐氏家譜二卷

　（清）徐埠纂修

　清光緒十三年（1887）壽豈堂鉛
　　印本

哥倫比亞大學

補充版本

20125

[江蘇蘇州]皋廡吳氏家乘六卷

　（清）吳士俊等編

　清刻本

蘇州：存三卷（卷四至卷六）

補充著述

20126

[天津]天津華氏南支宗譜一卷

　（清）華長卿等修

　清道光二十六年（1846）刻本

　行字數不等白口左右雙邊

天圖　南開

20127

[天津]天津華氏南支宗譜一卷

　（清）華長卿等修

2001 年天津圖書館影印本

國圖

補充版本

20128

華氏晴云派天津支宗譜不分卷

（清）華長卿*輯　（清）華承彥

續輯

清宣統元年（1909）鉛印本

南開　天師大　天津社科院　天博

20129

烈女梅涵貞女史傳孝女石寄梅女史

傳合集二卷

（清）梅寶璐*撰　（清）梅寶熊

（清）梅寶辰輯

清同治八年（1869）豔雪堂刻本

八行二十二字白口四周雙邊

天圖

20130

女二十四孝

（清）潘守廉*鑒定　（清）孫炳三

校正

清宣統二年（1910）天津華新印刷

局石印本

榆陽

20131

女二十四孝圖說并詩一卷

（清）潘守廉輯

民國二十五年（1936）三友實業社

石印本

北師大　天師大　上圖

20132

維新人物考一卷

（清）華承澐撰

清宣統三年（1911）鉛印本

天圖

20133

歷代都江堰功小傳二卷

錢茂撰　王人文*補正

清宣統三年（1911）四川督署刻本

清華　北師大　吉大　復旦　華師

大　廈大

20134

歷代都江堰功小傳二卷

錢茂撰　王人文*補正

1978 年臺北廣文書局有限公司

出版

國圖

20135

續修天津徐氏家譜不分卷

徐世昌撰

清光緒三十四年（1908）鉛印本

國圖　天圖　天博

20136

續修天津徐氏家譜三卷

徐世昌纂修

民國七年（1918）壽豈堂鉛印本

國圖　北師大　天圖

20137

續修天津徐氏家譜

　　徐世昌纂修

　　2001 年天津圖書館影印天津圖書

　　館家譜叢書本

國圖

20138

大清畿輔先哲傳四十卷附列女傳
六卷

　　徐世昌撰

　　民國稿本

國圖：缺八卷（卷十、卷十二、卷十

三、卷十六至卷十九、列女傳卷一）

20139

大清畿輔先哲傳四十卷附列女傳
六卷

　　徐世昌撰

　　民國天津徐氏刻本

　　十行二十五字黑口左右雙邊

國圖　北大　天圖　南開　復旦

華師大　鄭大

20140

元逸民畫傳不分卷

　　徐世昌輯

　　民國十四年（1925）退耕堂刻本

國圖　北大　天圖　南開

20141

清儒學案二百八卷

　　徐世昌輯

清光緒鉛印本

首圖

20142

清儒學案二百八卷

　　徐世昌輯

　　民國二十七年（1938）北京文楷齋

　　刻本

國圖　北大　北師大　清華　人大

南開　遼大　上圖　復旦　南大

20143

清儒學案存稿不分卷

　　徐世昌輯

　　稿本

上圖

20144

嚴氏兩世事略一卷

　　嚴修撰

　　民國四年（1915）石印本

天圖　天津社科院　天博

20145

張氏三修族譜十卷

　　（清）張梓元修　　（清）張錫純*

等纂

　　清光緒二十三年（1897）奉先堂活

　　字本

國圖

20146

天津詩人輯存小傳二卷補遺一卷

高淩雯輯

民國稿本

備註:《天津藝文志》著録此書書名誤爲《天津詩人小傳輯存》。

天圖

20147

天津烈女事略

　高淩雯等撰

　民國天津社會教育辦事處剪報資料

天博

20148

邵孝子傳不分卷

　曹錕等撰

　民國十二年(1923)天津新懋印刷局鉛印本

天圖

20149

天津崇祀鄉賢祠諸先生事略一卷

　王守恂撰

　民國天津社會教育辦事處鉛印本

天圖　天博

20150

安徽石埭縣崇祀鄉賢祠先生事略一卷

　王守恂輯

　民國十一年(1922)鉛印本

天圖

補充著述

20151

天津鄉賢贊一卷

　李金藻(李琴湘)編

　民國十年(1921)天津社會教育辦事處鉛印本

天圖　天津社科院

20152

天津鄉賢贊一卷

　李金藻(李琴湘)編

　抄本

吉大

補充版本

20153

魏墓誌四種

　陶湘輯

　民國陶氏涉園影印本

天圖

　司馬元與墓誌

　司馬異墓誌

　司馬景和妻墓誌

　崔敬邕墓誌

20154

昭代名人尺牘小傳續集二十四卷

　陶湘編

　1980年臺北文海出版社影印近代中國史料叢刊續編本

國圖

20155

昭代名人尺牘小傳續集二十四卷

陶湘編

1985 年臺北明文書局影印清代傳
記叢刊本

國圖

補充版本

20156

陶氏遷常支譜五卷

陶湘等輯

清光緒三十四年（1908）武進陶氏
鉛印本

東洋文庫

補充著述

20157

**[四川鄰水]鄰水李氏戀熙堂族譜不
分卷**

李準纂修

清宣統元年（1909）鉛印本

中科院　河北大

補充著述

20158

莫釐王氏家譜二十四卷首一卷

王季烈等纂

民國二十六年（1937）石印本

國圖　北大　首圖　南開　復旦

20159

**畿輔先哲祠崇祀先哲牌位不分卷附
唱贊儀節祭文匾額聯語**

姚彤章輯

民國二十五年（1936）河北博物院

鉛印本

國圖　北大　天圖　南開　吉大
南大

20160

武廟崇祀名將傳略十卷

劉濬等編

民國三十年（1941）治安總署印刷
所鉛印本

國圖

20161

**杭州瓜爾佳氏節孝忠義合傳附述德
記**

金梁編

清稿本

天圖

補充版本

20162

**杭州瓜爾佳氏節孝忠義合傳附述德
記**

金梁編

清光緒鉛印本

北大　人大

20163

光宣列傳四十卷前編二卷附編一卷

金梁輯

民國鉛印本

北大　天圖　吉大　上圖　山東大

20164

光宣列傳四十卷前編二卷附編一卷

金梁輯

民國二十三年（1934）影印本

國圖　北大　南開　吉大

20165

清遺逸傳稿不分卷

金梁輯

民國七年（1918）鉛印本

天圖

20166

近世人物志

金梁編

民國二十三年（1934）鉛印本

天圖

20167

辛亥殉難記六卷首一卷辛亥殉難表不分卷

吳慶坻輯　金梁*補輯

民國二十四年（1935）鉛印本

國圖　北大　北師大　天圖　上圖

南京

20168

東安人物志

馬鍾琇輯

清宣統三年（1911）鉛印及油印本

國圖

20169

安次得勝口馬氏北門第三支家譜約書

馬鍾琇纂修

民國抄本

國圖

20170

安次馬氏清芬記

馬鍾琇編

民國抄本

國圖

20171

安次得勝口馬氏家譜十八卷

馬鍾琇等纂修

民國九年（1920）鉛印本

國圖　吉大

20172

城南詩社小傳

馬鍾琇編

民國十八年（1929）稿本

國圖

20173

菊部人部志

馬鍾琇輯

民國十八年（1929）抄本

國圖

補充著述

20174

[江蘇]劉氏宗譜二十八卷

（清）劉楚寶　（清）劉玉珂*纂修

清光緒三十二年（1906）劉氏五忠

堂活字本

人大

補充著述

20175

洹上私乘七卷附圭塘倡和詩一卷圍鑪倡和詩一卷

　袁克文撰并輯

　民國十五年（1926）上海大東書局鉛印本

國圖：縮微品　臺圖　京大人文研東方

補充版本

20176

洹上私乘七卷附圭塘倡和詩一卷圍鑪倡和詩一卷

　袁克文撰并輯

　1966 年臺北文海出版社影印袁世凱史料匯刊本

一橋大　日本國會

補充版本

20177

程氏族譜四卷

　程价三編修

　民國二十四年（1935）石印本

中國社科院歷史所

補充著述

20178

[山東福山] 古現王氏家乘

　王崇煥輯

王崇煥抄本

天圖

補充著述

20179

[山東福山] 古現王氏世譜一卷

　王崇煥輯

　清稿本

備註：是書書衣有王崇煥題記。

天圖

補充著述

20180

思宜憶語

　王崇煥輯

　1949 年抄本

天圖

補充著述

20181

三十三種清代傳記綜合引得

　杜聯喆[*]　房兆楹編

　民國二十一年（1932）北平燕京大學圖書館鉛印本

天圖　私人收藏

20182

宛平查氏支譜八卷首一卷末一卷

　查祿百[*]　查祿昌等纂修

　民國三十年（1941）鉛印本

中國社科院歷史所　吉大

20183

菊花鍋

劉炎臣撰

民國三十年（1941）天津三友美術
　　社出版

天圖

20184

名伶影集

劉炎臣　王月薔輯

民國三十年（1941）天津三友美術
　　社出版

天圖

補充著述

20185

法國作家評傳

〔丹麥〕勃蘭兌斯撰　韓侍桁*譯

1951年上海國際文化服務社出版

國圖　天圖

20186

中國歷史人物論集

李光璧*　錢君曄輯

1957年北京三聯書店出版

國圖　天圖

20187

靜馨室愛別離語不分卷

李湛田撰　　寶坻區

民國二十二年（1933）鉛印本

備註：《天津藝文志》著錄此書書名
“馨”誤爲“馥”。

國圖　北大　北師大　首圖　上圖
華師大

20188

日本兩軍神一卷

齊燮元撰　　寧河區

民國十五年（1926）鉛印本

天圖

20189

日本兩軍神一卷

齊燮元撰　　寧河區

民國二十七年（1938）影印本

國圖

20190

**武成王廟崇祀歷代名將軍傳贊不分
卷**

高毓浡等書　　静海區

稿本

天圖

20191

**[江蘇武進]晉陵高氏支譜二卷首一
卷末一卷**

高毓浡纂修　　静海區

清光緒二十一年（1895）活字本

日本國會　哥倫比亞大學

補充著述

別傳之屬

20192

介山自訂年譜一卷

（清）王又樸撰

民國十三年（1924）刻屏廬叢刻本

國圖　天圖　天津社科院　天師大

上圖

20193
東軒年譜
　　(清)查善和*述　　邱學士整理
　　2007 年天津古籍出版社出版
備註：被收入《社會歷史學文集》
(李世瑜著)。

20194
[沈存圃自訂]年譜一卷
　　(清)沈峻*編　　(清)沈兆澐輯注
　　清道光十五年(1835)天津沈氏
　　刻本
　　十行二十五字小字雙行同黑口左
　　右雙邊
國圖　清華　天圖　南開　天津社
科院

20195
[沈存圃自訂]年譜一卷
　　(清)沈峻*編　　(清)沈兆澐輯注
　　清咸豐四年(1854)天津沈氏刻本
　　七行十九字黑口左右雙邊
國圖　北師大　天圖

20196
[沈存圃自訂]年譜一卷
　　(清)沈峻*編　　(清)沈兆澐輯注
　　秦翰才抄本
上圖
補充版本

20197
愍思錄(先慈欒母王太安人言行紀略)一卷
　　(清)欒立本撰
　　清乾隆五十五年(1790)刻本
　　八行二十字小字雙行同白口左右
　　雙邊
天圖　南開

20198
愍思錄(先慈欒母王太安人言行紀略)一卷
　　(清)欒立本撰
　　民國十三年(1924)天津金氏刻屏
　　廬叢刻本
國圖　北大　天津社科院　天師大

20199
愍思錄(先慈欒母王太安人言行紀略)一卷
　　(清)欒立本撰
　　1985 年北京中國書店影印本
武大　河南大
補充版本

20200
長蘆辦商魏健菴繼室孫宜人家傳
　　(清)楊光儀撰
　　清光緒十九年(1893)刻本
　　五行二十字白口四周雙邊
天津社科院

20201
建德尚書七十賜壽圖不分卷附壽言

（清）周馥撰
清光緒三十三年（1907）石印本
天圖　南開
補充著述

20202
周愨慎公榮哀錄不分卷
（清）周馥撰
民國十年（1921）鉛印本
天圖
補充著述

20203
周愨慎公事蹟圖詠四十八首
（清）周馥撰
民國油印本
天圖
補充著述

20204
滇南朱使君生壙記一卷
（清）周馥 * 撰　華世奎書
民國石印本
北大　北師大　天圖　上圖

20205
陳堯齋哀沭錄
（清）周馥撰
民國九年（1920）鉛印本
天津社科院

20206
程壯勤公[文炳]事略附遺摺

（清）周馥編
清末石印本
北大　湖南社科院
補充著述

20207
金剛愨公表忠錄一卷
（清）金頤增 * 輯　金鉞重輯
清光緒二十一年（1895）刻本
九行二十一字白口四周雙邊
北師大　天圖　南開　天博　天津
社科院　吉林　上圖

20208
金剛愨公表忠錄一卷
（清）金頤增 * 輯　金鉞重輯
民國十三年（1924）天津金氏刻屏
廬叢刻本
國圖　天圖　天津社科院　天師大

20209
金剛愨公表忠錄一卷
（清）金頤增 * 輯　金鉞重輯
1985年北京中國書店影印本
武大
補充版本

20210
張公建祠誌一卷
李士鉁等撰
民國石印本
天圖

20211
關帝事實考信録四卷
　李士鉁編
　民國鉛印本
國圖　天圖

20212
循陔贈言不分卷
　王人文*　李根源輯
　清宣統石印本
國圖　人大　吉大　復旦

20213
先考西雲府君行述
　王人文撰
　清末鉛印本
天圖
補充著述

20214
先考行略
　徐世昌撰
　清光緒刻本
　十一行二十字白口左右雙邊
國圖

20215
先考行略
　徐世昌等撰
　清宣統三年(1911)抄本
國圖

20216
**皇清旌表節孝誥封宜人晉贈一品夫
人劉太夫人行述一卷墓表一卷**
　徐世昌等撰
　清宣統三年(1911)抄本
國圖

20217
顧亭林祠記
　徐世昌撰並行書
　拓片
國圖
補充著述

20218
徐廷璿墓表
　徐世昌撰並行書
　拓片
國圖
補充著述

20219
錢能訓墓碑
　徐世昌撰並正書
　烏金拓本
國圖
補充著述

20220
周馥天津祠堂碑
　徐世昌*撰　華世奎正書　宋德
裕刻
　拓本

國圖
補充著述

20221
天津徐氏北遷始祖塋域記不分卷
　　徐世昌撰
　　民國八年（1919）鉛印本
天圖

20222
清封奉政大夫候選訓導歲貢生景崧
府君行述一卷
　　徐世昌撰
　　民國七年（1918）天津鉛印本
天圖

20223
常熟言仲遠先生哀輓錄不分卷
　　徐世昌等撰
　　民國鉛印本
復旦
補充著述

20224
[姜桂題]榮哀錄
　　徐世昌等撰
　　民國十一年（1922）鉛印本
南開

20225
天津模範小學校長劉君碑記一卷附
劉先生遺事瑣記
　　盧靖撰

民國三十一年（1942）鉛印本
天圖　南開

20226
石埭陳西甫先生榮哀錄二卷
　　盧靖撰
　　民國二十七年（1938）鉛印本
備註：陳西甫乃陳一甫之三兄。
天圖
補充著述

20227
揚芬錄二卷
　　徐世光撰
　　清宣統元年（1909）天津徐氏學劍
　　　室鉛印本
煙臺　輝縣博
補充著述

20228
金剛滑公忠義傳
　　金玉雯撰
　　清光緒二十年（1894）刻本
　　八行十八字白口四周雙邊
天津社科院

20229
龔曉山先生起居注
　　龔曉山＊撰　魏暑臨整理
　　2021年天津問津書院鉛印本
備註：龔曉山，亦作曉珊，字秉珍，龔
望先生之祖父。
私人收藏

補充著述

20230
李子香先生七十壽言錄四卷
　　嚴修等輯
　　民國天津華新印刷局鉛印本
人大　天圖
補充著述

20231
範孫自定年譜一卷補一卷
　　嚴修*編　高彤補編
　　民國三十二年（1943）天津嚴氏
　　刻本
國圖　天圖

20232
範孫自定年譜一卷補一卷
　　嚴修撰
　　抄本
備註：據民國三十二年（1943）嚴氏
刻本抄。
天圖

20233
先兄側室金氏殉節事略一卷
　　嚴修撰
　　民國十年（1921）石印本
天圖

20234
獨山胡民三世述畧題詞不分卷
　　嚴修等撰

民國六年（1917）石印本
天圖
補充著述

20235
李仙舫先生輓辭一卷
　　嚴修撰
　　民國二年（1913）鉛印本
天圖
補充著述

20236
本先祖父宇香公事略不分卷
　　嚴修述
　　民國石印本
天圖
補充著述

20237
長樂李星冶先生八十徵詩文啟
　　嚴修等撰
　　民國十五年（1926）鉛印本
國圖
補充著述

20238
誥授光錄大夫學部侍郎嚴公行狀
　　高淩雯撰
　　抄本
天圖
補充著述

20239
知府沈君墓表一卷

高淩霄撰

民國鉛印本

天圖

壽言。

天圖

20240

金剛滑公傳

高淩霄等撰

本書爲剪報資料

備註:此爲《社會教育星期報》剪報

資料。

天博

20244

孫貞女事實不分卷

林墨青(林兆翰)撰

民國天津社會教育辦事處鉛印本

天圖

20241

奉化王母施太夫人七秩徵文啟

曹錕等啟

民國十一年(1922)刻本(朱印)

北大

補充著述

20245

李星冶先生哀輓錄一卷

林墨青(林兆翰)校

民國十八年(1929)協成印刷局鉛

印本

天圖

20242

誥授通議大夫晉封光祿大夫花翎三
品銜子香李五先生徵壽文事略

曹錕等啟

民國石印本

北大

補充著述

20246

李良輔先生榮哀錄不分卷

林墨青(林兆翰)等撰

民國八年(1919)天津新華印刷局

鉛印本

天圖

20243

林墨青先生壽言不分卷

林墨青(林兆翰)輯

民國天津廣智星期報社鉛印本

備註:是書包括林墨青先生四十壽

言、六十壽言、七十壽言及七十一

20247

先考屏周府君先妣田太夫人行述
一卷

華世奎撰並書

民國十年(1921)石印本

國圖　天圖　天津社科院

20248

林門貞孝謝女士事略一卷

華世奎等輯
民國鉛印本
天圖
補充著述

20249
祖父母遺事存略
華世奎撰並書
民國十四年（1925）石印本
天津社科院

20250
豐城任仞千先生哀榮録徵詩文啟附行述
華世奎等撰
民國豐城任氏鉛印本
國圖

20251
劉鳳翰墓志銘一卷
章鈺撰　華世奎*書
民國二十三年（1934）石印本
上圖
補充著述

20252
馬頡雲輓詞
王守恂等撰
民國抄本
國圖
補充著述

20253
阮南自述三種

王守恂撰
民國鉛印本
天圖
補充著述
從政瑣記
杭居雜憶
鄉人社會談

20254
阮南自述一卷
王守恂編
秦翰才抄本
上圖
補充著述

20255
林兆仲林孟舒挽聯底稿一卷
王守恂*　華鳳阿撰
民國抄本
天圖
補充著述

20256
徐石雪妻沈宜人墓銘不分卷
王守恂撰
民國石印本
天圖
補充著述

20257
周甲贈言一卷
王守恂等撰
民國鉛印本

天圖
補充著述

20258
仲補衮堂七十雙慶壽言錄
　仲偉儀輯
　民國二十五年（1936）北京出版
山東大

20259
先考朝議府君事略附先妣劉太恭人
事略母弟亮之家傳元配胡恭人家傳
　章鈺撰
　清宣統三年（1911）鉛印本
國圖　天圖　天津社科院　上圖

20260
嚴先生遺著不分卷林墨青壽言一卷
嚴範孫哀詞一卷
　趙元禮　章鈺*等撰
　民國鉛印本
天圖
補充著述

20261
清故中憲大夫山西壺關縣知縣劉君
墓誌銘
　章鈺撰
　民國石印本
天圖　天津社科院　天師大

20262
誥封一品夫人周母吳太夫人榮哀錄

周學熙輯
　清宣統石印本
國圖

20263
清授光祿大夫建威將軍頭品頂戴陸
軍部尚書都察院都御史兩廣總督予
諡愨慎先考玉山府君行狀
　周學熙等撰
　民國十年（1921）鉛印本
國圖　天圖　上圖

20264
周愨慎公榮哀錄不分卷
　周學熙等輯
　民國十年（1921）鉛印本
上圖

20265
清贈內閣學士山東登萊青道劉公暨
德配郝夫人合祀事蹟彙編
　周學熙輯
　民國十二年（1923）石印本
國圖

20266
韓王二公遺事
　周學熙輯
　民國二十三年（1934）周氏師古堂
　刻本
國圖　南開

20267
周止庵先生別傳

周叔娟撰

民國十四年(1925)天津印字館鉛
印本

天圖　吉大

20268
抑齋自述七種

王錫彤撰

民國鉛印本

備註:王錫彤生年當爲1866年。

國圖　天圖　上圖:存一種(病中
歲月)

浮生夢影

河朔前塵

燕豫萍蹤

民國閒人

工商實歷

藥餌餘生

病中歲月

20269
顯考竹齋府君行述一卷

陳哲甫(陳恩榮)等撰

清光緒十一年(1885)活字本

上圖

補充著述

20270
**夔蒦軒主人年譜述略一卷附格言彙
錄一卷客遊隨錄一卷哀輓錄一卷**

張樹華(張相臣)撰

民國二十二年(1933)鉛印本

北師大　天圖

補充著述

20271
星源善公事略

管鳳龢等撰

清末朱絲欄抄本

備註:(清)管善聯(1846—1900),
字星源。

國圖

補充著述

20272
管鳳龢繼配訃告

管鳳龢述

民國二十四年(1935)鉛印本

南開

補充著述

20273
武進左祉文先生訃告附哀啟

趙元禮等撰

民國二十四年(1935)天津鉛印本

天博

20274
趙王靜生夫人挽言一卷

趙元禮等撰

民國二十四年(1935)鉛印本

天圖　南開

補充著述

20275
苓泉居士自訂年譜二卷

楊壽枏輯

抄本

天圖

20276

苓泉居士自訂年譜二卷

　楊壽枏輯

　民國三十二年（1943）鉛印本

人大　南開　天津社科院　山東大

20277

石埭陳序賓先生褒榮錄不分卷

　陳一甫（陳惟壬）撰

　民國五年（1916）鉛印本

國圖　天圖

20278

陳一甫傳記資料不分卷

　陳一甫（陳惟壬）撰

　民國抄本

備註：書名本館自擬。

天圖

補充著述

20279

陳一甫先生六秩壽言

　陳一甫等撰　陳范有輯

　民國二十二年（1933）影印本

南開

補充著述

20280

周甲贈言

言敦源輯

民國鉛印本

國圖

20281

李實忱回憶錄

　李廷玉撰

　1988年天津人民出版社出版天津

　　文史資料選輯本

天圖

20282

周愨慎公祀典錄二卷

　高淩霨輯

　民國四年（1915）鉛印本

備註：書名依封面題。

天圖

20283

高繼宗墓碑

　陳夒龍撰　高淩霨*正書

　拓片

國圖

補充著述

20284

武進陶涉園七十年紀略

　陶湘編

　民國二十八年（1939）武進陶氏鉛

　　印本

備註：是書爲陶湘（1870—1939）

年譜。

國圖　上圖

20285
顯考晉甫府君行述一卷
　陶湘等撰
　清光緒二十二年(1896)活字本
備註:是書爲陶恩澤行述。
上圖
補充著述

20286
先兄寶如公事略一卷
　陶湘撰
　抄本
備註:是書爲陶瑢(1870—1925)
事略。
上圖
補充著述

20287
任庵六十自述
　李準撰
　民國鉛印本
天圖

20288
鄭沅繼室葛芬墓志
　鄭沅撰並正書　李準*篆蓋
　拓片
國圖
補充著述

20289
金永墓誌
　吳闓生撰　孫奐仑正书　李準*

篆蓋
拓片
國圖
補充著述

20290
亡室凌夫人悼啟
　傅增湘撰
　民國北京京華印書局鉛印本
備註:凌萬鑡(1869—1928),傅增湘
之妻。
國圖

20291
藏園居士六十自述一卷
　傅增湘撰
　民國二十年(1931)石印本
國圖　北大　北師大　人大　天圖
上圖

20292
藏園居士七十自述一卷
　傅增湘撰
　民國三十年(1941)石印本
國圖　北師大　天圖　上圖
補充著述

20293
汪茂萱先生九十壽辰徵文啟
　傅增湘等撰
　民國二十五年(1936)鉛印本
國圖

20294

家君八十壽辰徵言

傅增湘等撰

民國十年（1921）刻朱印本

國圖　北大

20295

天津朱君寶暨配鮑夫人墓表一卷

傅增湘撰

民國十九年（1930）石印本

天圖

補充著述

20296

琢鹿呂君簹卿暨夫人全氏墓誌銘

傅增湘撰

拓本

北大

補充著述

20297

邢以謙妻劉氏墓志

馬浮撰　傅增湘*正書　章炳麟

篆蓋

拓片

國圖

補充著述

20298

徐世綱墓志

曹秉章撰　傅增湘*正書　徐世

襄篆蓋

拓片

國圖

補充著述

20299

羅恭敏公家傳

王季烈撰

2005 年西泠印社影印羅雪堂合

集本

浙江師大

補充著述

20300

王頌蔚事略

王季烈撰

清刻本

北師大

補充著述

20301

粹廬自訂年譜一卷

劉潛編

民國朱絲欄抄本

備註：自叙至清宣統三年（1911）。

國圖

20302

粹廬自訂年譜一卷

劉潛編

1999 年北京圖書館出版社影印北

京圖書館藏珍本年譜叢刊本

臺圖

補充版本

20303

陳筱莊五十自述一卷

　陳寶泉撰

　民國鉛印本

北大　首圖　天圖　天津社科院

20304

天津楊香吟先生行述附墓誌壽言

　楊鴻綬等撰

　民國天津華新印刷局鉛印本

天津社科院

20305

沈錫三君遺哀録

　華澤沅輯

　民國七年(1918)鉛印本

天博

20306

二姊美源事略一卷

　盧弼撰

　民國二十四年(1935)鉛印本

天圖

20307

盧木齋先生事略一卷

　盧弼撰

　民國十八年(1929)刻本

清華

補充版本

20308

伯兄木齋先生事略一卷

　盧弼撰

　1966年鉛印本

上圖

補充著述

20309

王忠愨公哀挽録一卷

　金梁等撰

　民國十六年(1927)鉛印本

備註:王忠愨公即王國維。

天圖　復旦

補充著述

20310

惠興女士徵文事略

　金梁等撰

　民國鉛印本

備註:(清)惠興(1872—1905),滿族,姓瓜爾佳氏。

國圖

20311

一品夫人巴岳特夫人五十壽言

　金梁撰

　民國二十年(1931)鉛印本

備註:巴岳特(1882—?),金梁之妻。是書爲朱印本。

國圖

20312

六十自述

　金梁撰

　民國二十六年(1937)鉛印本

備註:是書爲朱印本。

國圖

20313

沈錫三傳一卷

　張鴻來撰

　民國七年(1918)鉛印本

備註:沈錫三,名恩培,曾任天津陳家溝學校校長。

天圖

20314

和平老人劉后同先生傳一卷我思錄三卷寬於一天下室雜抄一卷

　劉后同(劉文垕)撰並書

　抄本

天圖

補充著述

20315

趙母郭夫人傳

　趙芾撰

　民國石印本

國圖　天圖

20316

天津嚴公范孫墓碑銘

　趙芾撰

　民國油印本

國圖

20317

程价三六十自述

　程价三撰

　稿本

備註:程价三,又名介三。

天津中醫大

補充著述

20318

福山王文敏公年譜一卷

　王崇煥輯

　民國十三年(1924)稿本

備註:是書爲王懿榮年譜。於"桂緣堂"藍格紙撰寫,鈐"王崇煥印"白文方印、"漢章"朱文方印,避諱"琛""榮"。

天圖

補充著述

20319

澹歸大師年譜一卷附錄二卷

　王崇煥輯

　1946年謄清稿本

備註:是書用"天津鐵路局"公文紙撰寫,卷端題"福山王漢章編訂,丙戌三月"。鈐"漢章手抄書籍"朱文方印、"半耕半讀村翁"朱文方印等印記。

天圖

補充著述

20320

盛意園先生年譜稿一卷

　王崇煥[*]編　成全輯補

　1950年稿本

備註:是書爲盛昱年譜稿。"北寧鐵路管理局"公文紙背面抄寫,書衣有巢章甫題識,并鈐"章甫題記"白文方印,卷末有王漢章庚寅《跋》。

天圖

補充著述

20321

天南遯叟年譜一卷

　　王崇煥輯

　　1951 年初編稿本

備註:是書爲王韜年譜。用"北寧鐵路"公文紙背面撰寫。

天圖

補充著述

20322

天南遯叟年譜一卷

　　王崇煥輯

　　1951 年稿本

備註:是書爲王韜年譜。用"桂緣堂"藍格紙抄寫,封面有巢章甫題識,并鈐"章甫借讀"白文方印。

天圖

補充著述

20323

劉繼莊年譜初稿一卷附錄三卷

　　王崇煥輯

　　1951 年稿本

備註:是書爲劉獻廷年譜。

天圖

補充著述

20324

劉繼莊年譜一卷附錄三卷

　　王崇煥輯

　　1952 年謄清稿本

備註:是書爲劉獻廷年譜。用"桂緣室"藍格紙抄寫,書衣有巢章甫題識并鈐"章甫題記"白文長方印。

天圖

補充著述

20325

紀曉嵐年譜一卷

　　王崇煥輯

　　清稿本

備註:是書爲"樸茂堂文存"綠格紙抄寫。

天圖

補充著述

20326

劉翰怡哀輓錄

　　金鉞等撰

　　1984 年復旦大學圖書館剪帖本

復旦

補充著述

20327

話柄

　　宮白羽撰

　　民國二十八年(1939)天津正華學

　　校出版

備註:此書爲宮白羽自傳。

天圖

補充藏地

20328

孤雲集不分卷

孫學曾撰

民國三十二年（1943）雙清堂鉛
印本

天圖　南開

20329

白居易傳

萬曼撰

1956 年武漢湖北人民出版社出版

國圖　天圖

20330

杜甫傳

萬曼撰

1992 年開封河南大學出版社出版

國圖

20331

**方顯廷回憶錄——一位中國經濟學
家的七十自述**

方顯廷撰

2006 年北京商務印書館出版

備註:方顯廷,其著作多數是在天津
任職期間完成,且部分是有關天津
的,故作爲特例收錄。

天圖

20332

天津陳哲甫教授事跡

王文光撰

民國三十七年（1948）天津出版

天圖

20333

天津謝黻章先生周忌紀念刊一卷

謝寵澤等輯

民國二十五年（1936）鉛印本

備註:謝黻章(1863—1935),謝寵澤
之父。謝寵澤生卒年不詳,因其曾
做過劉炎臣所就讀的河東中學訓育
主任,故放置於劉炎臣之前。

天圖

補充著述

20334

覺非廬叢稿

卞慧新撰

2019 年天津人民出版社據其手稿
影印本

國圖　天圖

補充著述

20335

呂留良年譜長編

卞慧新撰

2003 年中華書局出版社出版

20336

陳寅恪年譜長編

卞慧新撰

2010 年中華書局出版社出版

20337
梅樹君先生年譜初稿
　邱學士撰
　1989 年鉛印本
私人收藏
補充著述

20338
李清照改嫁考附評近人輯本漱玉詞
　王輝曾撰
　民國二十一年(1932)北平中華印
　　書局鉛印三餘社叢書本
天圖
補充著述

20339
揚芬録一卷
　(清)高繼珩等輯　　寶坻區
　清咸豐八年(1858)刻本
　十行二十三字小字雙行同白口四
　　周雙邊
備註:書名據版心題。
國圖

20340
無錫談公荔孫墓誌銘
　李湛田撰　　寶坻區
　民國二十三年(1934)拓本
北大
補充著述

20341
武澄清墓誌

　(清)史夢蘭撰　　(清)戴彬元*正
書　(清)王仁堪篆蓋　　寧河區
拓本
國圖
補充著述

20342
懷甯張氏節孝忠烈傳
　(清)高賡恩等撰　　寧河區
　清末刻本
　八行二十二字白口四周雙邊
備註:書名據書名頁及書簽題。
國圖

20343
蜀學編二卷
　(清)方守道初輯　　(清)高賡恩*
　重輯　　寧河區
　清光緒十四年(1888)成都尊經書
　　局刻本
　九行二十二字白口四周雙邊
國圖　南京

20344
蜀學編二卷
　(清)方守道初輯　　(清)高賡恩*
　重輯　　寧河區
　清光緒二十七年(1901)錦江書局
　　刻本
　九行二十一字小字雙行同白口左
　　右雙邊
國圖

20345

旌表節孝姜母張太孺人傳一卷

（清）高廣恩撰　　寧河區

民國六年（1917）鉛印本

天圖

20346

北塘陳烈婦傳略一卷續編一卷

（清）高廣恩輯　　寧河區

清宣統陝西圖書館鉛印本

國圖

20347

德宗遺事

王照＊口述　王樹枏録　　寧河區

民國鉛印本

國圖

補充著述

20348

影塵回憶錄

釋倓虛＊口述　大光記録　　寧河區

2015年江西人民出版社出版

國圖

20349

寧河邵考子斌綏彰行錄一卷

齊燮元等編　　寧河區

民國十三年（1924）鉛印本

備註：書名據書簽題。

天圖

補充著述

20350

黃龔氏哀輓錄一卷

齊燮元撰　　寧河區

民國十二年（1923）鉛印本

上圖

補充著述

20351

七奇老人傳附生平快事紀實

張輪遠編　　武清區

1989年天津影印本

國圖

補充著述

20352

潛子祝壽文字一卷

高毓澎＊撰　張志潛輯　　靜海區

民國二十三年（1934）鉛印本

上圖

補充著述

20353

義學症武七先生外傳一卷

楊汝泉撰　　靜海區

民國二十六年（1937）鉛印本

國圖　天圖

日記之屬

20354

十瓶盦日記

（清）姚學源撰

清光緒五年（1879）稿本

天津私人藏書家曲振明收藏
補充版本藏家

20355
典黔日記三卷
　　劉彭年撰
　　清光緒二十九年(1903)稿本
天津社科院

20356
蟫香館使黔日記九卷
　　嚴修撰
　　民國二十四年(1935)影印本
國圖　天圖　上圖　臺圖　京大人
文研

20357
蟫香館使黔日記九卷
　　嚴修撰
　　1995年上海古籍出版社影印本
上圖

20358
嚴範孫先生日記
　　嚴修撰
　　清光緒二年至民國十九年
　　　(1876—1930)稿本
天圖

20359
華瑞安日記
　　(清)華學瀾撰
　　清光緒二十五年至二十六年

(1899—1900)稿本
天圖

20360
辛丑日記不分卷
　　(清)華學瀾撰
　　民國二十五年(1936)上海商務印
　　　書館鉛印本
天津社科院　天博　一橋大　京大
人文研　日本國會　東大東文研
神户大

20361
辛丑日記不分卷
　　(清)華學瀾撰
　　1995年上海古籍出版社影印本
上圖

20362
庚子日記不分卷
　　(清)華學瀾撰
　　1959年北京科學出版社鉛印庚子
　　　記事本
天圖　日本國會　一橋大

20363
英斂之先生日記遺稿
　　英斂之(英華)撰
　　1974年臺北文海出版社影印近代
　　　中國史料叢刊續編第三輯本

20364
歐美漫遊日記不分卷

陳一甫(陳惟壬)撰

民國二十六年(1937)鉛印本

天圖　四川大　澳大

20365

平贛日記一卷

　李廷玉撰

　民國五年(1916)財政部印刷局鉛
　　印本

天圖

補充著述

20366

游蒙日記一卷

　李廷玉撰

　民國四年(1915)財政部印刷局鉛
　　印本

國圖　北大　人大　清華　天圖
南開　上圖　臺圖　東洋文庫

20367

緣督廬日記抄十六卷

　葉昌熾撰　王季烈*輯

　民國二十二年(1933)上海上虞羅
　　氏蟫隱廬石印本

備註:葉昌熾(1849—1917),號緣督
廬主人。

國圖　北大　人大　遼大　復旦
南京　東洋文庫　静嘉堂文庫
補充著述

20368

越縵堂日記索引

金梁編

1978年臺北文海出版社影印近代
　中國史料叢刊續編本

天圖　華師大

20369

小蟫香館日記

　嚴智怡撰

　民國稿本

備註:書名據書題簽,該書各冊書簽
題名不一,其他題名爲《勘齋日記》
《追遠記》《十六年日記》。

天圖

20370

嚴智惺日記不分卷

　(清)嚴智惺撰

　清稿本

天圖

20371

**客洛日記(一九一五年一至六月)不
分卷**

　徐世章撰

　稿本

天圖

20372

卞俶成日記

　卞俶成撰

　民國寫本

天圖

20373
梅貽琦日記

　　梅貽琦＊撰　　黃延復　　王小寧

　　整理

　　2001 年北京清華出版

　　國圖　天圖

20374
寒雲日記不分卷

　　袁克文撰

　　民國二十五年（1936）嘉興劉秉義

　　　影印稿本

備註：書名據書簽題。

　　國圖　北大　北師大　天圖　南開

　　天師大　上圖　復旦　華師大

　　臺圖

20375
寒雲日記不分卷

　　袁克文撰

　　1998 年江蘇廣陵古籍刻印社影

　　　印本

　　國圖　北師大　天圖　華師大

　　補充版本

20376
价三日記（民國間至 1960 年）

　　程价三撰

　　稿本

　　國圖

　　補充著述

20377
越縵堂日記補論學文字索引不分卷

　　于鶴年撰

　　民國三十一年（1942）油印本

　　天圖

　　補充著述

20378
默園日記

　　張重威撰

　　2021 年南京鳳凰出版社影印近代

　　　名人稿本叢書本

　　國圖　天圖

　　補充著述

20379
被日寇囚系半載記

　　王研石撰

　　民國二十七年（1938）漢口生活書

　　　店出版

　　天圖　天津社科院

科舉錄之屬

20380
徐氏歷科朱卷（乾隆戊午科鄉墨）

　　（清）徐金楷撰

　　民國十年（1921）壽豈堂刻天津徐

　　　氏歷科朱卷本

　　國圖

　　補充著述

20381
天津徐氏會試硃卷彙存

　　（清）徐炘等撰

　　清抄本

天圖

20382

徐氏歷科朱墨(乾隆乙卯恩科會墨)

（清）徐炘撰

民國十年（1921）壽豈堂刻本

國圖

補充著述

20383

徐氏歷科朱卷(乾隆壬子科鄉墨)

（清）徐炘撰

民國十年（1921）壽豈堂刻本

國圖

補充著述

20384

津邑試館碑記

（清）沈兆澐*撰　（清）吳惠元書

清同治二年（1863）拓本

天圖

20385

徐氏歷科朱卷(道光丙申恩科會墨)

（清）徐廉鍔撰

民國十年（1921）壽豈堂刻本

國圖

補充著述

20386

徐氏歷科朱卷(道光壬辰恩科鄉墨)

（清）徐廉鍔撰

民國十年（1921）壽豈堂刻本

國圖

補充著述

20387

道光十五年乙未恩科順天鄉試硃卷
一卷附道光十五年乙未恩科覆試卷
一卷

（清）殷序之撰

清道光刻本

上圖

補充著述

20388

津門選舉錄六卷

（清）華長卿撰

清抄本　孫默庵　邱學士題識

天圖

20389

順天鄉試硃卷(咸豐二年壬子科)
一卷

（清）楊光儀撰

清咸豐二年（1852）刻本

九行二十五字白口四周雙邊

國圖

20390

徐氏歷科朱卷(咸豐戊午科鄉墨)

（清）徐士鑾撰

民國十年（1921）壽豈堂刻本

國圖

20391

津邑歷科選舉錄一卷

（清）陳垲輯

清同治十三年（1874）文廟刻本

九行字數不等白口四周雙邊

國圖　北大　天圖　南開　天師大

天博

20392

津邑歷科選舉錄一卷續刻一卷

　（清）陳垲輯

　清光緒刻本

　九行字數不等白口四周雙邊

北大　天圖　南開　天津社科院

20393

津邑歷科選舉錄一卷

　（清）陳垲*輯　（清）敖鄉書

　清光緒二十一年至二十四年

　　（1895—1898）抄本

天博

補充版本

20394

鄉試硃卷（同治三年）

　（清）趙世曾撰

　清同治三年（1864）刻本

　九行二十五字白口四周雙邊

天圖

20395

會試硃卷（光緒三年）

　（清）趙世曾撰

　清光緒三年（1877）刻本

　九行二十五字白口四周雙邊

天圖

20396

欽取朝考卷（光緒三年）

　（清）趙世曾撰

　清光緒三年（1877）刻本

　六行十八字白口四周龍紋欄單

　　魚尾

天圖

20397

會試朱卷（光緒癸未科）

　王人文撰

　清光緒刻本

備註：《天津藝文志》著錄著者“王

人文（1863—1941）”生卒年錯誤，當

爲“王人文（1854—1939）”（據廖蓋

隆等主編《中國人名大詞典》。

國圖

20398

會試朱卷（光緒丙戌科）

　徐世昌撰

　清光緒刻本

　九行二十五字白口四周雙邊

國圖

20399

徐氏曆科朱卷（光緒丙戌科會墨）

　徐世昌撰

　民國十年（1921）壽豈堂刻本

國圖　天圖

20400

徐氏歷科朱卷(光緒壬午科鄉墨)

　　徐世昌撰

　　民國十年(1921)壽豈堂刻本

國圖

20401

順天鄉試同懷硃卷一卷

　　徐世昌* 　徐世光撰

　　清末鉛印本

南開

20402

徐氏歷科朱卷(光緒壬午科鄉墨)

　　徐世光撰

　　民國十年(1921)壽豈堂刻本

國圖

20403

會試朱卷(光緒己丑科)

　　劉彭年撰

　　清光緒刻本

　　九行二十五字白口四周雙邊

國圖

20404

徐氏歷科朱卷(光緒己卯科鄉墨)

　　(清)徐鴻泰輯

　　民國十年(1921)壽豈堂刻本

國圖

20405

徐氏歷科朱卷(光緒庚寅恩科會墨)

　　(清)徐鴻泰撰

　　民國十年(1921)壽豈堂刻本

國圖

20406

嚴範孫會試硃卷一卷(光緒癸未科)

　　嚴修撰

　　清末刻本

　　九行字不等白口四周雙邊

國圖　天圖

20407

會文書院試卷

　　高淩雯撰

　　清寫本

吉林

補充著述

20408

會試墨卷

　　章鈺撰

　　清光緒刻本

　　九行二十五字白口四周單邊

國圖

20409

會試朱卷(光緒戊戌科)

　　傅增湘撰

　　清光緒刻本

國圖　北師大

20410

會試朱卷(光緒乙酉科)

傅增湘撰
　清光緒刻本
北師大

20411
順天鄉試硃卷（光緒丁酉科）
　華學涑撰
　清光緒二十三年（1897）刻本
北大

20412
莫釐王氏四世鄉會試卷
　王季烈輯
　清末至民國刻暨抄本
國圖

20413
會試墨卷（光緒甲辰恩科）
　王季烈撰
　清光緒刻本
　九行二十五字白口四周雙邊
國圖
補充著述

20414
會試墨卷（光緒辛丑壬寅恩科並科）
　王季烈撰
　清光緒十三年（1887）刻本
　行字不一白口四周雙邊
國圖
補充著述

20415
增校清朝進士題名碑錄附引得

　房兆楹　杜聯喆＊合編
　民國三十年（1941）哈佛燕京學社
　　出版
天圖　私人收藏

20416
朝考卷一卷
　（清）戴彬元撰　　寧河區
　清光緒石印本
國圖

20417
順天鄉試硃卷（光緒癸巳恩科）
　（清）曹彬孫撰　　武清區
　清光緒刻本
私人收藏
補充著述

20418
**[光緒丁酉科]直省闈墨不分卷試帖
一卷**
　（清）王焯　（清）郭家聲＊評選
　武清區
　清光緒二十三年（1897）鉛印本
臨海
補充著述

20419
**[光緒壬寅補行庚子辛丑恩正併科]
闈藝知新二集不分卷**
　（清）郭家聲輯　　武清區
　清光緒二十八年（1902）京都琉璃
　　廠刻本

臨海
補充著述

20420
[光緒癸巳恩科]順天鄉試朱卷
　（清）郭家聲撰　　武清區
　清光緒刻本
　九行二十五字白口四周雙邊
國圖

20421
光緒壬寅補行庚子辛丑恩正并科順
天鄉試闈墨一卷
　高毓澎撰　　静海區
　清光緒鉛印本
國圖　上圖

20422
光緒庚子辛丑恩正併科順天鄉試闈
墨補行
　高毓澎撰　　静海區
　清光緒二十八年（1902）文明堂
　　刻本
國圖

20423
直省新墨約選□□卷
　高毓澎等撰　　静海區
　清光緒二十九年（1903）北洋官報
　　局鉛印本
孔子博物館：存三卷（史論一卷三至
卷四）
補充著述

職官録之屬

20424
內閣漢票簽中書舍人題名一卷
　（清）孔憲彝等編　　（清）徐士鑾*
等續編
　清咸豐至同治刻本
　八行二十二字小字雙行同白口四
　　周雙邊
國圖　上圖　山西

政書類

類編之屬

20425
洪憲時代祭祀全書
　徐世昌撰
　民國四年（1915）政事堂禮制館鉛
　　印本
北師大
補充著述
　忠烈祠祭禮
　關岳合祀典禮
　祀天通禮
　祭祀冠服制
　祭祀冠服圖
　祀孔典禮

20426
三通序不分卷
　盧靖輯

清光緒二十四年（1898）沔陽盧氏
　刻慎始基齋叢書本
十行二十二字黑口左右雙邊
國圖　北師大　天圖　上圖　陝西
師大　新疆大

20427
粹廬三策
　劉潛撰
　民國三十一年（1942）治安總署印
　　刷所鉛印本
國圖　天圖

通制之屬

20428
東三省政略十二卷目録一卷附輿圖一卷
　徐世昌撰
　清宣統三年（1911）鉛印本
國圖　北大　清華　北師大　首圖
中國民族　天圖　南開　天師大
天博　福建

20429
東三省政略十二卷目録一卷附輿圖一卷
　徐世昌*撰　李澍田等點校
　1989年吉林文史出版社影印本
吉大
補充版本

20430
東省籌辦重要事宜分類簡明説略

一卷
　徐世昌撰
　清光緒工藝傳習所鉛印本
國圖

20431
東漢會要校録
　傅增湘校録
　民國二十六年（1937）國立北京圖
　　書館抄本
國圖

20432
通典校勘記
　傅增湘撰
　民國二十七年（1938）國立北平圖
　　書館抄本
國圖

儀制之屬

20433
師範歷史講義二卷
　（清）梁寶常輯
　清末雙門底上街開敏公司鉛印本
備註：梁寶常（1798—1857），字楚
香，天津人。是書目録頁題："南海
梁寶常編輯"，此處"南海梁寶常"
是否爲天津梁寶常？或因梁寶常曾
任廣東布政使、巡撫，故曰"南海梁
寶常"。由於尚未找到直接證據，對
此存疑。
廣東　澳大
補充著述

20434

皇朝諡法考續補編一卷

（清）徐士鑾輯

清同治三年（1864）刻十一年（1872）增刻本

十行二十四字小字雙行同白口左右雙邊

國圖　北大　人大　吉大　上圖

南京　河南大　山西

20435

皇朝諡法考續補編一卷

（清）徐士鑾輯

清抄本

浙江

補充版本

20436

山東周中丞勸學告示一卷

（清）周馥撰

清光緒二十九年（1903）鉛印本

南開　山東

補充著述

20437

山會初級師範學堂同學錄一卷

李士銘撰

清宣統三年（1911）公民印書局鉛印本

紹興

20438

大總統頒定教育要旨

徐世昌撰

民國四年（1915）鉛印本

國圖

20439

天津河間兩級師範學堂一覽

嚴修等撰

清光緒鉛印本

天圖

補充著述

20440

天津縣勸學所官小學各項決算表

林墨青＊（林兆翰）　華澤沅撰

清光緒三十三年至宣統元年（1907—1909）天津大公報館鉛印本

天圖

補充著述

20441

學堂章程編輯正編二卷附副編

鄭菊如（鄭炳勳）撰

清光緒三十二年（1906）天津教育品陳列館鉛印本

天圖

20442

教育品分級編目一卷

鄭菊如輯

清光緒三十二年（1906）天津鉛印本

上圖

補充著述

20443
初等小學生理教科書一卷
　（清）黄世基編著　　胡宗楙＊校閲
　　清光緒三十二年（1906）上海南洋
　　　官書局石印本
桂林
補充著述

20444
注音字母教本
　李金藻（李琴湘）編
　　民國八年（1919）天津教育學術編
　　　譯社鉛印本
天圖
補充藏地

20445
改良私塾淺説
　傅增湘撰
　　清光緒鉛印本
國圖　上圖

20446
清代殿試考略一卷
　傅增湘撰
　　民國二十二年（1933）天津大公報
　　　社鉛印本
國圖　北大　北師大　人大　天圖
南開　上圖

20447
**黑龙江教育厅厅长刘潜对于本省教
育设施意见宣言书**
　劉潛撰
　　民國鉛印本
天圖

20448
國民必讀不分卷
　高步瀛　陳寶泉＊編
　　清光緒三十一年（1905）北洋官報
　　　局直隸學務處石印本
國圖　北大　復旦

20449
國民必讀不分卷
　高步瀛　陳寶泉＊編
　　清末鉛印本
國圖
補充版本

20450
國民鏡一卷
　高步瀛　陳寶泉＊編
　　清光緒三十二年（1906）直隸學務
　　　處鉛印本
國圖　北大　天圖

20451
陳寶泉教育論著選
　陳寶泉撰
　　1996年北京人民教育出版社
國圖

20452

孟祿的中國教育討論

　　胡適　陳寶泉＊　陶知行編

　　民國二十二年（1933）上海實際教
　　育調查社鉛印本

臺圖

20453

中國近代學制變遷史

　　陳寶泉撰

　　民國十六年（1927）北京文化學社
　　鉛印本

天圖

20454

吉林教育近三年間概況

　　陳寶泉編

　　民國十年（1921）吉林教育廳出版

國圖：縮微品

20455

河北省教育三年計劃不分卷

　　陳寶泉編訂

　　民國二十二年（1933）鉛印本

國圖　天圖　復旦

20456

河北省教育視察要覽

　　陳寶泉編

　　民國二十二年（1933）鉛印本

天圖　天博

20457

南開大學特種獎金章程一卷

　　張伯苓撰

　　民國二十一年（1932）鉛印本

天圖

20458

張伯苓教育論著選

　　張伯苓撰

　　1997 年北京人民教育出版社出版

天圖

20459

張伯苓教育言論選集

　　張伯苓撰

　　1984 年天津南開大學出版社出版

天圖

20460

南開四十年

　　張伯苓撰

　　民國三十三年（1944）天津鉛印本

人大　天圖　天博

20461

考察日韓江浙教育筆記一卷

　　曹鴻年編

　　民國七年（1918）北洋印刷局鉛
　　印本

天圖　東京都立　中央

補充藏地

20462

單級算術教科書

　　（清）壽孝天　鄧慶瀾＊編纂

民國三年（1914）上海商務印書館
　出版
北師大

20463
實用國文教科書
　北京教育圖書社編纂　鄧慶瀾[*]
　校訂
　民國四年（1915）上海商務印書館
　出版
北師大

20464
新小學教科書算術課本
　朱開乾等編　鄧慶瀾[*]校
　民國十二年（1923）上海中華書局
　出版
北師大

20465
單級小學教授法講義
　鄧慶瀾撰
　民國十八年（1929）上海商務印書
　館出版
北師大

20466
東安鄉土地理教科書
　馬鍾琇編
　清光緒三十三年（1907）天津大公
　報館鉛印本
國圖
補充著述

20467
婚喪禮雜說一卷
　張鴻來撰
　民國十七年（1928）北京文化學社
　鉛印本
備註：張鴻來藏書捐中科院圖書館。
國圖　天圖　天津社科院　上圖

20468
初級中學應用文
　張鴻來編
　民國十六年（1927）北京文化學社
　出版
北師大　天圖

20469
初級中學國文讀本
　張鴻來等選注
　民國北平師大附中國文叢刊社鉛
　印本
北師大

20470
教育館參觀記一卷
　陶孟和撰
　民國十年（1921）鉛印巴拿馬賽會
　直隸觀會叢編本
國圖

20471
社會與教育
　陶孟和撰
　民國十二年（1923）上海商務印書

館鉛印北京大學叢書本

國圖　北大　天圖

20472

公民教育

〔美國〕斯内登撰　陶孟和[*]譯

民國十二年（1923）上海商務印書

館出版

國圖

20473

國文故事選讀

陶孟和選輯

民國十五年（1926）上海亞東圖書

館鉛印本

國圖

20474

國文故事選讀

陶孟和選輯

2009 年據民國十五年（1926）亞

東圖書館版影印本

天圖

20475

大學校之教育

陶孟和等撰

民國十四年（1925）上海商務印書

館出版

天圖

20476

梅貽琦教育論著選

梅貽琦[*]撰　劉述禮　黃延復編

1993 年北京人民教育出版社出版

國圖

20477

非常時期之國民體育

章輯五撰

民國二十六年（1937）上海中華書

局出版

國圖

20478

世界體育史略

章輯五撰

民國二十年（1931）上海勤奮書局

出版

國圖　天圖

20479

武訓全傳四卷

程价三輯

民國二十九年（1940）鉛印本

國圖

補充著述

20480

張彭春論教育與戲劇藝術

張彭春[*]撰　崔國良　崔紅編

2003 年天津南開大學出版社出版

國圖

20481

中心學校怎樣輔導國民學校

金鉞編著

民國三十二年(1943)教育部國民
　教育司出版

國圖:縮微品

補充著述

20482

職業教育講話

何清儒撰

民國三十六年(1947)上海世界書
　局出版教育講話叢書本

國圖:縮微品

補充著述

20483

入大學者須知

何清儒輯

民國二十四年(1935)上海中華職
　業教育社出版

國圖:縮微品

補充著述

20484

職業教育名辭簡釋

何清儒*　鄭文漢編

民國二十三年(1934)上海中華職
　業教育社出版

國圖:縮微品

20485

對高中文學課本注釋的商榷

裴學海撰

1957年天津師範學院出版天津師

範學院叢書本

國圖

20486

古漢語

裴學海編

1957年天津師範學院油印本

國圖

20487

圖案畫講義

蘇吉亨編

民國二十五年(1936)河北省立女
　師學院出版

天圖

20488

**北平戲曲專科學校第一屆第二屆工
作報告書不分卷**

焦菊隱撰

民國十九年(1930)油印本

復旦

補充著述

20489

**治案部擬請建立武廟並擬訂武廟祀
典議案不分卷武成王論不分卷**

齊燮元撰　　寧河區

民國二十八年(1939)鉛印本

國圖　東大東文研

補充著述

20490

初學適用經訓讀本

楊軼倫輯　　武清區

民國二十七年(1938)天津世界圖

書局鉛印本

天圖

補充著述

20491

武廟祀典不分卷

高毓澎編　　靜海區

民國二十八年(1939)鉛印本

國圖　東大東文研

邦計之屬

20492

敕修河東鹽法志十二卷圖一卷

(清)朱一鳳修　(清)王又樸*纂

清雍正刻本

國圖　北大　人大　吉大　復旦

東大總　東大東文研　京大人文研

20493

中國朝鮮商民水陸貿易章程

(清)周馥等議定

清光緒八年(1882)刻本

人大　天博　上圖

補充著述

20494

黔阡紀要

(清)羅文思纂修　(清)孟繼壎*

節錄

清末抄本

國圖

20495

南陽縣種樹章程一卷

(清)潘守廉撰

清光緒二十八年(1902)刻本

十二行二十四字黑口左右雙邊

國圖

20496

作新末議一卷續議一卷

(清)潘守廉撰

清光緒三十年(1904)刻三十二年

(1906)增刻本

九行二十四字小字單行同白口四

周雙邊

備註:內容是有關"南陽縣興辦水利

種樹一切情形稿"。

國圖　首圖　河南大　京大人文研

20497

作新末議二卷

(清)潘守廉撰

清光緒三十二年(1906)鉛印本

國圖　首圖　南開　天津社科院

天博　徐州

補充版本

20498

作新末議二卷

(清)潘守廉撰

民國二十二年(1933)鉛印本

國圖　北大　北師大　河南大　東

大東文研

20499
辛亥四川路事罪言一卷
　王人文編
　民國二十五年(1936)石印本
國圖　北大　清華　南開　復旦

20500
歐戰後之中國不分卷
　徐世昌撰
　民國十年(1921)上海中華書局鉛
　　印本
國圖　天圖　南開　天師大　吉大
復旦

20501
釋公債一卷
　盧靖釋
　民國奉天圖書印刷所鉛印本
中科院新疆分院　天圖

20502
介紹國貨
　林墨青(林兆翰)編
　民國五年(1916)天津國貨維持會
　　鉛印本
國圖
補充著述

20503
潘伯寅先生鹽法議略
　(清)潘祖蔭撰　王守恂＊輯
　清末鉛印本
天圖

補充著述

20504
**啓新洋灰有限公司創辦立案章程
一卷**
　周學熙等撰
　清光緒石印本
天圖
補充著述

20505
**啓新洋灰有限公司擴充北分廠先設
磚窰續股開辦簡章不分卷**
　周學熙等撰
　清宣統鉛印本
天圖
補充著述

20506
**啓新洋灰有限公司擴充總廠新機添
股開辦簡章不分卷**
　周學熙等撰
　清末鉛印本
天圖
補充著述

20507
啓新洋灰有限公司招股章程不分卷
　周學熙等編
　清末石印本
天圖
補充著述

20508

京師自來水有限公司第十二年度帳略一卷

　周學熙編

　民國九年(1920)京師自來水有限
　　公司鉛印本

上圖

20509

奏辦京師自來水有限公司第一次工程告竣營業開始報告書不分卷

　周學熙* 孫多森輯

　清宣統二年(1910)鉛印本

東大東文研

20510

長蘆放墾辦法要覽不分卷

　周學熙等編

　民國九年(1920)鉛印本

臺圖

20511

天津商團的武裝

　卞蔭昌等輯

　民國二年(1913)天津商務總會商
　　團事務所鉛印本

天博

20512

商務修身淺說不分卷

　宋則久(宋壽恆)撰

　民國天津國貨售品所鉛印本

天圖

20513

買賣法

　宋則久(宋壽恆)撰

　民國二十一年(1932)天津國貨售
　　品所鉛印本

天圖

20514

中國幣制得失論不分卷

　宋則久(宋壽恆)撰

　清光緒三十三年(1907)石印本

天圖　天博

20515

貨幣學白話講義一卷

　宋則久(宋壽恆)撰

　民國五年(1916)鉛印本

天圖

20516

實業叢談

　陳哲甫(陳恩榮)編

　民國十四年(1925)燕京大學油
　　印本

北大

補充著述

20517

長蘆鹽政紀要四卷

　楊壽枏輯

　民國二年(1913)鉛印本

北大

補充著述

20518
楚蜀之山形地質談
〔日本〕石井八萬次郎撰　杜之
堂*譯
民國十七年（1928）鉛印中國地學
　　會地學叢書本
國圖

20519
天津市冬振委員會徵信録
高淩霨主編
民國二十六年（1937）鉛印本
天圖　天津社科院　天師大　天博

20520
藏事討論會呈
傅增湘等撰
民國石印本
備註：書名據書衣題。
國圖

20521
僑工須知二編
傅增湘撰
民國八年（1919）鉛印本
國圖

20522
財政清理處報告書表文件彙編
不分卷
傅增湘等編
民國十三年（1924）京華印書局鉛
　　印本

北大　人大　遼大
補充著述

20523
治磁政要録存二卷
劉孟揚撰
民國十一年（1922）京華印書局鉛
　　印本
國圖　北大　人大　天圖　南開

20524
治磁政要録存續編六卷
劉孟揚撰
民國十二年（1923）京華印書局鉛
　　印本
國圖　北大　人大　天圖

20525
天津濟良所
劉孟揚等撰
民國元年（1912）天津晚報社鉛
　　印本
天博

20526
東三省遷旗實邊書
金梁編
清宣統三年（1911）鉛印本
備註：版心題“試辦遷旗實邊報告”。
國圖　北大　清華　北師大

20527
擬設京外八旗生計會演說

金梁撰

清末至民國鉛印本

國圖

20528

天津市工業統計(第二次)

鄧慶瀾主編

民國二十四年(1935)天津市社會

局出版

北師大　天圖　復旦

20529

紡紗廠實地經營法

王竹銘撰

民國八年(1919)天津新華書局鉛

印本

天圖

補充著述

20530

紡紗廠實地工作法

王竹銘撰

民國十九年(1930)上海中華書局

鉛印本

天圖

補充著述

20531

歐洲和議後之經濟

〔英國〕坎斯撰　陶孟和*　沈性

仁譯

民國九年(1920)鉛印新青年叢

書本

國圖

20532

娛堪手寫資暇彙稿

王崇煥輯

清抄本

備註:是書鈐"漢章手抄書籍"印。

天圖

補充著述

直隸旗租述略　勞乃宣撰

直隸縣治要略　褚玉璞撰

登萊二府義地善舉記　王懿榮撰

20533

河北省概況

陳鐵卿編

民國二十九年(1940)鉛印本

國圖　天津社科院

20534

河北省事變後各縣移治有關事項輯
要不分卷

陳鐵卿編

民國二十八年(1939)油印本

人大

補充著述

20535

中日甲午戰爭前外國資本在中國經
營的近代工業

孫毓棠撰

1955年上海人民出版社出版

國圖　天圖

20536

通信要錄不分卷

〔日本〕阪野鐵次郎撰　方兆鼇譯

李湛田*校　　寶坻區

清宣統元年(1909)郵傳部圖書通

　譯局鉛印本

國圖　首圖　天圖　吉林社科院

20537

水運不分卷

(清)楊志洵譯　李湛田*校

寶坻區

清宣統二年(1910)郵傳部圖書通

　譯局鉛印本

國圖　人大　首圖　南開　上圖

20538

二十年來的南滿洲鐵道株式會社

吳英華編　　靜海區

民國十九年(1930)上海商務印書

　館出版

北京交大　天圖　復旦

補充著述

邦交之屬

20539

教務紀略四卷首一卷末一卷

(清)周馥撰

清光緒三十一年(1905)南洋官報

　局刻本

十行二十五字白口左右雙邊

首圖　天圖　南開　湖南　青海

20540

光緒辛丑辦理教案各電抄存不分卷

(清)周馥輯

清抄本

南開

補充版本

20541

直隸隔境緝匪章程不分卷

(清)周馥撰

清光緒刻本

人大

補充著述

20542

各國約章專條偶抄

章鈺編

清長洲章氏算鶴量鯨室綠絲欄

　抄本

備註："算鶴量鯨室"，爲章鈺齋號。

國圖

補充著述

20543

教育館參觀記一卷

張彭春撰

民國十年(1921)鉛印巴拿馬賽會

　直隸觀會叢編本

國圖　北大　人大

20544

六十年來中國與日本

王芸生撰

民國二十一年至二十三年
（1932—1934）天津大公報社出
版部出版
國圖　天圖

軍政之屬

20545
徵兵章程
　（清）周馥頒
　清光緒三十一年（1905）鉛印本
北大
補充著述

20546
軍隊營房各圖二十五種
　徐世昌編
　清宣統石印本
貴州
補充著述

20547
天津習藝所現行章程圖表
　周學熙撰
　清光緒鉛印本
國圖　北大

20548
新伊調查報告意見書
　李廷玉撰
　民國六年（1917）財政部印刷局鉛
　　印本
國圖　北大　北師大

20549
調查長白山報告及意見書一卷
　李廷玉撰
　民國六年（1917）財政部印刷局鉛
　　印本
北大　天圖　吉大　上圖

20550
奉天邊務輯要一卷
　李廷玉撰
　民國六年（1917）財政部印刷局鉛
　　印本
北大　天圖　吉大　上圖

20551
奉天邊務輯要一卷
　李廷玉等輯
　1968年臺北成文出版社影印中國
　　方略叢書本
國圖　臺圖
補充版本

20552
變通旗制三上書不分卷
　金梁撰
　清末鉛印本
國圖　北大　人大　北師大

20553
金知事手諭錄
　金梁撰
　清光緒三十三年（1907）北京京華
　　印書局鉛印本

備註:題名據書衣及版心。

國圖　北大

20554

杭州八旗駐防調查報告一卷

　金梁編

　清光緒鉛印本

上圖

補充著述

20555

督軍訓示不分卷

　齊燮元撰　　寧河區

　民國鉛印本

備註:題名據封面題。

天圖

補充著述

律令之屬

20556

直隸現行通飭章程三卷恤囚編一卷

　(清)周馥輯

　清光緒十七年(1891)保定臬署
　　刻本

人大:存二卷(卷一至卷二)

法務圖　東大東文研

補充著述

20557

恤囚編不分卷

　(清)周馥撰

　清光緒十七年(1891)刻本

南開　天津社科院　復旦　陝西

補充著述

20558

陸軍刑事條例不分卷

　徐世昌撰

　民國四年(1915)陸軍部學司印所
　　鉛印本

天圖

20559

公司注冊規則一卷施行細則一卷

　徐世昌撰

　民國三年(1914)京華印書局鉛
　　印本

天圖

20560

森林法及施行細則附造林獎勵條例

　徐世昌頒布

　民國四年(1915)安徽印刷局鉛
　　印本

北大　上圖

補充著述

20561

教育法規二十七編附錄一卷

　〔日本〕文部省編　盧靖*譯

　清光緒鉛印本

國圖

補充著述

20562

最新日本教育法規二十八編

〔日本〕文部省編　盧靖*等譯
（清）奉天學務公所增補
清宣統二年（1910）奉天圖書印刷
　　所鉛印本
國圖

20563
國際公法
　盧弼*　黃炳言譯
　清光緒三十四年（1908）上海昌明
　　公司出版
天圖
補充著述

20564
法學通論
　盧弼*　黃炳言譯
　清光緒三十三年（1907）上海昌明
　　公司出版
天圖

20565
憲法
　盧弼*　黃炳言譯
　清光緒三十二年（1906）上海昌明
　　公司出版
天圖

20566
警察淺義百問附違警罰法
　劉孟揚撰
　民國七年（1918）天津晚報社鉛
　　印本

天圖

20567
自治常識講義
　劉孟揚編
　民國二十一年（1932）天津午報社
　　出版
天圖

20568
選舉
　馬千里撰
　民國九年（1920）天津新民意報社
　　出版
天圖

20569
**望中國迎頭勃興之粗計畫初稿
十三章**
　李光璧撰
　民國二十四年（1935）石印本
國圖

20570
重詳定刑統三十卷
　（宋）竇儀等撰　　薊州區
　明抄本
臺圖
補充版本

20571
重詳定刑統三十卷
　（宋）竇儀等撰　　薊州區

明抄本（膠片）

備註：舊國立北平圖書館所藏鈔本，
中國傳世法典之一。

立命館　日本國會

補充版本

20572

重詳定刑統三十卷

　（宋）竇儀等撰　　薊州區

　民國七年（1918）國務院法制局
　　刻本

國圖　北師大　上圖　復旦　南大

山大　京大文　京大人文研　東

北大

20573

**重詳定刑統三十卷附錄一卷校勘記
一卷**

　（宋）竇儀等撰　　薊州區

　民國十年（1921）吳興劉氏嘉業堂
　　刻嘉業堂叢書本

　十一行二十一字黑口左右雙邊

國圖　北大　南開　上圖　法務圖

東洋文庫

20574

**重詳定刑統三十卷附錄一卷校勘記
一卷**

　（宋）竇儀等撰　　薊州區

　1982年北京文物出版社據民國十
　　年（1921）劉氏刻嘉業堂叢書本
　　影印本

遼大

20575

重詳定刑統三十卷附錄一卷

　（宋）竇儀等撰　　薊州區

　1995年據民國十年（1921）劉氏
　　刻嘉業堂叢書本影印本

上圖

補充版本

20576

故唐律疏議序

　（清）勵廷儀撰　　静海區

　清雍正十三年（1735）鈔本

宮内廳書陵部

補充著述

考工之屬

20577

美術館裝潢記略一卷

　陸文郁撰

　民國十年（1921）鉛印巴拿馬賽會
　　直隸觀會叢編本

國圖　北大　人大　天津社科院

20578

視察日本八幡製鐵所記錄

　齊燮元撰　　寧河區

　民國鉛印本

天圖

補充著述

掌故瑣記之屬

20579
管見編二卷
　（清）寇蘭皋撰
　清抄本
復旦
補充著述

20580
陶甓公牘十二卷
　（清）劉汝驥撰　　靜海區
　清宣統三年（1911）安徽印刷局鉛
　印本
備註：書名據目錄及書名頁等題。
國圖　遼寧　復旦　東大東文研

公牘檔册之屬

20581
辦理商約文牘
　（清）周馥輯
　清光緒朱格抄本
國圖

20582
**光緒辛丑在京辦理和議教案函稿不
分卷**
　（清）周馥撰
　清稿本
南開
補充版本

20583
自治案件匯鈔

徐世昌編
　民國三年（1914）抄本
國圖

20584
退耕堂政書五十五卷
　徐世昌撰
　民國三年（1914）刻本
北大　南開　上圖　日本國會　東
大東文研

20585
退耕堂政書五十五卷
　徐世昌撰
　1984年北京中國書店據民國間刻
　版重印本
國圖　北師大　南大　南京師大

20586
內國公債局公牘類編十一卷
　徐世昌撰
　民國京華印書局鉛印本
天圖

20587
**奏定黑龍江東省鐵路購地伐木煤礦
合同**
　徐世昌* 程德全奏
　清光緒三十四年（1908）奉天中和
　印書館鉛印本
齊齊哈爾
補充著述

20588

天津城隍廟等六處官小學堂歷年保送學生名數清冊一卷

（清）卞禹昌　林墨青＊（又名林兆翰）編

清光緒三十四年（1908）天津大公報館鉛印本

天圖

20589

天津社會教育辦事處書札粘存不分卷

林墨青（林兆翰）撰

稿本

天圖

補充著述

20590

華新紡織有限公司津廠第三屆賬略不分卷

周學熙等撰

民國十年（1921）鉛印本

天圖

補充著述

20591

啓新洋灰有限公司第一期帳略

周學熙等編

清光緒三十四年（1908）鉛印本

天博

補充著述

20592

啓新洋灰有限公司第二期帳略

周學熙等編

清宣統元年（1909）鉛印本

天博

補充著述

20593

署理臨江縣兼籌長白府設治計劃一卷

李廷玉撰

民國六年（1917）財政部印刷局鉛印本

北大　天圖　吉大　上圖

20594

臨江任內公牘一卷

李廷玉撰

民國六年（1917）財政部印刷局鉛印本

北大　天圖　吉大　上圖

20595

李實忱先生電稿

李廷玉撰

民國七年（1918）稿本

天津社科院

20596

北洋公牘類纂二十五卷目錄一卷

甘韓（甘厚慈）輯

清光緒三十三年（1907）京城益森印刷有限公司鉛印本

國圖　北大　北師大　天圖　南開

天師大　天津社科院　天博　吉大

遼大　上圖　復旦

20597
北洋公牘類纂二十五卷目錄一卷
　甘韓(甘厚慈)輯
　1966 年臺北文海出版社影印袁世
　凱史料匯刊本
國圖
補充版本

20598
北洋公牘類纂二十五卷目錄一卷
　甘韓(甘厚慈)輯
　1997 年臺北文海出版社有限公司
　影印近代中國史料叢刊本
國圖
補充版本

20599
北洋公牘類纂續編二十四卷
　甘韓(甘厚慈)輯
　清宣統二年(1910)絳雪齋書局鉛
　印本
國圖　北大　天圖　南開　吉大
遼大　華師大

20600
北洋公牘類纂續編二十四卷
　甘韓(甘厚慈)輯
　1966 年臺北文海出版社影印袁世
　凱史料匯刊本
國圖
補充版本

20601
北洋公牘類纂續編二十四卷
　甘韓(甘厚慈)輯
　1997 年臺北文海出版社有限公司
　影印近代中國史料叢刊本
國圖
補充版本

20602
北洋公牘類纂正續編
　甘韓(甘厚慈)輯
　2013 年天津古籍出版社影印本
國圖　天圖
補充版本

20603
鏡波公牘三卷
　徐兆光撰
　民國十六年(1927)天津廣源印書
　局鉛印本
人大　天圖

20604
[黑龍江通志編輯檔卷]
　金梁輯
　民國稿本
備註:書名爲天津圖書館自擬。
天圖
補充著述

20605
[旗務會議]
　金梁撰

　民國鉛印暨油印本
備註：書名爲天津圖書館自擬。
天圖
補充著述

20606
大婚檔案册一卷
　金梁輯
　民國十一年（1922）稿本
天圖
補充著述

20607
中國繪畫史
　（清）陳衡恪講述　蘇吉亨*編校
　民國二十三年（1934）天津百成書
　　局出版
天圖

20608
俄國文學史
　〔俄羅斯〕克魯泡特金撰　韓侍
桁*譯
　民國十九年（1930）上海北新書局
　　出版
天圖

20609
中國近代工業史資料
　孙毓棠輯
　1962 年北京中華書局出版中國近
　　代經濟史參考資料叢刊本
國圖

20610
中國文學史外論
　朱星元編
　民國二十四年（1935）上海東方學
　　術社出版
國圖　天圖

20611
**日本大正十三年度歲入歲出調查
一卷**
　齊燮元撰　　　寧河區
　民國鉛印本
天圖
補充著述

20612
**中華民國三十七年度天津市政府工
作計劃不分卷**
　杜建時*　張子奇撰　　武清區
　民國三十六年（1947）油印本
天圖
補充著述

職官類

官制之屬

20613
**東三省職司官制及督撫辦事要綱摺
一卷**
　徐世昌等撰
　清光緒鉛印本

國圖　遼寧

20614

元秘書監志十一卷

　　（元）王士點　（元）商企翁編

　　章鈺*抄

　　清光緒三十三年（1907）章鈺抄本

國圖

補充著述

20615

宣統二年玉堂譜

　　傅增湘編

　　藏園傅氏抄本

北大

補充著述

20616

滿洲官品級考一卷漢官品級考五卷漢軍品級考一卷

　　（清）杜立德撰　　寶坻區

　　清康熙刻本

北大　中科院　內閣文庫

補充著述

20617

滿洲漢軍漢官品級考不分卷

　　（清）杜立德撰　　寶坻區

　　清抄本

臺圖

補充著述

官箴之屬

20618

將吏法言八卷

　　徐世昌纂

　　民國八年（1919）天津徐氏靜遠堂

　　鉛印本

國圖　北大　清華　人大　天圖

南開　吉大　遼大　上圖　山東大

河南大

20619

歷代吏治舉要一卷附歷代方鎮治盜獎罰表

　　徐世昌纂

　　民國八年（1919）鉛印本

國圖　北大　天圖　內大

詔令奏議類

詔令之屬

20620

內閣撰擬文字二編二卷

　　（清）徐士鑾編

　　清同治十一年（1872）刻本

　　十行二十四字白口左右雙邊

國圖　吉大　上圖　復旦

奏議之屬

20621

薊遼奏議□□卷

（明）劉燾撰

明刻本

九行二十字白口四周單邊

國圖：存四卷（卷三至卷六）

20622

吟香書室奏疏八卷

（清）徐炘撰

清刻本

九行二十字白口四周雙邊

國圖　北大　清華　上圖　南大

補充藏地

20623

慶賀元旦令節摺一卷

（清）徐炘撰

清道光七年（1827）寫本

上圖

補充著述

20624

周馥奏稿不分卷

（清）周馥撰

謄清稿本

北師大：存清光緒三十年（1904）七、

　八月周氏奏稿

補充版本

20625

周郁珊尚書撫東疏

（清）周馥撰

清光緒二十八年（1902）刻本

首圖

補充著述

20626

金息侯甲子奏疏

金梁撰

民國抄本

天圖

補充著述

20627

廉琴舫侍郎奏稿不分卷

（清）廉兆綸撰　　寧河區

清廉氏慶餘堂抄本

國圖

20628

奏疏不分卷

（清）趙之符撰　　武清區

清康熙刻本

九行二十字白口四周雙邊

國圖　京大人文研

20629

宮侍御奏疏不分卷

（清）宮夢仁撰　　静海區

清康熙刻本

十行二十字黑口四周雙邊

國圖

地理類

方志之屬

20630

[順治]延平府志二十二卷

　（清）郭允昌＊修　　（清）吳殿齡纂

　（清）蕭來鸞續修　　（清）金章
　續纂

　清順治刻康熙十一年（1672）續
　　修本

　九行二十字小字雙行同白口四周
　　單邊

國圖

20631

[康熙]鄒縣志三卷

　（清）朱承命＊修　　（清）陳子芝纂

　清康熙十二年（1673）刻本

　十行二十字白口四周雙邊

備註:朱承命,清順治五年（1648）舉
人,次年成進士。

國圖　天一閣　內閣文庫

20632

[康熙]石門縣志三卷補遺一卷

　（清）張霖纂修

　清康熙刻本

　九行二十字小字雙行十八字白口
　　左右雙邊

國圖

20633

[康熙]石門縣志三卷

　（清）張霖纂＊修　　（清）許湄續修

　清康熙四十八年（1709）增補刻本

備註:天圖藏是書僅有上、中、下三
卷,無《補遺》一卷。

故宮　天圖

20634

[民國]石門縣志三卷

　（清）張霖纂修

　民國二十一年（1932）石門旅平同
　　鄉會鉛印本

國圖

補充版本

20635

[乾隆]忻州志六卷

　（清）周人龍＊原本　　（清）竇容邃
　增訂

　清乾隆十二年（1747）刻本

　十行二十二字小字雙行同白口四
　　周雙邊

國圖　北大　中科院　天圖　遼寧
上圖　南京　山西　湖北　浙江

20636

[乾隆]吳川縣志十卷

　（清）沈峻＊等修　　（清）陳聖宗
　等纂

　清乾隆五十五年（1790）刻本

故宮　上圖

89

20637

[嘉慶]永善縣志略二卷首一卷

　（清）查樞＊纂修　　（清）鄒勗游
　增校
　清嘉慶八年（1803）修光緒抄本
雲南

20638

永善縣志略二卷首一卷

　（清）查樞纂修
　1960 年傳抄本
上圖

20639

[嘉慶]束鹿縣志十卷

　（清）李符清修　　（清）斐顯相
　（清）沈樂善＊纂
　清嘉慶四年（1799）刻本
　十一行二十一字白口左右雙邊
國圖　首圖　天圖　南開　天師大
上圖

20640

[嘉慶]束鹿縣志十卷

　（清）李符清修　　（清）斐顯相
　（清）沈樂善＊纂
　民國二十六年（1937）鉛印束鹿五
　志合刊本
國圖　北大　中科院　首圖　上圖
浙江　南京
補充版本

20641

[嘉慶]束鹿縣志十卷

　（清）李符清修　　（清）斐顯相
　（清）沈樂善＊纂
　1968 年臺灣成文出版社據民國二
　十六年（1937）鉛印本影印中國
　方志叢書本
北大
補充版本

20642

[嘉慶]開州志八卷首一卷

　（清）李符清修　　（清）沈樂善＊纂
　清嘉慶十一年（1806）刻本
　十一行二十二字白口左右雙邊
國圖　北大　中科院　天圖　上圖
南京　浙江　湖北

20643

[道光]泰州志三十六卷首一卷

　（清）王有慶＊等修　　（清）陳世鎔
　等纂
　清道光七年（1827）刻本
　十行二十一字小字雙行同白口左
　右雙邊
國圖　中科院　天圖　遼寧　復旦
上圖　南京　浙江　湖北　臺圖
補充著述

20644

[道光]泰州志三十六卷首一卷

　（清）王有慶＊等修　　（清）陳世鎔
　等纂
　清道光七年（1827）刻光緒三十四
　年（1908）補刻本

國圖　北大　上圖　南京　復旦
湖北
補充版本

20645
[道光]泰州志三十六卷首一卷
　　(清)王有慶*等修　(清)陳世鎔
　　等纂
　　1990年江蘇古籍出版社影印中國
　　　地方志集成本
上圖
補充著述

20646
[同治]續天津縣志二十卷首一卷
　　(清)吳惠元*修　(清)蔣玉虹
　　(清)俞樾纂
　　清同治九年(1870)刻本
　　十行二十一字白口四周雙邊
國圖　北大　中科院　首圖　北師
大　中國民族　天圖　天師大　天
津社科院　天博　天津中醫大　天
津武清　遼寧　上圖　復旦　浙江
南京　湖北

20647
[同治]續天津縣志二十卷首一卷
　　(清)吳惠元*修　(清)蔣玉虹
　　(清)俞樾纂
　　民國十七年(1928)據清同治九年
　　　(1870)刻版增修
國圖
補充版本

20648
[光緒]通州志十卷首一卷末一卷
　　(清)高建勳等修　(清)王維珍*
　　等纂
　　清光緒五年(1879)刻本
　　十行二十二字小字雙行同白口四
　　　周雙邊
國圖　天圖　天津社科院　天博
保定　吉林　陝西師大　西北師大
湖南

20649
[光緒]通州志十卷首一卷末一卷
　　(清)高建勳等修　(清)王維珍*
　　纂　(清)陳鏡清等續纂修
　　清光緒五年(1879)刻九年
　　　(1883)增刻本
　　十行二十二字小字雙行同白口四
　　　周雙邊
國圖　中國民族　遼寧　上圖
補充版本

20650
[光緒]通州志十卷首一卷末一卷
　　(清)高建勳等修　(清)王維珍*
　　纂　(清)陳鏡清等續纂修
　　民國三十年(1941)鉛印本
國圖　北大　北師大　人大　天圖
上圖
補充版本

20651
[光緒]青陽縣志十二卷圖一卷

（清）華椿＊等修　（清）周贇纂
清光緒十七年（1891）活字本
十行二十四字小字雙行同白口左
　右雙邊
國圖　中科院　北師大　天圖　吉
林　上圖　復旦　浙江　南京　山
東　安徽師大

20652
[光緒]青陽縣志十二卷圖一卷
　（清）華椿＊等修　（清）周贇纂
　1985年臺灣成文出版社據清光緒
　十七年（1891）活字本影印中國
　方志叢書本
北大　吉大
補充版本

20653
[光緒]青陽縣志十二卷圖一卷
　（清）華椿＊等修　（清）周贇纂
　1990年影印中國地方志集成本
上圖
補充版本

20654
[光緒]南陽縣誌十二卷首一卷
　（清）潘守廉＊修　（清）張嘉謀
　等纂
　清光緒三十年（1904）刻本
　十行二十一字小字雙行同黑口左
　　右雙邊
國圖　北師大　天圖　遼寧　遼大
吉林　上圖　復旦　山西　安徽師

大　鄭州　湖南

20655
[民國]濟寧縣誌四卷首一卷
　（清）潘守廉＊修　（清）唐烜　袁
　紹昂纂
　民國十六年（1927）鉛印本
國圖　北大　人大　南開　吉大
上圖　南大

20656
[民國]濟寧直隸州續志二十四卷首
一卷末一卷
　（清）潘守廉＊修　（清）唐烜　袁
　紹昂纂
　民國十六年（1927）鉛印本
國圖　北大　人大　南開　吉大
上圖　南大

20657
固安文獻志二十卷
　賈廷琳修　徐世昌＊纂
　民國十六年（1927）無悶齋鉛印本
北大　天圖　南開　南大　河南大

20658
[民國]天津縣新志二十七卷首一卷
　高淩雯纂
　民國二十年至二十七年（1931—
　　1938）刻本
　十行二十一字下黑口左右雙邊
國圖　北大　中科院　天圖　南京

20659

［民國］天津縣新志人物四卷藝文二卷

　高淩雯纂

　民國二十七年（1938）刻本

　十行二十一字黑口左右雙邊

國圖　天圖

20660

天津政俗沿革記十六卷

　王守恂纂

　民國二十一年（1932）抄本

天圖

補充版本

20661

天津政俗沿革記十六卷

　王守恂撰

　民國二十七年（1938）刻本

　十行二十一字黑口左右雙邊

天圖

20662

霸縣志五卷首一卷

　唐肯等修　章鈺*等纂

　民國十二年（1923）鉛印本

國圖　天圖　上圖　南大　臺圖：

存三卷（卷二至卷四）

20663

［宣統］安圖縣志十卷

　劉建封*修　吳元瑞纂

　清宣統二年（1910）稿本

中科院

補充著述

20664

［宣統］新民府志不分卷

　管鳳龢纂修

　清宣統元年（1909）新民府習藝所

　　鉛印本

國圖　北大　北師大　天圖　遼寧

吉林　哈爾濱　復旦　東洋文庫

20665

新民府志不分卷

　管鳳龢纂修

　1974年臺北成文出版社影印中國

　　方志叢書本

國圖　臺圖　京大人文研　東洋文

庫　日本國會　一橋大

補充版本

20666

海城縣鄉土志

　管鳳龢纂修

　清光緒三十三年（1907）抄本

遼寧

20667

［光緒］海城縣誌不分卷

　管鳳龢*等修　張文藻等纂

　清宣統元年（1909）鉛印本

國圖　南大　遼寧　吉大

20668

安次縣舊志四種合刊

趙元禮*編　陳寶泉纂
　民國二十四年（1935）鉛印本
鄭大
補充著述

20669
石埭備志彙編五卷
　陳一甫（陳惟壬）等纂
　民國三十年（1941）鉛印本
國圖　北大　人大　遼大　內大
上圖　南大　京大人文研　東洋
文庫

20670
石埭備志彙編五卷
　陳一甫（陳惟壬）等纂
　1985年臺北成文出版社影印《中
　　國方志》叢書本
國圖　臺圖　一橋大

20671
石埭備志彙編五卷
　陳一甫（陳惟壬）等纂
　1990年江蘇古籍出版社上海書店
　　四川巴蜀書社影印《中國地方
　　志集成》本
上圖

20672
長白山江岡志略一卷
　李廷玉撰
　民國六年（1917）財政部印刷局鉛
　　印本

北大　天圖　吉大

20673
［民國］臨榆縣誌二十四卷首一卷
　高淩霨*修　程敏侯等纂
　民國十八年（1929）鉛印本
國圖　復旦　南大

20674
臨榆縣誌
　高淩霨*修　程敏侯等纂
　1968年臺北成文出版社影印《中
　　國方志》叢書本
國圖
補充著述

20675
河北通志人物志稿
　高淩霨*　盧啟賢編纂
　民國鉛印本
北師大
補充著述

20676
［民國］綏遠通志稿
　傅增湘纂
　民國三十年（1941）稿本
內蒙古
補充著述

20677
［民國］黑龍江通志綱要二卷
　金梁纂

民國十四年（1925）鉛印本
國圖　北大　人大　北師大　吉大
復旦　華師大　内大　南大

20678

[民國]黑龍江通志綱要二卷
　　金梁纂
　　1960年黑龍江圖書館油印本
吉大　内大

20679

[民國]黑龍江通志綱要二卷
　　金梁纂
　　北京來薰閣書店油印本
南開

20680

[民國]安次縣志十二卷附一山集
一卷
　　劉鍾英　馬鍾琇*等纂修
　　民國三年（1914）鉛印本
國圖　北大　人大　天圖　南開
天師大　吉大　京大人文研

20681

[民國]安次縣志十二卷
　　劉鍾英　馬鍾琇*等纂修
　　民國二十五年（1936）鉛印安次縣
　　舊志四種合刊本
人大　天圖
補充版本

20682

[民國]安次縣志十二卷

20683

[民國]安次縣志十二卷
　　劉鍾英　馬鍾琇*等纂修
　　1969年臺灣成文出版社據民國二
　　十五年（1936）鉛印《安次縣舊
　　志》四種合刊本影印
北大　吉大
補充版本

20684

建德風土記十八卷
　　周雲纂　趙芾*審訂
　　民國油印本間有抄配
天圖

20685

河北通志：縣沿革表
　　陳鐵卿*　張承謨　于鶴年編
　　民國二十一年（1932）河北省通志
　　館鉛印本
國圖　天圖

20686

天津衛攷初稿
　　于鶴年撰
　　民國鉛印本
天圖

20687

漁陽志略

金鳳翥撰　　薊州區

民國三十年（1941）出版《里黨藝
　文存略》本

薊州區檔案館

補充著述

20688

[民國]薊縣志十卷首一卷

　徐葆瑩修　仇錫廷*纂　　薊
州區

　民國三十三年（1944）鉛印本

國圖　北大　中科院　南開　天師
大　湖北

20689

[康熙]寶坻縣志八卷

　（清）杜立德*　（清）牛一象修
　（清）張嘉生纂　　寶坻區

　清康熙十二年（1673）刻本

國圖　北大　天圖　內閣文庫

補充著述

20690

[道光]欒城縣誌十卷首一卷末一卷

　（清）桂超萬　（清）李鈖修
　（清）高繼珩*纂　　寶坻區

　清道光二十六年（1846）刻本

　十行二十二字小字雙行同白口四
　　周雙邊

國圖　北大　人大　首圖　北師大
天圖　吉大　石家莊

20691

[咸豐]大名府志二十二卷首一卷續
志六卷末一卷

　（清）朱煥等纂修　　（清）武蔚文
續修　（清）郭程先續纂　　（清）
高繼珩*增補　　寶坻區

　清咸豐三年（1853）刻本

　十行二十字小字雙行同白口四周
　　雙邊

國圖　北師大　天圖　保定　遼寧
天一閣

補充著述

20692

[同治]磁州續志

　（清）程光瀅纂　（清）戴襄清*修
寧河區

　清同治十三年（1874）刻本

　九行二十字小字雙行字同白口左
　　右雙邊

天圖

20693

[光緒]土默特旗志十卷

　（清）貽穀修　（清）高賡恩*纂
寧河區

　清光緒三十四年（1908）刻本

　十行二十二字白口四周雙邊

國圖　北大　中科院　天圖　遼寧
復旦　南京　湖北　山西

20694

[光緒]土默特旗志十卷

（清）貽穀修　（清）高賡恩*纂
寧河區
抄本
北師大　内蒙古
補充著述

20695
[光緒]綏遠志十卷首一卷
　　（清）貽穀修　（清）高賡恩*纂
　　寧河區
　　清光緒三十四年（1908）刻本
　　十行二十二字白口四周雙邊
國圖　北大　中科院　天圖　内蒙
古　遼寧　復旦　南京　東洋文庫

20696
[光緒]歸綏道志四十卷
　　（清）貽穀修　（清）高賡恩*纂
　　寧河區
　　清光緒三十四年（1908）抄本
内蒙古

20697
[乾隆]武清縣誌十二卷首一卷
末一卷
　　（清）吳翀修　（清）曹涵*等纂
　　武清區
　　清乾隆七年（1742）刻本
　　九行二十字小字雙行同白口四周
　　　雙邊
國圖　北大　中科院　天圖　天津
社科院　天博　遼寧　復旦　湖北
南京　東洋文庫

20698
[乾隆]武清縣誌十二卷首一卷
末一卷
　　（清）吳翀修　（清）曹涵*等纂
　　武清區
　　民國二十八年（1939）鉛印本
國圖　南大　甘肅

20699
[康熙]湖廣通志八十卷圖考一卷
　　（清）徐國相修　（清）宮夢仁*纂
　　静海區
　　清康熙二十三年（1684）刻本
　　十行二十字小字雙行同白口四周
　　　雙邊
國圖：缺一卷（卷八十）　北大　天
圖　浙江　湖北

20700
[康熙]修武縣誌四卷
　　（清）邊憬*修　（清）范琥纂　静
　　海區
　　清康熙三十四年（1695）刻本
　　九行二十字白口左右雙邊
國圖

20701
[康熙]臨汾縣志八卷
　　（清）宮懋言纂修　　静海區
　　清康熙五十七年（1718）刻本
　　九行二十二字白口四周單邊
北大　上圖　東洋文庫

20702
[乾隆]石城縣志八卷
　（清）楊柏年 * 修　（清）黄鶴雯纂
　静海區
　清乾隆四十六年（1781）刻本
備註：《天津藝文志》著録著者名
"楊柏年"誤爲"楊伯年"。
故宮　上圖　江西博

20703
[乾隆]石城縣志八卷
　（清）楊柏年 * 修　（清）黄鶴雯纂
　静海區
　抄本
南大

20704
[民國]静海縣誌十一卷首一卷
　白鳳文修　高毓澎 * 纂　静海區
　民國二十三年（1934）天津静海縣
　　誌書局鉛印本
國圖　北大　中科院　天圖　遼寧
南京　湖北　臺圖　日本國會　京
大人文研　東洋文庫

專志之屬

20705
吳山伍公廟志六卷首一卷附溧陽縣誌一卷
　（清）金志章修　（清）金文淳 * 纂
　清同治據乾隆十九年（1754）刻本
　　重刻本
愛知大

補充版本

20706
吳山伍公廟志六卷首一卷附溧陽縣誌一卷
　（清）金文淳纂 * 修　（清）沈永青
　增輯
　清光緒二年（1876）刻本
　十行二十一字白口左右雙邊單
　　魚尾
國圖　北大　北師大　南開　上圖
復旦　臺圖

20707
碧梧聽雨圖記一卷
　徐世光輯
　清光緒十六年（1890）鉛印本
天圖

20708
長白彙徵録八卷首一卷
　劉建封等輯
　清宣統二年（1910）鉛印本
首圖
補充著述

20709
長白山靈蹟全影
　劉建封 * 等修　王瑞祥攝影
　清宣統二年（1910）曬印本
清華
補充版本

20710

長白山靈蹟全影

　劉建封 * 等修　王瑞祥攝影

　清宣統三年 (1911) 鉛印本

吉林

補充著述

20711

長白山靈蹟全影

　劉建封等 * 修　王瑞祥攝影

　清宣統三年 (1911) 影印本

北師大

補充版本

20712

避暑山莊

　傅增湘 *　袁希濤編

　民國四年 (1915) 上海商務印書館

攝影集

北師大　天圖

20713

橫雲山莊記

　傅增湘撰

　民國二十五年 (1936) 無錫錫成印

　　刷公司鉛印本

國圖

20714

奉天古蹟攷一卷

　金梁撰

　民國四年 (1915) 奉天作新印刷局

　　鉛印本

國圖　北大　清華　天圖

20715

北京宮殿志

　金梁撰

　1955 年油印本

國圖　人大　北師大

20716

北京宮殿志略

　金梁撰

　稿本

北大

補充著述

20717

北京城郊公園志略彙編

　金梁編

　稿本

北大

補充著述

20718

圓明園志料

　金梁撰

　稿本

北大

補充著述

20719

天壇公園志略

　金梁撰

　1953 年油印本

國圖

20720
雍和宮志
　　金梁撰
　　1953 年油印本
國圖

20721
安次得勝口馬氏墳塋
　　馬鍾琇* 　馬元悌纂修
　　民國抄本
備註：本書爲《安次得勝口馬氏家
譜》卷之十七。
國圖

20722
**巴拿馬賽會直隸觀會叢編二十種二
十四卷**
　　嚴智怡等編
　　民國十年（1921）直隸實業廳公署
　　　鉛印本
國圖　天圖　天津社科院　上圖
臺圖
　　上編
　　預會誌略二卷　嚴智怡撰
　　會計報告一覽表　嚴智怡撰
　　大會參觀日記三卷　樂嘉藻撰
　　調查報告一卷　郭嘉運撰
　　調查報告一卷　李文權撰
　　教育館參觀記一卷　張彭春撰
　　教育館參觀記一卷　陶履恭撰
　　交通館調查記一卷　朱延平撰

　　機械館調查記二卷　孫繼丁撰
　　會場工程紀要一卷　朱延平撰
　　萬國工程師會紀要一卷　朱延
　　　平撰
　　農業園藝食品三館調查記一卷
　　　陸文郁撰
　　牲畜部調查記一卷　劉吟皋撰
　　美術館參觀記一卷　樂森璧譯
　　美術館裝潢記略一卷　陸文郁撰
　　下編
　　東美調查録一卷　嚴智怡撰
　　東美調查日記一卷　樂嘉藻撰
　　巴拿馬加里弗尼亞省博覽會參觀
　　　記一卷　陸文郁撰
　　加里弗尼亞見聞隨筆一卷　陸文
　　　郁撰
　　雞城參觀記一卷　朱延平撰

20723
預會志略二卷
　　嚴智怡撰
　　民國十年（1921）鉛印巴拿馬賽會
　　　直隸觀會叢編本
國圖　天圖　天津社科院　上圖
臺圖

20724
東美調查録一卷
　　嚴智怡撰
　　民國十年（1921）鉛印巴拿馬賽會
　　　直隸觀會叢編本
國圖　天圖　天津社科院　上圖
臺圖

20725
會計報告一覽表
嚴智怡編制
民國十年(1921)鉛印巴拿馬賽會
直隸觀會叢編本
國圖　天圖　天津社科院　上圖
臺圖

20726
春明舊宅考一卷
王崇煥輯
民國三十二年(1943)抄本
天圖
補充著述

20727
河北省城址考證輯存
陳鐵卿*　張承謨　于鶴年編
民國二十八年(1939)張承謨油
印本
北大
補充著述

20728
文廟備考二十卷
(清)王師旦輯　　寶坻區
民國抄本
國圖

20729
雙峰祠記一卷
(清)高廣恩撰　　寧河區
清宣統元年(1909)刻本

十行二十二字小字雙行同白口四
周雙邊
國圖　上圖

20730
京城古迹考不分卷
(清)勵宗萬撰　　静海區
清乾隆勵守謙抄本
國圖

雜志之屬

20731
東荒薄游草
(清)查曦撰
清雍正五年(1727)刻本
天博　山西大

20732
兩浙輿圖(浙江郡邑道里圖)一卷
(清)伊靖阿　(清)周人驥*撰
清乾隆二十年(1755)刻本
備註:書前有天津周人驥撰序。
國圖　北師大　浙江　天一閣
南京
補充著述

20733
津門小令一卷
(清)樊彬撰
清嘉慶刻本
九行二十一字小字雙行同白口四
周單邊
國圖　天師大

20734

津門小令一卷

（清）樊彬撰

民國三十二年（1943）東莞張江裁
拜袁堂鉛印中國史跡風土叢
書本

國圖

20735

津門小令一卷

（清）樊彬撰

抄本

南大

20736

津門小令一卷

（清）樊彬撰

1988 年天津圖書館影印本

天圖

補充版本

20737

津門小令一卷

（清）樊彬撰

1994 年據中國史迹風土叢書本影
印叢書集成續編本

上圖

補充版本

20738

通今要言四卷

（清）王清彥撰

清同治七年（1868）抄本

天圖

20739

南陽縣全境輿圖

（清）潘守廉繪

清光緒三十年（1904）上海鴻寶齋
石印本

國圖

20740

**南陽縣戶口地土物產畜牧表一卷附
南陽縣境全圖**

（清）潘守廉纂

清光緒三十年（1904）徐家彙圖書
館石印本

南大

補充版本

20741

**南陽府南陽縣戶口地土物產畜牧表
一卷**

（清）潘守廉撰

1968 年臺北成文出版社影印本

國圖　北大　吉大

20742

津門紀略十二卷

（清）華鐸孫撰

清光緒二十四年（1898）石印本

天圖　天津社科院　天師大　南大

補充著述

20743
津門紀略十二卷
　（清）華鐸孫撰
　清光緒抄本
清華
補充著述

20744
津門雜記三卷
　（清）張燾撰
　清光緒十年（1884）刻本
國圖　北大　北師大　首圖　天圖
南開　天師大　天津社科院　天博
河南大
補充著述

20745
津門雜記三卷
　（清）張燾撰
　清光緒十七年（1891）上海著易堂
　　鉛印小方壺齋輿地叢鈔本
國圖　北大
補充版本

20746
津門雜記三卷
　（清）張燾撰
　民國上海進步書局石印筆記小説
　　大觀本
國圖　北大　河南大
補充版本

20747
津門雜記三卷

　（清）張燾撰
　1982 年天津古籍書店影印本
國圖　復旦　河南大
補充版本

20748
名跡錄七卷
　（明）朱珪編　章鈺＊抄
　清光緒三十三年（1907）算鶴量鯨
　　室抄本
國圖
補充著述

20749
直隸工藝總局徵訪土產公啟附考察
土產大旨及土產表目
　周學熙等訂
　清光緒二十九年（1903）石印本
國圖

20750
新天津指南
　甘韓（甘厚慈）輯
　民國十六年（1927）天津絳雪齋書
　　局鉛印本
天圖

20751
大北京
　金梁編
　1955 年油印本
清華
補充著述

20752
中外地理大全
　陶孟和　楊文洵編
　民國二十年（1931）上海中華書局
　　出版
國圖：縮微品

20753
河北省縣名考原不分卷
　陳鐵卿撰
　民國鉛印本
國圖　人大　天師大

20754
河北省縣名考原不分卷
　陳鐵卿撰
　1983年天津圖書館據民國十一年
　　（1922）本影印本
天圖

20755
河北省沿革圖稿
　陳鐵卿撰
　民國二十二年（1933）天津河北月
　　刊社石印本
國圖　北大　天圖

20756
河北省行政區劃沿革新考
　陳鐵卿撰
　民國二十四年（1935）鉛印本
國圖

20757
河北省劃分道區管見不分卷
　陳鐵卿撰
　民國油印本
人大
補充著述

20758
河北省改劃道區經過紀要不分卷
　陳鐵卿撰
　民國二十九年（1940）鉛印本
人大
補充著述

20759
河北省春秋戰國時代疆域考一卷
　張承謨撰
　民國二十二年（1933）河北月刊社
　　鉛印本
天圖　吉大

20760
津門雜談
　劉炎臣撰
　民國三十二年（1943）天津三友美
　　術社鉛印樂其所樂齋叢書本
天津社科院　天師大　天津文物
復旦

20761
北方大港港址氣象潮位年報（第一
期、第二期）
　李書田　邰光謨＊輯　　武清區

民國二十二年（1933）天津交通鐵
　　道部北方大港籌備委員會出版
天圖
補充著述

20762
**北方大港港址氣象潮位年報
（第三期）**
　　李書田　邰光謨＊輯　　武清區
　　民國二十三年（1934）天津交通鐵
　　　道部北方大港籌備委員會出版
天圖
補充著述

20763
微尚錄存六卷
　　（清）宮偉鏐撰　　静海區
　　民國鉛印暨石印海陵叢刻本
國圖　清華　首圖　山東　南京
復旦　湖北　浙江　甘肅

20764
盛京景物輯要十二卷
　　（清）勵宗萬撰　　静海區
　　清乾隆十九年（1754）抄本
遼大

水利之屬

20765
華北水利事業之檢討與展望
　　王華棠撰
　　民國油印本
天圖

補充著述

20766
黃河中游調查報告
　　王華棠等撰
　　民國二十三年（1934）天津華北水
　　　利文員會出版
天圖
補充著述

山川之屬

20767
**直隸沿海各州县入海水道及沙碛远
近陆路险易图说**
　　（清）周馥绘
　　清光绪绘本
國圖

20768
濮陽河上記四卷
　　徐世光撰
　　民國九年（1920）鉛印本
國圖　天圖　上圖　臺圖

20769
長白山江岡志略不分卷
　　劉建封撰
　　民國財政部印刷局鉛印本
國圖　北大　首圖　天圖　遼寧
新鄉
補充著述

20770

盤山志十卷首一卷補遺四卷

（清）釋智朴纂修　　薊州區

清康熙三十年（1691）刻本

十行二十字黑口四周單邊

國圖　北大　北師大　天圖　南開

天師大　天博　內閣文庫　東洋

文庫

20771

盤山志十卷首一卷補遺四卷

（清）釋智朴纂修　　薊州區

清康熙三十年（1691）刻同治十一

年（1872）印本

國圖　北大　北師大　天圖　南開

天師大　遼大

游記之屬

20772

天台雁蕩紀遊一卷

（清）金玉岡撰

民國十三年（1924）天津金氏刻屏

廬叢刻本

國圖　天津社科院　天師大

20773

愬題上方二山紀游集一卷

（清）查禮撰

清乾隆十二年（1747）查氏自刻本

十二行二十四字黑口左右雙邊

國圖　上圖　北大　旅順博

20774

愬題上方二山紀游集一卷

（清）查禮撰

清道光吳江沈氏世楷堂刻光緒重

印昭代叢書本

國圖

20775

愬題上方二山紀游集一卷

（清）查禮撰

清同治待清書屋襟鈔稿本

天圖

補充版本

20776

愬題上方二山紀游集一卷

（清）查禮撰

清光緒十七年（1891）上海著易堂

鉛印小方壺齋輿地叢鈔本

國圖

20777

愬題上方二山紀游集一卷

（清）查禮撰

1994年據昭代叢書本影印叢書集

成續編本

上圖

補充版本

20778

黃山紀游二卷

（清）沈銓撰

民國二十七年（1938）天津金氏屏

廬續刻朱印本

九行二十一字黑口四周雙邊

天圖　吉大

20779

黔行水程記一卷

（清）孟繼塤撰

清末抄本

國圖

20780

黔行水程記一卷

（清）孟繼塤撰

民國二十七年（1938）金氏屏廬刻

屏廬叢書本

九行二十一字黑口四周雙邊

天圖　天津社科院

20781

東遊日記一卷

周學熙撰

清光緒二十九年（1903）鉛印本

國圖　天津社科院　東京都立

中央

20782

四十日萬八千里之游記不分卷

管鳳龢撰

清宣統二年（1910）圖書印刷所鉛

印本

國圖　北大　天圖　天津社科院

遼寧　上圖　復旦　常州　福建

青海

20783

崑崙旅行日記一卷

溫世霖撰

民國三十年（1941）鉛印本

國圖　北大　人大　天圖　南開

吉大　臺圖

20784

崑崙旅行日記一卷

溫世霖撰

1983 年北京中央民族學院圖書館

油印本

北大

補充版本

20785

節相（李鴻章）壯游日錄二卷

甘韓（甘厚慈）*　楊鳳藻輯

清光緒二十二年（1896）天津絳雪

齋刻本

九行二十一字白口四周雙邊

國圖　首圖　天圖　南開　天博

陝西師大

20786

藏園遊記二卷

傅增湘撰

民國江安傅增湘刻藍印本

國圖　北師大　復旦

20787

秦遊日錄一卷登太華記一卷

傅增湘撰

民國二十一年（1932）天津大公報
館鉛印本

國圖　北大　上圖　華師大

20788

秦遊日錄一卷登太華記一卷

　傅增湘撰

　民國二十二年（1933）江安傅增湘
　　藏園刻本

國圖　人大　天圖　上圖

20789

衡廬日錄一卷南嶽遊記一卷

　傅增湘撰

　民國二十四年（1935）江安傅增湘
　　藏園刻本

國圖　北大　天圖　復旦

20790

衡廬日錄一卷南嶽遊記一卷

　傅增湘撰

　民國二十四年（1935）天津大公報
　　社鉛印本

國圖　北大　天圖　南開　上圖

20791

**北嶽遊記一卷五臺山遊記一卷遊中
嶽記一卷**

　傅增湘撰

　民國二十七年（1938）江安傅增湘
　　藏園刻本

國圖　上圖

20792

塞上行程錄二卷

　傅增湘撰

　民國二十九年（1940）刻朱印本

華師大

補充著述

20793

塞上行程錄一卷

　傅增湘撰

　抄本

上圖

補充著述

20794

游滬甬杭日記

　張壽撰

　抄本

首圖

20795

北戴河遊記一卷

　呂碧城撰

　1961年臺灣中華書局影印古今遊
　　記叢鈔本

東大東文研　日本國會

補充著述

20796

苦鄉綺夢錄六十八回

　趙亦新撰　姚靈犀*刪潤

　民國三十年（1941）天津書局鉛
　　印本

備註:吳曉鈴贈書,有姚靈犀、曾經
滄海主人、王禹人、夢秋生序。
首圖

20797
台山遊一卷
　(清)釋智朴撰　　　薊州區
　清康熙刻本
　十行二十字小字雙行同黑口四周
　　單邊
國圖
補充著述

外紀之屬

20798
安南紀略二卷
　(清)查禮撰
　清抄本
國圖

20799
歐美之光
　呂碧城編譯
　民國二十一年(1932)上海開明書
　　店重印
國圖

20800
**巴拿馬加里弗尼亞省博覽會參觀記
一卷**
　陸文郁撰
　民國十年(1921)鉛印巴拿馬賽會
　　直隸觀會叢編本

國圖　北大　人大　天津社科院

20801
日耳曼地理民俗志四十六節
　〔意大利〕塔西佗撰　于鶴年＊譯
　民國二十五年(1936)複寫本
天圖
補充著述

20802
日本半月
　王芸生撰
　民國三十六年(1947)上海大公報
　　館出版
備註:本書是作者第二次世界大戰
後訪問日本的通訊報道集。
國圖　天圖

防務之屬

20803
醇親王巡閱北洋海防日記不分卷
　(清)周馥輯
　抄本
北大　東洋文庫
補充版本

20804
醇親王巡閱北洋海防日記不分卷
　(清)周馥輯
　民國二十七年(1938)周氏師古堂
　　刻本
　十一行二十五字黑口左右雙邊
國圖　天圖　南開

20805
天津市修築城防工事經過情況簡略
　　杜建時撰　　　武清區
天津檔案

輿圖之屬

20806
長白臨江全境圖一卷
　　徐世昌編
　　清宣統石印本
貴州
補充著述

20807
長白江岡詳＝圖附長白山記
　　劉建封製
　　清光緒三十四年(1908)繪本
備註:是書爲輿圖。
國圖
補充著述

20808
[擬勘]中韓國界詳密圖
　　劉建封製
　　清宣統二年(1910)繪本
備註:是書爲輿圖。此圖注有十字
碑之"華夏金湯固"五字碑址。
國圖
補充著述

金石類

總志之屬

20809
氈椎記
　　高淩雯撰
　　清稿本
備註:《天津藝文志》著録此書書名
"椎"誤爲"推"。
天津社科院

20810
黑龍江金石志摘要一卷
　　金梁輯
　　稿本
南開
補充著述

20811
吉金志存四卷
　　(清)李光庭輯　　　寶坻區
　　清咸豐九年(1859)刻本
　　十行二十一字白口左右雙邊
國圖　北大　首圖　北師大　天圖
天博　上圖　南大　吉林　山西
京大人文研　東北大　東大東文研
前田育德會

20812
欒城金石志不分卷

（清）高繼珩撰　　寶坻區

1979 年臺灣新文豐出版公司影印

石刻史料新編本

北大

補充著述

金之屬

20813

周季木藏銅器集

周叔弢（周暹）藏釋

拓本

南開

補充著述

20814

天壤閣收藏記一卷

王崇煥輯

民國紅格稿本

天圖

補充著述

20815

虢盤攷釋一卷

王崇煥撰

民國三年（1914）稿本

天圖

補充著述

20816

嗣樸齋金文跋

陳邦懷撰

1993 年香港中文大學影印本

私人收藏

錢幣之屬

20817

古泉叢考（藏雲閣識小錄）四卷

（清）徐士鑾*輯　（清）張壽録

民國十三年（1924）刻屏廬叢刻本

九行二十一字黑口四周雙邊

國圖　北大　天圖　南開　遼大

華師大

20818

古泉叢考（藏雲閣識小錄）四卷

（清）徐士鑾*輯　（清）張壽録

1985 年北京中國書店據民國十三

年（1924）天津金氏刊本影印本

河南大　武大

補充版本

20819

蝶訪居古泉拓本

（清）徐士鑾輯

清光緒拓本

天博

補充著述

20820

定生古泉拓不分卷

孟廣慧藏

清光緒拓本

天圖

20821

方地山先生古泉拓片

方爾謙輯
拓本
上圖

20822
大清一統古泉題識一卷
　金梁輯
　民國三十一年（1942）稿本
備註：是書由原稿粘貼而成。
天圖
補充著述

20823
萬柳山莊拓泉不分卷
　陸文郁輯
　民國二十六年（1937）拓本
備註：是書有陸文郁手書題識。
天圖
補充著述

20824
印月簃拓泉
　陸文郁輯
　民國二十六年（1937）拓本
天津社科院

20825
寒雲泉簡
　袁克文輯
　民國鉛印本
上圖
補充著述

20826
**古泉新知錄一卷續編一卷三編一卷
四編一卷**
　陳鐵卿撰
　民國三十年至三十五年（1941—
　1946）油印本
國圖　天圖　上圖

璽印之屬

20827
銅鼓書堂藏印不分卷
　（清）查禮輯
　清嘉慶四年（1799）鈐印本
國圖　清華　天圖　遼寧　上圖
四川　哈佛燕京

20828
穆壽山印選
　穆雲谷＊刻　楊魯安輯
　1985 年楊魯安影印本
國圖
補充版本

20829
御璽譜
　金梁輯
　民國鈐印本
國圖　南開　上圖
補充著述

20830
王雪民印存
　王釗＊篆　楊魯安編

1984 年影印本
國圖　天圖
補充著述

20831
惡廠印存一卷
　　周明錦刻　周叔弢 *（周暹）輯
　　民國五年（1916）鈐印本
國圖　清華　天圖
補充版本

20832
惡廠印存一卷
　　周明錦刻　周叔弢 *（周暹）輯
　　民國五年（1916）建德周氏影印本
國圖　北大　北師大　上圖　中
山大

20833
諸家藏印匯輯
　　周叔弢輯
　　民國三十年（1941）拓印本
天圖
補充著述

20834
弢翁續得印一集
　　周叔弢輯
　　鈐印本
天圖
補充著述

20835
汜鳧亭印擷

劉希淹篆刻　周叔弢 *（周暹）
勞篤文輯
民國影印本
備註：書名據書名頁等處題，輯者據
序題。
國圖
補充著述

20836
建德周氏藏封泥拓影
　　周叔弢（周暹）藏並編
　　民國北京攝影社攝影本
備註：書名據書籤題。
國圖

20837
清代官印集粹
　　王崇煥輯
　　民國十六年（1927）鈐印本
國圖
補充著述

石之屬

20838
謁孔廟詩贊
　　（清）王鴻敬　（清）王大淮 *同撰
　　　并書
　　清道光十九年（1839）刻墨拓本
備註：石存山東曲阜。
臺圖
補充著述

20839
畿輔碑目二卷

（清）樊彬輯

　清抄本　有張壽民國十四年
　　（1925）校語
國圖
補充版本

20840
畿輔碑目二卷待訪碑目二卷
　（清）樊彬輯
　清趙氏天放樓抄本
復旦
補充版本

20841
畿輔碑目二卷待訪碑目二卷
　（清）樊彬輯
　民國十八年（1929）仲瑩抄本
國圖

20842
畿輔碑目二卷待訪碑目二卷
　（清）樊彬輯
　民國抄本
天圖
補充版本

20843
畿輔碑目二卷待訪碑目二卷
　（清）樊彬輯
　民國二十四年（1935）河北博物館
　　鉛印本
國圖　天圖　天津社科院　上圖

20844
畿輔碑目二卷待訪碑目二卷
　（清）樊彬輯
　抄本
上圖
補充版本

20845
慈勝寺羅漢金剛殿碑
　（清）吳士俊＊撰　（清）張焜行書
　拓本
國圖
補充著述

20846
慈勝寺大雄殿天王殿碑
　（清）吳士俊＊撰　（清）張焜正書
　拓本
國圖
補充著述

20847
月心塔碑
　（清）王祖光撰　（清）王祖光
　正書
　拓片
國圖
補充著述

20848
廣化寺戒壇碑
　（清）王祖光正書
　拓片

國圖
補充著述

20849
玉行长春会馆碑
（清）孟繼壎＊撰并正書　（清）高
學鴻刻
拓片
國圖
補充著述

20850
周馥祠堂碑
嚴修撰　李士鉁＊正書　宋德
裕刻
民國十三年（1924）拓本
國圖
補充著述

20851
白云觀碑
徐世昌撰並行書
拓片
國圖
補充著述

20852
戒壇寺碑
徐世昌撰並行書
拓片
國圖
補充著述

20853
清儒學案節文刻石
徐世昌＊撰　李兆麟草書
拓片
國圖
補充著述

20854
姜[桂題]祠堂碑
徐世昌撰並正書
拓片
國圖
補充著述

20855
壽字中堂
（清）葉志詵草書　徐世昌＊撰并
行書
拓本
國圖
補充著述

20856
亭字榜書
徐世昌正書
拓本
國圖
補充著述

20857
林君興學碑記一卷
高淩雯＊撰　華世奎書
民國二十四年（1935）天津廣智館

石印本
國圖 天圖

20858
語石校讀別錄一卷
　　章鈺撰
　　民國十七年（1928）抄本
天圖
補充著述

20859
國家圖書館章鈺藏拓題跋集錄
不分卷
　　章鈺撰
　　2008年北京國家圖書館出版社影
　　　印本
補充著述

20860
古泉山館石刻跋
　　（清）瞿中溶撰　章鈺*抄
　　清光緒三十二年（1906）算鶴量鯨
　　　室抄本
國圖
補充著述

20861
兩漢殘石編不分卷
　　孟廣慧輯
　　清光緒二十五年（1899）孟氏鐇于
　　　室刻本
天圖　中山大
補充版本

20862
獎勵卞會昌母史氏捐資興學批呈碑
　　李鶴鳴正書
　　民國二年（1913）天津拓本
國圖

20863
涉園藏石目一卷
　　陶湘*編　顧廷龍校
　　民國十一年（1922）武進陶氏刻本
北大　北師大　上圖
補充著述

20864
舊拓顏魯公多寶塔碑
　　陶湘藏
　　民國三十七年（1948）上海商務印
　　　書館影印本
國圖
補充著述

20865
金州孫處士元配畢氏墓誌銘並書
　　王季烈撰
　　民國二十六年（1937）刻石並精
　　　拓本
復旦
補充著述

20866
清故文林郎金州華君（世珙）墓誌銘
並額
　　王季烈撰

民國刻石初拓本

復旦

補充著述

20867

木齋甎建圖書館碑

盧弼*撰　鄭沅正書　宋常舜勒

天津市南開大學拓本

國圖

補充著述

20868

唐易州刺史田琬德政碑考釋一卷

陳鐵卿撰

民國二十八年(1939)油印本

國圖　北大　天圖　鄭大

20869

保定蓮池經幢考一卷

陳鐵卿撰

民國二十八年(1939)油印本

國圖　天圖

20870

河北石苑(第一集)

陳鐵卿編

民國二十四年(1935)河北省政府

河北月刊社出版

備註:此書封面題"漢碑五種",是對

河北漢代祀三公碑、封龍山碑、三公

山神碑、三公山碑、白石神君碑的

考釋。

國圖:縮微品

20871

法華寺碑

(清)杜立德撰　寶坻區

清康熙拓片

國圖

補充著述

20872

武廟碑

齊燮元*撰　齊振林正書　寧

河區

拓片

國圖

補充著述

20873

武廟歷代名將傳贊

齊燮元*篆　胡嗣瑗正書　高毓

澎篆額　寧河區

拓片

國圖

20874

開元寺瞻拜碑

齊燮元撰并行書　寧河區

拓本

國圖

補充著述

20875

景忠堂碑

齊燮元撰並行書　寧河區

烏金拓

國圖
補充著述

20876
朝真觀碑
　　（清）勵杜訥撰　　静海區
　　拓片
國圖
補充著述

20877
子午進善會碑
　　（清）宮鴻曆撰　　静海區
　　拓片
國圖
補充著述

20878
定慧寺碑
　　（清）勵廷儀撰　　静海區
　　拓片
國圖
補充著述

20879
王進玉墓碑
　　（清）勵宗萬＊撰　　（清）戴臨正書
　　静海區
　　拓片
國圖
補充著述

玉之屬

20880
古玉辨不分卷
　　劉建封撰
　　民國二十九年（1940）東武劉大同
　　　待價軒鉛印本
國圖　北大　北師大　天圖　南開
上圖
補充著述

甲骨之屬

20881
**簠室殷契類纂正編十四卷附編一卷
存疑十四卷待攷一卷勘誤一卷**
　　王襄撰
　　民國九年（1920）天津藝術博物館
　　　石印本
國圖　北師大　天圖　天津社科院
天師大　遼大　上圖　華師大　東
大東文研　東洋文庫

20882
簠室殷契徵文十二卷攷釋十二卷
　　王襄輯
　　民國十四年（1925）天津博物院石
　　　印本
國圖　北大　北師大　天圖　南開
天博　遼大　復旦　華師大　南大
日本國會　東洋文庫

20883
綸閣藏龜不分卷

王襄輯
民國拓本
人大
補充著述

20884
殷虛書契考釋小箋一卷
陳邦懷撰
民國十四年(1925)鉛印本
國圖　北大　天圖　上圖　復旦
華師大　南大　愛知大　東洋文庫

20885
殷契拾遺一卷
陳邦懷撰
民國十六年(1927)石印本
國圖　上圖　南大　中山大

20886
甲骨文零拾一卷附考釋一卷
陳邦懷撰
1959年天津人民出版社影印本
國圖　北大　北師大　天圖　南開
上圖　復旦　華師大

陶之屬

20887
摹廬藏陶捃存一卷附考釋補正一卷
陳直輯　陳邦懷*撰考釋補正
1983年濟南齊魯書社影印本
國圖　一橋大　京大人文研
補充著述

目録類

通論之屬

20888
審閱德化李氏藏書說帖
傅增湘撰并書
民國稿本
北大
補充著述

20889
四庫全書纂修攷
金梁撰
民國稿本
天圖
補充著述

總録之屬

20890
經訓堂藏書總目一卷附管書閱書章程
(清)查恩綏輯
清光緒二十七年(1901)刻本
九行二十八字黑口四周雙邊
吉大
補充著述

20891
大清畿輔書徵四十一卷
徐世昌纂

民國稿本

國圖

20892

大清畿輔書徵四十一卷

　徐世昌纂

　民國天津徐世昌鉛印本

國圖　北大　北師大　天圖　南開

復旦　保定　鄭大　蘇大

20893

書髓樓藏書目八卷附自著刊印刻石

　徐世昌藏並編

　民國二十四年(1935)鉛印本

國圖　天圖　上圖　華師大

20894

四庫湖北先正遺書提要四卷存目四
卷附札記一卷

　盧靖*　盧弼編

　民國十一年(1922)都門沔陽盧氏
　　刻本

國圖　天圖　上圖

20895

四部叢刊提要

　盧靖撰

　民國十三年(1924)抄本

清華

補充著述

20896

三邕翠墨簃題跋四卷

（清）李葆恂撰

　民國十一年(1922)義州李放刻本

國圖

20897

讀書敏求記校證輯補類記一卷

　章鈺撰

　民國十三年(1924)鉛印本

國圖　天圖

20898

錢遵王讀書敏求記校證四卷附錄一
卷補遺一卷續補遺一卷

　（清）錢曾撰　　（清）管庭芬輯
　章鈺*補輯

　民國十五年(1926)長洲章氏刻二
　　十一年(1932)增刻本

國圖　天圖　上圖　臺圖

20899

錢遵王讀書敏求記校證四卷補目
一卷

　（清）錢曾撰　　（清）管庭芬輯
　章鈺*補輯

　1987年江蘇廣陵古籍刻印社影
　　印本

國圖

補充著述

20900

滂喜齋藏書記目三卷

　（清）潘祖蔭藏　章鈺*編

　清宣統京師圖書館綠絲欄抄本

國圖

20901
廣化寺圖書館檢書草目
　章鈺編
　民國京師圖書館抄本
國圖:存集部

20902
太平御覽經史圖書綱目太平廣記引用書目
　章鈺編
　民國學古堂抄本
國圖

20903
天祿琳瑯正後編目
　章鈺編
　民國三年(1914)長洲章鈺抄本
國圖

20904
清史稿藝文志四卷
　吳士鑑　章鈺*　朱師轍纂
　民國鉛印本
上圖
補充版本

20905
章氏四當齋藏書目三卷附章目通檢
　章鈺*藏　顧廷龍編
　民國二十七年(1938)北平燕京大
　　學圖書館鉛印本

國圖　臺圖

20906
佳趣堂書目
　(清)陸漻藏並編　章鈺*抄
　清宣統元年(1909)章鈺抄本
國圖
補充著述

20907
金華經籍志二十四卷外編一卷存疑一卷辨誤一卷
　胡宗楙纂
　民國十四年(1925)永康胡氏夢選
　　廔刻本
　十三行二十二字黑口左右雙邊
國圖　北大　天圖　南開　復旦

20908
金華經籍志二十四卷外編一卷存疑一卷辨誤一卷
　胡宗楙纂
　1991年中國書店影印本
浙江師大
補充版本

20909
武進涉園陶氏鑒藏明板書目
　陶湘編
　民國二十年(1931)鉛印本
國圖

20910
武進陶氏書目叢刊十五種

陶湘輯

民國二十二年至二十五年
（1933—1936）鉛印本

國圖　北大

明吳興閔板書目一卷

明毛氏汲古閣刻書目錄一卷

明代內府經廠本書目一卷

內府寫本書目一卷

武英殿造辦處寫刻刷印工價並顏
料紙張定例一卷

清代殿板書始末記一卷

清代殿板書目一卷

武英殿聚珍板書目一卷

武英殿袖珍板書目一卷

欽定校正補刻通志堂經解目錄
一卷

欽定石經目錄一卷

昭仁殿天祿琳瑯前編目錄一卷續
編目錄一卷

五經萃室藏宋版五經目錄一卷

欽定文淵閣四庫全書目錄一卷

摛藻堂四庫全書薈要目錄一卷

20911

涉園藏殿版書目一卷

陶湘＊藏　憶園編

民國抄本

國圖

補充著述

20912

故宮殿本書庫現存目三卷附錄一卷

陶湘編

民國二十二年（1933）北平故宮博
物院圖書館鉛印本

國圖　北大　北師大　南開　遼大
吉大

20913

涉園所見宋版書影二輯

陶湘編

民國二十六年（1937）影印本

國圖　北師大　天圖　南開　上圖
復旦

20914

涉園所見宋版書影二輯

陶湘編

1998年江蘇廣陵古籍刻印社據民
國二十六年（1937）陶湘影印本
影印本

國圖

補充著述

20915

雙鑑樓珍藏秘籍目錄一卷

傅增湘藏並編

民國鉛印本

國圖　北大　人大　上圖

20916

雙鑑樓珍藏秘籍目錄一卷

傅增湘藏並編

1958年抄本

上圖

補充版本

20917

雙鑑樓善本書目四卷

　傅增湘藏並編

　民國十八年（1929）江安傅增湘藏

　　園刻朱印本

國圖　北大　北師大　上圖　南京

20918

雙鑑樓藏書續記二卷

　傅增湘藏並編

　民國十九年（1930）江安傅增湘藏

　　園刻朱印本

國圖　北大　北師大　天圖　上圖

復旦　南京

20919

［故宮善本書影］

　故宮博物院圖書館藏　傅增湘*

　　選編

　民國十七年（1928）北平故宮博物

　　院圖書館影印本

國圖

20920

故宮善本書影初編一卷

　故宮博物院圖書館藏　傅增湘*

選　張允亮輯

　民國十八年（1929）北平故宮博物

　　院圖書館影印本

國圖　北大　遼寧

20921

藏園群書題記八卷

　傅增湘撰

　民國三十二年（1943）企驤軒鉛

　　印本

國圖　北大　人大　南開　上圖

南京　澳大

20922

藏園群書題記續集六卷

　傅增湘撰

　民國二十七年（1938）江安傅增湘

　　藏園鉛印本

國圖　北師大　人大　南開　上圖

20923

藏園羣書經眼錄十九卷

　傅增湘撰

　1983 年北京中華書局鉛印本

一橋大　京大人文研　京產大

20924

蜀文叢錄不分卷

　傅增湘輯

　民國稿本

國圖

20925

天津圖書館書目三十二卷末一卷附

天津圖書館叢書總目

　傅增湘*　譚新嘉編

　民國二年（1913）鉛印本

天圖

補充著述

20926

藏園訂補郘亭知見傳本書目十六卷首一卷

　（清）莫友芝撰　傅增湘*訂補

　　傅熹年整理

　1993年北京中華書局刻本

國圖　四川大

20927

景宋元本詩餘四種

　傅增湘輯

　　民國三年（1914）影印本

東洋文庫

補充著述

　酒邊集一卷　（宋）向子諲撰

　石屏長短句一卷　（宋）戴復古撰

　梅屋詩餘一卷　（宋）許棐撰

　中州樂府一卷　（金）元好問輯

20928

靜嘉堂文庫觀書記一卷

　傅增湘撰

　　民國二十年（1931）天津大公報社

　　鉛印本

南開　吉大　京大人文研

20929

東西京諸家觀書記

　傅增湘撰

　　民國十九年（1930）國聞週報社鉛

　　印本

浙江

20930

德化李氏木樨軒藏書目錄

　傅增湘輯

　民國稿本

北大

補充著述

20931

詩餘總目提要三卷

　傅增湘輯

　民國油印本

吉大

補充著述

20932

天津圖書館書目三十二卷末一卷叢書總目一卷

　譚新嘉　韓梯雲*編

　　民國二年（1913）直隸圖書館鉛

　　印本

國圖　北大　人大　天圖　南開

天博　上圖　華師大　東大東文研

靜嘉堂文庫　京大人文研　日本

國會

20933

天津圖書館書目三十二卷

　譚新嘉　韓梯雲*編

　　民國二年（1913）抄本

天圖

補充版本

20934

四庫全書目錄續編

金梁撰

民國朱絲欄稿本

天圖

補充著述

20935

瓜圃叢刊敘錄一卷續編一卷

金梁輯

民國十三年至十七年（1924—1928）鉛印本

國圖　北大　人大　北師大　天圖
南開　上圖　湖南

20936

東三省博物館古物陳列冊

金梁撰

瀋陽東北大學工廠印刷系鉛印本

國圖

20937

東安藝文志

馬鍾琇輯

清宣統三年（1911）味古堂石印本

國圖

20938

東安藝文志

馬鍾琇輯

清宣統三年（1911）油印本

國圖

20939

寒雲書影不分卷附藝雜一卷

袁克文輯

民國五年至九年（1916—1920）上
海倉聖明智大學影印藝術叢
編本

國圖　上圖　南大

20940

寒雲手寫所藏宋本提要廿九種

袁克文撰

民國二十年（1931）影印本

備註:是書爲據袁克文手稿影印。

國圖　天圖　天師大　上圖　臺圖
東大東文研　京大人文研　靜嘉堂
文庫　日本國會

20941

周叔弢古書經眼錄

周叔弢（周暹）撰

2009年北京國家圖書館出版社影
印本

國圖

20942

周叔弢批註楹書隅錄

（清）楊紹和編撰　周叔弢*（周
暹）批注

2009年北京國家圖書館出版社影
印本

國圖

20943

自莊嚴堪明版書目

周叔弢（周暹）輯

民國抄本

天圖

補充著述

20944

庫籍遺珍不分卷

　王崇煥書

　民國抄本

天圖

補充著述

20945

**海岱人文册目一卷札記二卷續一卷
之餘一卷**

　王崇煥輯

　民國抄本

天圖

補充著述

20946

河北省立天津圖書館書目

　華鳳卜編

　民國三十七年(1948)河北省立天
　　津圖書館油印暨鉛印本

國圖　天圖

20947

河北省立第一圖書館書目不分卷

　華鳳卜撰

　民國二十六年(1937)河北省立第
　　一圖書館鉛印本

天圖

20948

明集雜識

　華鳳卜輯

　民國二十九年(1940)北京梁溪華
　　氏油印本

北大　吉大

補充版本

20949

明集雜識三十七卷

　華鳳卜撰

　1983年天津圖書館據民國油印本
　　影印本

天圖

20950

叢書書目續編初集

　杜聯喆編

　民國二十年(1931)北平震東印書
　　館鉛印本

天圖　復旦　私人收藏

20951

思闇集詩目

　華世奎撰　王文光*書

　抄本

天圖

補充著述

20952

津人著述存目二卷

　金大本輯

　民國二十六年(1937)藍格抄本

天圖

20953

津人著述存目二卷

金大本輯

民國二十六年（1937）鉛印本

天師大：存一卷（上）

20954

曲海總目提要補編

杜穎陶撰

2014 年北京人民文學出版社出版

天圖

20955

王竹舫書目及雜著三篇

（清）王晉之撰　　薊州區

清同治刻本

十行二十二字白口四周雙邊

國圖　天津社科院

20956

里黨藝文存略

李恩培輯　　薊州區

民國三十年（1941）出版

備註：李恩培生卒年不詳。是書于
1959 年由薊縣檔案館館長王雪鬆收
集，內容有關薊州藝文。

薊州區檔案館

補充著述

20957

小穿芳峪藝文彙編初編

薊州區

2017 年天津社會科學院出版社
出版

備註：是書爲當代出版，收錄有諸多
未見於各個圖書館的薊州人及相關
著述。

補充著述

20958

小穿芳峪藝文彙編二編

薊州區

2017 年天津社會科學院出版社
出版

備註：是書爲當代出版，收錄有諸多
未見於各個圖書館的薊州人及相關
著述。

補充著述

20959

小穿芳峪藝文彙編三編

薊州區

2018 年社會科學文獻出版社出版

備註：是書爲當代出版，收錄有諸多
未見於各個圖書館的薊州人及相關
著述。

補充著述

20960

小穿芳峪藝文彙編四編

薊州區

2020 年天津古籍出版社出版

備註：是書爲當代出版，收錄有諸多
未見於各個圖書館的薊州人及相關

著述。

補充著述

專錄之屬

20961

晚晴簃未選詩集目錄

  徐世昌藏並編

  民國鉛印本

國圖　北師大

20962

晚晴簃已選詩集目錄

  徐世昌藏並編

  民國鉛印本

國圖　吉大

20963

晚晴簃所藏清人別集目錄

  徐世昌藏並編

  民國抄本

國圖

20964

晚晴簃所藏清人別集目錄

  徐世昌藏並編

  民國二十四年（1935）北平燕京大

    學圖書館抄本

北大

20965

古文典範目錄

  徐世昌編

  民國抄本

國圖

20966

國朝古文彙鈔補目

  章鈺編

  清末至民國初長洲章鈺朱絲欄暨

    綠格抄本

國圖

20967

宋人文集目錄不分卷

  傅增湘編

  民國稿本

國圖

20968

孤本元明雜劇提要一卷

  王季烈撰

  民國三十年（1941）上海商務印書

    館鉛印本

國圖　北師大　上圖　華師大

20969

天春園方志目錄稿

  任鳳苞編

  民國稿本

天圖

20970

天春園方志目不分卷後編不分卷

  任鳳苞撰

  民國二十五年（1936）刻朱印本

天圖　華師大

補充版本

20971
天春園方志目不分卷後編不分卷
　任鳳苞撰
　民國二十五年(1936)刻本
國圖　北大　人大　北師大　天圖

南開　吉大　上圖

20972
曲學書目舉要
　馬鍾琇編
　民國十九年(1930)抄本
國圖

子部

叢編類

30001
蝶訪居所輯書
　（清）徐士鑾輯
　清光緒刻民國二十一年（1932）增
　　刻本
　九行二十一字黑口四周雙邊
備註：此書爲匯印本。
國圖
補充著述

總論類

30002
諸子識小録
　胡宗楙輯録
　稿本
北大
補充著述

儒家儒學類

30003
資鏡録二卷
　（清）沈峻輯
　清道光十六年（1836）天津沈兆澐
　　刻本
　十行二十五字黑口左右雙邊
國圖　南大

30004
資鏡録二卷
　（清）沈峻輯
　清咸豐四年（1854）天津沈氏刻本
　九行二十一字小字雙行同黑口左
　　右雙邊
國圖
補充版本

30005
竈嫗解一卷
　（清）沈峻*撰　金鉞輯
　民國十三年（1924）天津金氏刻屏
　　廬叢刻本
國圖　天津社科院　天師大

30006

耄學齋晬語一卷

（清）楊光儀撰

民國十三年（1924）天津金氏刻屏

廬叢刻本

國圖　北大　天津社科院　天師大

遼大　華師大

30007

耄學齋晬語一卷

（清）楊光儀撰

1985 年北京中國書店據民國十三

年（1924）天津金氏刊本影印本

武大　河南大

補充版本

30008

觀省錄二卷

（清）周馥＊輯　周明思校

民國二十八年（1939）周氏師古堂

刻周氏師古堂所編書本

十一行二十五字黑口左右雙邊

國圖　北大　人大　天圖　南開

30009

玉山老人節錄五子近思錄

（清）周馥書

稿本

天圖

補充著述

30010

［八十老人錄小學善行］

（清）周馥書

民國寫本

國圖

補充著述

30011

宋五子節要六種

（清）周馥節錄

民國二十六年（1937）周氏師古堂

刻周氏師古堂所編書本

國圖　北大　南開　山東大　中國

海大　廣西

周濂溪太極圖説一卷

二程語録二卷

二程文集一卷

張橫渠先生文集一卷

朱子語類一卷

朱子文集二卷

30012

止菴家語

（清）周馥撰

民國油印本

南開

補充著述

30013

衛道圖說不分卷

（清）華承彥撰

清宣統元年（1909）鉛印本

天圖　南開

30014

守寨規條附張氏祠規

（清）張硯農撰

民國三年（1914）汝南張氏

石印本

鄭大

30015

儒教八德録八卷

（清）潘守廉*總纂　袁紹昂編纂

民國二十三年（1934）天津華新印

刷局鉛印本

國圖

30016

顔李學三種

徐世昌纂

民國天津徐世昌刻本

國圖　天圖　上圖

習齋語要二卷

恕谷語要二卷

師承記九卷

30017

袁大總統四誡一卷

徐世昌撰

民國四年（1915）鉛印本

北大

30018

家語校勘記

嚴修撰

民國元年至九年（1912—1920）

稿本

天圖

30019

教女歌不分卷

嚴修撰

民國抄本

天圖

補充著述

30020

龍泉園語摘鈔一卷

林墨青（林兆翰）撰

民國天津社會教育處鉛印本

天圖

補充著述

30021

中學正宗四種

周學熙輯

清光緒二十三年（1897）至德周氏

刻本

十行二十字黑口左右雙邊

國圖　天圖　南開　復旦

爲學大指

朱子語類日鈔

養正遺規

東塾讀書記

30022

中學正宗四種

周學熙輯

清末上海飛鴻閣鉛印本

首圖

補充版本

30023

中學正宗四種

　周學熙輯

　民國十一年(1922)秋浦周氏敬慈

　　善堂刻本

國圖　天圖

30024

畜德錄選二卷

　(清)席啟圖輯　周學熙*節錄

　清稿本

南開

補充版本

30025

畜德錄選二卷

　(清)席啟圖輯　周學熙*節錄

　民國二十一年(1932)至德周氏師

　　古堂刻本

國圖

30026

小學弦歌約選不分卷

　(清)李元度編　周學熙*選

　民國二十五年(1936)周氏師古堂

　　刻本

國圖　清華　南開

30027

日省編一卷

　周學熙錄

　民國三十六年(1947)石印本

國圖　上圖

30028

售品所授徒講義

　宋則久(宋壽恆)撰

　民國二十年(1931)天津國貨售品

　　所鉛印本

天圖

30029

讀朱稽時錄二十二卷

　胡宗楙纂

　民國二十五年(1936)永康胡氏夢

　　選樓刻本

　十一行二十一字黑口左右雙邊

國圖　天圖　南開

30030

治平統鑑十二卷

　楊鍾鈺　楊壽枏*輯

　民國二十二年(1933)上海人文印

　　書館鉛印本

北大　人大　吉大　復旦　華師大

山東大

補充著述

30031

江蘇常熟言氏家塾讀本

　言敦源輯

　民國十七年(1928)鉛印本

吉大

補充著述

30032

國學月刊

李廷玉主編

民國二十六年(1937)天津國學研
究社出版

國圖

補充著述

30033

皇朝經世文新編續集二十一卷

甘韓(甘厚慈)*輯　楊鳳藻校正

清光緒二十八年(1902)商絳雪齋
書局石印本

國圖　北大　人大　天圖　上圖

山東大　東京都立　中央　京大法

東洋文庫

30034

皇朝經世文新編續集二十一卷

甘韓(甘厚慈)*輯　楊鳳藻校正

1972年臺北文海出版社影印近代
中國史料叢刊本

國圖　臺圖　東大總　一橋大

日本國會

補充版本

30035

**皇朝經世文新增時務續編四十卷洋
務續編八卷**

甘韓(甘厚慈)輯

清光緒二十三年(1897)掃葉山房
鉛印本

上圖

30036

**皇朝經世文新增時務續編四十卷洋
務續編八卷**

甘韓(甘厚慈)輯

1972年臺北文海出版社影印近代
中國史料叢刊本

國圖　南大　東大總　一橋大

日本國會

30037

聖諭附律易解

傅增湘等書

民國稿本

南開

補充著述

30038

女界慈航一卷

劉孟揚編

清光緒三十二年(1906)天津商務
報館鉛印本

天圖

30039

務本篇

金梁輯

民國四年(1915)瀋陽奉天作新印
刷局鉛印本

備註:本書按忠、孝、節、義分爲四
類,各類又爲上、下兩子卷。書名頁
題"東廬叢刻第廿一"。

國圖

30040
養正家塾訓言
　袁克文輯
　民國三年（1914）朱絲欄影印本
國圖

30041
啓蒙讀本三卷
　王崇煥輯
　民國王崇煥抄本
天圖
補充著述

30042
諸葛亮新論
　王芸生等撰
　民國三十五年（1946）近代書局
　　出版
天圖

30043
顏習齋學譜
　郭靄春編
　民國朱絲欄抄本
國圖

30044
顏習齋學譜
　郭靄春撰
　1957年上海商務印書館出版
天圖

30045
中國儒學史綱要

杜金銘撰
　民國三十二年（1943）北平國立華
　　北編譯館出版國立華北編譯館
　　小叢刊本
備註：是書論述儒家學說發展和演
化的歷史。
天圖

30046
龍泉園語摘鈔一卷
　（清）李江撰　　薊州區
　清光緒三十四年（1908）天津社會
　　教育辦事處鉛印本
天圖　上圖
補充著述

30047
鄉塾正誤二卷
　（清）李江撰　　薊州區
　清同治八年（1869）北京文魁堂書
　　局刻本
山西
補充版本

30048
鄉塾正誤二卷
　（清）李江撰　　薊州區
　清同治八年（1869）斌陞書局刻本
哈爾濱
補充版本

30049
鄉塾正誤二卷

（清）李江撰　　薊州區

清同治刻本

國圖　天津社科院：缺一卷（下）

補充版本

30050

鄉塾正誤二卷

　（清）李江撰　　薊州區

　清光緒七年（1881）津河廣仁堂
　　刻本

國圖　吉林　復旦

補充版本

30051

鄉塾正誤一卷

　（清）李江撰　　薊州區

　清光緒二十二年（1896）惜分陰齋
　　刻本

嘉興

補充版本

30052

廣三字經一卷

　（清）蕉軒氏撰　（清）王晉之*

　（清）張諧之重訂　　薊州區

　清光緒九年（1883）津河廣仁堂刻
　　津河廣仁堂所刻書本

國圖　北大　天圖　天津社科院

天博　內蒙古　復旦

30053

廣三字經一卷

　（清）蕉軒氏撰　（清）王晉之*

（清）張諧之重訂　　薊州區

清光緒文聖堂刻本

國圖

補充版本

30054

經史喻言八卷

　（清）李光庭輯　　寶坻區

　清道光二十八年（1848）寶坻李氏
　　刻本

　十行二十二字小字雙行同黑口左
　　右雙邊

國圖　北大　北師大　華師大　川
大　鄭大　京大附圖

30055

演教諭語一卷

　（清）高繼珩撰　　寶坻區

　清光緒九年（1883）刻津河廣仁堂
　　所刻書本

　十行二十三字白口四周雙邊

國圖　北大　天圖　上圖

30056

顏李語要

　齊燮元編　　寧河區

　民國十年（1921）出版

天圖

道家類

30057

南華經解選讀三篇

（戰國）莊周撰　（清）瞿宣穎注
周學熙　選
民國二十一年（1932）至德周氏師
　古堂刻本
國圖

30058
道藏本五子
　傅增湘輯
　民國七年（1918）雙鑑樓影印本
北師大　上圖
補充著述

30059
老子通詁
　汪桂年撰
　2011年北京宗教文化出版社出版
　　老子集成本
補充著述

30060
莊子正七卷
　石永茂（石永楙）撰
　民國三十四年（1945）石印本
國圖　天圖

30061
莊子正敘例一卷
　石永茂（石永楙）撰
　民國三十四年（1945）鉛印求際齋
　　叢書本
國圖

30062
黃庭內景經一卷外景經三卷
　（清）蔣國祚注　　寶坻區
　清光緒三十二年（1906）刻道藏輯
　　要本
　十行二十四字白口左右雙邊
國圖

陰陽名縱橫家類

30063
戰國縱橫家學研究
　朱星元撰
　民國二十四年（1935）上海東方學
　　術社出版
國圖

兵家類

兵法之屬

30064
孫子十家注十三卷
　（春秋）孫武撰　（宋）吉天保輯
　（清）孫星衍　（清）吳人驥*校
　清乾隆道光間刻岱南閣叢書本
國圖

30065
孫子十家注十三卷
　（春秋）孫武撰　（宋）吉天保輯

（清）孫星衍　（清）吳人驥＊校

清咸豐五年(1855)淡香齋活字本

首圖　湖南　重慶

補充版本

30066

孫子十家注十三卷

　（春秋）孫武撰　（宋）吉天保輯

　（清）孫星衍　（清）吳人驥＊校

　清光緒十九年(1893)上海鴻文書

　　局石印二十五子匯函本

國圖

補充版本

30067

孫子十家注十三卷

　（春秋）孫武撰　（宋）吉天保輯

　（清）孫星衍　（清）吳人驥＊校

　清光緒浙江書局刻二十二子全

　　書本

國圖

補充版本

30068

孫子釋證十三卷

　劉后同（劉文垕）撰

　稿本

南開

30069

孫子釋證十三卷

　劉后同（劉文垕）撰

　民國十七年(1928)寬於一天下室

刻本

　九行十八字黑口左右雙邊

國圖　天圖　上圖　南京

30070

保衛華北的游擊戰

　劉清揚等撰

　民國二十七年(1938)漢口生活書

　　店出版

國圖

操練之屬

30071

操槍程式十二條

　（清）周盛傳撰

　清光緒二十七年(1901)南洋軍械

　　所刻本

北大

補充版本

30072

三十六劍譜

　李存義述　杜之堂＊編

　民國鉛印本

國圖

30073

形意五行連環拳譜合璧

　李存義述　杜之堂＊編

　2008年臺北逸文武術文化影印武

　　備叢書本

臺圖

補充藏地

30074
校閱紀事錄一卷
　李純撰
　民國四年(1915)陸軍第六師參謀
　　處鉛印本
天圖

30075
輜重勤務不分卷
　李梅　劉玉珂[*]　謝紹安編
　民國江蘇陸軍補助教育團石印本
天圖
補充著述

30076
童子軍教育原理及方法
　章輯五[*]　吳耀麟撰
　民國三十一年(1942)重慶正中書
　　局出版
湖北

30077
童子軍行政管理與活動教材
　章輯五[*]　吳耀麟撰
　民國三十五年(1946)重慶正中書
　　局出版
北大

30078
營教練校閱記錄一卷
　齊燮元撰　　寧河區
　民國七年(1918)南京宜春閣鉛

印本
天圖
補充著述

30079
陸軍第六師演習記事不分卷
　齊燮元撰　　寧河區
　民國八年(1919)影印本
天圖

30080
少林破壁
　閻德華撰　　武清區
　民國二十五年(1936)天津五洲廣
　　告社鉛印本
天圖

30081
太極玄門劍譜
　閻德華撰　　武清區
　民國二十四年(1935)出版
私人收藏

兵器之屬

30082
祝融佐治真詮十卷
　(清)吳士俊輯
　清刻本
　十行二十四字白口四周雙邊
備註:原書未署作者姓名,只題"傅
野山房纂輯"。
國圖　天圖　遼寧
補充著述

30083
火器真訣釋例一卷
　　(清)李善蘭撰　盧靖*述
　　清光緒十年(1884)湖北撫署刻本
　　八行二十字小字雙行不等白口四
　　　周雙邊
國圖　河南　湖南社科院　貴州

30084
火器真訣釋例一卷
　　(清)李善蘭撰　盧靖*述
　　清抄本
南開
補充版本

30085
步隊彈擊效力學十八章
　　(清)賀良忠編　金紹曾*修
　　清光緒三十二年(1906)北洋陸軍
　　　編譯局刻本
北大
補充著述

農家農學類

30086
捕蝗備要一卷
　　(清)沈兆澐撰
　　清宣統二年(1910)姚彤章刻本
陝西
補充著述

30087
石阡物產記
　　(清)孟繼壎撰
　　清末抄本
國圖

30088
栽桑問答一卷
　　(清)潘守廉輯
　　清光緒二十八年(1902)南陽縣署
　　　刻本
　　十四行二十六字白口四周雙邊
陝西
補充著述

30089
養蠶要術一卷
　　(清)潘守廉輯
　　清光緒二十八年(1902)南陽縣署
　　　刻本
　　十二行二十四字小字雙行同黑口
　　　左右雙邊
備註:《天津藝文志》著録此書書名
"養蠶要術"誤爲"桑蚕要求"。
陝西
補充著述

30090
農業通論
　　陳哲甫(陳恩榮)撰
　　民國燕京大學油印本
北大
補充著述

30091
棉業芻議
　　王竹銘編
　　民國鉛印本
天圖
補充著述

30092
詩草木今釋
　　陸文郁編著
　　1957 年天津人民出版社出版
國圖　北大　天圖

30093
生物淺說一卷
　　陸文郁撰
　　民國油印本
備註：天圖原題"陸辛農撰"。
天圖

30094
制粉淺說
　　查良鏞撰
　　民國二十年（1931）天津三津壽豐
　　　麵粉股份有限公司出版制粉叢
　　　書本
天圖

30095
溝洫私議一卷圖說一卷
　　（清）王晉之撰　　薊州區
　　清抄本
南京

補充版本

30096
新法種植錄
　　（清）郭家聲輯　　武清區
　　民國鉛印笠園叢鈔本
國圖

醫家類

類編之屬

30097
醫學衷中參西錄八卷
　　張錫純撰
　　清宣統元年（1909）天津華新印刷
　　　局鉛印本
湖南

30098
醫學衷中參西錄八卷
　　張錫純撰
　　民國七年（1918）天地新學社鉛
　　　印本
中醫科學院

30099
醫學衷中參西錄八卷
　　張錫純撰
　　民國抄本
上圖
補充版本

30100
衷中參西錄六期二十六卷
　張錫純編
　民國二十年（1931）天津華新印刷
　　局鉛印本
國圖

30101
羚羊角辨
　張錫純撰
　民國十九年（1930）上海國醫書局
　　鉛印國醫小叢書本
中醫科學院　北京中醫大　天津中
醫大一附屬　上海中醫大　四川

30102
陳微塵醫書五種
　陳微塵撰
　民國二十四年（1935）鼎新印刷局
　　鉛印本
私人收藏
補充著述
　舌苔新訣
　脈訣提綱
　傷寒簡要
　溫病抉微
　洴澼良規

30103
河北醫籍考
　郭靄春*　李紫溪編
　1979年石家莊河北人民出版社

出版
天圖

醫經之屬

30104
靈素生理新論
　楊如侯*撰　楊達夫整理
　民國十三年（1924）山西中醫改進
　　研究會鉛印本
私人收藏
補充著述

30105
靈素氣化新論
　楊如侯*撰　楊達夫整理
　民國二十年（1931）天津楊達夫醫
　　社鉛印本
中醫科學院
補充著述

30106
內經病理論
　尉稼謙編
　民國天津國醫函授學院鉛印新國
　　醫講義教材本
備註：根據《中醫圖書館聯合目錄》
補充。
中醫科學院
補充著述

傷寒金匱之屬

30107
國醫傷寒新解

王趾周注解

民國二十八年(1939)天津中西醫
學研究社鉛印本

中科院　中醫科學院　北京中醫大

天圖　河南中醫大

補充著述

30108

傷寒論臨床實驗錄

邢錫波編

1984年天津科學技術出版社出版

國圖　天圖

補充著述

30109

傷寒科

尉稼謙編

民國天津國醫函授學院鉛印新國
醫講義教材本

備註:根據《中醫圖書館聯合目錄》
補充。

中醫科學院　青島　四川

補充著述

30110

新釋傷寒論

李遂良編

民國十六年(1927)天津新中醫學
社鉛印本

私人收藏

補充著述

診法之屬

30111

三指捷編三卷

(清)朱耀榮輯

清光緒二十九年(1903)刻本

中醫科學院　天津衛職

補充藏地

30112

王氏家傳疹科心法一卷

王靜齋(王功鎮)撰

民國二十四年(1935)天津逸民醫
廬鉛印醫學叢書本

首圖　天圖

30113

痘疹輯要補正

程价三撰

稿本

備註:《津門醫粹文物圖集》著錄。

補充著述

30114

五色診鈎元

楊如侯*撰　楊達夫整理

民國二十年(1931)天津楊達夫醫
社鉛印本

中醫科學院

補充著述

30115

舌診

董曉初撰

油印本

私人收藏

補充著述

30116

脈學闡微

邢錫波編

1976 年天津市醫藥科學技術情報

站出版

天圖

補充著述

30117

四診提要

趙礎卿撰

稿本

天津中醫大

補充著述

30118

望色聞聲問症切脈學

尉稼謙編

民國天津國醫函授學院鉛印新國

醫講義教材本

備註:根據《中醫圖書館聯合目錄》

補充。

中醫科學院

補充著述

30119

中醫脈診學

趙恩儉主編

1990 年天津科學技術出版社出版

國圖 天圖

補充著述

30120

中醫證候診斷治療學

趙恩儉主編

1984 年天津科學技術出版社出版

國圖 天圖

補充著述

30121

中醫脈學研究

崔玉田 趙恩儉[*]編

1965 年天津河北人民出版社出版

國圖 天圖

補充著述

針灸之屬

30122

新編針灸學二卷

王春園編

民國北平中華印書局鉛印本

備註:封面題名《針灸學編》。

國圖 私人收藏

補充著述

30123

針灸傳真

孫秉彝 趙熙 王秉禮[*]撰

民國十二年(1923)石印本

私人收藏

補充著述

30124

新刊竇漢卿編集鍼經指南一卷

（宋）竇漢卿撰　　薊州區

元至大四年（1311）刻針灸四書本

天一閣

30125

新刊竇漢卿編集鍼經指南一卷

（宋）竇漢卿撰　　薊州區

明成化八年（1472）刻鍼灸四種本

宮内廳書陵部　内閣文庫

補充版本

30126

新刊竇漢卿編集鍼經指南一卷

（宋）竇漢卿撰　　薊州區

日本天正二年（1574）王月軒抄鍼

　　灸三種本

中醫科學院　宮内廳書陵部

30127

竇太師流注指要賦一卷

（宋）竇漢卿撰　　薊州區

民國二十七年（1938）上海商務印

　　書館影印濟生拔粹方本

東洋文庫

推拿按摩外治之屬

30128

骨科按摩講義

葉希賢

天津中醫學院附屬醫院油印本

私人收藏

補充著述

本草之屬

30129

醫案草

張樹華（張相臣）撰

抄本

天津醫專

補充著述

30130

本草補遺

張樹華（張相臣）撰

稿本

中醫科學院

補充著述

30131

中華藥典

劉瑞恒編纂

民國二十年（1931）内政部衛生署

　　鉛印本

首圖　浙江　同濟醫大　廣東

30132

食用本草學

陸觀豹撰

民國三十二年（1943）鉛印中國醫

　　學叢書本

備註:是書内容有關傳統食療本草。

國圖　私人收藏

補充著述

30133
食用本草學
　陸觀豹撰
　2017 年香港心一堂有限公司影
　　印本
國圖
補充著述

30134
藥物學三卷
　尉稼謙編
　民國天津國醫函授學院鉛印新國
　　醫講義教材本
備註：根據《中醫圖書館聯合目録》
補充。
首圖　中醫科學院　四川
補充著述

30135
國藥科學製造法
　尉稼謙編
　民國天津國醫函授學院鉛印新國
　　醫講義教材本
備註：根據《中醫圖書館聯合目録》
補充。
中醫科學院
補充著述

方論之屬

30136
醫方小品二卷
　（清）宋良弼撰

　清初刻本
　　八行十九字白口四周單邊
天圖　天津醫專

30137
醫方叢話八卷附鈔一卷
　（清）徐士鑾撰
　清光緒十五年（1889）津門徐氏蝶
　　園刻蝶訪居所輯書本
　　九行二十一字黑口四周雙邊
北大　中科院　天圖　南開　遼寧
山東　湖北　安徽　南京　福建

30138
醫方叢話八卷
　（清）徐士鑾撰
　1998 年據清光緒十五年（1889）
　　津門徐氏蜨園刻本影印四庫未
　　收書輯刊本
上圖
補充版本

30139
驗方彙集八卷續集四卷
　（清）戴緒安選注
　清光緒十年（1884）天津文利堂
　　刻本
首圖　中醫科學院　天津中醫大：
缺一卷（驗方彙集三）　天津醫專
吉林　南京中醫大
補充藏地

30140
驗方彙集七卷

（清）戴緒安輯

清末抄本

天圖

補充版本

30141

蔓荑軒丸散真方彙錄十八卷

張樹華（張相臣）撰

民國十九年（1930）天津鉛印蔓荑
軒醫學叢書本

國圖　天圖

補充著述

30142

經驗良方附六畜病經驗方

張樹華（張相臣）輯

民國二十二年（1933）天津鉛印蔓
荑軒醫學叢書本

天圖

補充著述

30143

身理衛生論一卷

王季烈撰

清光緒二十四年（1898）上海蒙學
會石印蒙學書報本

日本國會

補充著述

30144

處方學講義

施今墨撰

民國三十年（1941）光華國醫學社

鉛印本

甘肅

補充著述

30145

施今墨臨床經驗集

施今墨 * 撰　祝諶予整理

1982 年北京人民衛生出版社出版

國圖　天圖

補充著述

30146

漢藥舊戲大觀

程价三撰

稿本

天津市文聯

補充著述

30147

漢藥舊戲大觀

程价三撰

民國二十一年（1932）天津程氏醫
寓鉛印本

天圖

補充著述

30148

治病要方

程价三撰

稿本

備註：《津門醫粹文物圖集》著錄。

補充著述

147

30149

臨證實驗錄

尉稼謙編

民國天津國醫函授學院鉛印新國醫講義教材本

備註:根據《中醫圖書館聯合目錄》補充。

中醫科學院

補充著述

30150

肘後積餘集

王季儒編

1984年天津科學技術出版社出版

國圖　天圖

補充著述

30151

扶正固本與臨床

哈荔田*　李少川主編

1984年天津科學技術出版社出版

國圖　天圖

補充著述

温病之屬

30152

補註瘟疫論四卷

(明)吳有性撰　(清)洪天錫*補註

清乾隆四十九年(1784)晚翠堂刻本

中醫科學院　天津中醫大

30153

補註瘟疫論四卷

(明)吳有性撰　(清)洪天錫*補註

清道光二年(1822)綠杉野屋刻本

吉林　成都中醫大　貴州

補充版本

30154

補註瘟疫論四卷

(明)吳有性撰　(清)洪天錫*補註

清道光四年(1824)孝友堂刻本

中醫科學院　天津醫學信息

30155

補註瘟疫論四卷

(明)吳有性撰　(清)洪天錫*補註

清咸豐四年(1854)天津晚翠堂刻本

首圖　天圖　內蒙古

30156

補註瘟疫論四卷

(明)吳有性撰　(清)洪天錫*補註

清光緒二十九年(1903)天津寶森堂修補晚翠堂刻本

中醫科學院　天津中醫大　天津中醫大一附屬

30157

補註瘟疫論四卷

（明）吳有性撰　（清）洪天錫*
補註

清光緒三十三年（1906）天津大公
報館鉛印本

天津醫科大　天津衛職　天津醫專

30158

補註瘟疫論四卷

（明）吳有性撰　（清）洪天錫*
補註

民國十五年（1926）天津金氏刻本

天圖　南開

30159

痧症傳信方不分卷

（清）寇蘭皋撰

清道光十二年（1832）刻本

九行二十二字小字雙行同白口四
周雙邊

國圖　天圖　中國醫科院

30160

意解山房溫疫析疑四卷

（清）唐載庭（毓厚）撰

清光緒九年（1883）刻本

備註：唐載庭，清醫家，字毓厚，號
靜研。

國圖　天圖　天津中醫大　天津醫專
天津濱海新區　保定

補充著述

30161

時症簡要二卷

張樹華（張相臣）輯

清光緒二十一年（1895）稿本

備註：張樹華，一名樹荺，字相臣，以
字行。

天津中醫大

補充著述

30162

治痢捷要新書一卷

丁子良（丁國瑞）撰

清光緒二十四年（1898）紫氣堂石
印本

天津中醫大

補充版本

30163

治痢捷要新書一卷

丁子良（丁國瑞）撰

民國十三年（1924）杭州三三醫社
鉛印三三醫書本

中國醫科院　中醫科學院　天津醫
情站　上海第一醫學院

30164

治痢捷要新書一卷

丁子良（丁國瑞）撰

民國十五年（1926）天津敬慎醫室
鉛印本

北京中醫大

30165

治痢捷要新書一卷

丁子良（丁國瑞）撰

抄本

上圖

30166

說疫一卷

　丁子良(丁國瑞)撰

　民國七年(1918)天津敬慎醫室鉛
　　印本

天津醫科大　上海中醫大

30167

說疫一卷

　丁子良(丁國瑞)撰

　民國七年(1918)北京富華印刷所
　　鉛印本

國圖　天圖　天津中醫大　天津衛
職　上圖

30168

增補瘟疫論二卷

　(明)吳有性撰　丁子良*(丁國
　瑞)集注增補

　清光緒三十二年(1906)天津大公
　　報館鉛印竹園叢書本

北師大　天津中醫大　遼寧

補充著述

30169

增補瘟疫論五卷

　(明)吳有性撰　丁子良*(丁國
　瑞)集注增補

　清光緒鉛印本

天津濱海新區

補充著述

30170

溫病講義

　陳曾源撰

　抄本

天津衛職

補充著述

30171

溫病講義

　陳曾源編

　抄本

天津醫專

補充著述

30172

傳染病中西匯通三篇

　王趾周撰

　民國十七年(1928)天津中西醫學
　　傳習所鉛印本

天圖

補充著述

30173

瘟疫病

　王趾周撰

　抄本

天津醫專　天津衛職

補充著述

30174

溫病講義

楊如侯[*]撰　楊達夫整理

民國二十年(1931)天津楊達夫醫

　　社鉛印本

中醫科學院

補充著述

30175

集註新解葉天士溫熱論

　　楊達夫編

　　1963 年天津人民出版社出版

天圖

補充著述

30176

時疫科

　　尉稼謙編

　　民國天津國醫函授學院鉛印新國

　　　醫講義教材本

備註:根據《中醫圖書館聯合目錄》

補充。

中醫科學院　湖南　四川

補充著述

30177

溫病刍言

　　王季儒編

　　1981 年天津科學技術出版社出版

國圖　天圖

補充著述

30178

中西醫結合治療流行性乙型腦炎

　　王季儒[*]　遠建德編

1979 年天津科學技術出版社出版

國圖　天圖

補充著述

内科之屬

30179

胃腸病新診斷

　　李術仁撰

　　民國二十六年(1937)正文印刷局

　　　鉛印本

中醫科學院　私人收藏

補充著述

30180

古雜病篇詮釋

　　王靜齋(王功鎮)撰

　　民國三十七年(1948)稿本

備註:王靜齋,名功鎮,別號曲水

逸民。

天津衛職

30181

寄生蟲病學

　　陸觀豹撰

　　民國三十二年(1943)鉛印中國醫

　　　學叢書本

私人收藏

補充著述

30182

内科雜病學

　　尉稼謙編

　　民國天津國醫函授學院鉛印新國

醫講義教材本

備註:根據《中醫圖書館聯合目録》補充。

中醫科學院

補充著述

30183

眩暈一夕談

　趙仲麟撰

　　民國二十一年(1932)天津鴻記印
　　務工廠鉛印本

備註:《津門醫粹文物圖集》著録。

補充著述

外科之屬

30184

外科心法真驗指掌四卷首一卷

　(清)劉濟川撰

　　清光緒十三年(1887)天津全順堂
　　劉氏刻本

　　九行二十五字白口四周雙邊

國圖　北大　中醫科學院　北京中
醫大　天津中醫大一附屬　遼寧

補充藏地

30185

外科

　尉稼謙編

　　民國天津國醫函授學院鉛印新國
　　醫講義教材本

備註:根據《中醫圖書館聯合目録》補充。

中醫科學院

補充著述

30186

重校宋竇太師瘡瘍經驗全書十二卷

　(宋)竇漢卿撰　　薊州區

　　明隆慶三年(1569)　刻本

上圖　内閣文庫

補充版本

30187

重校宋竇太師瘡瘍經驗全書十二卷

　(宋)竇漢卿撰　　薊州區

　　1997年影印四庫全書存目叢書本

上圖　京大人文研

補充版本

30188

瘡瘍經驗全書六卷

　(宋)竇漢卿*撰　(明)竇夢麟增
　訂　薊州區

　　清刻本

　　十一行二十六字小字雙行同白口
　　左右雙邊

國圖　天圖　天津中醫大　上圖
内閣文庫

補充版本

30189

瘡瘍經驗全書六卷

　(宋)竇漢卿*撰　(明)竇夢麟增
　訂　薊州區

　　清抄本

國圖

補充版本

補充版本

五官科之屬

30190

瘡瘍經驗全書六卷

（宋）竇漢卿＊撰　（明）竇夢麟增
訂　薊州區
民國五年（1916）石印本
上圖
補充版本

30191

瘡瘍經驗全書十三卷

（宋）竇漢卿撰　薊州區
清康熙五十六年（1717）浩然樓
刻本
十行二十字白口四周單邊
國圖　首圖　天圖　天津醫科大
天津中醫大　天津中醫大一附屬
遼寧　上圖　內閣文庫

30192

瘡瘍經驗全書十三卷

（宋）竇漢卿撰　薊州區
清（？—1717）抄本
上圖
補充版本

30193

瘡瘍經驗全書十三卷

（宋）竇漢卿撰　薊州區
1992年長沙岳麓書社影印中國醫
學大成續編本
京大人文研

30194

咽喉指掌

王春園編
民國二十二年（1933）北平中華印
書局鉛印本
天圖　私人收藏
補充著述

30195

眼科

尉稼謙編
民國天津國醫函授學院鉛印新國
醫講義教材本
備註：根據《中醫圖書館聯合目錄》
補充。
中醫科學院
補充著述

30196

咽喉科

尉稼謙編
民國天津國醫函授學院鉛印新國
醫講義教材本
備註：根據《中醫圖書館聯合目錄》
補充。
中醫科學院
補充著述

30197

喉科選粹一卷

毛景義纂　　靜海區

民國十七年（1928）天津鴻記印務

　　工廠鉛印本

備註：清末醫家，字退之，靜海人。

天圖　北京中醫大　上海醫學院

婦產科之屬

30198

產科常識

　程价三撰

　民國二十一年（1932）天津華新印

　　刷局鉛印本

天圖

補充著述

30199

產寶淺注

　程价三撰

　稿本

備註：《津門醫粹文物圖集》著錄。

補充著述

30200

婦女科

　尉稼謙編

　民國天津國醫函授學院鉛印新國

　　醫講義教材本

備註：根據《中醫圖書館聯合目錄》

補充。

中醫科學院　四川

補充著述

兒科之屬

30201

痘科溫故集二卷

　（清）唐威原撰　　（清）房陸*參訂

　清乾隆十七年（1752）紹衣堂刻本

國圖　中醫科學院　天津中醫大

河北　上海中醫大

補充著述

30202

小兒育療法

　趙沛霖編

　民國三十一年（1942）東方印刷局

　　鉛印本

私人收藏

補充著述

30203

小兒科

　尉稼謙編

　民國天津國醫函授學院鉛印新國

　　醫講義教材本

備註：根據《中醫圖書館聯合目錄》

補充。

中醫科學院　安徽

補充著述

30204

育嬰秘籙

　王季儒編

　抄本

私人收藏

補充著述

30205

何世英兒科醫案

　何世英撰

　1979年寧夏人民出版社出版

私人收藏

補充著述

30206

歷代兒科醫案集成

　何世英等編

　1985年天津科學技術出版社出版

國圖　天圖

補充著述

30207

增訂幼科類萃

　何世英主編

　1986年天津科學技術出版社出版

國圖　天圖

補充著述

30208

增訂痘疹輯要四卷

　（清）白之紀輯　　薊州區

　清嘉慶十五年（1810）裕余堂刻本

　八行二十四字黑口左右雙邊單

　　魚尾

國圖　中科院　中醫科學院　北京

中醫大　山東中醫大　桂林

補充著述

30209

增訂痘疹輯要四卷

　（清）白之紀輯　　薊州區

　清同治六年（1867）刻本

　八行二十四字小字雙行字同黑口

　　左右雙邊單魚尾

備註：著者據序題，有墨筆眉批。

國圖　北京中醫大　河南中醫大

補充版本

30210

增訂痘疹輯要四卷

　（清）白之紀輯　　薊州區

　清光緒八年（1882）徐青墕刻本

吉林　上海中醫大

補充版本

30211

增訂痘疹輯要四卷

　（清）白之紀輯　　薊州區

　清光緒二十四年（1898）南海梁承

　　志堂刻本

江西　南京中醫大　廣東　廣州中

醫大

補充版本

30212

增訂痘疹輯要四卷

　（清）白之紀輯　　薊州區

　清光緒二十九年（1903）廣州宏經

　　閣書房刻本

天津中醫大

補充版本

30213
增訂痘疹輯要四卷
（清）白之紀輯　　薊州區
清光緒三十四年（1908）刻本
南京中醫大
補充版本

養生之屬

30214
意氣功詳解一卷
王竹林撰
民國二十年（1931）天津文嵐簃鉛
印漢石樓叢書本
備註：《天津藝文志》著録此書書名
"詳"誤爲"辭"。王竹林名賢賓，以
字行。
北大　人大　天圖　蘇大　厦大

30215
醫藥衛生格言彙選
張樹華（張相臣）輯
民國二十二年（1933）天津鉛印蘷
奠軒醫學叢書本
天圖
補充著述

30216
養生醫藥淺説八卷
王靜齋（王功鎮）撰
民國二十七年（1938）天津逸民醫
廬鉛印本
國圖　首圖

30217
新生活與健康
劉瑞恒撰
民國二十三年（1934）南京出版新
生活叢書本
臺圖
補充著述

醫案之屬

30218
醫案講義
丁甘仁撰　施今墨 * 選輯
民國二十五年（1936）華北國醫學
院鉛印本
中醫科學院
補充著述

30219
祝選施今墨醫案
施今墨撰
民國二十九年（1940）鉛印本
私人收藏
補充著述

30220
蒙齋醫案
趙芾撰
民國十八年（1929）油印本
國圖

30221
陸觀虎醫案
陸觀虎 * 撰　紀裕民整理

1986年天津科學技術出版社出版
國圖 河北 浙江
補充著述

30222
易氏醫案淺注
程价三撰
稿本
天津中醫大
補充著述

30223
邢錫波醫案集
邢錫波撰
2012年北京中國中醫藥出版社
出版
國圖 天圖
補充著述

30224
哈荔田婦科醫案醫話選
哈荔田撰
1982年天津科學技術出版社出版
國圖 天圖
補充著述

醫話醫論之屬

30225
注禮堂醫學舉要四卷
(清)戴緒安輯
清光緒十二年(1886)刻本
九行二十四字小字雙行同白口四
周雙邊

國圖 中醫科學院 天津中醫大
天津醫專
補充藏地

30226
國醫正言
陳曾源主編
民國二十三年至二十六年
(1934—1937)天津市國醫研究
會出版
備註:陳曾源,字澤東。
國圖 天圖
補充著述

30227
醫學新論
楊如侯*撰 楊達夫整理
民國二十年(1931)天津評報館鉛
印楊氏醫學叢書本
中醫科學院 私人收藏
補充著述

30228
中西醫話十卷
毛景義撰 靜海區
民國十一年(1922)江東茂記書局
石印本
天津醫科大 天津中醫大 上海中
醫大

雜著之屬

30229
醫學雜記

程价三撰
稿本
備註:《津門醫粹文物圖集》著録。
補充著述

30230
醫庫點滴
　程价三撰
　稿本
備註:《津門醫粹文物圖集》著録。
補充著述

30231
醫學三字經集注
　程价三撰
　稿本
備註:《津門醫粹文物圖集》著録。
補充著述

30232
醫知簡說
　趙礎卿撰
　稿本
天津中醫大
補充著述

30233
診餘集
　趙恩儉撰
　1978 年天津市中西醫結合急腹症
　　研究鉛印本
國圖　天圖
補充著述

30234
筆花醫鏡四卷
　(清)江涵暾撰　　(清)宋昌期補
　(清)高繼珩*校　　寶坻區
　清光緒十八年(1892)琉璃廠刻本
國圖　安陽
補充著述

雜家類

30235
詩禮堂雜纂二卷
　(清)王又樸撰
　民國十三年(1924)刻屏廬叢刻本
國圖　天圖　天津社科院　天師大
上圖

30236
花隱菴隨筆一卷
　(清)牛坤撰
　稿本
山東
補充著述

30237
義利法戒錄二卷
　(清)沈兆澐輯
　清同治四年(1865)山東德州刻本
　九行二十一字白口左右雙邊
天圖
補充著述

30238

篷窗隨錄十四卷續錄二卷附錄二卷

（清）沈兆澐輯

清咸豐七年（1857）刻本

十一行二十一字白口四周雙邊

國圖　天圖　天津社科院　天師大

天博　上圖

30239

篷窗隨錄十四卷續錄二卷附錄二卷

（清）沈兆澐輯

清咸豐七年至九年（1857—1859）

刻光緒十八年（1892）修補本

十一行二十一字白口四周雙邊

國圖　復旦

補充版本

30240

篷窗附錄二卷

（清）沈兆澐輯

民國十三年（1924）天津金氏刻屏

廬叢刻本

國圖　北大　遼大

30241

蓬窗隨錄十四卷續錄二卷附錄二卷

（清）沈兆澐輯

1969 年臺北文海出版社影印本

國圖

補充版本

30242

蓬窗隨錄十四卷續錄二卷附錄二卷

（清）沈兆澐輯

1995 年據清咸豐刻本影印續修四

庫全書本

上圖

補充版本

30243

敬止述聞一卷

（清）沈兆澐撰

清同治二年（1863）刻本

九行二十一字小字雙行同白口四

周雙邊

國圖

30244

敬鄉筆述八卷

（清）徐士鑾撰

清稿本

天圖

補充版本

30245

敬鄉筆述八卷

（清）徐士鑾輯

民國二十一年（1932）津門徐氏濠

園刻朱印本

九行二十一字黑口四周雙邊

國圖　北大　北師大　天圖　南開

天津社科院　吉大　上圖

30246

敬鄉筆述八卷

（清）徐士鑾輯

1986 年中國書店據民國二十一年
（1932）津門徐氏濠園刻本影
印本
南大
補充版本

30247
負暄閒語十二卷
（清）周馥撰
清宣統元年（1909）濟南鉛印本
備註：是書有牌記"宣統元年九月濟
南排印"。
國圖　北大　首圖　天圖　南開
天津社科院　上圖　蘭州大　東大
東文研
補充著述

30248
節錄身世金箴一卷
（清）周馥撰并書
清宣統元年（1909）石印本
國圖　天圖　南開
補充著述

30249
弢齋述學三卷
徐世昌撰
民國十年（1921）鉛印本
國圖　北大　清華　天圖　南開
吉大　上圖　華師大

30250
適園漫錄不分卷

徐世昌撰
民國二十五年（1936）石印本
天圖

30251
志餘隨筆六卷
高淩雯撰
民國二十五年（1936）天津金氏
刻本
九行二十一字黑口四周雙邊
國圖　天圖

30252
志餘隨筆六卷
高淩雯撰
1990 年天津圖書館影印本
國圖
補充版本

30253
補讀書齋筆談一卷附雜文公牘
王守恂撰
民國鉛印本
國圖　天圖

30254
鄉人社會談一卷
王守恂撰
民國天津社會教育辦事處鉛印本
天圖
補充著述

30255
應酬雜存不分卷

王守恂撰
清末民初(1865—1917)稿本
天圖
補充著述

30256
性理精言一卷
　周學熙輯
　民國二十一年(1932)至德周氏師
　　古堂刻本
國圖　南開　山東大　廣西

30257
十年商業進行策三卷
　宋則久＊(宋壽恆)撰　李桂林
　　汪塗等輯
　民國十六年(1927)鉛印本
天圖

30258
壬戌春丁講經錄不分卷
　丁子良(丁國瑞)撰
　民國天津社會教育辦事處鉛印本
天圖
補充著述

30259
兒童玩具談一卷
　李金藻(李琴湘)撰
　民國天津社會教育辦事處鉛印本
天圖

30260
囂囂瑣言

儲仁遜撰
稿本
南開

30261
吾謀錄
　劉潛撰
　民國十四年(1925)鉛印本
備註:劉潛,字芸生,號粹廬。
天圖

30262
對於柯璜君新思潮疑問之意見一卷
　韓梯雲撰
　民國十年(1921)天津社會教育星
　　期報社鉛印本
國圖　北大　首圖　天圖　天博
復旦

30263
瓜圃述異二卷靈感志異一卷
　金梁撰
　民國二十五年(1936)鉛印本
國圖　北大　清華　人大　北師大
天圖　南開　上圖

30264
學林叢話
　馬鍾琇撰
　民國六年(1917)油印本
國圖

30265
瓶外卮言

姚靈犀編

民國二十九年(1940)天津書局鉛
印本

國圖　天圖

30266

報學論叢

劉豁軒撰

民國三十五年(1946)天津益世報
社出版

天圖　私人收藏

30267

實踐新聞採訪學

王研石撰

民國三十二年(1943)稿本

天圖

30268

困學齋雜錄一卷

(元)鮮于樞撰　　薊州區

清乾隆道光間長塘鮑氏知不足齋
刻知不足齋叢書本

九行二十一字小字雙行同黑口左
右雙邊

國圖　北大　川大

30269

困學齋雜錄一卷

(元)鮮于樞撰　　薊州區

清同治十三年(1874)思補樓活
字本

九行二十一字小字單雙行同黑口

左右雙邊

國圖

補充版本

30270

困學齋雜錄一卷

(元)鮮于樞撰　　薊州區

清光緒五年(1879)定州王氏謙德
堂刻畿輔叢書本

十行二十二字小字雙行同黑口四
周單邊

國圖　北大　遼大

30271

困學齋雜錄一卷

(元)鮮于樞撰　　薊州區

清星鳳閣趙之玉抄本　趙之玉校
周星詒跋

國圖

30272

困學齋雜錄一卷

(元)鮮于樞撰　　薊州區

清抄本　清楊復吉跋

國圖

30273

困學齋雜錄一卷

(元)鮮于樞撰　　薊州區

民國十年(1921)上海古書流通處
影印知不足齋叢書本

國圖　北大　遼大

30274

困學齋雜錄一卷

（元）鮮于樞撰　　薊州區

民國十六年（1927）上海商務印書
館鉛印説郛本

國圖　川大

30275

困學齋雜錄一卷

（元）鮮于樞撰　　薊州區

民國國立北平圖書館抄説郛本

國圖

30276

困學齋雜錄一卷

（元）鮮于樞撰　　薊州區

民國蘇州振新書社影印知不足齋
叢書本

國圖

30277

相學齋雜鈔一卷

（元）鮮于樞撰　　薊州區

清順治（1644—1661）刻清
（1644—1911）重修説郛本

國圖　北大　天圖　哈佛燕京

30278

相學齋雜鈔一卷

（元）鮮于樞撰　　薊州區

清宣統三年（1911）上海國學扶輪
社鉛印古今説部叢書本

國圖　浙師大

30279

山居瑣言一卷

（清）王晉之撰　　薊州區

清光緒七年（1881）滬江石埭陳氏
強本居鉛印本

北師大　天圖　南開　復旦　廣西
新疆

補充版本

30280

山居瑣言一卷

（清）王晉之撰　　薊州區

清光緒十年（1884）津河廣仁堂刻
津河廣仁堂所刻書本

十行二十三字白口四周雙邊

國圖　天圖　揚州

補充版本

30281

山居瑣言一卷

（清）王晉之撰　　薊州區

清光緒二十九年（1903）北洋官報
局石印農學叢書本

國圖　北師大　遼寧　新鄉　重慶

30282

山居瑣言一卷

（清）王晉之撰　　薊州區

清光緒抄本

東北師大

補充版本

30283

識貧一卷

（清）李樹屏撰　　薊州區

清光緒活字印味虚簃叢書本

國圖　吉大

30284

建時言論集

杜建時撰　　武清區

民國三十七年（1948）天津市政府
　秘書處編譯室鉛印天津叢刊本

天圖　天津社科院　天師大　天津
檔案

雜著類

30285

庸行編八卷

（清）史典輯　（清）牟允中＊補輯

清康熙三十一年（1692）澹寧堂
　刻本

九行二十一字白口四周單邊

備註：《天津藝文志》著録此書書名
“編”誤爲“篇”。

北大　人大　北師大　天圖　吉大
川大　武大

30286

庸行編八卷

（清）史典輯　（清）牟允中＊補輯

1997 年影印四庫全書存目叢書本

天圖　上圖

補充版本

30287

恂叔隨筆不分卷

（清）查禮撰

清抄本

山東

30288

靜喜草堂雜録不分卷

（清）查善和撰

清稿本

天圖

30289

石農淺識録不分卷

（清）馮相棻撰

清抄本

天圖

30290

槐窗箋記一卷

（清）查默勤輯

清稿本

浙江

補充著述

30291

事物聚考一卷

（清）楊家麟撰

清抄本

天圖

30292

保家録二卷

（清）王毓元撰并輯

民國二十五年（1936）天津協成印
　刷局鉛印本

南開　上圖　哈師大

30293

庚壬存餘錄一卷

（清）李金海撰

民國七年（1918）鉛印本

北師大　天圖　山東大

30294

古訓粹編十二種

（清）周馥*節錄　周學熙續錄

民國二十一年（1932）周氏師古堂
　刻周氏師古堂所編書本

國圖　天圖　南開　山東大　廣西

身世金箴一卷

近思錄十四卷

庭訓格言一卷

呻吟語二卷

聰訓齋語一卷

澄懷園語一卷

荊園小語一卷附進語一卷

課子隨筆一卷

求闕齋日記一卷

菜根譚一卷附娑羅館清語一卷

陽明理學集三卷

格言聯璧三卷

30295

綠莊嚴館漫錄一卷

（清）孟繼壎撰

清末抄本

國圖

30296

綠莊嚴館漫錄一卷

（清）孟繼壎撰

民國二十八年（1939）清稿本

天圖

30297

獺祭編

（清）李慶辰撰

清天津李筱筠抄本

天津社科院

30298

習勤齋記事

（清）姚學源撰

清光緒六年（1880）稿本

天津私人藏書家曲振明收藏

補充版本藏家

30299

徐世昌等演說詞不分卷

徐世昌等撰

民國抄本

天圖

30300

雜錄

嚴修輯

清末民國初稿本

天圖

補充著述

30301
嚴範孫先生叢脞
　嚴修撰
　清光緒至民國抄本
天圖
　嚴范孫筆記
　武子香先生公事日記
　詳定貴州三書院章程
　數學筆記
　書籍賬
　京官同鄉同年人各底簿
　貴州銅仁縣學古書院經費賬目
　捐贈省圖書館書目
　學古書院肄業條約
　日記
　市價備考
　賀入泮簿

30302
嚴範孫雜著
　嚴修撰
　清末至民國紅格稿本
天圖
　炳燭脞記
　黔軺雜著

30303
章安雜記
　(清)趙之謙撰　章鈺*抄
　清光緒三十二年(1906)算鶴量鯨
　　室抄本

國圖
補充著述

30304
讀書樂趣約選二卷
　(清)伍涵芬撰　周學熙*節録
　民國二十二年(1933)周氏師古堂
　　刻本
國圖　山東大　廣西

30305
安蹇齋隨筆一卷
　英斂之(英華)撰
　民國九年(1920)石印本
北師大　天圖　上圖　華師大
補充著述

30306
萬松野人言善録一卷
　英斂之(英華)撰
　民國五年(1916)天津大公報館鉛
　　印本
北大　南開　上圖
補充版本

30307
萬松野人言善録一卷
　英斂之(英華)撰
　民國八年(1919)京師鉛印本
北大　天圖　上圖　復旦

30308
萬松野人言善録一卷

英斂之（英華）撰
民國二十一年（1932）鉛印本
北大　上圖
補充版本

30309
抑齋讀書記正編三卷附編三卷
王錫彤撰
民國鉛印本
國圖　北大　北師大　人大　天圖
南開

30310
實用書札
宋則久（宋壽恆）輯
民國二十二年（1933）天津國貨售
　品所鉛印本
天圖

30311
西裝服飾禮俗考
宋則久（宋壽恆）撰
民國二十年（1931）天津國貨售品
　所鉛印本
天圖

30312
藏齋隨筆
趙元禮撰
民國鉛印本
國圖　天圖　南開　天津社科院
天師大　天博　上圖

30313
雲薖勝墨
楊壽枏撰
民國藍格稿本
天圖

30314
癸卯官商快覽三百六十種
甘韓（甘厚慈）編
清光緒二十九年（1903）上海絳雪
　齋石印本
備註：書名據版心題。
國圖

30315
巡海記
李準撰
1975年台灣學生書局影印本
臺圖

30316
**簠室課餘雜鈔三卷課餘日知一卷簠
室筆記二卷**
王襄書并記
民國抄本
天圖

30317
天人通
金梁撰
民國二十五年（1936）紅格稿本
備註：有丙子（1936）孟夏金梁
《自序》。

天圖
補充著述

30318
清季政爭
　金梁撰
　1952 年鉛印本
國圖

30319
文史偶存不分卷
　金梁撰
　1958 年油印本
上圖
補充著述

30320
識夷盦隨筆一卷
　程卓沄撰
　民國二十五年(1936)石印本
備註:《天津藝文志》著錄著者名
"沄"誤爲"云"。
天師大

30321
少女言吾不分卷
　劉后同(劉文屋)撰
　稿本
天圖

30322
適園漫錄
　徐世章輯

　民國二十五年(1936)影印本
國圖

30323
方是閒居漫筆五卷
　王崇煥撰
　稿本
天圖
補充著述

30324
小敷山堂叢鈔
　王崇煥輯
　抄本
天圖
補充著述

30325
辛酉雜纂三種
　金鉞撰
　民國十年(1921)天津金氏刻本
備註:書名據套簽題。
國圖　天圖　天師大　天博
　漫簡二卷
　屏廬肊説一卷
　偶語百聯一卷

30326
辛酉雜纂三種
　金鉞撰
　1992 年北京中國書店據民國十年
　　(1921)天津金氏刻本影印本
國圖　南大　中山大

補充版本

30327
春雨草堂筆記八卷
（清）宮偉鏐撰　　静海區
抄本
東北師大
補充版本

30328
先進風格一卷
（清）宮偉鏐撰　　静海區
民國鉛印暨石印海陵叢刻本
國圖　清華　首圖　山東　南京
復旦　湖北　浙江　甘肅

30329
庭聞州世說六卷
（清）宮偉鏐撰　　静海區
清康熙刻本
上圖
補充版本

30330
庭聞州世說七卷先進風格一卷
（清）宮偉鏐撰　　静海區
清抄本
上圖
補充版本

30331
庭聞州世說六卷續一卷
（清）宮偉鏐撰　　静海區

民國鉛印暨石印海陵叢刻本
國圖　清華　首圖　山東　南京
復旦　湖北　浙江　甘肅

30332
庭聞州世說六卷
（清）宮偉鏐撰　　静海區
1997年齊魯書社影印四庫全書存
目叢書本
上圖
補充版本

小說家類

30333
醉茶志怪四卷
（清）李慶辰撰
清光緒十八年（1892）津門刻本
十行二十二字白口四周雙邊
國圖　北師大　天圖　南開　天博
天師大　天津市委黨校　上圖　復旦
遼寧　吉林　哈爾濱　廣西

30334
奇奇怪怪四卷
（清）李慶辰撰
清光緒二十年（1894）上海書局石
印本
北師大

30335
繪圖希奇古怪四卷

（清）李慶辰撰

清光緒十八年（1892）鉛印本

國圖

補充版本

30336

繪圖希奇古怪四卷

（清）李慶辰撰

清光緒二十二年（1896）上海理文
軒鉛印本

吉大　上圖　復旦　揚州　湖南

補充版本

30337

繪圖希奇古怪四卷

（清）李慶辰撰

清光緒上海錦章圖書局石印本

上圖　湖南　東大東文研

30338

最新希奇古怪四卷

（清）李慶辰撰

民國三年（1914）石印本

上圖

補充著述

30339

海外拾遺

（清）張燾撰

清光緒十四年（1888）天津時報館
鉛印本

國圖　北大　南開　東北師大
新疆

補充著述

30340

海外拾遺

（清）張燾撰

民國四年（1915）上海商務印書館
鉛印本

國圖　天圖

補充版本

30341

平讞恤刑錄

金紹曾編

民國二十三年（1934）出版

國圖：縮微品

30342

沽水舊聞

戴愚盦撰

民國二十三年（1934）天津益世報
館鉛印本

天圖　天津社科院

30343

娑婆生傳一卷

袁克文撰

1986年上海書店影印虞初志合
集本

一橋大

補充著述

30344

鄉言解頤五卷

（清）李光庭撰　　寶坻區
清道光三十年（1850）刻本
備註:李光庭爲寶坻林亭口人。
國圖　首圖　天圖
補充版本

30345
鄉言解頤五卷
　（清）李光庭撰　　寶坻區
　1995 年影印續修四庫全書本
上圖

30346
蝶階外史四卷
　（清）高繼珩*撰　（清）高濬瑛輯
　寶坻區
　清咸豐十年（1860）翰苑樓刻培根
　　堂全稿本
備註:天圖藏此書的培根堂全稿本,
故著錄此條。（因子目的藏家不同,
故著錄全集同時,亦著錄子目）
國圖　北大　清華　天圖

30347
蝶階外史四卷
　（清）高繼珩撰　　寶坻區
　清宣統三年（1911）上海廣益書局
　　石印本
天圖　蘇州　紹興
補充版本

30348
繪圖蝶階外史四卷蝶階外史續集二卷

（清）高繼珩撰　　寶坻區
民國九年（1920）上海廣益書局石
　印本
國圖
補充版本

30349
滑稽故事類編
　楊汝泉編　　静海區
　民國二十二年（1933）天津大公報
　　社出版
天圖

天文曆算類

30350
開方粹一卷
　（清）楊承烈撰
　民國三十二年（1943）天津廣智館
　　鉛印本
天圖　天博

30351
萬象一原演式九卷首一卷
　（清）夏鸞翔撰　　盧靖*演式
　清光緒二十七年（1901）鉛印本
國圖

30352
萬象一原演式九卷首一卷
　（清）夏鸞翔撰　　盧靖*演式
　清光緒二十八年（1902）石印本

國圖　首圖　天圖　南開　天津濱
海新區　保定　吉林市　貴州　陝
西師大

30353

割圓術輯要一卷

　盧靖輯

　清光緒二十八年(1902)石印本

國圖　首圖　天圖　南開　上圖
山西　貴州　陝西師大

30354

白話珠算講義

　宋則久(宋壽恆)撰

　民國十九年(1930)天津國貨售品
　　所鉛印本

天圖

30355

宇宙之大疑問

　劉孟揚撰

　民國鉛印本

國圖　天圖

術數類

30356

牙牌參禪譜二卷

　(清)閻智撰

　清道光十四年(1834)刻本

　九行二十字白口四周單邊

國圖

補充著述

30357

篆元遁甲句解煙波釣叟歌一卷

　(宋)趙普 * 撰　(明)池紀解編

　薊州區

　明正德刻本

哈佛燕京

30358

**重刻天元奇門遁甲句解煙波釣叟歌
一卷**

　題(宋)趙普 * 撰　(明)池紀解編

　薊州區

　明正德刻本

國圖　南開

30359

**重刻天元奇門遁甲句解煙波釣叟歌
一卷**

　題(宋)趙普 * 撰　(明)池紀解編

　薊州區

　明萬曆刻本

　十行二十字白口四周單邊

國圖　臺圖　蓬左文庫

30360

奇門遁甲煙波釣叟歌一卷

　(宋)趙普撰　薊州區

　民國十四年(1925)上海文明書局
　　鉛印本

東洋文庫

補充版本

30361

奇門原古二卷

（宋）趙普撰　　薊州區

清抄本

天一閣

補充著述

30362

棣華堂地學五種十二卷

元祝垚撰　　静海區

民國七年（1918）石印本

國圖

補充著述

辨正疏批論

天玉經寶照經

天元歌歸厚錄

囫圇語

陽宅覺

30363

棣華堂地學五種十二卷

元祝垚撰　　静海區

民國抄本

國圖

補充著述

30364

陽宅覺元氏新書二卷

元祝垚撰　　静海區

清光緒二十三年（1897）刻本

九行二十二字白口四周雙邊

天圖

補充著述

30365

地理玄龍經五卷

趙魯源撰　　静海區

民國十四年（1925）石印本

上圖

補充著述

30366

地理玄龍經五卷

趙魯源撰　　静海區

1998 年台灣新竹出版

臺圖

補充版本

30367

地理玄龍經五卷

趙魯源撰　　静海區

2001 年臺北武陵出版

臺圖

藝術類

類編之屬

30368

涉園墨萃十二種

陶湘輯

民國十八年（1929）武進陶湘石

印本

國圖　北大　北師大　天圖　南開

上圖

墨譜法式三卷　　（宋）李孝美撰

173

墨經一卷　（宋）晁貫之撰

墨史三卷　（元）陸友撰

墨法集要一卷　（明）沈繼孫撰
　　民國十六年（1927）刻

中山狼圖一卷　（明）程大約撰

明利瑪竇題寶象圖一卷　（明）程
　　大約撰　民國十六年（1927）刻

墨海十卷附録一卷　（明）方瑞生
　　撰　民國十七年（1928）刻

墨表四卷　（清）萬壽祺撰

墨藪四卷附録一卷　（清）汪近
　　聖撰

中舟藏墨録三卷　袁勵准撰　民
　　國十七年（1928）刻

内務府墨作則例一卷　民國十八
　　年（1929）刻

南學制墨劄記一卷　（清）謝崧岱
　　述　民國十八年（1929）刻

30369

涉園墨萃十二種

　　陶湘輯

　　1991 年北京中國書店影印本

北大

書畫之屬

30370

書法偶集一卷

　　（清）陳玠撰

　　民國十三年（1924）天津金氏刻屏
　　　盧叢刻本

國圖　天圖　京大人文研　東洋
文庫

30371

書譜二卷

　　（唐）孫過庭書　（清）安岐＊拓印

　　清康熙安岐拓印本

天圖

30372

名畫二卷

　　（清）安岐撰

　　清抄本

天津市文聯

補充版本

30373

墨緣彙觀四卷

　　（清）安岐撰

　　清抄本

國圖　清華　中醫科學院　天圖

上圖　湖南師大

補充版本

30374

墨緣彙觀四卷

　　（清）安岐撰

　　清西古畫樓抄本

山西文物局

補充版本

30375

墨緣彙觀四卷

　　（清）安岐撰

　　清光緒元年（1875）刻粤雅堂叢

書本
　九行二十一字黑口左右雙邊
天圖

30376
墨緣彙觀四卷
　（清）安岐撰
　清光緒十九年（1893）德化李氏木
　　犀軒抄本
北大
補充版本

30377
墨緣彙觀四卷
　（清）安岐撰
　清光緒二十六年（1900）鉛印本
　　姚大榮批校
天圖
補充版本

30378
墨緣彙觀四卷
　（清）安岐撰
　清光緒二十六年（1901）鉛印本
天圖　天津社科院　上圖

30379
墨緣彙觀四卷
　（清）安岐撰
　清宣統元年（1909）刻本
　九行二十一字白口左右雙邊
天圖　天津社科院

30380
墨緣彙觀四卷
　（清）安岐編
　民國九年（1920）上海廣雅書局石
　　印本
國圖
補充版本

30381
墨緣彙觀四卷名畫續錄一卷
　（清）安岐撰
　民國三年（1914）北京瑠璃廠翰文
　　齋鉛印本
上圖　關大
補充版本

30382
墨緣彙觀四卷名畫續錄一卷
　（清）安岐撰
　民國上海有正書局鉛印本
上圖
補充版本

30383
畫梅題跋一卷
　（清）查禮撰
　清花近樓叢書補遺本
備註：是書爲稿本。
國圖

30384
畫梅題跋一卷
　（清）查禮撰

清同治二年（1863）管庭芬抄本
南京
補充版本

30385
畫梅題跋一卷
（清）查禮撰
民國二年（1913）上海神州國光社
鉛印美術叢書續集本
國圖　北大

30386
畫梅題記一卷
（清）查禮撰
民國十三年（1924）天津金氏刻屏
盧叢刻本
國圖　北大　遼大　華師大

30387
畫梅題記一卷
（清）查禮撰
民國二十六年（1937）北平中華印
書局鉛印畫論叢刊本
國圖　北大　清華　北師大　南開
華師大　河南大

30388
畫梅題記一卷
（清）查禮撰
1985年北京中國書店據民國十三
年（1924）天津金氏刊本影印本
河南大　武大

30389
讀畫記五卷
（清）沈銓撰
清稿本
國圖　上圖

30390
先正格言不分卷
（清）沈兆澐書
清稿本
天圖

30391
至聖先師誕辰致祭序記
（清）沈兆澐等撰
清寫本
天圖

30392
可竹軒畫譜不分卷
（清）王大准輯
民國十二年（1923）上海育智書局
石印本
國圖　上圖

30393
南宗抉秘一卷
（清）華琳撰
民國十三年（1924）天津徐氏退耕
堂鉛印本
北師大　天圖　上圖

30394
南宗抉秘一卷

（清）華琳撰

民國十三年（1924）天津金氏刻屏

廬叢刻本

國圖　南京　華師大

補充版本

30395

南宗抉秘一卷

（清）華琳撰

民國二十六年（1937）北平中華印

書局鉛印畫論叢刊本

國圖

補充版本

30396

南宗抉秘一卷

（清）華琳撰

1985年北京中國書店據民國十三

年（1924）天津金氏刊本影印本

河南大

補充版本

30397

辛家彥等書法

（清）辛家彥書　（清）盧恩溥書

（清）王恩湉書　（清）王維珍*書

清寫本

天圖

補充著述

30398

周愨慎公百齡紀念圖詠一卷

（清）周馥撰

民國二十五年（1936）影印本

天圖

補充著述

30399

玉山老人手書寶諫議錄一卷

（清）周馥撰

民國九年（1920）影印本

天圖

補充著述

30400

玉山老人手書張文端語

（清）周馥書

民國石印本

天圖

補充著述

30401

玉山老人手書先賢論

（清）周馥書

民國據書稿影印本

天圖

補充著述

30402

周愨慎公遺墨

（清）周馥書

民國影印本

國圖

30403

周玉山摘録篤素堂集文一卷

(清)周馥書
民國石印本
上圖
補充著述

30404
百華詩箋譜(文美齋詩箋譜)
  (清)張兆祥繪
  清光緒十九年(1893)文美齋刻朱
    印本
國圖

30405
百華詩箋譜(文美齋詩箋譜)
  (清)松年繪 (清)張兆祥*題詞
  清光緒二十八年(1902)天津文美
    齋石印本
備註:題名據書名頁題。
天圖

30406
百華詩箋譜(文美齋詩箋譜)
  (清)張兆祥*繪 (清)查淩漢
  題詞
  清光緒三十二年(1906)天津文美
    齋刻朱印本
國圖 天圖

30407
百華詩箋譜(文美齋詩箋譜)
  (清)張兆祥*繪 (清)查淩漢
  題詞
  清宣統三年(1911)刻五色套印本

國圖 天圖 南開 遼大 上圖
南大

30408
新繪百美圖詠一卷
  (清)沈心海繪
  清光緒二十七年(1901)天津文美
    齋石印本
天圖

30409
南皮張氏兩烈女碑
  徐世昌*撰 華世奎書
  民國九年(1920)北京瑞文龍書局
    影印本
國圖 吉大

30410
南皮張氏雙烈女廟碑
  徐世昌*撰 華世奎書
  民國二十三年(1934)北平文成堂
    書帖莊影印本
國圖
補充版本

30411
南皮張氏兩烈女碑
  徐世昌*撰 華世奎書
  民國國粹書局石印本
天圖

30412
水竹邨人山水畫冊

徐世昌繪

民國影印本

國圖

30413

水竹邨人花卉扇圖冊

徐世昌繪

民國影印本

國圖

30414

揀珠錄一卷

徐世昌書

稿本

天圖

補充版本

30415

揀珠錄一卷

徐世昌*書　郭則澐輯

民國影印本

國圖　北大　清華　天圖　南開

吉大　河南大

30416

石門山人臨十七帖

徐世昌臨書

民國影印本

天圖

30417

石門山人臨千字文

徐世昌臨書

民國影印本

天圖

補充著述

30418

石門山人臨書譜

徐世昌臨書

民國影印本

天圖

補充著述

30419

徐遯庵先生遺墨附題跋

徐世昌等撰書

民國影印本

天圖

30420

沽上名人墨蹟

孟廣慧　徐世昌*　楊家瑞　戴

錫章撰並書

清光緒二十六年至民國二十八年

（1900—1939）稿本

天圖

補充著述

30421

徐世昌行草孝經

徐世昌書

民國寫本

天博

補充著述

30422
尚古山房十大名人墨寶
　　徐世昌書
　　民國上海尚古山房石印本
中山大
補充著述

30423
無益有益齋論畫詩二卷
　　(清)李葆恂撰
　　清宣統元年(1909)漢口維新印書
　　　館鉛印本
國圖　上圖　吉林　湖南　青海

30424
無益有益齋論畫詩二卷
　　(清)李葆恂撰
　　清宣統元年(1909)南陵徐氏刻懷
　　　豳雜俎本
　　十行二十字黑口左右雙邊
國圖　北師大　吉林市　蘇州　揚
州　臺圖　東洋文庫

30425
龔曉山先生畫冊
　　龔曉山書
　　影印本
私人收藏
補充著述

30426
嚴範孫先生手劄
　　嚴修撰

清光緒二十六年至民國十八年
　　(1900—1929)稿本
天圖

30427
孟樹村七秩壽言不分卷
　　嚴修等撰並書
　　稿本
天圖
補充著述

30428
林墨青壽辰徵言不分卷
　　嚴修等撰
　　稿本
天圖
補充著述

30429
李海樓書蘭亭序題跋集
　　高凌雯* 　李金藻　王襄　任嘉
　　義　張壽撰並書
　　清光緒二十六年至民國二十九年
　　　(1900—1940)稿本
備註:書名依據本館自擬。
天圖

30430
劉嘉琛書帖
　　劉嘉琛書
　　稿本
天師大

30431
聖蹟圖不分卷
  曹錕摹
  民國十二年(1923)影印本
清華　天圖　上圖　日本三康
補充藏地

30432
王丙田先生暨德記趙宜人家傳
  華世奎*　佟甫田　張念祖撰
  並書
  民國稿本
天圖
補充著述

30433
周氏家譜序一卷
  華世奎撰
  民國五年(1916)石印本
天圖
補充著述

30434
名人書法真跡不分卷
  (清)曹鴻勛　華世奎*　丁佛言
  等書
  稿本
煙臺
補充著述

30435
書函珍存不分卷
  王守恂*　金鉞　趙元禮撰

  民國稿本
天圖
補充著述

30436
章式之先生臨明徵君碑
  章鈺書
  民國二十六年(1937)影印本
國圖　天圖　上圖
補充著述

30437
負翁書課
  章鈺書
  民國二十二年(1933)影印本
上圖
補充著述

30438
萬松老人贈志清二妹冊頁
  英斂之(英華)書
  稿本　經折裝
天師大
補充著述

30439
萬松心畫一卷
  英斂之(英華)書
  民國十一年(1922)石印本
北大　天師大

30440
孟廣慧書法遺作集

孟廣慧書
2007 年天津楊柳青畫社出版
國圖　天圖

30441
藏齋居士臨觀海堂帖
　　趙元禮書
　　民國二十三年（1934）影印本
國圖　天圖

30442
零金碎玉
　　趙元禮*　沈泰　陳乙金書
　　清光緒二十六年至民國二十九年
　　（1900—1940）稿本
天圖
補充著述

30443
［味秋信札］不分卷
　　溫忠翰　趙元禮*撰
　　清光緒二十六年至民國二十八年
　　（1900—1939）稿本
天圖
補充著述

30444
［書劄］
　　吳士鑑　趙元禮*　林世濤撰
並書
　　清光緒十四年至民國二十三年
　　（1888—1934）稿本
天圖

補充著述

30445
恕齋贈言
　　趙元禮等撰並書
　　寫本
天圖
補充著述

30446
趙元禮手劄
　　趙元禮手書
　　稿本
南開
補充著述

30447
國朝名家遺墨一卷
　　李其光輯
　　清光緒三十四年（1908）天津西普
　　文石印書局石印本
國圖　北大　天圖

30448
大篆四書二卷
　　李準書
　　民國二十二年（1933）影印本
國圖　北師大　天圖　吉大　上圖
國士館

30449
漢碑不分卷
　　李準臨摹

民國寫本

天圖

補充著述

30450

李直繩先生臨張遷碑一卷

李準書

民國秀文齋李氏寫本

天圖

補充著述

30451

篆書心經

李準篆書

民國石印本

天圖

補充著述

30452

藏園手寫宋刊唐六典元刊五服圖解跋

傅增湘撰

稿本

天圖

補充著述

30453

傅增湘等致止庵書

傅增湘等撰並書

寫本

天圖

補充著述

30454

仙碟童緣

姚彤章輯

原跡本

天津社科院

30455

于右任書楊松軒先生墓表

張伯苓 * 撰　于右任書

1985 年陝西三秦出版社影印本

南大

30456

張遷表頌對文三百聯不分卷

張壽撰

民國二十二年 (1933) 稿本

天圖

補充著述

30457

盛京故宮書畫記一卷

金梁撰

民國二年 (1913) 大公報館鉛印本

國圖　北大　天圖　上圖

30458

盛京故宮書畫錄七卷首一卷

金梁編

民國十三年 (1924) 鉛印本

國圖　北大　天圖　吉六　上圖

南大

30459

松壽軒第一集

曹鴻年撰

民國十三年（1924）鉛印本

首圖

30460

李息翁臨古法書一卷

李叔同＊書　夏丏尊選

民國十八年（1929）上海開明書店

影印本

國圖　上圖

30461

護生畫集

豐子愷畫　李叔同＊書

民國十七年（1928）上海佛學書局

鉛印本

國圖

30462

護生畫初集續集

豐子愷畫　李叔同＊書

1950 年上海大法輪書局影印本

國圖

30463

華嚴經普賢行願品偈

李叔同書

1985 年曙光印刷廠影印本

國圖

補充著述

30464

弘一大師遺墨

李叔同＊書　夏宗禹編

1987 年北京華夏出版社出版

國圖

30465

僧伽應化録

釋弘一（李叔同）輯

民國二十五年（1936）南通狼山廣

教寺石印本

國圖

30466

弘一大師寫經集

釋弘一（李叔同）書

1993 年影印本

上圖

補充著述

30467

弘一大師寫經集四種

釋弘一（李叔同）書

1998 年華寶齋古籍書社影印本

國圖

30468

弘一大師手寫佛經三種

釋弘一（李叔同）書

民國十年（1921）影印本

上圖

補充著述

30469

弘一大師書華嚴集聯三百首一卷

釋弘一（李叔同）書
民國十九年（1930）影印本
天圖　上圖
補充著述

30470
弘一大師書華嚴集聯
　　釋弘一（李叔同）書
　　1989 上海書畫出版社影印本
北師大　南開　河南大　浙江師大
補充版本

30471
弘一大師手書格言
　　釋弘一（李叔同）書
　　1999 年北京綫裝書局影印中國名
　　　家格言系列叢書本
河南大
補充著述

30472
弘一法師手書經典五種
　　釋弘一（李叔同）書
　　2002 杭州浙江古籍出版社影印本
復旦
補充著述

30473
李叔同當湖書印文輯三卷
　　釋弘一（李叔同）＊書　王維軍
主編
　　2015 年杭州西泠印社出版社影
　　　印本

北大
補充著述

30474
書法
　　張鴻來編
　　民國二十一年（1932）北平文化學
　　　社鉛印本
國圖　天圖

30475
蓮廬畫談二卷
　　陸文郁撰
　　民國二十年（1931）天津城西畫會
　　　鉛印本
天圖

30476
寒廬茗論圖
　　袁克文等撰
　　民國石印本
國圖

30477
袁克文等致金坡書
　　袁克文等撰並書
　　民國稿本
天圖
補充著述

30478
張大千青城十景神品畫冊
　　周叔弢輯

185

民國海天樓影印本
天圖
補充著述

30479
周叔弢先生書簡
　　周叔弢 *（周暹）撰　王貴忱編
　　1994 年廣州王貴忱影印本
北大
補充著述

30480
貼鑑三卷
　　王崇焕撰
　　1950 年至 1952 年稿本
天圖
補充著述

30481
屏廬題畫一卷
　　金鉞撰
　　民國十九年（1930）石印本
國圖　天圖　天博　南大

30482
屏廬題畫
　　金鉞撰
　　民國十九年（1930）石印二十三年
　　　（1934）增補本
國圖　北師大
補充版本

30483
顧隨先生臨同州聖教序

顧隨書
　　1990 年天津古籍書店影印本
國圖

30484
袁規厂藏名人書畫冊
　　袁克權收藏
　　民國十八年（1929）上海中華書局
　　　影印本
臺圖
補充著述

30485
龔望臨漢石門頌
　　龔望書
　　1988 年天津楊柳青畫社出版
天圖
補充著述

30486
龔望書法集
　　龔望書
　　1997 年天津人民出版社出版
天圖
補充著述

30487
龔望隸書楹聯集
　　龔望書
　　2000 年天津古籍出版社出版
天圖
補充著述

30488

龔望遺墨

龔望書

2005 年天津人民美術出版社出版

私人收藏

補充著述

30489

鮮于樞書禊帖周馳題跋

(元)鮮于樞* (元)周馳書

薊州區

民國十七年(1928)神州國光社影

印本

國圖

補充著述

30490

鮮于樞草書

(元)鮮于樞書 薊州區

民國二十年(1931)據裴氏壯陶閣

藏本影印本

備註:書名據書簽題。

國圖

補充著述

30491

元鮮于伯機石鼓歌墨跡

(元)鮮于樞書 薊州區

民國二十年(1931)影印本

上圖

補充著述

30492

元鮮于伯機草書唐詩

(元)鮮于樞書 薊州區

日本昭和九年(1934)京都小林寫

真製版所據元元貞二年(1296)

鮮于樞稿本影印本

備註:書名據書簽題。

國圖 關大

補充著述

30493

元鮮于樞書透光古鏡歌

(元)鮮于樞書 薊州區

民國二十五年(1936)國立北平故

宮博物院影印本

國圖 北大 上圖 中山大

補充著述

30494

鮮于樞章草千字文

(元)鮮于樞*書 〔日本〕下中彌

三郎編 薊州區

民國二十五年(1936)日本平凡社

影印本

備註:書名據版權頁。

國圖 南開

補充著述

30495

鮮于樞行草真跡

(元)鮮于樞書 薊州區

民國二十五年(1936)北平故宮博

物院影印本

備註:書名據書簽題。

國圖 上圖

補充著述

30496
元趙孟頫鮮于樞行草合冊不分卷
　（元）趙孟頫　（元）鮮于樞*書
　薊州區
　民國二十五年（1936）國立北平故
　　宮博物院影印本
國圖　北大　天圖　上圖
補充著述

30497
元鮮于伯機草書唐詩墨跡
　（元）鮮于樞書　　薊州區
　民國影印本
上圖
補充著述

30498
鮮于氏臨蘭亭敍
　（元）鮮于樞摹　　薊州區
　民國影印本
備註：書名據書衣題。
國圖
補充著述

30499
鮮于樞盤谷序墨跡
　（元）鮮于樞書　　薊州區
　民國影印本
上圖
補充著述

30500
鮮于樞趙孟頫合書千字文
　（元）鮮于樞*書　（元）趙孟頫書
　薊州區
　民國石印本
上圖
補充著述

30501
元鮮于樞書杜詩不分卷
　（元）鮮于樞書　　薊州區
　1959年北京文物出版社影印故宮
　　博物院藏歷代法書選集本
國圖　北師大　天圖
補充著述

30502
元鮮于樞書王安石詩不分卷
　（元）鮮于樞書　　薊州區
　1961年北京文物出版社影印遼寧
　　省博物館藏法書選集本
國圖　北師大　天圖
補充著述

30503
元鮮于樞行書詩贊不分卷
　（元）鮮于樞書　　薊州區
　1964年北京文物出版社影印上海
　　博物館藏歷代法書選集本
國圖　北大　天圖　愛媛大
補充著述

30504
元鮮于樞行書送李願歸盤谷序

（元）鮮于樞書　　薊州區

1982 年北京文物出版社影印上海
　博物館藏歷代法書選集本

國圖

補充著述

30505

元鮮于樞書蘇軾海棠詩

（宋）蘇軾撰　　（元）鮮于樞＊書

薊州區

1982 年北京文物出版社影印故宮
　博物院藏歷代法書選集本

國圖　天圖

補充著述

30506

寧河廉琴舫侍郎墨迹彙存不分卷

（清）廉兆綸撰　　寧河區

清稿本

國圖

30507

范氏心箴

（清）戴彬元書　　寧河區

清末刻本

天圖

補充著述

30508

紫陽遺墨

（清）宮偉鏐書　　静海區

民國上海大眾書局影印碑帖大
　觀本

備註：書名據書籤題。

國圖

30509

趙望云塞上寫生集

趙望云作　　馮玉祥題詩　　楊汝
泉＊説明　　静海區

民國二十三年（1934）天津大公報
　社出版部出版

天圖

篆刻之屬

30510

味古廬印譜

（清）查禮輯

攝影底片

天博

補充著述

30511

善吾廬印譜不分卷

（清）金銓篆刻

清光緒鈐印本

國圖

30512

艸木名印楮葉集

（清）趙埑輯＊刻　　（清）趙諤編

清嘉慶二十二年（1817）鈐印本

北大　南開

補充著述

30513

紅椒館印存二卷

（清）解道仔篆刻
清嘉慶鈐印本
東大總
補充著述

30514
心齋印存（墨癡生印存）
　　（清）王祖光篆
　　清末至民國鈐印本
備註：《天津藝文志》著録此書著者
名“王祖光”誤爲“王光祖”。
國圖
補充著述

30515
守硯生印存四卷
　　（清）王祖光訂
　　清光緒十年（1884）大興王氏鈐
　　印本
北大　首圖　遼寧
補充著述

30516
四當齋心印一卷
　　章鈺輯
　　民國二十五年（1936）鈐印本
上圖
補充著述

30517
長洲章氏用印
　　章鈺輯
　　民國鈐印本

國圖

30518
名章類捃
　　馬鍾琇撰
　　清宣統三年（1911）安次馬氏油
　　印本
國圖

30519
名章類捃
　　馬鍾琇編
　　民國安次馬氏緑絲欄抄本
國圖

30520
福山王氏劫餘印存一卷
　　王崇煥輯
　　民國十七年（1928）河北第一博物
　　館影印本
天圖
補充著述

30521
品三雜稿
　　俞祖鑫撰
　　1980年天津社會科學院圖書館油
　　印本
備註：《天津藝文志》著録此書書名
中“雜”誤爲“集”。是書後有1980
年卞僧慧校後記。
天圖

30522

篆刻常識與篆隸筆法

　俞祖鑫撰

　1979 年天津社會科學院圖書館油
　印本

私人收藏

補充著述

30523

海天樓藏秦漢印譜

　巢章甫輯

　民國三十年(1941)巢章甫鈐印本

備註：巢章甫，名章，字章甫、章父、
鳳初，號一藏，堂號名"海天樓""靜
觀自得齋"，江蘇武進人，後久居
天津。

國圖

補充著述

30524

海天樓印譜

　巢章甫輯

　民國三十年(1941)巢章甫鈐印本

備註：首册書前貼浮簽一紙，中有墨
筆小字跋文："辛巳冬日，以家藏漳
州宿印泥借拓建德周氏所收海豐吳
氏雙虞壺齋舊藏印，手拓十二部，此
其第三也。吳印歸周時略有散失，
然亦有舊譜所失載者。總取未誠，
菁英俱在，而此每紙一印，則又勝於
舊譜者也。海天樓主人記。章甫
拓印。"

北大

補充著述

30525

印香閣印譜不分卷

　(清)趙錫綬篆　　武清區

　清嘉慶十八年(1813)趙錫綬鈐
　印本

國圖　上圖　南開

補充藏地

30526

雲峰書屋集印譜不分卷

　(清)趙錫綬篆刻　　武清區

　清嘉慶九年(1804)德潤堂鈐印本

北大　上圖　重慶

補充藏地

30527

竹亭摹勒一卷

　(清)趙錫綬篆刻　　武清區

　清嘉慶十一年(1806)德潤堂鈐
　印本

上圖　南京

補充藏地

樂譜之屬

30528

琴學不分卷

　(清)余作恭輯

　清咸豐九年(1859)抄本

備註：余作恭，字肅齋，余堂之子。

中國藝研院音研所

補充著述

30529
大嘉興十番譜附老八板一闋
　楊學川撰
　民國四年(1915)天津社會教育辦
　　事處音樂練習所油印本
天博

30530
零金碎玉鑼鼓譜初編
　楊學川撰
　民國五年(1916)天津社會教育辦
　　事處音樂練習所油印本
天博

30531
三六曲譜
　楊學川撰
　民國五年(1916)天津社會教育辦
　　事處音樂練習所油印本
天博

30532
絮閣昆曲譜
　楊學川撰
　民國五年(1916)天津社會教育辦
　　事處音樂練習所油印本
天博

30533
墜馬昆曲譜
　楊學川撰
　民國五年(1916)天津社會教育辦

事處音樂練習所油印本
天博

游藝之屬

30534
七巧集成八卷
　(清)周承基輯
　清道光二十六年(1846)天津周氏
　　怡性園刻本
國圖　安徽師大　京大人文研
補充著述

30535
聞妙香館楹聯存稿不分卷
　(清)梅寶璐撰
　清抄本
天圖

30536
絕妙集(盟鷗園廋語)一卷
　(清)楊俊元輯
　民國十一年(1922)時還讀書齋石
　　印本
備註:是書為謎語專集。楊俊元,字
春農,別號盟鷗居士,天津人。
國圖　天圖　天津社科院

30537
絕妙集(盟鷗園廋語)一卷
　(清)楊俊元輯
　民國二十年(1931)上海商務印書
　　館鉛印小說世界叢刊本
天圖

30538

吟香館謎稿一卷

（清）盧彤壽輯

民國抄本

國圖

30539

詩星閣對聯鈔本二卷

（清）孟繼壎撰

清光緒二十五年（1899）鐏于室活
字印本

天津社科院　桂林

30540

竹窗楹語二十一卷

徐世昌撰

民國二十三年（1934）鉛印本

國圖　天津社科院

30541

集殷虛文字楹帖彙編

章鈺輯

民國十六年（1927）東方學會石印
東方學會叢書本

國圖　天圖

30542

嘯園楹聯錄十卷

王新銘撰

民國十七年（1928）鉛印本

國圖　天圖　天師大

30543

擇廬聯稿一卷

李金藻（李琴湘）撰

民國油印本

天圖

30544

大方先生聯語集

方爾謙*撰　周一良輯

2001 年北京新世界出版社出版郊
叟曝言本

國圖　天圖

30545

謎語俱樂部選萃二集

董癡公　于鶴年*　德子容等輯

民國石印本

國圖

30546

石揮談藝錄

石揮撰

1982 年上海文藝出版社出版

天圖

30547

雨花石子記

王猩酋撰　　武清區

民國三十二年（1943）東莞張江裁
拜袁堂鉛印中國史跡風土叢
書本

國圖

30548

萬石齋靈岩大理石譜

193

張輪遠撰　　武清區
民國三十七年(1948)天津大公報
　館鉛印本
天圖

30549
謎語之研究
楊汝泉編　　静海區
民國二十三年(1934)天津大公報
　社出版
天圖

譜録類

30550
采芳隨筆二十四卷
(清)查彬輯
清嘉慶十九年(1814)刻本
十行二十二字小字雙行同白口左
　右雙邊
國圖　北大　清華　首圖　天圖
南開　上圖　南京　河南大　福建
重慶

30551
冷籬漫録不分卷
(清)劉拱極撰
民國十五年(1926)天津劉筱泉鉛
　印本
天圖　天師大

30552
歸雲樓硯譜不分卷

徐世昌輯
民國十五年(1926)影印本
國圖　北大　吉大

30553
歸雲樓硯譜不分卷
徐世昌輯
1999年廣陵書社影印民國十五年
　(1926)天津徐氏印本
復旦
補充版本

30554
歸雲樓硯譜稿
徐世昌編
稿本
天圖

30555
歸雲樓硯譜二卷
徐世昌輯
民國影印本
國圖　天圖

30556
退耕堂硯譜
徐世昌藏拓
民國天津徐氏退耕堂拓本
北大
補充著述

30557
退耕堂硯銘

徐世昌撰

民國十八年（1929）天津徐氏刻本

人大

30558

直隸工藝志初編八卷

周學熙撰

清光緒三十三年（1907）工藝總局
北洋官報局鉛印本

北師大　天圖　天博

30559

勇廬閒詰不分卷

（清）趙之謙撰　穆雲谷*鈔

民國十二年（1923）天津穆壽山
鈔本

備註：穆雲谷，字壽山。

天圖

30560

濠園藏硯手札不分卷

徐世章撰

稿本

天博

30561

巧工偶記一卷

袁克文撰

1986 年上海書店影印虞初志合
集本

一橋大

補充著述

30562

古董錄一卷

王崇煥撰

民國抄本

天圖

補充著述

30563

古董錄一卷

王崇煥撰

劉渭清黏綴本

南開

補充著述

30564

食品化學

劉綸編

民國十六年（1927）上海商務印書
館出版

天圖

30565

西式烹飪實習

陳德廣口述　俞祖鑫*筆記

民國七年（1918）天津直隸省商品
陳列所出版

天圖

30566

紙箋譜一卷

（元）鮮于樞撰　薊州區

清順治（1644—1661）刻清
（1644—1911）重修說郛本

國圖　天圖

30567
紙箋譜一卷
　（元）鮮于樞撰　　薊州區
　日本昭和十六年（1941）佐藤濱次
　　郎鉛印文房四譜本
國圖

30568
養菊說
　（清）方德醇撰　　薊州區
　清光緒活字印味虛簃叢書本
國圖　吉大

30569
陶情百友譜不分卷
　（清）王澤博撰　　寶坻區
　清稿本
備註：王澤博，清康熙四十七年
（1708）歲貢。
臺圖
補充著述

30570
陶情百友譜不分卷
　（清）王澤博撰　　寶坻區
　1974年臺北文海出版社影印清代
　　稿本百種彙刊本
國圖
補充著述

宗教類

佛教之屬

30571
對鳧緣影
　（清）潘守廉撰
　民國二十三年（1934）鉛印本
國圖

30572
淨土清鐘二卷
　（清）潘守廉纂
　民國十三年（1924）天津大公報館
　　鉛印本
北大　上圖
補充著述

30573
金剛般若波羅蜜經解義一卷
　（姚秦）釋鳩摩羅什譯　李士鉁*
　解義
　民國鉛印本
國圖

30574
首楞嚴經解義十卷
　李士鉁解
　民國十九年（1930）天津刻經處
　　刻本
國圖　上圖

30575

維摩詰經解義四卷

　李士鉁撰

　民國鉛印本

中國民族　天圖　吉大

30576

三昧錄八卷

　李士鉁輯

　民國天津李氏鉛印本

國圖　天圖　南開

30577

慈航普渡內編四卷外編四卷

　李士鉁輯

　民國鉛印本

北大　天圖

30578

學佛須知一卷

　曹錕撰

　民國石印本

天圖

30579

**千手千眼觀世音菩薩廣大圓滿無礙
大悲心陀羅尼經念誦法則一卷**

　周學熙撰

　1955年上海佛教青年會鉛印本

上圖

30580

心經注解

　王春園輯

　民國二十三年（1934）石印本

國圖

補充著述

30581

立達篇

　金紹曾選集

　民國七年（1918）北京商務印書館
　　鉛印本

國圖　天圖　山西　中山大　中國
海大

30582

盜戒釋相概略問答一卷

　釋弘一（李叔同）書

　民國影印本

上圖

補充著述

30583

地藏菩薩聖德大觀一卷

　釋弘一（李叔同）撰

　民國二十二年（1933）鉛印本

上圖

補充著述

30584

弘一大師書藥師本願功德經一卷

　釋弘一（李叔同）* 書　葉恭綽題
　跋　夏丏尊題跋　夏敬觀題跋
　圓瑛題跋　豐子愷題跋

　民國二十五年（1936）稿本

上圖
補充著述

30585
金剛般若波羅密經
　釋弘一（李叔同）書
　民國二十五年（1936）影印本
上圖
補充著述

30586
金剛般若波羅密經
　釋弘一（李叔同）書
　民國二十九年（1940）石印本
上圖
補充版本

30587
金剛般若波羅密經
　釋弘一（李叔同）書
　1992 北京華夏出版社影印本
南開
補充版本

30588
千手千眼無礙大悲心陀羅尼一卷
　釋弘一（李叔同）書
　民國二十四年（1935）影印本
上圖
補充著述

30589
印光法師淨土決疑論一卷

釋弘一（李叔同）＊示綱　（清）釋
印光撰　尤惜陰演譯
民國二十五年（1936）刻本
上圖
補充著述

30590
四分律行事鈔資持記扶桑集釋
　釋弘一（李叔同）＊集釋　釋妙因
　輯録
　1965 年香港法界學苑出版
東北大
補充著述

30591
勸發菩提心文一卷觀音菩薩靈籤一卷山中白雪詞選一卷
　呂碧城撰
　民國鉛印夢雨天華室叢書本
上圖
補充著述

30592
香光小錄
　呂碧城編著
　民國二十八年（1939）上海道德書
　　局出版
國圖：縮微品

30593
法華經普門品
　呂碧城輯
　民國二十二年（1933）上海佛學書

局出版

國圖：縮微品

30594

唯識講演錄

　許季上等筆記

　民國十三年（1924）北京佛教教養

　　院石印本

國圖：縮微品

30595

百愚禪師語錄二十卷附蔓堂集四卷

　（清）釋智操　（清）釋智朴＊輯

　薊州區

　明萬曆十七年（1589）至清乾隆間

　　刻本

法源寺　臺圖

補充著述

30596

盤山拙菴朴大師電光錄一卷

　（清）釋智朴撰　　　薊州區

　清康熙三十八年（1699）刻本

首圖　上圖

補充著述

30597

楞嚴會歸評註十卷

　（清）廉兆綸評註　　寧河區

　民國十四年（1925）上海中華書局

　　鉛印本

國圖　北大　人大　北師大　遼大

吉大

30598

般若波羅蜜多心經講錄一卷

　釋倓虛撰　　寧河區

　民國十二年（1923）石印本

上圖

30599

大乘起信論講義二卷

　釋倓虛編　　寧河區

　民國二十四年（1935）青島新文化

　　慎記印務局鉛印本

國圖

30600

淨土傳聲

　釋倓虛撰　　寧河區

　民國二十八年（1939）鉛印本

國圖：縮微品

30601

天臺傳佛心印記注釋要二卷

　（元）釋懷則述　（明）釋傳燈注

　釋倓虛＊釋要　　寧河區

　民國三十一年（1942）青島湛山寺

　　印經處鉛印本

國圖

30602

金剛般若波羅密經隨聞記

　釋倓虛撰　　寧河區

　民國三十一年（1942）青島湛山寺

　　印經處鉛印本

國圖

30603
讀經隨筆
　　釋倓虛撰　　寧河區
　　民國三十一年（1942）青島湛山寺
　　　印經處鉛印本
　國圖：縮微品

30604
妙法蓮華經觀世音菩薩普門品隨聞記
　　釋倓虛*講　保賢記　　寧河區
　　民國三十一年（1942）青島佛教同
　　　願會鉛印本
　國圖：縮微品

30605
般若波羅蜜多心經講錄一卷
　　釋倓虛撰　　寧河區
　　民國鉛印本
　上圖

30606
觀世音菩薩普門品講錄
　　釋倓虛講　　寧河區
　　民國青島湛山寺印經處鉛印本
　國圖：縮微品

30607
能斷金剛般若波羅蜜多經了義疏淺解二卷
　　清淨居士口授　董秋斯*筆受
　　静海區
　　民國三十六年（1947）石印本

備註：董秋斯原名董紹明，筆名裘思。題名據卷端、封面。書口題"能斷金剛經淺解"。
國圖

民間宗教之屬

30608
理門弘明集不分卷
　　蔡俊元撰
　　民國八年（1919）天津西根老公所
　　　刻本
　　七行十七字白口四周雙邊
　天圖
　補充版本

30609
理門弘明集三卷
　　蔡俊元撰
　　民國二十八年（1939）北京文嵐簃
　　　印書局鉛印本
　天圖

基督教之屬

30610
明道集
　　仲偉儀輯
　　民國十年（1921）天津基督教青年
　　　會出版
備註：據仲維暢《我的祖父仲偉儀》，仲偉儀生年當爲1865年。
天圖　天博

30611

民教相安一卷

　高步瀛　陳寶泉＊編

　清光緒三十一年（1905）北洋官報
　　局石印本

國圖　北大　人大　天圖　山東大

30612

天主教教義提綱

　狄守仁撰　朱星元＊譯

　民國三十七年（1948）天津崇德堂
　　鉛印本

天圖

30613

天主實義二卷

　〔意大利〕利瑪竇撰　朱星元＊
　田景仙譯

　民國三十七年（1948）天津崇德堂
　　鉛印本

天圖

伊斯蘭教之屬

30614

漢譯耳木代

　穆奎齡譯

　清宣統三年（1911）大公報鉛印本

天圖

30615

漢譯耳木代

　穆奎齡譯

　民國三年（1914）鉛印本

備註：用其字"穆伯祺"查到此條數
據，又名《而木代經釋義教門基
礎》。

國圖

補充版本

30616

漢譯耳木代

　穆奎齡譯

　民國十五年（1926）北平清真書報
　　社石印本

北大

補充版本

30617

漢譯耳木代

　穆奎齡譯

　民國二十三年（1934）天津清真南
　　寺石印本

北大

補充版本

30618

漢譯耳木代

　穆奎齡譯

　民國天津精美印字館鉛印本

北大

補充版本

30619

清真學理譯著

　王靜齋等編

　民國五年（1916）富華印刷所鉛
　　印本

國圖

30620
回耶辨真
　賴哈麥圖拉撰　王靜齋*輯
　民國十一年(1922)北京清真書報
　　社出版
北大

30621
古蘭經譯解
　王靜齋譯注
　民國二十一年(1932)北平中國回
　　教俱進會出版
國圖

30622
古蘭經譯解
　王靜齋譯注
　1987年天津古籍出版社影印本
國圖
補充版本

30623
古蘭經譯解
　王靜齋譯注
　2006年北京東方出版社出版
天圖
補充版本

30624
白話譯解古蘭天經三十卷

　王靜齋譯
　民國三十一年(1942)石印本
上圖
補充著述

30625
選譯詳解偉嘎業
　王靜齋編譯
　1986年天津古籍出版社出版
北大

30626
真鏡花園
　〔波斯〕薩迪撰　王靜齋*譯
　2017年北京華文出版社出版
天圖
補充著述

其他宗教之屬

30627
民德與宗教
　宋則久(宋壽恆)撰
　民國二十一年(1932)天津國貨售
　　品所鉛印本
天圖

30628
白話宗教談一卷
　宋則久(宋壽恆)撰
　民國五年(1916)鉛印本
天圖
補充著述

集部

別集類

唐宋別集

40001
馬虞臣詩
　（唐）馬戴撰　　馬鍾琇*輯
　民國安次馬氏抄本
國圖
補充著述

40002
影宋本孟浩然集校記
　馬鍾琇撰
　民國二十八年（1939）安次馬鍾琇
　　稿本
國圖

40003
陳文惠公集
　（宋）陳堯佐撰　　馬鍾琇*輯
　民國綠絲欄抄本
國圖
補充著述

40004
晏元獻遺文三卷
　（宋）晏殊撰　　馬鍾琇*輯
　民國油印本
國圖
補充著述

40005
橫槊集
　（宋）劉季孫撰　　馬鍾琇*輯
　民國綠絲欄抄本
國圖
補充著述

金元別集

40006
遺山詠杏詩
　（金）元好問撰　　馬鍾琇*抄錄
　民國三十一年（1942）抄本
國圖
補充著述

40007
一山集二卷
　（元）李延興撰　　馬鍾琇*輯
　民國二年（1913）鉛印本
國圖

40008

困學齋詩集二卷

（元）鮮于樞撰　　薊州區

明萬曆四十三年（1615）刻宋元詩
四十二種本

國圖

40009

困學齋詩集二卷

（元）鮮于樞撰　　薊州區

明萬曆四十三年（1615）刻天啟二
年（1622）重修宋元詩六十一
種本

國圖

40010

困學齋集一卷

（元）鮮于樞撰　　薊州區

清康熙四十一年（1702）長洲顧氏
秀野草堂刻元詩選本

國圖　天圖　廈大　哈佛燕京

40011

魯齋遺書約鈔二卷

（元）許衡撰　周學熙 * 選録

清抄本

南開

補充著述

明別集

40012

秋璽吟一卷

（明）李孔昭撰　　薊州區

清乾隆渠陽王詢刻本

九行二十字白口四周單邊

國圖

40013

秋璽吟一卷

（明）李孔昭撰　　薊州區

清光緒活字印味虛筬叢書本

國圖　中科院　天圖　吉大

40014

秋璽吟一卷

（明）李孔昭撰　　薊州區

民國三十三年（1944）鉛印本

清華　上圖

補充版本

清別集

40015

緑肥軒詩稿不分卷

（清）張昕撰

清乾隆三十九年（1774）臺山張受
長世德堂刻本

國圖

40016

停霞詩鈔一卷

（清）張昕撰

清乾隆刻名集叢鈔本

上圖

40017

梅東草堂詩集九卷

（清）顧永年撰

清康熙刻增修本

十行二十字白口左右雙邊

國圖　中科院

補充藏地

40018

梅東草堂詩集九卷

（清）顧永年撰

1998年據清康熙刻增修本影印四

庫未收書輯刊本

天圖　上圖

40019

致遠堂詩草三卷金氏家訓一卷詩餘
一卷遊盤山記一卷

（清）金平撰

清抄本

天圖

40020

致遠堂集三卷

（清）金平撰

民國九年（1920）刻金氏家集四

種本

十行二十一字白口四周雙邊

國圖　首圖　北大　清華　北師大

天圖　南開　上圖

40021

玉紅草堂詩文十六卷附龍氏家譜

一卷

（清）龍震撰

清康熙刻本

十二行二十一字白口四周雙邊

國圖　北大　天圖　天津社科院

上圖

40022

綠豔亭稿十五卷

（清）張霔撰

清抄本

國圖

40023

綠豔亭甲寅詩稿不分卷

（清）張霔撰

清抄本

清華

40024

綠豔亭詩文合集

（清）張霔＊撰　　（清）梅寶璐輯

清末抄本

國圖

補充著述

40025

讀晉書絕句二卷

（清）張霔撰

清光緒十一年（1885）天津徐氏蝶

園刻本

九行二十一字黑口四周雙邊

清華　天圖　南開　天津社科院

遼寧　吉大　南大

40026
欸乃書屋詩集二卷附録一卷
　（清）張霔*撰　　（清）徐士鑾輯
　清光緒二十一年（1895）津門徐氏
　　蝶園刻本
　九行二十一字黑口四周雙邊雙黑
　　魚尾
天圖　上圖

40027
欸乃書屋乙亥詩集一卷
　（清）張霔撰
　民國二十五年（1936）天津金氏刻
　　天津詩人小集本
國圖　天圖　上圖

40028
讀書舫文藁
　（清）胡捷撰
　清同治四年（1865）刻本
　七行二十字白口四周雙邊單魚尾
國圖　中科院　天圖　天津社科院

40029
讀書舫文藁
　（清）胡捷撰
　抄本
南開
補充版本

40030
讀書舫詩鈔一卷

　（清）胡捷撰
　民國二十五年（1936）天津金氏刻
　　天津詩人小集本
國圖　天圖　上圖

40031
壯游草不分卷讀畫編不分卷鴻雪山房集不分卷薤露集不分卷鴻雪山房近草薤露遺音不分卷讀書舫詩未定稿不分卷讀書舫詩未定稿補遺不分卷
　（清）胡捷*撰　　（清）胡承勳録
　民國天津一瓻樓鈔本
備註：是書有丁巳（1917）高凌雯
《跋》。
天圖
補充著述

40032
誦芬堂詩三卷詩余一卷
　（清）沈起麟撰
　清刻本
國圖

40033
珠風閣詩草不分卷
　（清）查曦撰
　清稿本
復旦
補充版本

40034
珠風閣詩草六卷續集一卷

（清）查曦撰

清雍正五年（1727）刻本

備註：《天津藝文志》著録此書書名中"風"誤爲"鳳"。

天博　吉大　山西大

40035

珠風閣詩草續集不分卷

（清）查曦撰

清刻本

天津社科院　石家莊

40036

履閣詩集一卷

（清）張坦撰

清康熙刻百名家詩鈔本

備註：張坦，字逸峰，號眉州散人，更號青雨，清天津人。遂閒堂張霖之子。

國圖

補充版本

40037

履閣詩集二卷

（清）張坦撰

清刻本

備註：是書末有孫默庵題記。

天圖

40038

履閣詩集一卷

（清）張坦撰

民國二十五年（1936）天津金氏刻

天津詩人小集本

國圖　天圖　東京都立　中央

40039

秦游草一卷

（清）張壎撰

民國二十五年（1936）天津金氏刻
天津詩人小集本

國圖　天圖

40040

卜硯山房詩鈔一卷後集一卷

（清）周焞撰

清抄本

廣東

40041

卜硯山房詩鈔一卷後集一卷

（清）周焞撰

清乾隆刻本

北大　中科院　天圖

40042

卜硯山房詩鈔一卷後集一卷

（清）周焞撰

民國二十五年（1936）天津金氏刻
天津詩人小集本

國圖　天圖

40043

谷齋集四卷

（清）朱函夏撰

清抄本

天圖:存二卷(卷一至卷二)

40044
洪吉人先生遺文一卷
　(清)洪天錫撰
　清乾隆刻本
　九行二十五字白口四周雙邊
天津社科院
補充著述

40045
居易堂稿一卷
　(清)周人龍撰
　清抄本
天圖

40046
居易堂稿一卷
　(清)周人龍＊撰　　(清)周紱
　(清)周綸校
　清乾隆二十六年(1761)刻本
　九行二十五字白口四周單邊
天圖

40047
杜鵑集不分卷
　(清)釋元宏撰
　清抄本
中科院

40048
蔗塘外集八卷
　(清)查爲仁撰

稿本
華師大

40049
舊雨兼新雨初集
　(清)查爲仁輯
　清康熙查氏昨非齋抄本
北大

40050
蔗塘詩集二卷
　(清)查爲仁撰
　清康熙五十七年(1718)刻本
上圖
補充著述

40051
蔗塘未定稿八卷詞一卷蔗塘外集八卷
　(清)查爲仁輯
　清乾隆八年(1743)刻本
　十行二十一字小字雙行不等白口
　　四周單邊
國圖　天圖　南開　上圖　哈佛
燕京

40052
昨非齋草一卷
　(清)查爲仁撰
　清刻本
　八行十八字白口左右雙邊
國圖

40053

芸書閣剩稿一卷

　（清）金至元撰

　清雍正刻本

國圖

40054

芸書閣剩稿一卷

　（清）金至元＊撰　（清）查爲仁輯

　清乾隆八年（1743）刻蔗塘未定

　　稿本

國圖　中科院

40055

芸書閣剩稿一卷

　（清）金至元撰

　民國二十一年（1932）刻天津金氏

　　家集本

國圖　天圖

40056

南游草一卷

　（清）欒王氏撰

　清乾隆五十五年（1790）刻本

天津社科院

40057

南游草一卷

　（清）欒王氏撰

　民國十三年（1924）天津金氏刻屏

　　廬叢刻本

天津社科院　天師大

40058

薜遠堂詩八卷襍著一卷

　（清）周人驥撰

　清乾隆十二年（1747）刻本　丘學

　　士題識

　十行十九字小字雙行字不等細黑

　　口四周雙邊

天圖

40059

清風草堂詩鈔六卷

　（清）余崝撰

　清乾隆抄本

備註：有錢萃恒題識。

天圖

40060

清風草堂詩鈔八卷

　（清）余崝撰

　清道光四年（1824）廣東康簡書齋

　　刻本

　十行二十一字白口左右雙邊

國圖　北大　首圖　天圖　哈佛

燕京

40061

保積堂詩稿一卷雜著一卷

　（清）周人麒撰

　清抄本　金鉞　邱學士題識

天圖

40062

埕進齋詩集□卷

（清）金文淳撰
　抄本
備註:金文淳爲金志章之子,原籍浙
江仁和(今杭州市)。
中科院
補充著述

40063
埾進齋詩集殘存二卷
　（清）金文淳撰
　2010年上海古籍出版社影印清代
　　詩文集彙編本
補充著述

40064
錦川集二卷
　（清）金文淳撰
　清抄本
中科院
補充著述

40065
黃竹山房詩鈔十二卷
　（清）金玉岡＊撰　（清）梅成棟選
　清道光二十六年(1846)恒素軒
　　刻本
　十行二十一字白口左右雙邊
國圖　中科院　天圖　天博

40066
**黃竹山房詩鈔六卷田盤紀游一卷補
一卷**
　（清）金玉岡撰

民國二十三年(1934)天津金鉞刻
　　天津金氏家集本
國圖　北大　天圖

40067
南岡詩草十六卷
　（清）于豹文撰
　清乾隆三十三年(1768)天津于臣
　　澍抄本
天圖

40068
南岡詩草十六卷
　（清）于豹文撰
　1999年影印天津圖書館孤本秘籍
叢書本
天圖

40069
湖山雜詠一卷
　（清）王緯撰
　清乾隆刻本
山東　南京　廈大

40070
湖山雜詠一卷附錄一卷
　（清）王緯撰
　清光緒二十年(1894)嘉惠堂丁氏
　　刻武林掌故叢編本
國圖　北大　天圖　浙江　南京

40071
湖山雜詠一卷附錄一卷

（清）王緯撰

1994年據武林掌故叢編本影印叢
　書集成續編本

上圖

補充版本

40072

澹園詩刪十卷

（清）王緯撰

清乾隆十八年（1753）沈州王氏
　刻本

十行二十一字小字雙行同白口左
　右雙邊單魚尾

國圖

40073

沽上題襟集八卷

（清）查禮輯

清乾隆六年（1741）查氏刻本

國圖　中科院　首圖　天圖　南京

40074

銅鼓書堂遺稿三十二卷

（清）查禮*撰　（清）查淳輯

稿本

中科院：存三卷（卷十九至卷二十
　一）

40075

銅鼓書堂遺稿三十二卷

（清）查禮*撰　（清）查淳輯

清乾隆五十七年（1792）查淳刻本

十二行二十二字小字雙行同白口

　　左右雙邊

國圖　首圖　天圖　上圖　復旦

加州柏克萊

40076

銅鼓書堂遺稿三十二卷

（清）查禮*撰　（清）查淳輯

清咸豐九年（1859）刻本

湖南

40077

銅鼓書堂遺稿三十二卷

（清）查禮*撰　（清）查淳輯

1995年據清乾隆查淳刻本影印續
　修四庫全書本

上圖

補充版本

40078

［查恂叔集］

（清）查禮撰

清抄本

國圖

　升庵雅集

　韞玉懷珠集

　榕巢詞話

　北征續集

40079

遊虞山詩

（清）查禮撰並行書

拓本

國圖

補充著述

40080
戾齋詩集一卷
　（清）胡睿烈撰
　民國二十五年（1936）天津金氏刻
　　天津詩人小集本
天圖

40081
青蜺居士集一卷
　（清）丁時顯撰
　民國二十五年（1936）天津金氏刻
　　天津詩人小集本
國圖

40082
蓬山詩存二卷
　（清）鄭熊佳撰
　清乾隆四十年（1775）張德洞刻本
山西大

40083
蓬山詩存二卷
　（清）鄭熊佳撰
　清咸豐元年（1851）刻本
　九行二十一字小字雙行同黑口左
　　右雙邊單魚尾
國圖　中科院　首圖　天圖　南開

40084
蘿村雜體詩存不分卷
　（清）吳曰圻*撰　（清）吳彰輯

清道光刻本
備註：《天津藝文志》著錄此書著者
名中“曰”誤爲“日”。
天津社科院　山西大

40085
善吾廬詩存一卷傳略一卷附錄一卷
　（清）金銓撰
　民國九年（1920）刻天津金氏家
　　集本
　十行二十一字白口四周雙邊
國圖　首圖　天圖

40086
林於舘集九卷
　（清）查昌業撰
　清乾隆四十二年（1777）海昌查氏
　　抄本
北大

40087
林於舘詩草二卷
　（清）查昌業撰
　清抄本
備註：是書有高凌雯、孫黙庵題識，
卷端鈐“樸園秘笈”白文方印。
天圖
補充著述

40088
林於舘詩草二卷
　（清）查昌業撰
　1944 年抄本　孫黙庵跋

天圖

40089
林於舘詩集二卷
（清）查昌業撰
民國二十五年（1936）天津金氏刻
天津詩人小集本
國圖　天圖

40090
東軒詩稿六卷
（清）查善和撰
稿本
臺圖
補充著述

40091
琅村制藝不分卷
（清）高喆撰
清同治十三年（1874）刻本
九行二十五字白口四周雙邊
天圖

40092
雪笠山人詩不分卷
（清）釋智方撰
清道光釋日愚抄本　錢萃恆跋
天圖
補充版本

40093
雪笠山人詩集不分卷
（清）釋智方撰

清道光四年（1824）海光寺刻本
九行二十一字白口四周雙邊
備註：是集前爲《禪餘八居吟》，其後
則名《蓮喻閣詩草》，多爲與津人倡
和之作。故書名當爲書名頁題名：
《雪笠山人詩集》。
國圖　天圖　天津社科院

40094
和樂堂詩鈔五卷
（清）殷希文撰
清嘉慶二十一年（1816）刻本
八行二十字白口四周單邊
國圖　中科院　首圖　天圖　天津
社科院

40095
春及生詩草不分卷
（清）康堯衢撰
抄本
天津社科院

40096
蕉石山房詩草一卷
（清）康堯衢撰
民國二十五年（1936）天津金氏刻
天津詩人小集本
國圖　天圖

40097
沈存圃書劄詩翰
（清）沈峻撰
清稿本

213

國圖

40098
粵遊詩草二卷
　（清）沈峻撰
　清乾隆五十六年（1791）析津沈氏
　　刻本
　八行十六字小字雙行同白口四周
　　雙邊單魚尾
國圖

40099
欣遇齋詩鈔十六卷
　（清）沈峻撰
　清道光十五年（1835）天津沈氏
　　刻本
　十行二十五字小字雙行同黑口左
　　右雙邊
國圖　天圖

40100
欣遇齋詩鈔十六卷
　（清）沈峻撰
　清咸豐四年（1854）天津沈氏刻本
　九行二十一字小字雙行同黑口左
　　右雙邊
國圖　中科院　中國社科院文學所
天圖　南開　遼寧

40101
欣遇齋詩鈔十六卷
　（清）沈峻撰
　民國抄黔南游宦詩文征本

國圖
補充版本

40102
筠翹書屋試律存稿二卷
　（清）齊嘉紹撰
　清嘉慶十七年（1812）刻本
石家莊
補充版本

40103
筠翹書屋試律存稿二卷
　（清）齊嘉紹撰
　清道光二十七年（1847）刻本
　九行十九字小字雙行同白口四周
　　雙邊
備註：《天津藝文志》著錄此書書名
誤爲《藥翹書屋存稿》。
南開
補充藏地

40104
皖城集一卷
　（清）華蘭撰
　清光緒九年（1883）天津華氏刻華
　　氏家集本
天圖

40105
天游閣詩集十九卷文集十四卷
　（清）查誠撰
　清抄本
中國社科院文學所

40106

騂角編一卷

　（清）楊一崐撰

　清嘉慶五年（1800）刻本

　九行二十五字白口四周雙邊

天圖　天津社科院

40107

陳仲子二十藝不分卷

　（清）楊一崐撰

　清同治刻本

　九行二十五字白口四周雙邊

天津社科院

40108

無怪時文

　（清）楊一崐撰

　清乾隆稿本

首圖

補充著述

40109

磊砢餘情不分卷愛竹山房詩草
不分卷

　（清）馮嘉蘭撰

　稿本

中科院

補充著述

40110

青來館吟稿十二卷文一卷

　（清）沈銓撰

　清稿本

國圖

40111

小息舫詩草不分卷

　（清）查彬撰

　清光緒三十一年（1905）上海群益
　　印刷編譯局鉛印本

天圖　私人收藏

補充版本

40112

小息舫詩草八卷

　（清）查彬撰

　清末抄本

國圖

40113

小息舫詩草八卷

　（清）查彬撰

　抄本

上圖

40114

讀史雜詠一卷

　（清）牛坤撰

　清大興牛氏刻本

　九行十八字小字雙行同白口四周
　　雙邊

國圖

補充著述

40115

花隱菴詩草一卷

215

（清）牛坤撰
　稿本
山東　上饒
補充著述

40116
雪門偶然草一卷
　（清）徐炘撰
　清嘉慶刻本
南京
補充著述

40117
藹吉詩稿八卷附悼亡百首一卷
　（清）查梧撰
　清嘉慶抄本
中科院
補充著述

40118
吟齋筆存四卷
　（清）梅成棟撰
　清抄本
天圖

40119
吟齋筆存一卷
　（清）梅成棟撰
　清抄本
中科院
補充版本

40120
吟齋筆存三卷

（清）梅成棟撰
　民國十三年（1924）天津金氏刻屏
　廬叢刻本
北大　天圖　天津社科院　天師大
遼大　華師大
補充版本

40121
吟齋筆存三卷
　（清）梅成棟撰
　1985 年北京中國書店影印本
武大
補充版本

40122
樹君先生稿二卷
　（清）梅成棟撰
　清抄本
中科院
補充著述

40123
愈愚蓬舍詩稿一卷
　（清）李佛桐撰　（清）梅成棟 * 選
　清抄本
中科院
補充著述

40124
欲起竹間樓存稿四卷
　（清）梅成棟撰
　清道光刻本
　十行十九字小字雙行同白口四周

雙邊

天圖　南開　中科院

40125
欲起竹間樓存稿
　（清）梅成棟撰
　清抄本
天圖

40126
欲起竹間樓存稿六卷
　（清）梅成棟撰
　民國二十二年（1933）天津志局刻
　　天津詩人小集本
天圖　南開　天師大　復旦

40127
欲起竹間樓文集四卷
　（清）梅成棟撰
　影印本　龔望題識
天圖
補充著述

40128
樹君詩鈔一卷
　（清）梅成棟撰
　清道光二十三年（1843）刻晚香唱
　　和集本
　九行十九字黑口四周單邊
天圖　上圖

40129
樹君詩鈔一卷

　（清）梅成棟撰
　清刻燕南二俊詩鈔本
　十行二十二字白口四周雙邊
國圖　天圖　南開

40130
守拙軒未定草二卷
　（清）解道顯撰
　清抄本
天圖

40131
鴻雪草一卷
　（清）唐詮撰
　清嘉慶二十年（1815）刻本
　九行十九字白口四周雙邊
天圖

40132
環青閣詩稿四卷
　（清）王韞徽撰
　清道光元年（1821）刻本
　九行二十一字白口四周單邊
國圖　清華

40133
環青閣詩稿二卷
　（清）王韞徽撰
　清抄本
國圖

40134
居易齋吟草一卷

（清）華亭撰
清道光二十一年（1841）刻本
九行二十一字黑口左右雙邊
天圖

40135
花農詩鈔六卷
（清）查林撰
清道光十二年（1832）雲南通志局
刻本
十行二十一字白口四周雙邊
國圖　北大　中科院　首圖　吉大
東大總：存二卷（卷五、卷六）

40136
查花農別駕詩鈔
（清）查林撰
民國抄黔南游宦詩文征本
國圖
補充著述

40137
花農詩鈔六卷
（清）查林撰
2010 年上海古籍出版社影印清代
詩文集彙編本
補充版本

40138
篷窗吟一卷
（清）沈兆澐撰
清道光二十年（1840）刻本
七行十九字白口左右雙邊

中科院　首圖　天圖

40139
織簾書屋詩鈔十二卷
（清）沈兆澐撰
清咸豐二年（1852）刻本
九行二十一字小字雙行同黑口左
右雙邊
國圖　中科院　天圖　南開　天津
社科院　天師大

40140
織簾書屋詩鈔十二卷
（清）沈兆澐撰
1995 年上海古籍出版社據清咸豐
二年（1852）刻本影印續修四庫
全書本
上圖

40141
雲巢館課存稿一卷
（清）沈兆澐撰
清咸豐九年（1859）刻本
中科院
補充著述

40142
可竹軒詩録一卷
（清）王大淮撰
清道光二十三年（1843）孔憲庚
刻本
中科院　首圖
補充著述

40143

蟾藥山房詩草二卷

（清）劉庚撰

稿本

中科院

40144

韻湖偶吟一卷後集一卷

（清）劉錫撰

民國二十五年（1936）天津志局刻

天津詩人小集本

國圖　天圖

40145

見真吾齋詩草十卷詩餘二卷

（清）徐大鏞撰

清抄本　高淩雯題詞

天圖

40146

見真吾齋詩草十卷

（清）徐大鏞撰

清末抄本

天圖

補充版本

40147

見真吾齋詩草十卷詩餘二卷

（清）徐大鏞撰

2007 年南京市鳳凰出版社影印清

詞珍本叢刊本

補充版本

40148

見真吾齋詩鈔不分卷

（清）徐大鏞撰

民國十四年（1925）徐氏退耕堂鉛

印本

北大　北師大　中科院　首圖　天

圖　復旦

40149

適園漫錄一卷

（清）徐大鏞撰

稿本

天圖

40150

江鄉偶話不分卷

（清）金淳撰

清抄本

天圖

40151

江鄉偶話不分卷

（清）金淳撰

1999 年北京中華全國圖書館文獻

縮微複製中心影印天津圖書館

孤本秘籍叢書本

南大

40152

艷雪山房詩稿不分卷

（清）金淳撰

清抄本

天圖

40153
金樸亭詩抄不分卷雜抄□卷
（清）金淳撰並輯
清道光咸豐抄本
天圖：存三卷（雜抄八至十）

40154
時鳥集不分卷
（清）董懷新撰
清抄本
天圖

40155
石蓮集一卷
（清）董懷新*撰　（清）華長吉選輯
清咸豐元年（1851）刻本
天津社科院
補充版本

40156
石蓮集一卷
（清）董懷新*撰　（清）華長吉選輯
清光緒刻本
九行二十一字白口左右雙邊
天圖

40157
朗山詩草一卷
（清）姚承恩撰
民國上海中華書局鉛印本
國圖　中科院　首圖　天圖　南開

天津社科院　天博　上圖

40158
租山帖體詩存四卷
（清）查璨撰
清光緒十年（1884）刻本
九行二十二字小字雙行同白口四周雙邊
北大　天圖

40159
問青閣詩集十四卷
（清）樊彬撰
清道光刻本
十行二十二字小字雙行同白口左右雙邊
國圖　中科院　天圖　天博

40160
燕都雜詠四卷
（清）樊彬撰
清光緒三十三年（1907）長沙石耕山房刻本
十行二十字小字雙行同白口左右雙邊
國圖　保定　陝西師大

40161
燕都雜詠一卷
（清）樊彬撰
民國二十八年（1939）東莞張江裁燕歸來簃鉛印燕都風土叢書本
國圖　北大

補充版本

40162
傅巖學吟詩草二卷
（清）吳士俊撰
清道光二十二年（1842）刻本
九行二十五字小字雙行同白口左
右雙邊
寧夏
補充著述

40163
蕉雨山房詩鈔不分卷
（清）吳士俊撰
稿本
中科院

40164
吳士俊文集不分卷
（清）吳士俊撰
稿本
南京

40165
小草廬陔餘散草不分卷
（清）吳士俊撰
稿本
上圖
補充著述

40166
蓮品詩鈔一卷畏憫齋文鈔一卷
（清）王敬熙撰

清咸豐刻本
九行二十一字白口四周雙邊
中科院　天圖　南開

40167
蓮品詩鈔一卷
（清）王敬熙撰
民國十二年（1923）天津王氏刻本
備註：是書有牌記：“癸亥三月王氏
重栞”。
國圖　天圖　天博

40168
妙蓮花室詩草五卷詩餘二卷
（清）王增年撰
清同治二年（1863）刻本
九行二十一字白口四周單邊
中科院　天圖　南開　吉大　上圖
華師大

40169
妙蓮花室詩鈔一卷詞鈔一卷
（清）王增年撰
民國十一年（1922）天津金鉞刻本
九行二十一字黑口四周雙邊
國圖　北大　首圖　天圖　天博
上圖　復旦　旅大

40170
妙蓮花室詩鈔一卷詞鈔一卷
（清）王增年撰
1993 年北京中國書店據民國十一
年（1922）王守恂刻本影印本

北大　上圖　復旦
補充版本

40171
妙蓮花室詩餘
　（清）王增年撰
　清宮子行刻本
國圖
補充版本

40172
蘭喜亭詩草一卷
　（清）王增年撰
　稿本
上圖
補充著述

40173
稔齋詩草一卷
　（清）姚承豐撰
　民國十一年（1922）上海中華書局
　　鉛印本
國圖　北大　中科院　天圖　南開
天津社科院　上圖　復旦
補充藏地

40174
菊坪詩鈔二卷續編一卷
　（清）姚學程撰
　清同治十一年（1872）會文山房
　　刻本
　十行二十一字小字雙行同黑口左
　　右雙邊

國圖　中科院　天圖　天博　天津
社科院

40175
臙香館詩選一卷
　（清）華長卿撰
　清光緒九年（1883）天津華氏刻華
　　氏家集本
天圖

40176
梅莊詩鈔十六卷
　（清）華長卿撰
　清同治九年（1870）東觀室刻本
　十行二十一字白口四周雙邊
中科院　天圖　天博　天津社科院
紹興　溫州

40177
梅莊詩鈔十六卷
　（清）華長卿撰
　清抄本
天圖:存一卷（卷八）
補充版本

40178
梅莊詩鈔十六卷
　（清）華長卿撰
　1995年上海古籍出版社據清同治
　　九年（1870）華鼎元都門刻本影
　　印續修四庫全書本
上圖
補充版本

40179

四十賢人集（屠酤集）一卷

（清）華長卿撰

清道光二十四年（1844）刻本

九行二十一字白口左右雙邊

國圖　中科院　首圖　天圖　天津
社科院

40180

蒭言集一卷

（清）華長卿撰

清道光二十五年（1845）金陵刻本

九行二十一字白口左右雙邊

中科院　天圖　天博　天津社科院

40181

時還讀我書屋文鈔

（清）華長卿纂

清小遊僊館抄本

天博

40182

倦鶴龕詩鈔一卷

（清）華長忠撰

清光緒九年（1883）刻華氏家集本

九行二十一字白口左右雙邊

天圖　天津社科院

40183

華葵生詩札

（清）華長忠撰

稿本

備註：與《梅小樹書札》合刊。南開

大學圖書館藏是書題名爲《天津梅
小樹書札》。

南開

40184

一門沆瀣集賦草四卷

（清）郝緝榮輯

清同治七年（1868）天津曝書堂
刻本

九行二十二字白口四周雙邊

天圖　天津社科院　天博　福建

40185

**蒼茫獨立軒詩集二卷七十二鴛鴦回
環舫詞抄一卷**

（清）王大堉撰

清道光刻本

十一行二十四字黑口四周單邊

國圖　北大　上圖　山東

40186

蒼茫獨立軒詩續集一卷詩餘一卷

（清）王大堉撰

清道光十九年（1939）長洲王氏
刻本

京大人文研

40187

津門布衣遺稿

（清）嚴家駿撰

民國二十四年（1935）安次馬鍾琇
抄本

國圖

40188

徐漢卿先生詩集四卷

（清）徐壽彝撰

民國十六年（1927）影印本

國圖　中科院　清華　天圖　南開

上圖

姑存草一卷

更生草三卷

40189

選青堂稿不分卷

（清）張式芸撰

清光緒二十一年（1895）天津張氏

刻本

九行二十五字白口四周雙邊

中國社科院近代史所　天圖

40190

憶存齋詩稿六卷文稿一卷

（清）姜城撰

清道光二十六年（1846）刻本

中科院　煙臺：存一卷（文稿）

西南大：存六卷（詩稿）

40191

秋園小詩四卷補遺一卷

（清）張桐撰

清光緒十年（1884）遂閒堂刻本

八行二十字白口四周雙邊

中科院　天圖

40192

秋園隨録四卷

（清）張桐撰

清光緒十年（1884）遂閒堂刻本

首圖

補充著述

40193

聞妙香館詩存稿二卷

（清）梅寶璐撰

清光緒十三年（1887）泰州宮玉甫

刻本

十行二十一字白口四周雙邊

國圖　中科院　北師大　天圖　南

開　天師大　天津社科院　天博

40194

聞妙香館尺牘存稿不分卷

（清）梅寶璐撰

清張師榮抄本

天圖

40195

綠豔亭詩文合集

（清）梅寶璐輯

清末抄本

國圖

補充著述

40196

聞妙香館吟草

（清）梅寶璐撰

清末抄本

國圖

40197

天津梅小樹書札一卷

　（清）梅寶璐撰

　　稿本

備註:與《華葵生詩札》合輯。

南開

40198

雪泥鴻爪不分卷

　（清）梅寶璐等撰

　　清末稿本

天津社科院

補充著述

40199

醉古香齋未定稿一卷

　（清）袁□□撰

　　清抄本

備註:其中《感時竹枝詞》記咸豐三年至四年(1853—1854)太平軍北伐至津郊靜海獨流鎮事。

天圖

40200

木葉詩稿六卷附帖括五卷選定本六卷

　（清）周寶善撰

　　清抄本　高凌雯題識　姚彤章題識

天圖

40201

禪餘吟草四卷

　（清）釋顯清撰

　　清道光三十年(1850)黃葉齋刻本

　　九行十九字白口四周雙邊

國圖　天圖　南開　天津社科院

上圖

補充藏地

40202

餘詩偶存

　（清）趙新撰

　　清稿本

天圖

40203

蜀道集一卷

　（清）章儔撰

　　清光緒十三年(1887)羊城刻本

首圖

40204

俚吟記事集二卷

　（清）王毓元撰并輯

　　民國二十五年(1936)天津協成印刷局鉛印本

備註:王毓元,清天津塘沽人。

天圖　南開　天師大　上圖

40205

文波存詩一卷

　（清）鄭豫達撰

　　民國二十五年(1936)天津協成印刷局鉛印本

備註:原題著者爲"（清）鄭文波

225

撰",文波爲鄭豫達之字。

天圖　上圖　南大

40206

三不愛別室詩抄不分卷

　（清）劉祝慶撰

　稿本

天圖

40207

退省堂詩存不分卷

　（清）劉祝山撰

　稿本

備註：附劉祝慶《三不愛別室詩抄》後。

天圖

40208

碧琅玕館詩鈔四卷續鈔四卷

　（清）楊光儀撰

　清同治十三年（1874）刻本

　九行二十一字白口四周雙邊

備註：有同治甲戌友生張式芸書田氏序，可知張式芸與楊光儀間的關係。

中科院　北師大　天圖　南開　天津社科院　静嘉堂文庫

40209

碧琅玕館詩鈔四卷續鈔四卷

　（清）楊光儀撰

　清光緒刻本

　九行二十一字白口四周雙邊

國圖　北大　天圖　天師大　吉大

上圖　華師大　南大

40210

敬恕齋遺稿二卷

　（清）張夢元撰

　清光緒二十三年（1897）山西機器

　　印書局鉛印本

北大　天圖　遼寧　上圖　南大

湖南社科院

40211

敬恕齋遺稿二卷

　（清）張夢元撰

　清光緒二十四年（1898）敬恕齋

　　刻本

　九行二十五字白口四周雙邊

國圖　中科院　清華　天圖　天津

社科院　湖南　廈大

40212

南有吟亭詩草三卷

　（清）于士祜撰

　清稿本　清楊光儀等題識

天圖

補充版本

40213

南有吟亭詩草二卷

　（清）于士祜撰

　清同治刻本

　九行十八字白口四周雙邊

中科院　天圖

40214

南有吟亭詩草二卷

（清）于士祜撰

清光緒十四年（1888）刻本

九行十八字白口四周雙邊

天圖　南開　天津社科院　天博

山西　阪大總

40215

南有吟亭詩草二卷

（清）于士祜撰

清紅格抄本

天圖

補充版本

40216

如意珠不分卷

（清）于士祜輯

清同治五年（1866）抄本

備註：嚴修題簽：“先于筠盒師手

抄”，原題著者爲“（清）固窮子輯”。

天圖

40217

于蓮孫詩稿不分卷

（清）于世蔭撰

清稿本

備註：書名爲“默庵”敬署。

天圖

40218

東觀室詩遺橐一卷

（清）華光鼐撰

清稿本　清于士祜題識

天圖

40219

東觀室遺橐一卷

（清）華光鼐撰

清光緒九年（1883）天津華氏刻華

　氏家集本

天圖

40220

脞錄二卷

（清）華光鼐撰

清刻本

國圖　天津社科院

補充藏地

40221

蓮西律賦二卷

（清）王維珍撰

清同治刻本

九行二十四字白口四周雙邊

北大　天津社科院　天博　日本

國會

補充藏地

40222

蓮西詩集四卷

（清）王維珍撰

清光緒二十一年（1895）石印本

天津社科院　華師大　安徽師大

40223

蓮西詩集四卷

（清）王維珍撰

民國十四年（1925）上海文學書局
石印本

天師大

40224

半園尺牘二十五卷補遺六卷

（清）李紫珊撰

清咸豐十年（1860）羊城維經堂
刻本

八行十八字小字雙行同白口左右
雙邊

國圖　上圖　南京　內蒙古　黑龍
江　河南大　新疆

40225

半園尺牘二十五卷補遺六卷

（清）李紫珊撰

清光緒二年（1876）刻本

紹興　義烏　日本國會　韓國漢城
大學

40226

半園尺牘二十五卷補遺六卷

（清）李紫珊撰

清光緒五年（1879）靈蘭堂刻本

湖南　陝西　石家莊：缺二卷（補遺
一至二）　一橋大　東北大

40227

守硯齋試貼初集四卷二集二卷

（清）王祖光撰

清光緒二十三年至二十四年

（1897—1898）刻本

國圖　北大　人大　天圖　上圖
臺圖

補充著述

40228

寄盦試律賸二卷附刻一卷

（清）王祖光撰

清光緒二十六年（1900）鹿城巡署
之且園刻朱印本

八行二十字白口四周雙邊

國圖　北大　人大　首圖

補充著述

40229

天全詩鈔一卷

（清）王鵠撰

清同治元年（1862）刻本

十行二十一字黑口左右雙邊

天圖　天津社科院

40230

天全詩鈔一卷

（清）王鵠撰

清抄本

北大

補充版本

40231

顧祠聽雨圖詩録一卷

（清）王鵠輯

清同治元年（1862）刻本

九行二十字白口四周雙邊

備註:《天津藝文志》著録此書書名
"圖"誤爲"閣"。

國圖　天圖　華師大　江西　揚州

40232
喝月樓詩稿□卷
　（清）王鵠（鴻）撰
　清道光黑格稿本
復旦:存三卷(辛丑至癸卯)
補充著述

40233
喝月樓詩録一卷續録一卷
　（清）王鵠撰
　稿本
中科院

40234
喝月樓詩録二十卷
　（清）王鵠撰
　清道光十九年（1839）刻本
北大　北師大　中科院　天圖:存
十一卷(卷一至卷十一)　日本國會

40235
喝月樓詩餘一卷
　（清）王鵠（鴻）撰
　清刻本
復旦
補充著述

40236
王子梅詩詞集不分卷

　（清）王鵠撰
　稿本
山東

40237
津門徵跡詩一卷
　（清）華鼎元撰
　抄本
南大

40238
津門徵跡詩一卷
　（清）華鼎元撰
　1986年天津古籍出版社出版天津
　　風土叢書本

40239
荻湄詩草
　（清）徐思穈撰
　清抄本　清周天麟題識
天圖:存二卷(卷三、卷十一)
補充著述

40240
荻湄殘稿二卷
　（清）徐思穈撰
　民國十四年（1925）徐氏退耕堂鉛
　　印本
北大　天圖
補充著述

40241
般若村人詩存一卷附詞一卷

（清）張槭蔭撰
民國二年（1913）鉛印本
天圖

40242

蝶訪居詩鈔五卷蝶訪居文鈔一卷蝶訪居詩餘一卷
（清）徐士鑾撰
民國抄本
天圖

40243

瘤鷗戲墨二卷
（清）徐士鑾撰
清光緒十一年（1885）津門蝶園刻本
九行二十一字黑口四周雙邊
天圖　天津社科院　上圖

40244

周武壯公遺書九卷首一卷外集三卷別集一卷附錄一卷
（清）周盛傳撰
清光緒三十一年（1905）金陵刻本
十行二十一字白口左右雙邊
國圖　北師大　首圖　中國民族　天圖　南開　天師大　內蒙古　遼寧　吉林　上圖　寧波　湖南　陝西師大

40245

翰香詩社試律課存六卷
（清）陳塏輯

清光緒二十三年（1897）刻本
九行二十二字白口四周雙邊
天圖
補充著述

40246

海粟樓詩階六卷
（清）郭恩第輯
清光緒十三年（1887）刻本
八行十八字黑口四周雙邊
備註：中國人民大學圖書館著錄"清光緒十一年（1885）天津郭氏刻本"，故爲天津人。重慶圖書館著者"郭思第"，爲誤。
天津社科院　人大　重慶
補充著述

40247

蘊仙詩草一卷
（清）張玉貞撰
清光緒二年（1876）愛日堂刻本
十行二十一字白口左右雙邊
南開　天博

40248

蘊仙詩草一卷貞孝錄一卷
（清）張玉貞撰
清光緒十年（1884）刻本
吉林
補充版本

40249

孟筱帆先生手稿

（清）孟繼坤撰

清末稿本

天圖

40250

詩星閣賦鈔二卷

（清）孟繼坤撰

清光緒二十一年（1895）天津義合
堂刻二家賦鈔本

九行二十一字白口四周雙邊

國圖　天圖　黑龍江

40251

詩星閣同人試律鈔二卷

（清）孟繼坤輯

清光緒十四年（1888）詩星閣刻本

九行二十五字白口四周雙邊

天圖　南開　天博

40252

詩星閣五言八韻詩二卷

（清）孟繼坤撰

清光緒十七年（1891）詩星閣刻本

天津社科院　遼寧

40253

孟筱藩先生清發草堂詩鈔一卷

（清）孟繼坤撰

民國二十五年（1936）問梅吟社影
印本

備註:題名據封面題。

首圖　天圖

40254

北山草堂詩記三卷首一卷

（清）楊昌邠撰　（清）周馥*等評
周叔弢等校

清宣統元年（1909）寧国學舍活
字本

十一行二十字白口左右雙邊

天圖

補充著述

40255

周玉山書札不分卷

（清）周馥撰

清末稿本

天圖

40256

周愨慎公全集十種首一卷

（清）周馥撰

民國十一年（1922）秋浦周氏石
印本

國圖　天圖　上圖　南大

周愨慎公奏稿五卷

電稿一卷

周愨慎公公牘二卷

玉山文集二卷

詩集四卷

易理匯參十二卷首一卷

治水述要十卷

河防雜著四種　（1）黃河源流考
一卷　（2）水府諸神祀典記一
卷　（3）黃河工段文武兵夫記
略一卷　（4）國朝河臣記一卷

負暄閑語二卷

周愨慎公自著年譜二卷

40257

玉山詩集四卷玉山文集二卷

（清）周馥撰

民國九年（1920）上海聚珍仿宋印

書局鉛印本

國圖　北大　天圖　復旦

補充著述

40258

生日偶成十絕一卷

（清）周馥撰

民國九年（1920）石印本

天圖　上圖

補充著述

40259

夜郎吟一卷

（清）孟繼塤撰

清光緒二十二年（1896）刻本

九行二十字小字雙行同白口四周

雙邊

中科院　天圖　南開

40260

夜郎吟一卷

（清）孟繼塤撰

民國刻本

九行二十字白口四周雙邊

天圖

40261

綠莊嚴館詩存一卷

（清）孟繼塤撰

清光緒二十五年（1899）抄本

天津社科院

40262

試茗吟廬詩稿一卷

（清）孟繼塤輯

清抄本

備註：南開大學圖書館著者著錄爲

“孟志青”，志青爲孟繼塤之字。

南開

補充版本

40263

試茗吟廬詩稿一卷

（清）孟繼塤輯

民國抄本

備註：天津圖書館著者著錄爲“孟志

青”，志青爲孟繼塤之字。

天圖

40264

醉茶吟草二卷

（清）李慶辰撰

民國初天津志局刻天津詩人小

集本

國圖

40265

雙清書屋吟草一卷

（清）王樾撰

民國十一年（1922）刻本
九行二十一字黑口四周雙邊
國圖　北大　中科院　首圖　天圖
天博

40266
雙清書屋吟草一卷
（清）王樾撰
1994年北京中國書店據民國刻本
影印本
上圖　中山大
補充版本

40267
小鄒魯居詩集七卷
（清）張大仕撰
清宣統二年（1910）醒華報館石
印本
天津社科院　遼寧
補充版本

40268
桂游草一卷
（清）張毅撰
清光緒十一年（1885）栽雲館刻本
十行二十一字黑口左右雙邊
北師大　天圖

40269
意園二編
（清）張毅撰
稿本
中科院：存一卷（上）

40270
鴣葉菴遺稿一卷輓詩一卷
（清）陳珍撰
清光緒二年（1876）藤香畫社刻本
八行二十一字白口四周雙邊
國圖　天圖　天津社科院

40271
賀先生文集四卷
（清）賀濤撰　徐世昌*編　賀培
新輯評
民國三年（1914）京師刻本
國圖　北大　清華　天圖　山東大
廈大

40272
紅螺山房詩鈔一卷
（清）李葆恂撰
清光緒二十一年（1895）李葆恂
抄本
天津社科院
補充版本

40273
猛庵文畧二卷
（清）李葆恂撰
民國六年（1917）刻本
首圖
補充著述

40274
廣雅堂詩集不分卷
（清）張之洞撰　嚴修*注

稿本
湖南
補充版本

40275
嚴範孫先生注廣雅堂詩手稿不分卷
　（清）張之洞撰　嚴修*注
　民國十九年（1930）影印本
國圖　中科院　上圖

40276
陶樓文鈔十四卷
　（清）黃彭年撰　章鈺*　高德
　馨編
　清末朱格稿本
國圖

40277
方望溪先生文集約選不分卷
　（清）方苞撰　周學熙*選
　清稿本
南開
補充著述

40278
梅花館詩集一卷詩餘一卷
　（清）汪韻梅撰　言敦源*輯
　清光緒三十四年（1908）鉛印本
國圖　中科院　天圖
補充著述

40279
忘庵遺詩輯存一卷續輯一卷誦芬拾

遺一卷
　（清）王武撰　王季烈*輯
　民國十八年（1929）王季烈刻本
中科院　復旦　華師大
補充著述

40280
德馨逸老吟稿
　（清）劉煦撰　馬鍾琇*輯
　民國安次馬氏綠絲欄抄本
國圖
補充著述

40281
嚴叔敏遺文一卷
　（清）嚴智庸撰　王春瀛*輯
　清光緒二十八年（1902）天津開文
　　書局石印本
北師大　天圖　南開　復旦

40282
石蓮文鈔不分卷
　（清）吳重憙撰　王崇煥*輯錄
　民國王崇煥抄本
備註：是書鈐“半耕半讀村翁”朱文
方印、“王崇煥印”白文方印。
天圖
補充著述

40283
求闕文齋文存不分卷
　（清）王懿榮撰　王崇煥*輯
　民國十年（1921）王崇煥抄本

天圖
補充著述

40284
盤谷詩集二卷
　（清）釋智朴撰　　薊州區
　清康熙刻本
　十行二十字黑口四周單邊
國圖　上圖　湖南

40285
青溝偈語一卷
　（清）釋智朴撰　　薊州區
　清康熙刻本
　十行二十字黑口四周單邊
國圖

40286
辛壬蔓草一卷
　（清）釋智朴撰　　薊州區
　清康熙四十二年(1703)刻本
上圖
補充著述

40287
盤谷後集一卷
　（清）釋智朴撰　　薊州區
　清康熙刻本
中央民大
補充著述

40288
盤山盤谷寺拙菴朴禪師尺牘一卷

　（清）釋智朴*撰　　（清）德盛記錄
　薊州區
　清康熙天津薊縣孫門羅刻本
人大
補充著述

40289
歸去來集不分卷
　（清）孫慶蘭撰　　薊州區
　清道光二十三年(1843)刻本
　九行二十一字小字雙行同白口四
　　周雙邊
國圖　中科院　天圖　天博　青海
補充藏地

40290
掛月山莊詩鈔不分卷
　（清）觀榮撰　　薊州區
　清道光刻本
　八行二十一字白口左右雙邊
國圖　北大　中科院　上圖

40291
掛月山莊詩鈔二卷
　（清）觀榮撰　　薊州區
　清道光抄本
國圖

40292
樂在其中一卷
　（清）李江輯　　薊州區
　清光緒活字印味虛簃叢書本
國圖　吉大

40293

龍泉園集十二卷

（清）李江撰　　薊州區

清光緒二十年（1894）刻龍泉師友
遺稿合編本

十行二十四字黑口四周單邊

國圖　北大　首圖　北師大　保定

吉林　復旦　徐州　安徽師大

龍泉園語四卷

詩草一卷

文草一卷

尺牘一卷

題跋一卷

蘭陽養疴雜記一卷

見聞録一卷

鄉塾正誤二卷

40294

龍泉園集十二卷

（清）李江撰　　薊州區

清光緒二十年（1894）刻民國七年
（1918）印本

國圖　厦大

40295

龍泉園集十二卷

（清）李江撰　　薊州區

清抄本

吉大

補充版本

40296

問青園集十三卷

（清）王晉之撰　　薊州區

清光緒二十二年（1896）刻龍泉師
友遺稿合編本

國圖　北大　吉林　復旦　徐州

安徽師大　蘇州

山居瑣言一卷

溝洫私議一卷圖説一卷

貢愚録一卷

問青園課程一卷附雜儀學規條規

問青園語一卷

問青園詩草一卷文草一卷題跋一
卷尺牘一卷手帖一卷家書一卷
遺囑一卷

40297

問青園集十三卷

（清）王晉之撰　　薊州區

清光緒二十二年（1896）刻民國七
年（1918）印本

國圖

40298

王竹舫自書詩册一卷

（清）王晉之書　　薊州區

清稿本

蘇州

補充著述

40299

**憶雪樓詩三卷衡遊草一卷并鄉集一
卷還庚集一卷少作偶存一卷**

（清）王焞撰　　寶坻區

稿本

紹興

補充版本

40300

南村詩稿

（清）王煥撰　　寶坻區

稿本

備註：此書共二十冊，現藏於天津市文聯，索書號 S0160。書衣題"茸山堂詩鈔　出塞吟"。

天津市文聯

補充著述

40301

憶雪樓詩集二卷

（清）王煥撰　　寶坻區

清康熙三十五年（1696）王氏貞久堂刻本

十行十九字小字雙行同黑口四周單邊

國圖　上圖　南京

40302

憶雪樓詩集二卷

（清）王煥撰　　寶坻區

1998 年影印四庫禁燬書叢刊本

天圖　　上圖

40303

羅浮紀游詩一卷

（清）王煥撰　　寶坻區

清康熙刻本

上圖

補充著述

40304

南村居士集十一卷

（清）王煥撰　　寶坻區

稿本

浙江

蜀裝吟二卷

寫憂集二卷

蕉鹿吟二卷

復寫憂集二卷

蘆中吟一卷

澗上草一卷

快山吟一卷

40305

梅中詩存不分卷

（清）蔣國祚撰　　寶坻區

清刻本

中國社科院文學所

40306

竹香樓詩集五卷

（清）王毓柱撰　　寶坻區

清抄本

國圖

竹香樓初集一卷

竹香樓二集一卷

粵遊吟一卷

豫裝草一卷

式矩集一卷

40307

粵遊吟（畏堂詩鈔）一卷

（清）王毓柱撰　　寶坻區

清乾隆寶坻王氏刻本

八行十八字小字雙行同白口左右

　　雙邊

國圖

40308

蕉亭閒詠不分卷

（清）芮熊占撰　　寶坻區

清道光刻本

復旦

補充著述

40309

瘖厓詩草一卷

（清）王殊洽撰　　寶坻區

清咸豐十年（1860）刻本

安徽

40310

且住爲佳軒詩鈔

（清）王殊渥撰　　寶坻區

清刻本

國圖

補充著述

40311

春熙堂詩稿二卷

（清）李光里撰　　寶坻區

清道光十一年（1831）刻本

十行二十五字小字雙行同白口四

　　周雙邊

備註：書名據書名頁及書籤題。

國圖

40312

樸園感舊詩一卷

（清）李光庭*撰　（清）張維屏評

寶坻區

清刻本

十一行二十四字黑口四周雙邊

國圖　天津社科院

補充版本

40313

樸園感舊詩一卷

（清）李光庭*撰　（清）張維屏評

寶坻區

清光緒二十五年（1899）刻本

九行二十字黑口四周雙邊

天圖

40314

虛受齋詩鈔十四卷

（清）李光庭*撰　（清）張維屏評

寶坻區

清道光十一年（1831）刻本

十一行二十四字黑口四周雙邊

國圖　北大　天津社科院　京大

附圖

40315

虛受齋詩鈔十二卷

（清）李光庭*撰　（清）張維屏評

寶坻區

清刻本

十一行二十四字黑口四周雙邊
國圖
補充版本

40316
培根堂學古文一卷
　（清）高繼珩撰　　寶坻區
　清末朱絲欄稿本
國圖
補充著述

40317
鑄鐵硯齋詩集
　（清）高繼珩撰　　寶坻區
　清末抄本
備註：書名、著者據書衣題。
國圖
補充著述

40318
翠微軒詩稿三卷
　（清）高順貞撰　　寶坻區
　清同治十三年（1874）刻培根堂全
　稿本
　八行二十二字白口四周雙邊
北大　中科院　天圖

40319
頦齋詩存一卷附詞一卷
　（清）李庶撰　　寶坻區
　民國二年（1913）鉛印本
天圖　華師大

40320
寒竽小草一卷
　（清）翟際華撰　　寧河區
　清嘉慶八年（1803）刻本
　八行二十二字白口四周雙邊
天圖

40321
慎庵古近体诗五卷
　（清）高靜選　　寧河區
　清光緒六年（1880）甯河高氏刻本
　八行十九字小字雙行同白口四周
　　雙邊
國圖　天圖

40322
慎庵遺稿八卷
　（清）高靜選　　寧河區
　清光緒高棠恩高庚恩刻本
中科院　天圖　京大附圖
　古近體詩四卷
　試帖詩二卷
　詞稿一卷
　賦稿一卷

40323
深柳堂集四卷附詞一卷
　（清）廉兆綸撰　　寧河區
　民國抄本
國圖　北大　北師大　中國社科院
近代史所

40324
從吾所好齋試帖詩二卷

（清）成琦撰　　（清）廉兆綸*評
（清）楊能格選　　寧河區
清同治七年（1868）主善堂刻本
北大
補充著述

40325
蓄墨複齋詩鈔四卷
（清）王培新撰　　寧河區
清光緒二十二年（1896）刻本
九行二十一字小字雙行同白口四
　　周雙邊
國圖　中科院　天圖　天津社科院
上圖

40326
同館賦鈔不分卷
（清）張端卿等撰　　（清）戴彬元*
等書　　寧河區
清光緒十一年（1885）刻本
寧波

40327
思貽齋詩約存二十一卷
（清）高賡恩撰　　寧河區
清宣統三年（1911）刻本
十行二十二字小字雙行同白口四
　　周雙邊
國圖：缺二卷（卷十四至卷十五）
中科院　天圖

40328
上齋紀事詩一卷

（清）高賡恩撰　　寧河區
清光緒二十七年（1901）成都傳寶
　　書刻本
七行二十七字小字雙行同黑口左
　　右雙邊
國圖

40329
秦園詩草一卷詩餘一卷
（清）王燮撰　　寧河區
清末鉛印本
國圖　中科院　天圖

40330
水東集初編五種十卷
（清）王照撰　　寧河區
民國刻本
九行二十字小字雙行同白口左右
　　雙邊
國圖　天圖
　小航文存四卷　　民國十九年
　　（1930）刻
　增訂三體石經時代辨誤二卷　　民
　　國十九年（1930）刻
　讀左隨筆一卷　　民國十九年
　　（1930）刻
　表章先正正論一卷　　民國十七年
　　（1928）刻
　方家園雜詠紀事一卷雜記一卷
　　民國十七年（1928）刻

40331
航泊軒吟草不分卷

（清）王照撰　　寧河區
民國二十年（1931）刻本
遼寧

40332
雪泥一印草不分卷
（清）王照撰　　寧河區
民國十四年（1925）刻本
遼寧

40333
三草刪存三卷
（清）王照撰　　寧河區
民國十四年（1925）鉛印本
遼寧

40334
李彰九先生遺稿
（清）王照鑒定　　寧河區
民國鉛印本
國圖
補充著述

40335
近野軒詩鈔二卷
（清）曹傳撰　　武清區
清抄本
備註：書名據題記題。
國圖
補充著述

40336
近野軒詩集

（清）曹傳撰　　武清區
民國九年（1920）安次馬氏綠絲欄
抄本
國圖

40337
近野軒詩存四卷
（清）曹傳撰　　武清區
清乾隆十五年（1750）刻本
八行十八字白口左右雙邊
天圖　石家莊

40338
近野軒詩存四卷
（清）曹傳撰　　武清區
1990年北京圖書館據清乾隆刻本
靜電複製本
國圖

40339
蘭雪齋詩鈔八卷
（清）陳寅撰　　武清區
民國七年（1918）京華印書局鉛
印本
國圖　北大　中科院　天圖　上圖
補充著述
閒居集
彈鋏集
息影集
鐵人集
蓬幕集
望瀛集
起夢集

趣園集各一卷

40340
蕉雪軒詩不分卷
　(清)張鵬翼撰　　武清區
　清光緒二十七年(1901)薊州劉氏
　　叢刻活字本
國圖

40341
寄傲軒詩稿
　(清)曹彬孫撰　　武清區
　2021年天津古籍出版社出版津沽
　　詩集六種本
備註:曹彬孫,字藹臣,號卓璘,同治
己巳年(1869)生。
補充著述

40342
忍冬書屋詩集六卷
　(清)郭家聲撰　　武清區
　民國五年(1916)琉璃廠宣元閣鉛
　　印本
國圖

40343
忍冬書屋詩集八卷
　(清)郭家聲撰　　武清區
　民國十九年(1930)鉛印本
國圖　天圖　上圖

40344
忍冬書屋詩續集八卷

　(清)郭家聲撰　　武清區
　民國鉛印本
國圖

40345
古處堂集四卷
　(清)高爾儼撰　　静海區
　清康熙三年(1664)高勱昌刻本
　八行二十字白口四周單邊
國圖　福建　福建師大

40346
古處堂集四卷
　(清)高爾儼撰　　静海區
　1997年齊魯書社影印四庫全書存
　　目叢書本
國圖　天圖　上圖　京大人文研

40347
**春雨草堂集三十四卷外集三十卷宦
稿五卷**
　(清)宮偉鏐撰　　静海區
　清康熙四十年(1701)宮夢仁刻本
中科院　首圖　中國社科院文學所
蘇州

40348
春雨草堂集三十四卷別集三十卷
　(清)宮偉鏐*撰　　(清)宮夢仁重
訂　　静海區
　民國八年(1919)抄本　配同治
抄本
天圖

40349

春雨草堂別集八卷

（清）宮偉鏐撰　　静海區

民國鉛印暨石印海陵叢刻本

國圖　清華　首圖　山東　南京

復旦　湖北　浙江　甘肅

40350

松喬堂詩存稿一卷應制詩稿二卷

（清）勵杜訥撰　　静海區

清雍正十一年（1733）陳元龍刻本

中科院

40351

松喬堂詩存稿一卷應制詩稿二卷

（清）勵杜訥撰　　静海區

清末抄本

國圖

補充版本

40352

恕堂詩七卷

（清）宮鴻曆撰　　静海區

清康熙刻本

十行二十一字黑口左右雙邊

國圖　北大　中央民大　復旦

散懷集二卷

舊雨集二卷

感秋集三卷

40353

恕堂詩七卷

（清）宮鴻曆撰　　静海區

民國宮中鈔本

天圖

40354

恕堂詩二十六卷

（清）宮鴻曆撰　　静海區

清抄本

泰州　寶應

補充版本

40355

恕堂詩十六卷

（清）宮鴻曆撰　　静海區

稿本

泰州

補充版本

40356

恕堂詩□□卷

（清）宮鴻曆撰　　静海區

稿本

南京

補充版本

40357

恕堂詩鈔四卷

（清）宮鴻曆撰　　静海區

清嘉慶二十一年（1816）王世豐

刻本

首圖

補充著述

40358

恕堂詩存十三卷

（清）宮鴻暦撰　　静海區

稿本

南京

補充著述

40359

宮鴻暦詩選一卷

　（清）宮鴻暦撰　　静海區

　清康熙四十二年（1703）宋氏宛委

　　堂刻江左十五子詩選本

　十行十九字小字雙行二十八字黑

　　口左右雙邊

國圖　北大　中科院　南開　哈佛

燕京

40360

甲乙游草六卷

　（清）宮鴻暦撰　　静海區

　清康熙刻本

國圖　南京　甘肅

40361

雙清閣詩稿八卷

　（清）勵廷儀撰　　静海區

　清乾隆静海勵氏刻本

　九行十八字白口左右雙邊

國圖　天圖　南開　上圖　復旦

南京　哈佛燕京

40362

雙清閣詩稿八卷

　（清）勵廷儀撰　　静海區

　清抄本

國圖

補充版本

40363

柱笏樓詩不分卷

　（清）宮懋言撰　　静海區

　抄本

上圖

補充著述

40364

柱笏樓詩集不分卷

　（清）宮懋言撰　　静海區

　抄本

泰州

補充著述

40365

一瓢子詩辭選鈔

　（清）毛士撰　　静海區

　清宣統三年（1911）抄蘭台奏疏等

　　八種本

國圖

40366

重刻近月亭詩稿四卷

　（清）紀玑文撰　　静海區

　清嘉慶十九年（1814）燕南李氏

　　刻本

　十一行二十二字小字雙行同黑口

　　左右雙邊

國圖　山西　山西大

40367

擬莆陽樂府一卷

（清）蕭重撰　　静海區

清道光四年（1824）刻本

七行二十二字小字雙行同白口左
右雙邊

國圖　上圖

補充著述

40368

擬莆陽樂府一卷

（清）蕭重撰　　静海區

民國抄本

國圖

補充版本

40369

莆田樂府一卷

（清）蕭重撰　　静海區

清抄本

遼寧

補充版本

40370

剖瓠存稿二十卷附樂府三卷

（清）蕭重撰　　静海區

清道光十四年（1834）客燕齋刻本

十一行二十二字黑口左右雙邊

中科院　天圖　南開區:存十一卷

（卷一至卷十一）　福建　廣東

40371

**退一步草堂詩鈔二卷詞鈔一卷小唱
一卷**

（清）王玉驥撰　　静海區

清光緒刻本

九行二十字小字雙行同白口四周
雙邊

備註：王玉驥（1843—1895），字
雪譚。

國圖　北師大　天圖　天師大
上圖

補充著述

40372

**退一步草堂詩鈔二卷詞鈔一卷小唱
一卷**

（清）王玉驥撰　　静海區

清光緒活字本

九行二十字白口四周雙邊

天圖

補充著述

40373

戊午客吉林詩一卷

（清）劉汝驥撰　　静海區

民國八年（1919）石印本

國圖　遼寧

民國以來別集

40374

小隱詩草四卷

胡樹屏撰

民國十二年（1923）天津華新印刷
局鉛印本

中國社科院文學所　天圖　南開

天師大　上圖　復旦

40375
御覽集四卷
　李士錙撰
　民國鉛印本
國圖　天圖

40376
遯盧詩存一卷
　王人文撰
　民國九年（1920）天津大公報館鉛
　　印本
國圖　北大　人大　天圖　復旦

40377
遯盧詩存一卷
　王人文*撰　趙藩評點
　民國抄本
天圖
補充版本

40378
歸雲樓詩集稿
　徐世昌撰
　清末民初稿本
天圖

40379
歸雲樓題畫詩二卷
　徐世昌撰
　民國十三年（1924）天津徐氏影
　　印本

國圖　北大　清華　天圖　南開
吉大

40380
歸雲樓題畫詩四卷
　徐世昌撰
　民國十七年（1928）退耕堂刻本
復旦　吉大

40381
歸雲樓集不分卷
　徐世昌撰
　稿本
天津市文聯

40382
歸雲樓集十六卷目錄一卷
　徐世昌撰
　民國十六年（1927）天津徐氏刻本
國圖　天圖　中山大

40383
歸雲樓集十六卷
　徐世昌撰
　民國十六年（1927）抄本
天圖

40384
退園題畫詩
　徐世昌撰
　稿本
天津市文聯

40385

退園題畫詩六卷

徐世昌撰

民國十七年（1928）退耕堂刻本

人大　天圖　吉大

40386

退耕堂集六卷目錄一卷

徐世昌撰

民國天津徐氏刻本

十行二十一字白口四周單邊

國圖　北大　清華　南開　徐州

上圖　復旦　華師大　重慶　貴州

40387

**退耕堂文存一卷題跋四卷硯銘一卷
含芬集一卷**

徐世昌撰

民國十九年（1930）天津徐氏刻本

天圖

40388

水竹邨人詩選二十七卷附錄一卷

徐世昌撰

民國天津徐氏退耕堂刻本

國圖　天圖　吉大

40389

徐大總統詩集十二卷

徐世昌撰

民國石印本

國圖

40390

晚晴簃選詩社徵求清代詩集啟

徐世昌撰

民國石印本

國圖　天圖

40391

弢養齋詩稿

徐世昌撰

稿本

天津市文聯

40392

海西草堂集

徐世昌撰

稿本

天津市文聯

40393

海西草堂集二十七卷目錄一卷

徐世昌撰

民國天津徐氏刻本

國圖　北大　清華　天圖　南開

吉大　蘇大

40394

海西草堂題畫詩

徐世昌撰

稿本

天津市文聯

40395

海西草堂題畫詩十卷

徐世昌撰

民國二十五年（1936）徐世昌退耕
堂刻本

國圖　中山大

40396

水竹邨人集五卷

徐世昌撰

清末民初抄本　柯劭忞題識

天圖

40397

水竹邨人集十二卷目録一卷

徐世昌撰

民國七年（1918）天津徐世昌刻本

國圖　天圖　南開　吉大　復旦

華師大

40398

水竹邨人集十二集

徐世昌撰

民國九年（1920）石印本

天圖　吉大　華師大　南京師大

40399

杞菊延年館聯語三十六卷

徐世昌撰

民國二十七年（1938）退耕堂鉛
印本

國圖　天圖　南開　吉大

40400

徐世昌致韓鏡葊等人信扎抄存本

徐世昌撰

抄本

天津社科院

40401

水竹邨人詩稿不分卷

徐世昌撰

清稿本

南開

補充著述

40402

藤墊儷言三十卷

徐世昌撰

民國二十五年（1936）退耕堂刻本

國圖　天圖　南開

40403

退耕堂題跋四卷

徐世昌撰

民國十八年（1929）天津徐氏刻本

人大　上圖

40404

退圍外集七卷

徐世昌撰

民國十八年至二十年（1929—
1931）徐氏退耕堂刻本

人大

40405

沔陽盧木齋先生手簡不分卷

盧靖書

民國影印本

國圖　天圖　上圖

40406

盧木齋先生遺稿一卷

盧靖撰

1954 年油印本

國圖　上圖　復旦

40407

冬青館詩存一卷

韓蔭楨撰

民國十八年（1929）天津刻本

九行二十一字黑口四周雙邊

國圖　首圖　天圖　天師大

40408

冬青館詩存一卷

韓蔭楨撰

抄本

中國社科院文學所

補充版本

40409

星橋詩存三百首三卷續編三卷三編三卷

蘇之鑾撰

民國二十三年（1934）鉛印本

國圖　天圖　天博

40410

嚴範孫先生函稿不分卷

嚴修撰

清末民國初稿本

天圖

40411

嚴範孫先生遺墨不分卷

嚴修撰

民國影印本

國圖　天圖　上圖

40412

嚴範孫先生詩鐘一卷

嚴修撰

民國二十二年（1933）天津百城書局影印本

國圖　天圖

40413

嚴範孫先生古近體詩存稿三卷

嚴修撰

民國二十二年（1933）天津協成印書局鉛印本

天圖　上圖

40414

蟫香館手剟第一輯

嚴修撰

民國二十一年（1932）北平文化學社影印本

國圖　天圖　天津社科院　天博上圖

40415

同甲吟草一卷

嚴修等撰
民國二十年（1931）石印本
天圖

40416
嚴範孫先生手劄一卷
　嚴修撰
　民國十九年（1930）北平文化學社
　　影印本
國圖　北師大　天圖　天津社科院

40417
嚴先生遺著不分卷
　嚴修撰
　民國天津廣智館鉛印本
國圖　天圖　天博

40418
嚴氏家書不分卷
　嚴修撰
　清光緒三十三年至宣統元年
　　（1907—1909）稿本
天圖

40419
[嚴氏]家信稿不分卷
　嚴修撰
　清光緒稿本
天圖

40420
壽詩挽聯底稿不分卷
　嚴修撰

清末民國初稿本
天圖

40421
自撰聯語不分卷
　嚴修撰
　清末民國初稿本
天圖

40422
[嚴範孫先生信草]不分卷
　嚴修撰
　清末民國初稿本
天圖

40423
嚴範孫往來手劄不分卷
　嚴修撰
　稿本
河北大

40424
歐遊謳不分卷附東遊詩一卷
　嚴修撰
　民國天津廣智館鉛印本
國圖　天圖

40425
天津華碩卿先生詩草遺稿一卷
　華碩卿*撰　華以恪輯
　民國三十年（1941）鉛印本
天圖　上圖

40426

兩漢洗齋詩草不分卷

　謝崇基撰

　稿本

雲南

40427

過江集一卷附讀詩雜感一卷

　高淩雯撰

　民國十一年（1922）刻本

　十一行二十四字黑口左右雙邊

國圖　天圖　上圖

40428

［高淩雯］詩稿不分卷

　高淩雯撰

　民國稿本

天圖

40429

剛訓齋詩集六卷

　高淩雯＊撰　衣補盧鈔

　民國衣補盧抄本

天圖

40430

剛訓齋詩集十二卷文集六卷

　高淩雯撰

　抄本

私人收藏

補充著述

40431

剛訓齋詩集十二卷文集六卷

　高淩雯撰

　1994 年平裝書

私人收藏

補充著述

40432

味菜香館正續詩抄二卷

　徐風撰

　民國京兆公立第一工廠鉛印本

天圖　天博

40433

思闇詩集二卷

　華世奎撰

　民國三十二年（1943）石印本

國圖　首圖　天圖　上圖

40434

星辛盦賦四卷

　楊鳳藻撰

　清光緒二十三年（1897）天津萬寶

　　書局刻本

　九行二十五字白口四周雙邊

國圖　天津社科院　萍鄉

40435

星辛盦雜著三卷

　楊鳳藻＊撰　楊祖燕輯

　民國二十一年（1932）天津楊氏鉛

　　印本

國圖　北師大

40436

阮南詩再存一卷

王守恂撰
民國鉛印本
國圖　天圖　天津社科院

40437
杭州雜詩一卷續一卷
王守恂撰
民國鉛印本
國圖　天圖　上圖

40438
王寅皆中翰尺牘
王守恂撰
民國十年（1921）石印本
天圖
補充著述

40439
王仁安先生手稿
王守恂撰
稿本
天圖
補充著述

40440
不堪把玩三種
章鈺輯
清抄本
國圖

40441
四當齋集十四卷
章鈺撰

民國二十六年（1937）鉛印本
國圖　天圖　天津社科院　上圖
東大東文研　神户市立中央

40442
四當齋集節録不分卷
章鈺撰
抄本
上圖
補充著述

40443
止庵詩存二卷外集一卷
周學熙撰
民國三十七年（1948）至德周氏鉛
印本
國圖　中國社科院歷史所　天圖
上圖

40444
周止庵暮年詩偶存一卷
周學熙撰
民國三十三年（1944）鉛印本
復旦
補充著述

40445
嶺南吟一卷
劉建封撰
民國八年（1919）廣州華寶閣鉛
印本
備註：劉大同，原名建封，字桐階，號
芝叟，1865年出生于山東省諸城縣。

後半生退居津門。
上圖　中山大
補充著述

40446
嶺南吟一卷附嶺上榕枝一卷梅嶺詩
債一卷雜詠一卷
　劉建封撰
　民國九年（1920）廣州南關太平沙
　　亞洲印務局鉛印本
中山大
補充著述

40447
劉大同詩集
　劉建封撰
　2017 年天津古籍出版社出版
天圖
補充著述

40448
敝帚千金
　英斂之＊（英華）　劉孟揚編
　清光緒三十一至三十三年
　　（1905—1907）天津大公報館鉛
　　印本
國圖　北師大　人大　天津社科院

40449
蹇齋賸墨一卷
　英斂之（英華）撰
　民國十五年（1926）鉛印本
國圖　北大　北師大　人大　天圖

天津社科院　華師大

40450
也是集一卷安蹇詩存一卷
　英斂之（英華）撰
　清光緒三十三年（1907）天津大公
　　報館鉛印本
北師大　首圖　天圖　天津社科院
天博　東大總　關大　廣島大

40451
也是集續編一卷安蹇詩存一卷
　英斂之（英華）撰
　清宣統二年（1910）天津大公報館
　　鉛印本
北師大　首圖　天圖　天津社科院
天博

40452
安蹇齋叢殘稿三卷
　英斂之＊（英華）撰　張秀林輯
　民國六年（1917）鉛印本
北大　北師大　人大　天圖　上圖
補充著述
　安蹇齋文鈔一卷
　詩鈔一卷
　關外旅行記一卷

40453
如法受持館文四卷詩一卷續刊詩一
卷詩餘一卷
　張克家撰
　民國鉛印本

國圖　北大　人大　天圖　南開
天津社科院　天博　上圖

40454
鄭菊如先生詩存四卷
　鄭菊如撰
　1980 年天津陳文彥油印本
國圖　天圖

40455
抑齋文集六卷詩集四卷
　王錫彤撰
　民國二十八年（1939）鉛印本
國圖　北大　北師大　人大　天圖
南開

40456
宋則久論著
　宋則久（宋壽恆）輯
　民國二十二年（1933）天津國貨售
　　品所鉛印本
天津社科院　天博

40457
宋則久論著
　宋則久（宋壽恆）輯
　2013 年北京瀚文典藏文化公司據
　　民國二十二年天津國貨售品所
　　鉛印本複印民國籍粹本
臺圖
補充著述

40458
虁薁軒主人詠懷引玉集一卷

張樹華（張相臣）撰
　民國十八年（1929）鉛印本
國圖　首圖　天圖　上圖　華師大
補充著述

40459
石蓮居士新村唱和詩一卷
　管鳳龢輯
　民國影印本
國圖　北師大　天圖　天博

40460
藏齋集十三種
　趙元禮撰
　民國鉛印本
國圖　北師大　天圖　山西
　遼東集一卷
　寅卯集一卷
　辰巳集一卷
　無味集一卷
　深憂集一卷
　蓄海集一卷
　止愁集一卷
　蔭茂集一卷
　晨粔集一卷
　忏悔集一卷
　神祐集一卷
　雪頮集一卷
　籽疇集一卷

40461
夢選樓文鈔二卷詩鈔二卷
　胡宗楙撰

民國二十五年(1936)津門刻本
十行十六字黑口四周單邊
國圖　北大　天圖　南開

40462
雲在山房稿不分卷
　楊壽枏撰
　民國稿本
天圖

40463
思沖齋詩抄一卷
　楊壽枏撰
　民國清稿本
天圖

40464
雲在山房駢體文一卷
　楊壽枏撰
　民國清稿本
天圖

40465
鉢社偶存一卷
　楊壽枏撰
　民國清稿本
天圖

40466
雲在山房詩選一卷
　楊壽枏撰
　民國鉛印本
天圖

40467
雲邁書札一卷
　楊壽枏撰
　民國三十二年(1943)鉛印本
吉大　復旦　華師大

40468
雲在山房駢文詩詞選一卷
　楊壽枏撰
　民國鉛印本
吉大　復旦　華師大　蘇大

40469
喁于館詩草二卷
　言敦源*　丁毓瑛撰
　清光緒三十四年(1908)言氏鉛
　　印本
國圖　北大　首圖　天圖　南開
天津社科院　吉大　上圖　溫州
洛陽　新鄉

40470
南行紀事詩一卷
　言敦源撰
　油印本
南京
補充著述

40471
桄莊存稿附袁徐兩公零簡
　言敦源撰
　1975年臺北文海出版社影印近代
　　中國史料叢刊續編本

備註:内容包括《兆莊文存》一卷、喎于館詩草二卷、《續草》一卷、《南行紀事詩》一卷、《補遺》一卷。

國圖　臺圖　日本國會　京大人文研

40472
伏敬堂詩選一卷沈四山人詩選一卷歸實齋遺集一卷

言敦源輯

民國十七年(1928)常熟言氏鉛印本

國圖　中科院　上圖

補充著述

40473
何求老人(呂留良)殘稿

言敦源輯

民國十九年(1930)鉛印常熟言氏兆莊叢書本

南開

補充著述

40474
竹園叢話二十四集

丁子良(丁國瑞)撰

民國十二年至十五年(1923—1926)天津敬慎醫室鉛印本

天圖　天博　天津社科院　天師大

40475
王寅皆中翰尺牘

王春瀛撰

民國九年(1920)影印本

國圖　天圖　天師大

40476
詩緣一卷

李金藻(李琴湘)撰

民國二十七年(1938)鉛印本

國圖　天圖　天博

40477
重陽詩史一卷

李金藻(李琴湘)撰

民國二十七年(1938)鉛印本

國圖　天圖　天師大

40478
五雀六燕以來不分卷

李金藻(李琴湘)撰

民國三十二年(1943)油印本

備註:是書同《五雀六燕集》。

天圖

40479
美人換名馬百詠一卷

李金藻(李琴湘)撰

民國三十六年(1947)油印本

天圖　天博

40480
擇廬未是草一卷

李金藻(李琴湘)撰

民國油印本

天圖

40481
鏡波文藝選存二卷
　徐兆光撰
　民國十二年（1923）鉛印本
國圖　天圖

40482
鏡波文存四卷
　徐兆光撰
　民國十七年（1928）天津廣源印刷
　局鉛印本
人大　天圖　南開　吉大

40483
戊寅重九分韵詩存一卷
　徐兆光等撰
　民國二十八年（1939）城南詩社鉛
　印本
天圖
補充著述

40484
藏園老人遺稿三卷
　傅增湘撰
　1962年油印本
國圖　北大　天圖　南開　吉大
上圖

40485
灤陽小草一卷
　傅增湘撰
　民國鉛印本
北大　天圖

補充著述

40486
螾廬未定稿三卷首一卷
　王季烈撰
　民國二十三年（1934）石印本
國圖　北師大　天圖　南開　上圖
復旦

40487
螾廬未定稿續編一卷
　王季烈撰
　民國二十六年（1937）石印本
國圖　北大　復旦

40488
震澤先生別集四種
　王季烈輯
　民國十年（1921）鰥溪王氏刻本
上圖　日本岡山大　神户市立中央
吉川
補充著述

40489
癸辛疑夢集一卷
　劉潛撰
　民國三十年（1941）鉛印本
國圖　天圖　吉大　復旦

40490
粹廬詩鈔四卷
　劉潛撰
　民國三十二年（1943）鉛印本

國圖　天圖

40491
退思齋詩存一卷
　陳寶泉撰
　民國十五年（1926）中華書局鉛
　印本
國圖　天圖　南開

40492
退思齋詩文存不分卷
　陳寶泉撰
　民國二十二年（1933）天津協成印
　刷局鉛印本
國圖　北師大　天圖　南開　天師
大　上圖　東大東文研

40493
退思齋詩文存
　陳寶泉撰
　1970 年臺北文海出版社影印近代
　中國史料叢刊本
國圖
補充版本

40494
夢仙詩稿一卷續集一卷
　孫雲撰
　民國十三年（1924）鉛印本
國圖　北大　人大　首圖　天圖
南開　天師大　上圖　華師大　南
京　鎮江

40495
夢仙詩稿一卷續集一卷
　孫雲撰
　1985 年復旦大學圖書館影印本
復旦

40496
夢仙詩畫稿
　孫雲撰
　民國二十二年（1933）影印本
臺灣師大

40497
**慎園文選三卷詩選十卷盧慎之自訂
年譜一卷**
　盧弼撰
　1958 年油印本
國圖　天圖　南開　上圖　復旦

40498
慎園詩選餘集一卷附清芬集
　盧弼撰
　1961 年油印本
國圖

40499
盧慎之暮年文存一卷
　盧弼撰
　1965 年石印本
復旦
補充著述

40500
慎園啟事二卷

盧弼撰

1961 年油印本

國圖　上圖　華師大　吉大

40501

慎園叢集四卷

　盧弼撰

　1964 年油印本

國圖　天圖　上圖　吉大　復旦

華師大

　慎園詩選餘集一卷

　慎園詞一卷

　文選餘集一卷

40502

慎園吟草十卷

　盧弼撰

　1925—1956 年稿本

天圖

補充著述

40503

慎園分體詩六卷附集外詩一卷

　盧弼撰

　1900—1967 年稿本

備註：出版年份據作者生平及卒年

著錄。

天圖

補充著述

40504

葉真園啟事二卷

　盧弼撰

1962 年油印本

復旦

補充著述

40505

穆伯祺遺文一卷附徵文一卷

　穆奎齡撰

　清宣統二年（1910）天津民興報館

　鉛印本

國圖　首圖　天圖　天津社科院

40506

孟揚雜稿類選

　劉孟揚撰

　民國二十四年（1935）天津出版

天圖　天津社科院　天博

40507

夢影錄

　劉孟揚撰

　民國三十一年（1942）治安總署鉛

　印本

天圖　天津社科院　天博

40508

津門百美圖詠二卷續編一卷

　張壽撰

　清宣統元年（1909）醒華日報石

　印本

天圖

40509

余懺樓詩鈔一卷

張同書撰

民國四年(1915)鉛印本

備註:張同書,字玉裁。

國圖

補充著述

40510

一漚閣詩存二卷

張同書撰

民國鉛印本

國圖　天圖　南大

補充著述

40511

[詩文彙存]不分卷

金梁撰

民國稿本

備註:書名天津館自擬,爲散葉粘貼成册。

天圖

補充著述

40512

金梁手稿三種

金梁撰

稿本

南開

補充著述

40513

壬子記游草

金梁撰

民國元年(1912)鉛印本

國圖　北大　北師大

40514

東廬吟草

金梁撰

民國鉛印本

國圖

40515

金息侯先生壬子自述詩一卷

金梁＊編　梁申權注

民國二年(1913)鉛印本

備註:版心題壬子自述詩。

國圖

40516

渙堂文存不分卷

苑壹撰

民國鉛印本

天圖

補充藏地

40517

弘一大師書信手稿選集不分卷

釋弘一(李叔同)撰並書

1990 上海書畫出版社影印手稿本

南開　復旦　南京師大

補充著述

40518

海倫雜詠一卷

馮文洵撰

民國十年(1921)濱江墨林堂鉛

印本

國圖　天圖　南開

40519

紫簫聲館詩存一卷

馮文洵撰

民國二十三年（1934）天津馮氏鉛

印本

國圖　天圖　天博

40520

味古堂詩草

馬鍾琇撰

清光緒東安馬鍾琇稿本

國圖

40521

味古堂詩存

馬鍾琇撰

清光緒稿本

國圖

40522

味古三十自訂稿

馬鍾琇撰

清宣統稿本

國圖

40523

大城詩集

馬鍾琇輯

民國元年（1912）東城馬氏味古堂

油印本

40524

味古堂詩集稿本

馬鍾琇撰

民國稿本

國圖

40525

詩鈔

馬鍾琇撰

民國安次馬氏抄本

國圖

40526

東溪草衣詩鈔

馬鍾琇撰

民國稿本

國圖

40527

古燕詩紀十卷

馬鍾琇輯

民國三年（1914）味古堂稿本

國圖

40528

古燕詩紀十卷

馬鍾琇輯

民國四年（1915）鉛印本

國圖　北大　人大　天圖

40529

古燕詩紀十卷

馬鍾琇輯
民國安次馬氏綠絲欄抄本
國圖

40530
味古堂集八卷續集六卷
　馬鍾琇撰
　民國安次馬氏綠絲欄抄本
國圖

40531
滄海一彙集
　馬鍾琇撰
　民國安次馬鍾琇稿本
國圖

40532
安次馬氏詩錄
　馬鍾琇輯
　民國安次馬氏綠絲欄抄本
國圖

40533
**馬氏文錄甲編七卷乙編十卷餘編
一卷**
　馬鍾琇編
　民國二年(1913)東安馬氏味古堂
　　綠絲欄抄本
國圖

40534
一鳴集(支山詩鈔)不分卷
　周岐撰

民國稿本
中科院

40535
蒙齋文存五集
　趙芾撰
　民國九年至二十四年（1920—
　　1935）鉛印本
國圖　天圖　上圖

40536
信芳集二卷
　呂碧城撰
　民國七年(1918)鉛印本
國圖　天圖　上圖
　詩一卷
　詞一卷

40537
信芳集三卷
　呂碧城撰
　民國十四年(1925)上海中華書局
　　鉛印本
國圖　上圖
　詩一卷
　詞一卷
　文一卷

40538
信芳集五卷
　呂碧城撰
　民國十八年(1929)鉛印本
國圖　天圖　日本國會

詩一卷
詞一卷
詞增刊一卷
文一卷
鴻雪因緣一卷

40539
呂碧城集五卷
　呂碧城撰
　民國十八年（1929）上海中華書局
　　鉛印本
國圖　天圖　上圖
　文一卷
　詩一卷
　詞一卷
　海外新詞一卷
　歐美漫遊録一卷

40540
鐵庵詩存
　劉鐵庵撰
　2017 年廈門大學出版社影印本
國圖　天圖
補充著述

40541
孟和文存
　陶孟和撰
　民國十四年（1925）上海亞東圖書
　　館出版
天圖

40542
孟和文存

　陶孟和撰
　1996 年上海書店據民國十四年
　　（1925）亞東圖書館版影印本
國圖

40543
蓬廬集
　陸文郁撰
　2019 年天津人民出版社影印本
國圖　天圖
補充著述

40544
寒雲主人歌詩不分卷
　袁克文撰
　民國抄本
天圖

40545
寒雲詩集一卷
　袁克文撰
　民國三年（1914）刻朱印本
　九行十九字黑口四周單邊
天圖

40546
行腳集一卷
　袁克文撰
　民國二年（1913）影印本
北大　吉大　華師大

40547
弢翁訪書尺牘附梅泉訪書尺牘

周叔弢*（周暹）撰　李國慶　康
冬梅釋文
2018 年北京國家圖書館出版社
出版
國圖　天圖
補充著述

40548
近思廬詩藁不分卷
　王崇焕撰
　民國稿本
天圖
補充著述

40549
近思廬詩藁不分卷
　王崇焕撰
　民國抄本
備註：是書鈐“王崇焕印”白文方印，
“漢章”朱文小圓印。
天圖
補充版本

40550
文敏公遺集集外續録稿不分卷
　王崇焕輯
　民國三十一年（1942）王崇焕抄本
天圖
補充著述

40551
[王氏先世存札]不分卷
　王崇焕輯

　民國抄本
備註：書名爲天津圖書館自擬。是
書鈐“漢章手鈔書籍”朱文方印。
天圖
補充著述

40552
職思居文存不分卷
　王崇焕撰
　民國抄本
備註：是書鈐“漢章手鈔書籍”朱文
方印。
天圖
補充著述

40553
娛堪文　録不分卷
　王崇焕撰
　1949 年抄本
備註：是書鈐“漢章手鈔書籍”朱文
方印。
天圖
補充著述

40554
智雨斋存稿不分卷
　王崇烈撰　王崇焕*鈔
　民國二十七年（1938）王崇焕鈔本
備註：是書爲毛裝。鈐“漢章手鈔書
籍”朱文方印，“王崇焕印”白文
方印。
天圖
補充著述

40555

觀復齋文存不分卷

　王崇煥撰

　1950 年稿本

備註:是書鈐"漢章"朱文小圓印。

天圖

補充著述

40556

屏廬文稿四卷

　金鉞撰

　民國天津金鉞刻本

國圖　天圖　南開　天博

40557

屏廬文續稿一卷

　金鉞撰

　1951 年油印本

國圖　天津社科院　上圖　復旦
華師大

40558

戊午吟草一卷

　金鉞撰

　民國八年(1919)鉛印本

天圖　華師大

40559

戊午吟草一卷

　金鉞撰

　1992 年中國書店據民國八年
　　(1919)刻版重印本

國圖　南大

補充版本

40560

楊岐山詩集六卷拾遺一卷

　楊鳳鳴撰

　民國三十四年(1945)天津楊氏影
　　印本

北大　人大　天圖　南開　天師大
吉大

補充藏地

40561

苦水詩存一卷

　顧隨撰

　民國二十三年(1934)鉛印本

國圖　北大　天圖　上圖　華師大
南大

40562

抵押品

　何心冷撰

　民國十六年(1927)冰廬出版社
　　出版

天圖

40563

銀幕漫話

　何心冷撰

　民國十六年(1927)冰廬出版社
　　出版

國圖

補充著述

40564
弄潮館詩集
　袁克權撰
　民國鉛印本
國圖　天圖　東京都立　中央

40565
偶權館詩集
　袁克權撰
　民國鉛印本
國圖　東京都立　中央

40566
苦蘆詩集
　袁克權撰
　民國鉛印本
國圖　天圖　東京都立　中央

40567
懺昔樓詩存一卷
　袁克權撰
　民國刻本
國圖　北大　人大　清華　北師大
天圖　華師大

40568
百衲詩集
　袁克權撰
　民國鉛印本
國圖　北師大　東京都立　中央

40569
百衲詩存

　袁克權撰
　民國鉛印本
國圖　北大　復旦

40570
袁克權詩集
　袁克權撰
　2008年天津古籍出版社出版
備註:是集爲以上六種詩集匯總。
天圖

40571
麝塵集
　姚靈犀編訂
　民國二十五年(1936)鉛印未刻珍
　　品叢傳本
備註:吳曉鈴贈書。
首圖

40572
奇芸室詩薈六卷附録一卷
　張弘戣撰
　民國二十二年(1933)石印本
國圖　天圖

40573
妙吉祥庵詩蕖二卷
　張弘戣撰
　民國二十四年(1935)石印本
國圖　天圖

40574
芸生文存第一集

王芸生撰

民國二十六年(1937)上海大公報
　　館出版

天圖

40575

旭林存稿

　杜聯喆撰

　1978 年臺北藝文印書館出版

私人收藏

補充著述

40576

萬曼文集

　萬曼撰

　2007 年開封河南大學出版社出版

國圖

40577

待起樓詩稿六卷

　劉雲若撰

　2016 年天津古籍出版社出版

天圖

40578

劉雲若文集

　劉雲若撰

　2000 年北京華夏出版社出版

備註:本書包括劉雲若的一篇長篇
小説《春風回夢記》、兩篇中篇小説
《恨不相逢未嫁時》和《海誓山盟》,
以及劉雲若小傳、主要著作書目。

國圖

40579

聽雪山房詩稿一卷

　卓星槎*撰　卓啟垠輯

　抄本

天師大

40580

紀念魯迅先生

　李霽野撰

　1973 年陝西人民出版社出版

天圖

40581

回憶魯迅先生

　李霽野撰

　1956 年上海新文藝出版社出版

天圖

40582

給少男少女

　李霽野撰

　1949 年上海文化生活出版社出版

天圖

40583

海河集

　李霽野撰

　1960 年上海文藝出版社出版

天圖

40584

李霽野文集

　李霽野撰

2004 年百花文藝出版社出版
備註:是書收録李霽野全部作品,分
九卷。

40585
他鄉
　焦菊隱撰
　民國十八年(1929)上海北新書局
　　出版
天圖
補充著述

40586
夜哭
　焦菊隱撰
　民國十六年(1927)上海北新書局
　　出版
國圖
補充著述

40587
萬家燈火
　陽翰笙　沈浮*撰
　民國三十七年(1948)上海作家書
　　屋出版電影小説叢書本
天圖

40588
萬紫千紅總是春
　沈浮等撰
　1960 年上海文藝出版社出版
天圖

40589
吳雲心文集
　吳雲心撰
　1990 年天津古籍出版社出版
天圖

40590
電影導演闡述集
　黃佐臨撰
　1959 年北京中國電影出版社出版
國圖

40591
我與寫意戲劇觀
　黃佐臨撰
　1990 年北京中國戲劇出版社出版
國圖

40592
往事點滴
　黃佐臨撰
　2006 年上海書店出版社出版
國圖

40593
劉炎臣文集
　劉炎臣撰
　2015 年天津古籍出版社出版
國圖　天圖
補充著述

40594
胭脂

韓侍桁撰

民國二十二年（1933）上海新中國
書局出版

國圖：縮微品

40595

小文章

韓侍桁撰

民國二十三年（1934）上海良友圖
書印刷公司出版

私人收藏

40596

閒話連篇

韓侍桁等撰

1998 年呼和浩特遠方出版社出版

國圖

40597

貓與短簡

靳以撰

民國二十六年（1937）上海開明書
店出版開明文學新刊本

天圖

40598

渡家

靳以撰

民國二十六年（1937）上海商務印
書館出版文學研究會創作叢
書本

天圖

40599

紅燭

靳以撰

民國三十一年（1942）重慶文化生
活出版社出版渝版文季叢書本

天圖

40600

沉默的果實

靳以撰

民國三十六年（1947）上海中華書
局出版中華文藝叢刊本

天圖

40601

血與火花

靳以撰

民國三十五年（1946）上海萬葉書
店出版萬葉文藝新輯本

天圖

40602

人世百圖

靳以撰

民國三十七年（1948）上海文化生
活出版社出版文學叢刊本

天圖

40603

霧及其它

靳以撰

民國三十七年（1948）上海文化生
活出版社出版文學叢刊本

天圖

40604
光榮人家
　靳以撰
　1951 年上海平明出版社出版
天圖

40605
祖國—我的母親
　靳以撰
　1953 年上海平明出版社出版新文
　　學叢刊本
天圖

40606
靳以散文小說集
　靳以撰
　1953 年上海平明出版社出版文學
　　叢書本
天圖

40607
佛子嶺的曙光
　靳以撰
　1955 年上海新文藝出版社出版
天圖

40608
工作、學習與鬥爭
　靳以撰
　1956 年上海新文藝出版社出版
天圖

40609
心的歌
　靳以撰
　1957 年上海新文藝出版社出版
天圖

40610
江山萬里
　靳以撰
　1959 年上海文藝出版社出版
天圖

40611
幸福的日子
　靳以撰
　1959 年北京人民文學出版社出版
天圖

40612
熱情的讚歌
　靳以撰
　1960 年上海文藝出版社出版
天圖

40613
同根草
　靳以撰
　1983 年銀川寧夏人民出版社出版
天圖

40614
珏庵詩詞不分卷
　壽鑈撰　巢章甫＊輯

270

民國巢章甫抄本
天圖

40615
海天樓藝囿
　巢章甫*撰　巢星初等整理
　2016 年北京人民美術出版社出版
天圖

40616
海盜船
　孫毓棠撰
　民國二十三年(1934)北平立達書
　　局出版
國圖　天圖

40617
寶馬
　孫毓棠撰
　民國二十八年(1939)上海文化生
　　活出版社出版文季叢書本
國圖

40618
傳記與文學
　孫毓棠輯
　民國三十二年(1943)重慶正中書
　　局出版建國文藝叢書本
天圖

40619
天津史志研究文集
　卜慧新撰

2011 年天津古籍出版社出版

40620
珠貝集
　王辛笛*　王辛谷撰
　民國二十五年(1936)北平光明印
　　刷局出版
國圖:縮微品

40621
手掌集
　王辛笛撰
　民國三十七年(1948)北京中國文
　　聯出版公司出版
瀋陽航大　銅陵學院　嘉興

40622
夜讀書記
　王辛笛撰
　民國三十八年(1949)上海森林出
　　版社出版
國圖:縮微品

40623
夜讀書記
　王辛笛撰
　1998 年西安陝西師範大學出版社
　　出版華夏書香叢書本
國圖　北大　復旦　華師大

40624
鍛煉
　魯藜撰

民國三十六年(1947)上海海燕書
　　店出版七月文叢本
天圖

40625
醒來的時候
　　魯藜撰
　　民國三十六年(1947)上海希望社
　　　出版
天圖

40626
四寧草堂學術札叢
　　龔望撰
　　2006年天津文史館出版
備註:是書爲龔望先生遺著,由其子
女抄録、整理而成。其中第一卷爲
"詩文雜纂",第二至六卷爲"經史
札記"。
私人收藏
補充著述

40627
天涯海角篇
　　石揮撰
　　民國三十五年(1946)上海春秋雜
　　　誌社出版春秋文庫本
國圖　天圖

40628
白河
　　邵冠祥撰
　　民國二十六年(1937)上海海風社

出版海風叢書本
天圖

40629
海河,夜之歌
　　簡戎　黃白瑩＊撰
　　民國二十六年(1937)天津海風社
　　　出版海風叢書本
天圖

40630
六合小淵雜詩
　　寇夢碧撰
　　馬玉勇抄本
私人收藏
補充著述

40631
探險者
　　穆旦撰
　　民國三十四年(1945)昆明崇文印
　　　書館出版
北大

40632
穆旦詩集
　　穆旦撰
　　民國三十六年(1947)出版
北師大　天圖

40633
旗
　　穆旦撰

民國三十七年（1948）上海文化生
　　活出版社出版
北大　遼寧　武大

40634
味虛簃詩草五卷
　　劉化風撰　　薊州區
　　民國二十五年（1936）鉛印本
首圖　天圖

40635
老鶴吟草
　　許兆祿撰　　寧河區
　　民國二十四年（1935）鉛印本
國圖

40636
東野文編一卷
　　齊燮元撰　　寧河區
　　民國三十年（1941）鉛印本
國圖　天圖

40637
東野詩存一卷
　　齊燮元撰　　寧河區
　　民國三十一年（1942）鉛印本
國圖　天圖

40638
猩酋老人詩文選
　　王猩酋撰　　武清區
　　2006年北京文化藝術出版社出版
國圖

40639
余霞集
　　張輪遠編　　武清區
　　1980年油印本
天圖
補充著述

40640
自怡悅齋詩稿一卷
　　楊軼倫撰　　武清區
　　1957年油印本
備註：是書前有友人李金藻、王猩
酉、鄒映儒序及自序，後有牛竹溪
（靜海人，其有綠野草堂）跋。因楊
軼倫早年師從著名藏石家張輪遠，
故將其放置於張輪遠之後。
天圖
補充著述

40641
自怡悅齋詩稿
　　楊軼倫撰　　武清區
　　2021年天津古籍出版社出版津沽
　　　詩集六種本
補充著述

40642
湖游小草一卷
　　高毓澎撰　　靜海區
　　民國十四年（1925）鉛印本
備註：高毓澎又名高潛。
上圖

40643

潛子詩鈔二卷

　高毓澎撰　　静海區

　清宣統二年（1910）京華印書局鉛
　　印本

國圖　上圖　中科院　浙江　温州
臨海

　草廬韻言鈔存一卷

　東游草一卷

40644

潛子詩鈔五卷

　高毓澎撰　　静海區

　民國八年（1919）鉛印本

天圖　上圖　揚州

40645

淑泉遺草二卷

　高毓沄撰　　静海區

　清末綠絲欄抄本

備註：書名據書衣題，卷端題名"美
人香草百詠"。

國圖

40646

滑稽詩文集

　楊汝泉編　　静海區

　民國二十二年（1933）天津大公報
　　社出版

天圖

總集類

類編之屬

40647

明清八家文鈔二十卷

　徐世昌輯

　民國二十年（1931）天津徐氏刻藍
　　印本

國圖　北大　北師大　天圖　吉大
山東大　鄭大

40648

明清八家文鈔二十卷

　徐世昌輯

　1986年北京中國書店影印本

南大　南京師大　蘇大
補充版本

通代之屬

40649

**精選五律耐吟集一卷七律耐吟集
一卷**

　（清）梅成棟輯

　清道光十八年（1838）金鵝山房
　　刻本

　九行二十二字白口四周雙邊

國圖　天圖　上圖　遼寧

40650

歷朝詩選不分卷

（清）王增年輯
清王雲亭抄本
吳江
補充著述

40651
古文典範
徐世昌＊編定　吳闓生評點
2010 年北京中國書店據民國間刻
本影印本
國圖
補充著述

40652
晚晴簃詩彙二百卷
徐世昌輯
民國稿本
國圖

40653
晚晴簃詩彙二百卷首二卷
徐世昌輯
民國十八年（1929）天津退耕堂
刻本
國圖　北大　北師大　天圖　南開

40654
晚晴簃詩彙二百卷首二卷
徐世昌輯
1996 年北京出版社影印本
四川大

40655
濟南大學堂備齋古文讀本一卷

周學熙編
清光緒二十八年（1902）山東大學
堂刻本
重慶
補充著述

40656
文苑英華校記一千卷
傅增湘校錄
民國二十七年（1938）國立北平圖
書館抄本
國圖

40657
補蘿老屋所選詩
馬鍾琇選
民國十一年（1922）抄本
國圖

40658
詩歌新讀本
馬鍾琇編
清末至民國初馬氏味古堂石印本
國圖

40659
詩選補編
李光璧編
民國北京國立北京大學文學院鉛
印本
國圖

40660
看詩隨錄一百三十卷目錄五卷

（清）高靜選　　寧河區

清光緒十九年至二十二年（1893—1896）甯河高氏繼善堂刻本

十行二十二字小字雙行同白口四周雙邊

國圖：存十卷，目録五卷　　天圖：缺四卷（卷二十六至卷二十九）　　遼寧　陝西　京大文

40661

軍用詩歌選注

齊燮元撰　　寧河區

民國三十一年（1942）北平治安總署印刷所出版

國圖

補充著述

40662

文苑英華選六十卷

（清）宮夢仁選　　静海區

清康熙四十三年（1704）光明正大之堂刻本

九行二十四字白口左右雙邊

國圖　北師大　首圖　天圖　上圖

斷代之屬

40663

唐人詩選不分卷

（清）張霍輯

清聽雨軒抄本

天圖

補充著述

40664

卜硯集二卷

（清）查禮編

清乾隆四十九年（1784）畢氏經訓堂刻本

華師大　湖北

40665

卜硯集二卷

（清）查禮編

清道光元年（1821）刻本

國圖　北師大　首圖　上圖　南京

40666

湘漓合稿十六卷

（清）查淳*等撰　　（清）陸炳輯

清嘉慶三年（1798）刻本

上圖

補充著述

40667

蜀遊詩鈔六卷

（清）查淳*等撰　　（清）陸炳輯

清乾隆刻本

國圖　福建

補充著述

40668

蜀遊詩鈔六卷

（清）查淳*等撰　　（清）陸炳輯

民國鉛印本

國圖

補充版本

40669

名人書劄選青不分卷

（清）徐炘＊　（清）胡培翬等撰

清稿本

國圖

補充著述

40670

嘉蓮集詠一卷

（清）李和春輯

清道光二十六年（1846）刻本

九行二十字白口四周雙邊

國圖　天圖

補充著述

40671

秋吟集一卷

（清）梅成棟等撰　（清）李雲楣＊輯

清道光二年（1822）刻本

九行二十一字白口左右雙邊

備註：是書鈐“邱學士印”白文方印，有邱學士題識。

天圖

40672

秋吟集一卷

（清）梅成棟等撰　（清）李雲楣＊輯

民國二十四年（1935）天津廣智館鉛印本

北大　清華　天圖　上圖　南大

40673

唐律賦鈔不分卷

徐世昌輯

稿本

天圖

補充著述

40674

古辭令學二編

盧靖纂

民國十四年（1925）沔陽盧氏鉛印慎始基齋叢書本

國圖　天圖　上圖

40675

古辭令學二編

盧靖纂

民國二十六年（1937）金華印書局鉛印沔陽叢書本

清華　吉大

補充版本

40676

癸巳同年嚶鳴集一卷

高淩雯＊等撰　俞壽滄輯

民國二十五年（1936）鉛印本

天圖

40677

函札珍存甲集不分卷

林墨青（林兆翰）輯

民國十一年(1922)石印本
天圖　天博

40678
存社征文選卷匯存第一集十卷
　　章鈺編
　　民國十六年(1927)天津存社鉛
　　　印本
天師大　天博　上圖

40679
小浮山人所藏詞翰錄存一卷
　　章鈺編
　　清末算鶴量鯨室綠格抄本
國圖

40680
思舊集十七種
　　(清)張之洞選　高凌霨*編
　　民國十二年(1923)刻本
上圖
補充著述

40681
思舊集十七種
　　(清)張之洞選　高凌霨*編
　　民國十六年(1927)據民國十二年
　　　(1923)刻本校正重印本
國圖　北大　首圖

40682
贛誦不分卷
　　李純編

民國六年(1917)江蘇省立官紙印
　　刷廠鉛印本
北大　人大　天圖

40683
清詩選補一卷
　　金梁輯
　　民國紅格稿本
天圖
補充著述

40684
丙寅天津竹枝詞不分卷
　　馮文洵撰
　　民國二十三年(1934)鉛印本
國圖　北大　北師大　天圖　南開
天博　天津社科院　吉大　上圖

40685
元人風雅
　　馬鍾琇編
　　民國抄本
國圖

40686
清詩徵
　　馬鍾琇輯
　　民國安次馬氏味古堂朱絲欄稿本
國圖

40687
近人詩鈔
　　馬鍾琇輯

民國元年(1912)東安馬氏味古堂
　　油印本
國圖

40688
國雅
　　馬鍾琇輯
　　民國安次馬氏綠絲欄抄本
國圖

40689
全唐詩補遺三十卷
　　劉鍾英輯　馬鍾琇* 校
　　民國三年(1914)味古堂録絲欄
　　　抄本
國圖

40690
同甲吟草一卷
　　嚴智怡輯
　　民國二十年(1931)影印本
上圖
補充著述

40691
停雲集一卷
　　袁克文輯
　　清宣統二年(1910)影印本
國圖　天圖　上圖

40692
唐集敘録
　　萬曼撰

1980年北京中華書局出版
國圖

40693
戴彬元等書劄
　　(清)戴彬元等撰　　寧河區
　　清稿本
國圖

40694
留行贈別二詩□卷
　　(清)宮偉鏐輯　　静海區
　　清順治刻本
泰州:存五卷(卷一至卷五)
補充著述

郡邑之屬

40695
津門詩鈔三十卷
　　(清)梅成棟輯
　　清道光四年(1824)思誠書屋刻本
　　十二行二十一字小字雙行同白口
　　　左右雙邊
國圖　北大　天圖　上圖　復旦
南京　新疆大

40696
津門詩鈔一卷
　　(清)梅成棟輯
　　清咸豐十一年(1861)刻本
首圖
補充版本

40697
津門詩鈔三十卷
　（清）梅成棟輯
　清抄本
南開：缺二卷（一　二）
補充版本

40698
津門詩鈔三十卷
　（清）梅成棟輯
　1987 年天津古籍出版社鉛印天津
　　風土叢書本

40699
津門詩鈔三十卷
　（清）梅成棟輯
　1991 年北京中國書店據清道光四
　　年（1824）刻本影印本
南大　浙江師大
補充版本

40700
沽上梅花詩社存稿二十卷
　（清）王崇綬輯
　清抄本
天圖

40701
津門古文所見録四卷
　（清）郭師泰編
　清光緒十八年（1892）天津華氏
　　刻本
　十行二十二字白口四周雙邊

國圖　首圖　天圖　南開　天津社
科院　天博　天師大　天津濱海新
區　復旦　常州　福建　陝西師大

40702
天津文鈔七卷附刻一卷
　（清）華光鼐＊輯　王守恂編　金
　　鉞校
　民國九年（1920）天津金鉞刻本
國圖　北大　北師大　天圖　南開
上圖　東大總

40703
天津文鈔七卷附刻一卷
　（清）華光鼐＊輯　王守恂編　金
　　鉞校
　1991 年北京中國書店據民國九年
　　（1920）天津金鉞刻本影印本
南大　蘇大　浙江師大　京大人
文研
補充版本

40704
津門徵獻詩八卷
　（清）華鼎元撰
　清光緒十二年（1886）刻本
　十行二十一字小字雙行同白口左
　　右雙邊
國圖　北大　清華　北師大　首圖
天圖　南開　天師大　天博　天津
社科院　上圖　關大

40705
梓里聯珠集五卷首一卷

（清）華鼎元輯
清抄本
南開

40706
梓里聯珠集五卷
（清）華鼎元輯
1986年天津古籍出版社出版天津
風土叢書本

40707
天津詩人小集十二種
高淩雯輯
民國二十五年（1936）天津金氏
刻本
國圖　天圖　上圖　東京都立
中央
欵乃書屋乙亥詩集一卷　（清）張
霑撰
履閣詩集一卷　（清）張坦撰
秦遊詩一卷　（清）張塤撰
讀書舫詩抄一卷　（清）胡捷撰
卜硯山房詩抄一卷後集一卷
（清）周焯撰
靈齋詩集一卷　（清）胡睿烈撰
青蜺居士集一卷　（清）丁時顯撰
林於館詩集二卷　（清）查昌業撰
蕉石山房詩草一卷　（清）康堯
衢撰
欲起竹間樓存稿六卷　（清）梅成
棟撰
韻湖偶吟一卷後集一卷　（清）劉
錫撰

醉茶吟草二卷　（清）李慶辰撰

40708
詩星閣詩不分卷
華世奎等撰
民國抄本
天圖
補充著述

40709
城南詩社集不分卷
嚴修等撰　王守恂*編
民國十三年（1924）天津公園教育
印書處鉛印本
國圖　天圖

40710
宋代蜀文輯存一百卷續補一卷
傅增湘輯
民國三十二年（1943）鉛印本
國圖　北大　吉大　上圖　華師大

40711
龍泉師友遺稿合編二種
（清）李樹屏編　薊州區
清光緒二十二年（1896）刻本
十行二十四字小字雙行同黑口四
周單邊
國圖　北大　北師大　吉大　安徽
師大
龍泉園集十二卷　（清）李江撰
問青園集十三卷　（清）王晉之撰

40712

龍泉師友遺稿合編二種

　（清）李樹屏編　　薊州區

　清光緒二十二年（1896）刻民國七
　年（1918）印本

國圖　人大　上圖　遼寧

　　龍泉園集十二卷　　（清）李江撰
　　問青園集十三卷　　（清）王晋之撰

40713

宣南鴻雪集二卷

　（清）廉兆綸等撰　　寧河區

　清同治三年（1864）大魁堂刻本

復旦

補充著述

40714

蜀中先正文選初集不分卷

　（清）高賡恩編　　寧河區

　清光緒刻本

　九行二十五字白口四周單邊

天圖

氏族之屬

40715

和樂堂時文彙稿

　（清）殷維玠*等撰　　（清）殷嘉
　樹輯

　清道光三十年（1850）刻本

　九行二十五字白口四周雙邊

天津社科院

40716

蘭閨清韻

　（清）查容端*　　（清）查綺文*
　（清）查蔚起　　（清）嚴月瑤撰

　清稿本

天博

40717

**遂閒堂張氏詩草二卷詩星閣筆記
八則**

　（清）張虎士輯

　清抄本

天圖

40718

致遠堂金氏家集詩略六卷附一卷

　（清）金際泰等輯

　清同治屏廬綠絲欄抄本

國圖

補充版本

40719

潘氏三君詩集三種

　（清）潘守廉輯

　民國十八年（1929）鉛印本

上圖

補充著述

40720

華氏家集五種

　（清）華鐸孫編

　清光緒九年（1883）刻本

　九行二十一字白口左右雙邊

天圖

　　皖城集詩存一卷

居易齋吟草一卷
甒言集一卷
倦鶴龕詩鈔一卷
東觀室遺稿一卷

40721

呂氏三姊妹集

呂湘撰　英斂之*（英華）輯
清光緒三十一年（1905）鉛印本
首圖　天津社科院　上圖

40722

毘陵周氏家集五種

陶湘輯
民國十七年（1928）鉛印本
華師大　椙山女
補充著述
鷗亭詩草四卷　（清）周溙撰
海上篇一卷　（清）周情撰
夫椒山館詩集二十二卷　（清）周
儀暐撰
餐芍華館詩集八卷　（清）周騰
虎撰
蕉心詞一卷　（清）周騰虎撰
春瀑山館詩存一卷　（清）周世
澂撰

40723

金氏家集六卷

金恭壽編
民國七年（1918）天津金氏致遠堂
刻本
十行二十三字白口左右雙邊

北大　北師大　天圖　天師大　臺
圖　東洋文庫

40724

宜興任氏信稿附家傳

任鳳苞輯
稿本
天圖
補充著述

40725

貴和堂三代詩存四種

金梁輯
民國稿本
備註：此本爲粘貼本，鉛印、手寫
間有。
天圖
語花館詩存　（清）葦杭撰
忠節詩遺　（清）麟瑞撰
如如老人詩存　（清）封鳳瑞撰
留陰閣詩剩　（清）杏梁撰

40726

貴和堂三代詩存四種

金梁輯
民國鉛印本
國圖　北大
語花館詩拾一卷　（清）觀成著
夢花館詩存一卷　（清）鳳瑞著
榴蔭閣詩剩一卷　（清）杏梁著
東廬吟草一卷　金梁著

40727

天津金氏家集五種

金鉞輯

民國九年至二十三年（1920—1934）刻本

備註：書名代擬。

國圖　天圖

40728

天津金氏家集四種

金鉞輯

1993年北京中國書店影印本

北大　南大

補充版本

酬唱之屬

40729

嶺海酬唱集（山舟草）一卷

（清）鄭熊佳*　（清）金玉岡撰

清咸豐元年（1851）刻本

九行二十一字小字雙行同黑口左右雙邊單魚尾

國圖　首圖　天圖　南開　天博　山東

40730

寶硯齋詩一卷附錄一卷

（清）商盤等撰　（清）查善和*輯

清乾隆刻本

復旦

補充著述

40731

雨至滁陽酬倡集不分卷

（清）李樹安撰

清道光二十九年（1849）刻本

九行二十一字白口左右雙邊

天津社科院

補充著述

40732

百八和聲集一卷附百八鐘聲補遺一卷

（清）潘守廉輯

民國二十三年（1934）鉛印本

上圖　華師大

補充著述

40733

戊寅重九分韻詩存一卷

趙元禮輯

民國二十八年（1939）鉛印本

天圖　南開

40734

翠微亭唱和集一卷

方汝霖輯　趙元禮*校

民國八年（1919）倦還別墅鉛印本

天圖

補充著述

40735

乙亥重陽雅集詩錄一卷

李金藻（李琴湘）輯

民國二十五年（1936）鉛印本

天圖

40736

水香洲酬唱集四卷

徐兆光輯
　民國二十五年(1936)鉛印本
天博

40737
嘉惠堂酬倡集
　馬鍾琇輯
　民國七年(1918)安次馬氏綠絲欄
　　抄本
國圖

40738
癸酉展重陽水西莊酬唱集一卷
　嚴智怡編
　民國二十二年(1933)影印本
天圖

40739
圭塘倡和詩一卷
　袁克文輯
　清宣統二年(1910)豹龕石印本
國圖　北大　天圖　上圖　復旦
華師大　鄭大　島根縣圖　東洋
文庫

40740
同人睹快二卷
　(清)趙紳*　(清)李江撰　薊
州區
　清光緒活字印味虛簃叢書本
國圖　吉大

40741
同聲續集一卷附自怡悅齋懷人詩

楊軼倫編次　　武清區
　1959年油印本
天圖
補充著述

40742
別苑倡和詩冊不分卷
　(清)孫岳頒　　(清)陳廷敬
　(清)勵杜訥*　(清)張英撰
　静海區
　清稿本　梁同書跋
國圖

題詠之屬

40743
十老圖詠一卷
　(清)周馥等撰
　民國寫本
備註:是書爲肖像攝影粘貼。
上圖
補充著述

40744
聖跡圖聯吟集二卷
　(清)潘守廉輯
　民國二十五年(1936)天津華新印
　　刷局鉛印本
國圖　復旦

40745
徐園題詠一卷第二徐園題詠一卷
　徐世光輯
　清光緒三十二年(1906)鉛印本

天圖

40746
花隖小築落成詩
　周學熙書
　民國寫本
國圖

40747
蓬山話舊集一卷
　傅增湘輯
　民國二十年(1931)鉛印本
國圖　華師大

40748
江右題襟集不分卷
　李純編
　民國七年(1918)江蘇省立官紙印
　刷廠鉛印本
國圖　人大　天圖　上圖

40749
慎始基齋校書圖題詞附六十雙壽序
　盧弼撰
　民國二十四年(1935)鉛印本
國圖　南開　復旦　吉大

40750
慎始基齋校書圖續題詞暨慎園伉儷
六十壽言合冊
　盧弼撰
　民國油印本
國圖

40751
坐菊圖題詠一卷
　(清)陳寅撰　　武清區
　民國鉛印本
上圖
補充著述

尺牘之屬

40752
曹錕等致康南海書
　曹錕等撰
　民國(1911—1938)稿本
天圖
補充著述

40753
聶士成曹錕等書信
　(清)聶士成　曹錕*等書
　清稿本
天博
補充著述

40754
王守恂等致高彤階函札不分卷
　王守恂*等撰　高凌雯輯
　民國稿本
天圖
補充著述

40755
昭代名人尺牘續集二十四卷
　陶湘輯
　清宣統三年(1911)天寶石印局影

印本
國圖

40756
昭代名人尺牘續集二十四卷
　陶湘輯
　清宣統三年（1911）石印本
天圖
補充版本

40757
清代名人書札
　陶湘編
　1980年臺北文海出版社影印近代
　　中國史料叢刊續編本
國圖

40758
張元濟傅增湘論書尺牘
　張元濟　傅增湘*撰
　1983年北京商務印書館鉛印本
一橋大

課藝之屬

40759
癸卯課藝全集六卷
　（清）梁寶常編
　清光緒二十九年（1903）粵東從新
　　書局石印本
廣東
補充著述

40760
崇文課藝不分卷

（清）梁寶常編
　清道光十五年（1835）刻本
景德鎮
補充著述

40761
**輔仁課藝弌集二卷輔仁課藝童文二
卷**
　（清）楊光儀*選評　陳塏等校刊
　清光緒二十年（1894）刻本
人大　南開
補充著述

40762
宛南書院課讀經義第論三種
　（清）潘守廉輯
　清光緒二十七年（1901）宛南書院
　　刻本
上圖
補充著述

40763
課藝集四卷
　李士鉁撰
　民國鉛印本
國圖

40764
章式之課藝稿一卷
　章鈺撰
　清末胡玉縉抄本
復旦
補充著述

40765

天津國學研究社課藝
　李廷玉主編
　民國二十五年(1936)天津國學研
　　究社初版
天師大　天博

40766

國文觀摩社課卷二卷
　黃德功書
　抄本
天圖

40767

丁酉直省鄉墨知言不分卷
　(清)王焯　(清)郭家聲*評選
　武清區
　清光緒圖書集成局鉛印本
備註：書名據目録題。
國圖

40768

丁酉直省鄉墨知言不分卷
　(清)王焯　(清)郭家聲*評選
　武清區
　清光緒著易堂鉛印本
遼寧
補充版本

域外之屬

40769

英國短篇小說集
　韓侍桁選譯

　民國二十四年(1935)上海商務印
　　書館出版
天圖

40770

日本漢诗選録一卷
　齊燮元輯　　寧河區
　民國十四年(1925)鉛印本
天圖
補充著述

詩文評類

詩評之屬

40771

蓮坡詩話三卷
　(清)查爲仁撰
　清乾隆六年(1741)刻蔗塘外集本
　十行二十一字白口四周單邊
北大　清華　天圖　南開　遼大
補充版本

40772

蓮坡詩話三卷
　(清)查爲仁撰
　清乾隆五十九年(1794)石門馬氏
　　大酉山房刻龍威秘書本
北大　華師大　港中大

40773

蓮坡詩話一卷

（清）查爲仁撰

清道光吳江沈氏世楷堂刻昭代叢
書本

遼大　武大　川大

40774

蓮坡詩話一卷

（清）查爲仁撰

清同治抄待清書屋雜鈔本

天圖

補充版本

40775

蓮坡詩話三卷

（清）查爲仁撰

清世德堂刻龍威秘書本

北大　武大　河南大　川大

40776

蓮坡詩話一卷

（清）查爲仁撰

民國五年（1916）上海文明書局鉛
印清詩話本

河南大

40777

蓮坡詩話三卷

（清）查爲仁撰

民國十二年（1923）金鋮鉛印本

天博

40778

蓮坡詩話三卷

（清）查爲仁撰

民國十三年（1924）天津金氏刻屏
廬叢刻本

北大　天津社科院　天師大　遼大

40779

蓮坡詩話一卷

（清）查爲仁撰

民國十六年（1927）上海醫學書局
鉛印清詩話本

河南大

40780

蓮坡詩話三卷

（清）查爲仁撰

1985 年北京中國書店據民國十三
年（1924）天津金氏刊本影印本

武大　河南大

補充版本

40781

蓮坡詩話三卷

（清）查爲仁撰

1995 年據清乾隆刻蔗塘外集本影
印本

上圖

補充版本

40782

海門詩話一卷

（清）王大淮 * 撰　孫丕容抄

抄本

抄者孫丕容之子孫肇淨收藏

40783
讀詩臆語一卷
　（清）史樂善編
　　清抄本
國圖

40784
藏齋詩話二卷
　趙元禮撰
　　民國二十六年（1937）鉛印本
國圖　北師大　天圖　天師大　吉
大　東京都立　中央

40785
藏齋續詩話一卷
　趙元禮撰
　　民國三十二年（1943）鉛印本
國圖　天圖　天博

40786
珠光室詩話六卷
　王賡綸撰
　　稿本
天津國拍今古齋公司

40787
珠光室詩話六卷
　王賡綸撰
　　1962年油印本
吉大

40788
中國近代詩學之過渡時代論略

朱星元撰
　　民國十九年（1930）出版
國圖　北大

文評之屬

40789
洪吉人先生論文三卷
　（清）洪天錫撰
　　清苜蓿山房刻本
　　九行二十五字白口左右雙邊
天圖

40790
漁村講授論文二卷
　（清）洪天錫撰
　　清刻本
　　九行二十五字白口左右雙邊
備註：洪天錫，一名體仁，字吉人，別
號尚友山人，清天津人。是書卷端
著錄："定海洪天錫吉人氏著"。
天圖
補充著述

40791
續墨譜一卷
　（清）查咸勤編
　　清光緒十八年（1892）滇南節署
　　刻本
北大
補充著述

40792
文辭養正舉隅二卷

周學熙輯

民國三十年（1941）周氏師古堂刻
朱印本

天圖

40793

現代作品選講

萬曼編

1956 年武漢湖北人民出版社出版

國圖　天圖

40794

駢文略述一卷附耀華中學國文編輯
大意

何肇葆編

民國鉛印本

天圖

40795

近代文藝批評斷片

〔美國〕劉威松撰　李霽野*譯

民國十八年（1929）北平未名社出
版部出版

國圖　天圖

40796

近代日本文藝論集

〔日本〕小泉八雲等撰　韓侍桁*
輯譯

民國十八年（1929）上海北新書局
出版

天圖

40797

西洋文藝論集

韓侍桁輯譯

民國十八年（1929）上海北新書局
出版

國圖　天圖

40798

文學評論集

韓侍桁撰

民國二十三年（1934）上海現代書
局出版

國圖

40799

參差集

韓侍桁撰

民國二十四年（1935）上海良友圖
書印刷公司出版

天圖

40800

淺見集

韓侍桁撰

民國二十八年（1939）昆明中華書
局出版

國圖　天圖

40801

十九世紀文學主潮

〔丹麥〕勃蘭戴斯撰　韓侍桁*譯

1958 年北京人民文學出版社出版

國圖:存第一卷（流亡者的文學）

40802

古文概論不分卷

　石永茂（石永棩）撰

　民國油印本

天圖

40803

怎樣寫作

　孫犁撰

　民國三十二年（1943）華北書店

　　出版

北大

40804

文學入門

　孫犁撰

　民國三十六年（1947）冀南書店

　　出版

天圖

40805

陶淵明集評議

　龔望撰

　2011年南開大學出版社出版

私人收藏

補充著述

詞類

別集之屬

40806

妙蓮花室詞薰一卷未刊稿一卷删餘稿一卷

　（清）王增年撰

　清抄本

上圖

補充著述

40807

臘香館詞鈔一卷

　（清）華長卿撰

　清稿本　（清）陳誠　（清）汪兆

　　鏞題識

天圖

40808

湖海草堂詞一卷

　（清）樊景升撰

　清光緒江陰繆氏雲自在龕刻雲自

　　在龕叢書本

國圖　北大　中科院　天圖　上圖

南京　湖北

40809

湖海草堂詞一卷

　（清）樊景升撰

　清末抄雲自在龕彙刻名家詞本

國圖
補充版本

天圖
補充著述

40810
湖海草堂詞一卷
　（清）樊景升撰
　1994 年上海書店出版社據雲自在
　　龕叢書本影印叢書集成續編本
上圖
補充版本

408011
傳恨詞
　王守恂撰
　鉛印本
天圖

40812
鴛摩館詞鈔一卷
　楊壽枏撰
　民國清稿本
天圖

40813
洹上詞三卷
　袁克文撰
　民國二十七年（1938）油印本
國圖　天圖

40814
洹村詞一卷
　袁心武撰　袁克文＊題識
　民國紅格稿本

40815
味辛詞二卷
　顧隨撰
　民國十七年（1928）鉛印本
國圖　北大　清華　天圖　上圖

40816
無病詞三卷
　顧隨撰
　民國十六年（1927）鉛印本
國圖　北大　天圖　上圖　華師大

40817
荒原詞一卷附棄餘詞
　顧隨撰
　民國十九年（1930）鉛印本
國圖　北大　清華　天圖　天師大
上圖　華師大　中山大

40818
留春詞一卷
　顧隨撰
　民國二十三年（1934）鉛印本
國圖　天圖　上圖　華師大

40819
濡露詞一卷倦駝庵詞稿一卷
　顧隨撰
　民國三十三年（1944）鉛印本
國圖

補充著述

40820
淮海詞箋注六卷
　（宋）秦觀撰　王輝曾＊箋注
　民國二十三年（1934）北京文化學
　　社鉛印本
國圖　天圖　上圖
補充著述

40821
夕秀詞
　寇夢碧撰　魏新河編　王蟄堪
　劉夢芙校
　2009年合肥黄山書社出版二十一
　　世紀詩詞名家别集叢書本
國圖　吉林　湖南　貴州
補充著述

40822
紅蓼花軒詞選
　（清）李樹屏撰　　薊州區
　清刻仿宋四家詞本
國圖
補充著述

總集之屬

40823
擬樂府補題一卷
　（清）查爲仁輯
　清乾隆八年（1743）刻蔗塘未定
　　稿本
　十行二十一字白口四周單邊

備註：《天津藝文志》著録此書書名
“府”誤爲“部”。
國圖　中科院

40824
絕妙好詞箋七卷
　（宋）周密輯　　（清）查爲仁＊
　（清）厲鶚箋
　清乾隆十五年（1750）查氏澹宜書
　　屋刻本
　九行二十一字小字雙行十九字白
　　口四周單邊
國圖　天圖　南開　上海師大　南
京博　浙大
補充版本

40825
絕妙好詞箋七卷續鈔二卷
　（宋）周密輯　　（清）查爲仁＊
　（清）厲鶚箋
　清道光八年（1828）杭州愛日軒
　　刻本
　九行二十一字小字雙行十九字白
　　口四周單邊
國圖　北師大　天圖　天師大　遼
寧　南京　湖北

40826
絕妙好詞箋七卷續鈔二卷
　（宋）周密輯　　（清）查爲仁＊
　（清）厲鶚箋
　清同治十一年（1872）會稽章氏
　　刻本

十一行二十三字小字雙行同白口
　　左右雙邊
國圖　北師大　天圖　天師大　遼
寧　南京　湖北

40827
絕妙好詞箋七卷
　　(宋)周密輯　　(清)查爲仁*
　　(清)厲鶚箋
　　清宣統元年(1909)慎修堂石印本
天圖
補充版本

40828
絕妙好詞箋七卷
　　(宋)周密輯　　(清)查爲仁*
　　(清)厲鶚箋
　　清宣統元年(1909)上海沅記書莊
　　　石印本
遼寧
補充版本

40829
絕妙好詞箋七卷
　　(宋)周密輯　　(清)查爲仁*
　　(清)厲鶚箋
　　清末刻本
　　九行二十一字白口四周單邊
北大　天圖
補充版本

40830
絕妙好詞箋七卷

　　(宋)周密輯　　(清)查爲仁*
　　(清)厲鶚箋
　　清彭佑芳抄本
南京
補充版本

40831
絕妙好詞箋七卷
　　(宋)周密輯　　(清)查爲仁*
　　(清)厲鶚箋
　　民國三年(1914)上海有正書局石
　　　印本
北大　遼大　南大
補充版本

40832
絕妙好詞箋七卷續鈔二卷
　　(宋)周密輯　　(清)查爲仁*
　　(清)厲鶚箋
　　民國十二年(1923)上海啟新書局
　　　石印本
北師大　吉大　復旦
補充版本

40833
絕妙好詞箋七卷續鈔一卷補錄一卷
詞選二卷續詞選一卷附錄一卷
　　(宋)周密輯　　(清)查爲仁*
　　(清)厲鶚箋
　　民國二十五年(1936)上海中華書
　　　局鉛印本
北大　人大　南開　遼大　華師大
補充版本

40834

絕妙好詞箋七卷

（宋）周密輯　（清）查爲仁＊
（清）厲鶚箋
民國上海掃葉山房石印本
北大　北師大　天圖　南師大
補充版本

40835

絕妙好詞箋七卷續鈔二卷

（宋）周密輯　（清）查爲仁＊
（清）厲鶚箋
1956 年北京文學古籍刊行社鉛
印本
北大　清華　北師大　吉大　南
師大
補充版本

40836

詞綜補遺二十卷

（清）陶樑編輯　（清）李雲章＊參
訂　（清）楊夔生辨訛　（清）吳
長卿校定
清道光十四年（1834）刻本
十行二十一字小字雙行同黑口左
右雙邊
國圖　北大　清華　北師大　上圖
復旦　東大總
補充著述

40837

影汲古閣鈔宋金詞七種

陶湘輯
民國陽湖陶氏影刻本
備註:陽湖陶氏影刻汲古閣抄本。
國圖　北大　天圖　復旦
　　酉軒樂府
　　和右湖詞
　　東浦詞
　　渭川居士詞
　　初寮詞
　　空月詞
　　知稼翁詞

40838

影刊宋金元明本詞四十種

吳昌綬輯　陶湘＊續輯
清宣統三年至民國六年（1911—
1917）仁和吳氏雙照樓刻民國
六年至十二年（1917—1923）武
進陶氏涉園續刻本
國圖　上圖

40839

影刊宋金元明本詞四十種補編三種

吳昌綬輯　陶湘＊續輯
1961 年北京中華書局刻本暨影
印本
備註:是書據清宣統三年至民國六
年（1911—1917）仁和吳氏雙照樓刻
民國六年至十二年（1917—1923）武
進陶氏涉園續刻版重印,補編三種
據陶氏初刻樣本影印。
國圖　天圖
補充版本

40840
影刊宋金元明本詞
　　吳昌綬輯　陶湘*續輯
　　1965年據民國間刻版重印本
國圖
補充版本

40841
影刊宋金元明本詞五十種
　　吳昌綬輯　陶湘*續輯　北京市
　　中國書店編
　　1981年北京中國書店據民國間刻
　　　版重印本
國圖
補充版本

40842
靈壽十二家詞
　　馬鍾琇輯
　　清末至民國抄本
國圖

詞話之屬

40843
榕巢詞話一卷
　　（清）查禮撰
　　清花近樓叢書補遺本
備註：是書爲稿本。
國圖

40844
銅鼓書堂詞話一卷
　　（清）查禮撰

　　民國十三年（1924）天津金氏刻屏
　　　廬叢刻本
國圖

40845
銅鼓書堂詞話一卷
　　（清）查禮撰
　　民國二十三年（1934）鉛印詞話叢
　　　編本
國圖

40846
詞源校記二卷
　　張壽撰
　　民國王守恂抄本
首圖

40847
曉珠詞不分卷
　　呂碧城*撰　樊樊山評
　　民國二十一年（1932）鉛印本
國圖　上圖　臺圖

40848
曉珠詞四卷
　　呂碧城撰
　　民國二十六年（1937）鉛印本
國圖　上圖　臺圖　京大人文研

40849
呂碧城詞箋注五卷補遺一卷
　　呂碧城*撰　李保民箋注
　　2001年上海古籍出版社出版

40850
潛公詞話二卷
　高毓澎撰　　静海區
　2018 年天津古籍出版社出版津門
　　詩話五種本

曲類

雜劇之屬

40851
四愁吟樂府一卷
　（清）姜城撰
　清道光二十年（1840）刻本
備註：首圖原題：“（清）静齋居士
撰”，静齋爲姜城之號。
首圖　中國戲曲學院
補充著述

40852
大幸福新劇不分卷
　王守恂撰
　民國天津社會教育辦事處鉛印本
天圖

40853
喜劇大幸福八幕
　王守恂撰
　民國抄本
天圖
補充版本

40854
勸夫不分卷
　李金藻（李琴湘）撰
　民國天津社會教育辦事處鉛印本
天圖

40855
南華夢雜劇
　王季烈制譜
　清末民初抄本
備註：是書爲吳曉鈴贈書。2001 年
吳曉鈴藏書轉入首都圖書館，專設
“綏中吳氏文庫”。
首圖

40856
孤本元明雜劇一百四十四種
　王季烈編校
　民國三十年（1941）上海商務印書
　　館鉛印本
北大　清華　澳大
補充著述

40857
顧曲金針
　薛月樓撰
　民國十七年至十八年（1928—
　　1929）新天津報社出版
天圖

40858
水滸戲曲集
　傅惜華　杜穎陶 * 編

1957 年上海古典文學出版社出版
國圖　天圖

40859
龐居士誤放來生債
（元）劉君錫＊撰　（明）臧晉叔校
薊州區
民國十年（1921）上海錦文堂書局
石印元曲大觀本
武大

傳奇之屬

40860
暗香媒二十出
（清）王增年撰
清末至民國初抄本
國圖
補充版本

40861
畫中緣（名士美人）
李準撰
民國抄本
國圖

40862
紅樓眞夢傳奇八卷
郭則澐填曲　王季烈＊製譜
民國三十一年（1942）石印本
復旦　鄭大　京大人文研
補充著述

40863
幾希（荊花淚）不分卷

韓梯雲（韓補菴）撰
民國天津社會教育辦事處鉛印本
天圖

40864
董永沉香合集二卷
杜穎陶輯
1955 年上海出版公司出版民間文
學資料叢書本
國圖　天圖

40865
董永沉香合集二卷
杜穎陶輯
1957 年上海古典文學出版社出版
國圖　天圖

散曲之屬

40866
丐俠記（黃金與麵包）
韓梯雲（韓補菴）撰
民國天津社會教育辦事處鉛印本
國圖　天圖

40867
一封書一卷
韓梯雲（韓補菴）撰
民國天津社會教育辦事處鉛印本
國圖　天圖

40868
麟簫緣（玉簫緣）（雍門淚）
韓梯雲（韓補菴）撰

民國天津社會教育辦事處鉛印本
國圖　天圖　天博

俗曲之屬

40869
因禍得福一卷
　　（清）尹湜撰
　　民國天津社會教育辦事處鉛印本
天圖

40870
珊瑚傳一卷
　　（清）尹湜撰
　　民國天津社會教育辦事處鉛印本
國圖　天圖

40871
珊瑚傳二十場
　　（清）尹湜撰
　　民國抄本
天圖
補充版本

40872
災民歎不分卷
　　李金藻（李琴湘）撰
　　民國天津社會教育辦事處鉛印本
天圖

40873
天津過年歌
　　李金藻（李琴湘）撰
　　民國天津社會教育辦事處鉛印本

天圖

40874
過年嘆不分卷
　　李金藻（李琴湘）撰
　　民國天津廣智館鉛印本
天圖

40875
洞庭秋一卷
　　韓梯雲（韓補菴）撰
　　民國天津社會教育辦事處鉛印本
國圖　天圖　天博

40876
子弟書約選日記
　　蕭文澄撰
　　抄本
天圖

40877
國民公敵
　　〔挪威〕易卜生撰　張彭春* 萬
　　家寶譯
　　民國二十六年（1937）南京國立戲
　　劇學校出版
國圖：縮微品

40878
苦水作劇三種附録一種
　　顧隨撰
　　民國二十五年（1936）鉛印本
國圖　北大　北師大　天圖　復旦

華師大
　　垂老禪僧再出家一卷
　　祝英台身化蝶一卷
　　馬郎婦坐化金沙灘一卷
　　附飛將軍百戰不封侯一卷

40879
現代短劇譯叢
　　〔美國〕斯密司編　焦菊隱*譯
　　民國十七年（1928）上海商務印書
　　　館出版
國圖　天圖

40880
櫻桃園
　　〔俄羅斯〕契科夫撰　焦菊隱*譯
　　民國三十二年（1943）重慶明天出
　　　版社出版明天戲劇叢書本
天圖

40881
安魂曲
　　〔匈牙利〕貝拉巴拉茲撰　焦菊
　　　隱*譯
　　1945年上海文化生活出版社出版
　　　文化生活叢刊本
國圖　天圖

40882
金戈紅粉
　　〔法國〕高乃依撰　焦菊隱*譯
　　民國三十四年（1945）重慶中國文
　　　化事業社出版

國圖

40883
未完成的三部曲
　　〔蘇聯〕高爾基撰　焦菊隱*譯
　　1949年上海文化生活出版社出版
　　　譯文叢書本
國圖

40884
夫婦
　　〔蘇聯〕高爾基撰　焦菊隱*譯
　　1950年北京天下圖書公司出版蘇
　　　聯名劇譯叢本
國圖

40885
骨肉之間
　　〔蘇聯〕高爾基撰　焦菊隱*譯
　　1950年北京天下圖書公司出版蘇
　　　聯名劇譯叢本
國圖

40886
前夜
　　〔蘇聯〕阿菲諾蓋諾夫撰　焦菊
　　　隱*譯
　　1950年上海平明出版社出版新譯
　　　文叢刊本
國圖

40887
金玉滿堂（四幕悲劇）

沈浮撰

民國三十一年(1942)成都華西晚
　報出版部出版華晚文藝創作叢
　刊本

天圖

40888

小人物狂想曲

沈浮撰

民國三十四年(1945)重慶新生圖
　書文具公司出版沈浮戲劇集本

天圖

40889

激流勇進

黃佐臨改編

1964 年北京文化部藝術事業管理
　局出版

國圖

40890

導演的話

黃佐臨撰

1979 年上海文藝出版社出版

國圖　天圖

40891

岳飛故事戲曲說唱集

杜穎陶編

1957 年上海古典文學出版社出版

國圖　天圖

40892

莫斯科的黎明

〔蘇聯〕蘇洛夫撰　韓侍桁*譯

1951 年上海國際文化服務社出版

國圖

40893

華粹深劇作選

華粹深撰

1984 年北京中國戲劇出版社出版

天圖

40894

日出

曹禺撰

民國二十五年(1936)重慶文化生
　活出版社鉛印曹禺戲劇集本

天圖

40895

雷雨

曹禺撰

民國二十五年(1936)上海文化生
　活出版社鉛印文學叢刊本

天圖

40896

原野

曹禺撰

民國二十六年(1937)上海文化生
　活出版社鉛印文學叢刊本

天圖

40897

黑字二十八

曹禺　宋之的撰

民國二十九年(1940)重慶正中書
　　局出版

天圖

40898

正在想

曹禺撰

民國二十九年(1940)上海文化生
　　活出版社鉛印文學小叢刊本

天圖

40899

北京人

曹禺撰

民國三十年(1941)上海文化生活
　　出版社鉛印曹禺戲劇集本

天圖

40900

蛻變

曹禺撰

民國三十年(1941)上海文化生活
　　出版社鉛印曹禺戲劇集本

天圖

40901

家

曹禺撰

民國三十一年(1942)上海文化生
　　活出版社鉛印曹禺戲劇集本

天圖

40902

艷陽天

曹禺撰

民國三十七年(1948)上海文化生
　　活出版社鉛印文學叢刊本

天圖

40903

復國(吳越春秋)

孫家琇

民國三十三年(1944)重慶商務印
　　書館出版

天圖

曲選之屬

40904

雙魚珮一卷

韓梯雲(韓補菴)撰

民國朱絲欄稿本

國圖

40905

雙魚珮一卷

韓梯雲(韓補菴)撰

民國天津社會教育辦事處鉛印本

天圖　天津社科院

彈詞之屬

40906

五代史彈詞不分卷

韓梯雲(韓補菴)撰

民國天津社會教育辦事處鉛印本

天圖

40907
增删十粒金丹六十八回
（清）蕭晶玉撰　　薊州區
清抄本
中國藝術研究院　復旦
補充版本

40908
十粒金丹（宋史奇書、第一奇女傳）
十二卷六十六回
（清）蕭晶玉撰　　薊州區
清光緒十四年（1888）京都泰山堂
刻本
北大　中國藝術研究院　中國社科
院文學所　東洋文庫　京大人文研
補充版本

40909
十粒金丹（宋史奇書、第一奇女傳）
十二卷六十六回
（清）蕭晶玉撰　　薊州區
清光緒十九年（1893）上海書局石
印本
北大　北師大　中國藝術研究院
中國社科院文學所　天師大　遼大
復旦

40910
十粒金丹（宋史奇書、第一奇女傳）
十二卷六十六回
（清）蕭晶玉撰　　薊州區
清光緒三十四年（1908）書業公司

鉛印本
遼大
補充版本

40911
十粒金丹（宋史奇書、第一奇女傳）
十二卷六十六回
（清）蕭晶玉撰　　薊州區
清光緒上海申報館鉛印申報館叢
書本
國圖　北大　人大　天圖：存三十
七回（一至三十七）　上圖
補充版本

40912
十粒金丹（宋史奇書、第一奇女傳）
十二卷六十六回
（清）蕭晶玉撰　　薊州區
清文益堂刻本
中國藝術研究院
補充版本

40913
十粒金丹（宋史奇書、第一奇女傳）
十二卷六十六回
（清）蕭晶玉撰　　薊州區
清抄本
備註：書名據書衣題。
國圖：存三十六回（一至十二、二十
五至二十八、三十三至五十二）　北
大　北師大
補充版本

40914

十粒金丹（宋史奇書、第一奇女傳）
十二卷六十六回
　（清）蕭晶玉撰　　薊州區
　清末抄本
北師大
補充版本

40915

十粒金丹（宋史奇書、第一奇女傳）
十二卷六十六回
　（清）蕭晶玉撰　　薊州區
　民國三年（1914）上海簡青齋書局
　　石印本
遼大
補充版本

40916

繪圖十粒金丹十二卷
　（清）蕭晶玉撰　　薊州區
　民國三年（1914）上海錦章圖書局
　　鉛印本
北師大
補充版本

40917

廿一史彈詞二卷
　（明）楊慎撰　（清）李清　（清）
　宮偉鏐*正誤　　静海區
　清道光五年（1825）刻本
　九行二十字小字雙行同白口四周
　　單邊
國圖　天圖

曲韻曲譜曲律之屬

40918

集成曲譜四集三十二卷
　王季烈*　劉富樑輯
　民國二十年（1931）上海商務印書
　　館影印本
國圖　北大　北師大　首圖　天圖
南開　遼大　上圖

40919

與眾曲譜八卷
　王季烈*輯　高步雲正拍
　民國二十九年（1940）合笙曲社石
　　印本
國圖　北大　北師大　人大　首圖
天圖

40920

與眾曲譜八卷
　王季烈編
　民國三十六年（1947）上海商務印
　　書館石印本
北大　首圖　厦大

40921

自怡曲譜
　（明）王鼇填詞　王季烈*作曲
　清末民初抄本
首圖

40922

新詩歌集

趙元任編

民國十七年（1928）上海商務印書
　館出版

天圖

40923

趙元任歌曲選集

趙元任作　人民音樂出版社編輯
部編

1981 年北京人民音樂出版社出版

天圖

曲評曲話曲目之屬

40924

螾廬曲談四卷

王季烈述

民國十七年（1928）上海商務印書
　館石印本

國圖　北師大　天圖　南開　上圖
南大

40925

曲談一卷

王季烈撰

民國二十一年（1932）上海六藝書
　局鉛印增補曲苑本

國圖　日本國會　京大人文研　東
大東文研

40926

顧曲談屑

馬鍾琇撰

民國剪貼本

備註：本書爲報紙剪貼本，卷末有馬
鍾琇墨筆呈稿。

國圖

40927

戲劇雜考

馬鍾琇撰

民國抄本

國圖

40928

記玉霜簃所藏鈔本戲曲

杜穎陶編

民國鉛印本

備註：杜穎陶，長期從事戲曲史
研究。

國圖

小説類

類編之屬

40929

抄本小說十五種

儲仁遜抄輯

抄本

南開

蜜蜂計十回

毛公案六回

于公案六回

于公案十回

雙龍傳五回

青龍傳四回
守宮砂一百二十回
陰陽斗十六回
雙燈記十回
滿漢斗八回
蝴蝶杯十回
八賢傳二十回
孝感天七回
聚仙亭十回
劉公案二十回

40930
清代抄本公案小説
　儲仁遜*撰　　張晨江整理
　1996 年天津百花文藝出版社
國圖
補充版本

40931
宮白羽武俠小説全集二十二種
　宮白羽撰
　1992 年太原北岳文藝出版社出版
國圖　天圖

文言之屬

40932
警睡編初集四卷二集二卷
　（清）華椿輯
　清光緒上海珍藝書局鉛印本
湖南　吉林　吉大

40933
警睡編初集四卷二集二卷

　（清）華椿輯
　清光緒津門華錫疇鉛印本
國圖　天津社科院

40934
宋豔十二卷
　（清）徐士鑾撰
　清光緒十七年（1891）蝶園刻蝶訪
　　居所輯書本
　九行二十一字黑口四周雙邊
國圖　北大　首圖　北師大　天圖
南開　天師大　天博　上圖　山西
遼寧　吉大　東北師大

40935
宋豔十二卷
　（清）徐士鑾撰
　清抄本
天博
補充版本

40936
宋豔十二卷
　（清）徐士鑾撰
　民國上海進步書局石印筆記小説
　　大觀本
國圖　河南大

40937
春泉聞見錄四卷
　（清）劉壽眉撰　　寶坻區
　清嘉慶五年（1800）渠陽劉氏迎暉
　　軒刻本

九行十八字白口左右雙邊
國圖　清華　天圖　石家莊　內蒙
古　遼寧　吉林　哈爾濱
補充著述

40938
春泉聞見錄四卷
　（清）劉壽眉撰　　寶坻區
　1995 年據清嘉慶五年（1800）渠
　　陽劉氏迎暉軒刻本影印續修四
　　庫全書本
上圖
補充版本

40939
春泉聞見錄一卷
　（清）劉壽眉撰　　寶坻區
　民國十四年（1925）石印本
上圖
補充版本

短篇之屬

40940
天空游記
　丁子良（丁國瑞）撰
　民國十六年（1927）天津敬慎醫室
　　鉛印本
天博

40941
黃金骨肉
　劉鐵庵編
　天津新教育書社出版

天圖

40942
專製毒
　劉鐵庵編
　天津新教育書社出版
天圖

40943
一文錢
　劉鐵庵撰
　民國十三年（1924）天津小説日報
　　社出版
天圖

40944
沽上英雄譜八回
　戴愚盦撰
　民國二十六年至三十二年
　　（1937—1943）天津益世報館
　　出版
天師大:存前四回　　國圖:存後四回

40945
思無邪小記（艷海）
　姚靈犀編
　民國三十年（1941）天津書局鉛
　　印本
備註:吳曉鈴贈書。
首圖

40946
瑤光祕記二卷

姚靈犀撰
民國鉛印本
備註:吳曉鈴贈書。
首圖

40947
脫離
萬曼撰
民國二十四年(1935)上海新文化
書社出版
國圖
補充著述

40948
淡霞和落葉
萬曼撰
民國十三年(1924)上海新文化書
社出版
北大

40949
梨花魅影
劉雲若撰
民國三十二年(1943)長春滿洲雜
誌社出版
私人收藏

40950
影
李霽野撰
民國十七年(1928)北平未名社出
版部出版
國圖　北大

40951
影
李霽野撰
民國二十二年(1933)上海開明書
店出版
中科院　天圖

40952
陰山背後
吳雲心撰
民國二十八年(1939)天津大業書
局出版
天師大

40953
大俠別傳
吳雲心撰
民國三十年(1941)天津大陸廣告
公司出版
天師大

40954
聖型
靳以撰
民國二十二年(1933)上海現代書
局出版現代創作叢刊本
天圖

40955
群鴉
靳以撰
民國二十三年(1934)上海新中國
書局出版新中國文藝叢書本

天圖

40956
蟲蝕
靳以撰
民國二十三年（1934）上海良友復
興圖書印刷公司出版良友文學
叢書本
天圖

40957
珠落集
靳以撰
民國二十四年（1935）上海文化生
活出版社出版文學叢刊本
天圖

40958
殘陽
靳以撰
民國二十五年（1936）上海開明書
店出版開明文學新刊本
天圖

40959
遠天的冰雪
靳以撰
民國二十六年（1937）上海文化生
活出版社出版文學叢刊本
天圖

40960
眾神

靳以撰
民國三十四年（1945）上海文化生
活出版社出版文季叢書本
天圖

40961
過去的腳印
靳以撰
1955 年北京人民文學出版社出版
天圖

40962
荷花淀
孫犁撰
民國三十六年（1947）香港海洋書
屋出版北方文叢本
天圖

40963
囑咐
孫犁撰
1949 年北京天下圖書公司出版大
眾文藝叢書本
天圖

40964
蘆花蕩
孫犁撰
1949 年上海群益出版社出版群益
文藝叢書本
天圖

40965
秋初

張守謙撰

民國三十三年(1944)北京新民印
　書館出版新進文藝叢書本

備註:張守謙,筆名關永吉,原籍静
海縣,後移居天津。

天圖

40966

牛

　張守謙撰

　民國三十四年(1945)漢口大楚報
　　社出版南北叢書本

天圖

40967

風網船

　張守謙撰

　民國三十四年(1945)北京華北作
　　家協會出版華北文藝叢書本

天圖

40968

苗是怎樣長成的

　張守謙撰

　民國三十四年(1945)漢口大楚報
　　社出版

國圖

40969

在大龍河畔

　張秀亞撰

　民國二十五年(1936)天津海風社
　　出版海風叢書本

國圖　天圖　吉大

40970

幸福的泉源

　張秀亞撰

　民國三十年(1941)兖州保祿印書
　　館出版

國圖　北師大

40971

珂蘿佐女郎

　張秀亞撰

　民國三十三年(1944)重慶紅藍出
　　版社出版

吉大

長篇之屬

40972

小五義一百二十四回

　(清)石玉崑撰

　清光緒十六年(1890)北京文光樓
　　書坊刻本

北師大

40973

小五義一百二十四回

　(清)石玉崑撰

　清光緒十六年(1890)東郡寶興堂
　　刻本

北師大　華師大

40974

小五義一百二十四回續一百二十

四回

  （清）石玉崑撰

  清光緒上海申報館鉛印申報館叢
  書本

國圖

40975

增像小五義傳一百二十四回

  （清）石玉崑撰

  清光緒二十二年（1896）上海廣百
  宋齋鉛印本

北師大

40976

**小五義全傳一百二十四回續一百二
十四回**

  （清）石玉崑*撰　鄭理整理

  1991年西安三秦出版社鉛印本

私人收藏

補充版本

40977

續小五義一百二十四回

  （清）石玉崑撰

  清光緒十八年（1892）泰山堂刻本
  十一行二十二字白口四周單邊

國圖　北師大

40978

繡像續小五義一百二十四回

  （清）石玉崑撰

  清光緒十八年（1892）上海珍藝書
  局鉛印本

北師大

40979

繡像續小五義一百二十四回

  （清）石玉崑編

  民國十四年（1925）上海廣益書局
  石印本

國圖：存一卷十五回（卷一第一至第
十五回）

40980

繡像七俠五義傳十二卷

  （清）石玉崑*述　（清）俞樾編

  清光緒二十五年（1899）上海掃葉
  山房石印本

國圖

40981

七俠五義全傳一百二十回

  （清）石玉崑撰

  清光緒十五年（1889）簡青齋石
  印本

上圖

40982

七俠五義全傳一百二十回

  （清）石玉崑撰

  清光緒十六年（1890）上海廣百宋
  齋鉛印本

吉林　吉大　吉林社科院　東北師
大　南京

40983

三俠五義（忠烈俠義傳）一百二十回

（清）石玉崑撰

清末北京聚珍堂活字本

北師大

40984

三俠五義（忠烈俠義傳）一百二十回

（清）石玉崑撰

清光緒九年（1883）京都老二酉堂
刻本

北大　遼寧

40985

三俠五義（忠烈俠義傳）一百二十回

（清）石玉崑[*]撰　俞平伯句讀

民國二十二年（1933）上海亞東圖
書館鉛印本

京大人文研

補充版本

40986

龍圖耳錄一百二十回

（清）石玉崑撰

清光緒七年（1881）抄本

北師大

補充版本

40987

龍圖耳錄一百二十回

（清）石玉崑撰

清抄本

北大　上圖

補充版本

40988

龍圖耳錄一百二十回

（清）石玉崑撰

1981年上海古籍出版社鉛印本

京大人文研

補充版本

40989

海國妙喻

（清）張燾撰

清光緒十四年（1888）天津時報館
鉛印本

國圖　北大　南開　東北師大

福建

補充著述

40990

清宮故事

薛月樓撰

民國二十一年（1932）新天津報社
鉛印本

天圖　南開　東洋文庫

40991

五女七貞（施公案）

周坪鎮[*]編著　劉子清校正

民國二十八年（1939）新天津報社
鉛印本

天圖

40992

大宋八義二十三卷

顧桐峻撰

民國二十三年至二十八年
（1934—1939）新天津報社營業
部鉛印本

天圖

40993
于公案十三集
　顧桐峻撰
　民國二十九年（1940）新天津叢書
　　出版部出版

天圖

40994
聯鏢記
　宮白羽撰
　民國二十九年（1940）天津正華出
　　版部出版白羽小説叢書本

天圖
補充藏地

40995
武林俠蹤
　鄭證因撰
　民國三十一年（1942）天津藝林書
　　店出版

津門藏書家胡立生收藏

40996
鐵傘先生
　鄭證因撰
　民國三十七年（1948）上海勵力出
　　版社出版

津門藏書家胡立生收藏

40997
雲中雁
　鄭證因撰
　民國三十八年（1949）上海勵力出
　　版社出版

津門藏書家胡立生收藏

40998
黃衫客
　鄭證因撰
　民國三十二年（1943）天津華新書
　　局出版

津門藏書家胡立生收藏

40999
風塵三傑
　鄭證因撰
　民國三十一年（1942）北京書店
　　出版

津門藏書家胡立生收藏

41000
一字乾坤劍
　鄭證因撰
　民國三十二年（1943）天津流雲出
　　版社出版

津門藏書家胡立生收藏

41001
女俠黑龍姑
　鄭證因撰
　民國三十二年（1943）天津流雲出
　　版社出版

津門藏書家胡立生收藏

41002
鷹爪王
　鄭證因撰
　民國三十一年（1942）天津勵力出
　　版社出版
津門藏書家胡立生收藏

41003
鷹爪王
　鄭證因撰
　1949 年上海勵力出版社出版
津門藏書家胡立生收藏

41004
天南逸叟
　鄭證因撰
　民國三十六年（1947）上海育才書
　　局出版
津門藏書家胡立生收藏

41005
黑鳳凰
　鄭證因撰
　民國三十七年（1948）上海廣藝書
　　局出版
津門藏書家胡立生收藏

41006
淮上風雲
　鄭證因撰
　1949 年上海廣藝書局出版

津門藏書家胡立生收藏

41007
離魂子母圈
　鄭證因撰
　民國三十七年（1948）北平新華書
　　局出版
津門藏書家胡立生收藏

41008
女屠戶
　鄭證因撰
　上海元昌印書館出版
津門藏書家胡立生收藏

41009
回頭崖
　鄭證因撰
　1949 年上海元昌印書館出版
津門藏書家胡立生收藏

41010
續鷹爪王
　鄭證因撰
　上海勵力出版社出版
津門藏書家胡立生收藏

41011
大漠驚鴻
　鄭證因撰
　民國三十六年（1947）上海勵力出
　　版社出版
津門藏書家胡立生收藏

41012
綠野恩仇
　鄭證因撰
　民國三十六年（1947）上海正氣書
　　局出版
津門藏書家胡立生收藏

41013
子母金梭
　鄭證因撰
　民國三十六年（1947）上海勵力出
　　版社出版
津門藏書家胡立生收藏

41014
貞娘屠虎記
　鄭證因撰
　民國三十六年（1947）上海勵力出
　　版社出版
津門藏書家胡立生收藏

41015
龍虎斗三湘
　鄭證因撰
　民國三十七年（1948）上海正氣書
　　局出版
津門藏書家胡立生收藏

41016
南荒俠劍
　鄭證因撰
　民國三十六年（1947）上海正氣書
　　局出版

津門藏書家胡立生收藏

41017
五英雙艷
　鄭證因撰
　民國三十七年（1948）上海勵力出
　　版社出版
津門藏書家胡立生收藏

41018
龍虎風雲
　鄭證因撰
　1949 年上海勵力出版社出版
津門藏書家胡立生收藏

41019
鐵獅王
　鄭證因撰
　民國三十七年（1948）上海三益書
　　店出版
津門藏書家胡立生收藏

41020
鐵獅鏢
　鄭證因撰
　民國三十七年（1948）上海三益書
　　店出版
津門藏書家胡立生收藏

41021
鐵獅旗
　鄭證因撰
　民國三十八年（1949）上海三益書

店出版
津門藏書家胡立生收藏

41022
劍門俠女
　鄭證因撰
　民國三十七年（1948）上海獨立書
　　局出版
津門藏書家胡立生收藏

41023
五鳳朝陽刀
　鄭證因撰
　民國三十七年（1948）上海勵力出
　　版社出版
津門藏書家胡立生收藏

41024
女俠燕凌雲續集
　鄭證因撰
　1949 年上海勵力出版社出版
津門藏書家胡立生收藏

41025
七劍下遼東
　鄭證因撰
　民國三十七年（1948）上海育才書
　　局出版
津門藏書家胡立生收藏

41026
火焚少林寺
　鄭證因撰

民國三十七年（1948）北平新華書
　　局出版
津門藏書家胡立生收藏

41027
巴山劍客
　鄭證因撰
　1949 年上海勵力出版社出版
津門藏書家胡立生收藏

41028
金刀訪雙煞
　鄭證因撰
　民國三十七年（1948）上海勵力出
　　版社出版
津門藏書家胡立生收藏

41029
鐵拂塵
　鄭證因撰
　民國三十六年（1947）上海正氣書
　　局出版
津門藏書家胡立生收藏

41030
鐵筆峰
　鄭證因撰
　民國三十七年（1948）上海正氣書
　　局出版
津門藏書家胡立生收藏

41031
大俠鐵琵琶

鄭證因撰

民國三十七年（1948）上海正氣書
局出版

津門藏書家胡立生收藏

41032

邊荒異叟

鄭證因撰

民國三十八年（1949）上海正氣書
局出版

津門藏書家胡立生收藏

41033

青狼谷

鄭證因撰

民國三十八年（1949）上海廣藝書
局出版

津門藏書家胡立生收藏

41034

雙鳳殲仇

鄭證因撰

民國三十七年（1948）北平新華書
局出版

津門藏書家胡立生收藏

41035

雙鳳殲仇續集

鄭證因撰

1949 年上海勵力出版社出版

津門藏書家胡立生收藏

41036

邊城俠侶

鄭證因撰

民國三十七年（1948）上海育才書
局出版

津門藏書家胡立生收藏

41037

嵩嶺雙俠

鄭證因撰

1949 年上海勵力出版社出版

津門藏書家胡立生收藏

41038

金梭呂雲娘

鄭證因撰

1949 年上海元昌印書館出版

津門藏書家胡立生收藏

41039

雪山四俠

鄭證因撰

民國三十七年（1948）上海元昌印
書館出版

津門藏書家胡立生收藏

41040

鐵鈴叟

鄭證因撰

1949 年上海廣藝書局出版

津門藏書家胡立生收藏

41041

邊塞雙俠

鄭證因撰

民國三十七年（1948）北平新華書
局出版
津門藏書家胡立生收藏

41042
天山四義
　　鄭證因撰
　　上海元昌印書館出版
津門藏書家胡立生收藏

41043
天山四義
　　鄭證因撰
　　1951年上海海風書店出版
津門藏書家胡立生收藏

41044
龍鳳雙俠
　　鄭證因撰
　　1950年上海元昌印書館出版
津門藏書家胡立生收藏

41045
錢塘雙劍
　　鄭證因撰
　　1949年上海元益印書館出版
津門藏書家胡立生收藏

41046
一字劍
　　鄭證因撰
　　1949年上海元益印書館出版
津門藏書家胡立生收藏

41047
萬山王
　　鄭證因撰
　　上海元昌印書館出版
津門藏書家胡立生收藏

41048
幽魂谷
　　鄭證因撰
　　上海元昌印書館出版
津門藏書家胡立生收藏

41049
弧形劍
　　鄭證因撰
　　1949年上海育才書局出版
津門藏書家胡立生收藏

41050
蓉城三老
　　鄭證因撰
　　1949年上海廣藝書局出版
津門藏書家胡立生收藏

41051
昆侖劍
　　鄭證因撰
　　上海勵力出版社出版
津門藏書家胡立生收藏

41052
鐵燕金蓑
　　鄭證因撰

1949 年上海元益書局出版
津門藏書家胡立生收藏

41053
終南四俠
　鄭證因撰
　1949 年上海協新書局出版
津門藏書家胡立生收藏

41054
峨嵋雙劍
　鄭證因撰
　1949 年上海廣藝書局出版
津門藏書家胡立生收藏

41055
丐俠
　鄭證因撰
　1949 年上海廣藝書局出版
津門藏書家胡立生收藏

41056
礦山喋血
　鄭證因撰
　1949 年北平流雲出版社出版
津門藏書家胡立生收藏

41057
牧野英雄
　鄭證因撰
　1950 年上海正氣書局出版
津門藏書家胡立生收藏

41058
龍江奇女
　鄭證因撰
　1950 年上海正氣書局出版
津門藏書家胡立生收藏

41059
琅琊島
　鄭證因撰
　1949 年上海廣藝書局出版
津門藏書家胡立生收藏

41060
鐵馬莊
　鄭證因撰
　1949 年上海元昌印書館出版
津門藏書家胡立生收藏

41061
燕尾鏢
　鄭證因撰
　1950 年上海育才書局出版
津門藏書家胡立生收藏

41062
苗山血淚
　鄭證因撰
　1950 年上海廣藝書局出版
津門藏書家胡立生收藏

41063
風雪中人
　鄭證因撰

1950 年上海廣藝書局出版
津門藏書家胡立生收藏

41064
岷江俠女
   鄭證因撰
   1950 年上海建文書局出版
津門藏書家胡立生收藏

41065
閩江風雲
   鄭證因撰
   1950 年上海勵力出版社出版
津門藏書家胡立生收藏

41066
尼山劫
   鄭證因撰
   1950 年上海廣藝書局出版
津門藏書家胡立生收藏

41067
白山雙俠
   鄭證因撰
   上海滙文書店出版
津門藏書家胡立生收藏

41068
鳳城怪客
   鄭證因撰
   1950 年上海滙文書店出版
津門藏書家胡立生收藏

41069
烽火忠魂
   鄭證因撰
   1950 年上海新流書店出版
津門藏書家胡立生收藏

41070
烏龍山
   鄭證因撰
   1950 年上海新流書店出版
津門藏書家胡立生收藏

41071
野人山
   鄭證因撰
   上海育才書局出版
津門藏書家胡立生收藏

41072
柳青青
   鄭證因撰
   上海廣藝書局出版
津門藏書家胡立生收藏

41073
太白奇女
   鄭證因撰
   1950 年上海滙文書店出版
津門藏書家胡立生收藏

41074
秦嶺風雲
   鄭證因撰

1950 年上海滙文書店出版
津門藏書家胡立生收藏

41075
小天台
　　鄭證因撰
　　1951 年上海滙文書店出版
津門藏書家胡立生收藏

41076
鐵指翁
　　鄭證因撰
　　1951 年上海滙文書店出版
津門藏書家胡立生收藏

41077
黑妖狐
　　鄭證因撰
　　1951 年上海滙文書店出版
津門藏書家胡立生收藏

41078
塞外驚鴻
　　鄭證因撰
　　1950 年上海新流書店出版
津門藏書家胡立生收藏

41079
孤雛殲虎
　　鄭證因撰
　　1950 年上海廣藝書局出版
津門藏書家胡立生收藏

41080
荒山俠蹤
　　鄭證因撰
　　1950 年上海正華書店出版
津門藏書家胡立生收藏

41081
戈壁雙姝
　　鄭證因撰
　　1951 年上海滙文書店出版
津門藏書家胡立生收藏

41082
霜天雁影
　　鄭證因撰
　　1951 年上海正華書店出版
津門藏書家胡立生收藏

41083
鶴頂春回
　　鄭證因撰
　　1951 年上海正華書店出版
津門藏書家胡立生收藏

41084
火中蓮
　　鄭證因撰
　　1951 年上海正華書店出版
津門藏書家胡立生收藏

41085
俠盜揚鏢記
　　鄭證因撰

民國三十六年(1947)上海元昌印
　　書館出版
津門藏書家胡立生收藏

41086
江漢俠蹤
　　鄭證因撰
　　民國三十七年(1948)上海廣藝書
　　局出版
津門藏書家胡立生收藏

41087
塞外豪俠
　　鄭證因撰
　　1949 年上海廣藝書局出版
津門藏書家胡立生收藏

41088
楓菱渡續集
　　鄭證因撰
　　1950 年上海協和書店出版
津門藏書家胡立生收藏

41089
金鷹鬥飛龍
　　鄭證因撰
　　1951 年上海正華書店出版
津門藏書家胡立生收藏

41090
太極手
　　鄭證因撰
　　1951 年上海正華書店出版

津門藏書家胡立生收藏

41091
蜀山劍俠傳
　　劉雲若撰
　　民國天津勵力出版社出版
天圖

41092
紅杏出墻記
　　劉雲若撰
　　民國上海勵力出版社出版
天圖

41093
酒眼燈唇錄
　　劉雲若撰
　　民國三十年(1941)天津生流出版
　　社出版
天圖

41094
換巢鸞鳳
　　劉雲若撰
　　民國三十年(1941)天津勵力出版
　　社出版
天圖

41095
輪蹄
　　劉雲若撰
　　民國三十二年(1943)天津勵力出
　　版社出版

天圖

41096
粉墨箏琶
  劉雲若撰
  民國三十五年（1946）北平一四七
    畫報社出版
天圖

41097
湖海香盟
  劉雲若撰
  民國三十五年（1946）天津五洲書
    局出版
天圖

41098
冰弦彈月記
  劉雲若撰
  1949 年上海正氣書局出版
天圖

41099
小揚州志
  劉雲若撰
  1986 年天津百花文藝出版社出版
天圖

41100
恨不相逢未嫁時
  劉雲若撰
  1988 年天津百花文藝出版社出版
天圖

41101
春風回夢記
  劉雲若撰
  1989 年北京人民文學出版社出版
天圖

41102
碧海情天
  劉雲若撰
  1988 年長沙湖南文藝出版社出版
備註：《天津藝文志》著録此書書名
"情"誤爲"青"。
國圖

41103
同命鴛鴦
  劉雲若撰
  民國三十六年（1947）上海廣藝書
    局出版
私人收藏

41104
春水紅霞
  劉雲若撰
  民國三十七年（1948）廣藝書局
    出版
私人收藏

41105
媿婳英雄
  劉雲若撰
  2017 年北京中國文史出版社出版
    民國通俗小説典藏文庫本

國圖　天圖

41106
歌舞江山
　劉雲若撰
　2017 年北京中國文史出版社出版
　民國通俗小説典藏文庫本
國圖　天圖

41107
津門艷跡
　李燃犀撰
　民國三十年（1941）天津文化社
　出版
天圖　天師大

41108
長相思
　王研石撰
　民國二十二年（1933）哈爾濱精益
　書局出版
天圖:存上集
補充著述

41109
長相思
　王研石撰
　民國二十四年（1935）誠文信書局

出版
嘉興
補充版本

41110
前夕
　靳以撰
　民國三十六年（1947）重慶文化生
　活出版社出版現代長篇小説叢
　書本
天圖

41111
向"茹爾賓一家"學習
　靳以撰
　1956 年上海新文藝出版社出版文
　藝作品閲讀輔導叢書本
天圖

41112
千古奇丐
　楊汝泉撰　　静海區
　1951 年上海通聯書店出版
備註:楊汝泉（1895—1969），字時
中，筆名白水、柏水。《大公報》
記者。
國圖
補充著述

類叢部

類書類

通類之屬

50001
原起彙抄
　（清）張夢元輯
　清抄本
　國圖

50002
士庶備覽十四卷
　（清）[佟氏]輯
　清光緒十八年（1892）津門佟氏
　刻本
　十行二十三字小字雙行同黑口四
　周雙邊
　國圖　清華　天圖　南開　遼寧
　吉大　臨海　四川大　東大東文研
　補充版本

50003
士庶備覽十四卷
　（清）[佟氏]輯
　1998 年北京出版社據清光緒十八

年（1892）刻本影印四庫未收書
輯刊本
天圖　上圖

50004
太平御覽引得
　聶崇岐等編纂　　蓟州區
　1990 年上海古籍出版社影印本
國圖

專類之屬

50005
史駢箋正四卷
　（清）徐鑑輯　（清）華長卿＊箋
　抄本
　天博
　補充著述

50006
聚珍堂選事物類攷十五卷
　（清）盧有猷輯　　蓟州區
　清抄本
　中央民大
　補充著述

50007
翰苑分書臨文正宗六種

（清）張端卿等撰　（清）戴彬元*
等書　寧河區
清光緒十一年至十二年（1885—
1886）石印本
備註：書名據套簽題。
國圖　開封　陝西師大　寧夏

50008
讀書紀數略五十四卷
（清）宮夢仁纂輯　　静海區
清康熙四十六年（1707）刻本
十一行二十一字小字雙行同黑口
四周雙邊
國圖　首圖　天圖　南開

50009
讀書紀數略五十四卷
（清）宮夢仁纂輯　　静海區
清光緒六年（1880）山陰宋氏刻十
三年（1887）彙印懺花盦叢書本
十行二十一字小字雙行同白口左
右雙邊
國圖　北大　北師大　中科院　首
圖　天圖　天博　上圖

50010
讀書紀數略五十四卷
（清）宮夢仁纂輯　　静海區
清乾隆四庫全書本
北大　南開　遼寧　内大　南京
安徽大　福建

50011
讀書紀數略五十二卷
（清）宮夢仁纂輯　　静海區
稿本
故宮
補充著述

50012
讀書紀數略補□卷
（清）宮夢仁纂輯　　静海區
清抄本
南京
補充著述

叢書類

雜纂之屬

50013
滌襟樓遺懷集四種
（清）郭師泰輯
稿本
備註：曾經孫默庵收藏。
天圖：存二種（第二種小唱、第三種
奇談）

50014
顏李叢書三十三種
徐世昌等輯
民國十二年（1923）四存學會鉛
印本
國圖　北大　南開　天師大　上圖

50015

慎始基齋叢書十一種

盧靖輯

清光緒沔陽盧氏刻民國十二年
（1923）彙刻本

國圖　中醫科學院　天圖　遼寧
上圖　山西

50016

周氏師古堂所編書五十三種

周學熙輯

民國至德周氏師古堂刻本

上圖

周愨慎公全集提要一卷　孫雄輯

周氏師古堂書目提要四卷　周學
熙輯

易理匯參臆言二卷　周馥撰

周易注二卷　（清）李士鉁撰

蛻私軒易說二卷　姚永樸撰

繫辭一得二卷　周明焯撰

讀易隨筆一卷　周明焯撰

書經衷論四卷　（清）張英撰

三經誼詁　馬其昶撰

論語分類講誦六卷　周學熙撰

孟子要略五卷附錄一卷　（宋）朱
熹撰　（清）劉傳瑩輯　（清）
曾國藩按

經傳簡本　周學熙輯

七經精義纂要十一卷　周學熙撰

韓王二公遺事　周學熙輯

聖域述聞二十八卷續編一卷
（清）龍光甸修　（清）黃本驥
輯　續編（清）范迪襄輯

鏡古錄四卷　（清）俞壽滄撰

經世文粹八卷續編八卷　（清）賀
長齡輯　續編（清）盛康輯
（清）俞壽滄節錄

醇親王巡閱北洋海防日記一卷
周馥錄

聖學入門書一卷　（清）陳瑚撰

閨範四卷　（明）呂坤注

養正遺規二卷補編一卷　（清）陳
宏謀撰

教女遺規三卷　（清）陳宏謀撰

淑艾錄一卷　（清）張履祥撰
（清）祝洤輯

人極衍義一卷　（清）羅澤南撰

弟子箴言十六卷　（清）胡達源撰

弟子規一卷　（清）李毓秀撰

求志集四卷　（清）陳蕭輯

古訓粹編　周馥節錄　周學熙
續錄

聖哲微言六卷　周學熙輯

歷代聖哲學粹十八卷後編二十六
卷　姚永樸輯　後編　陳朝爵
李大防輯

先正嘉言約鈔二卷　姚永樸輯

邇言二卷　姚永樸撰

南華經解選讀二卷　（清）宣穎注
周學熙選

性理精言一卷　周學熙選錄

魯齋遺書約鈔二卷　（元）許衡撰
周學熙節錄

中學正宗　周學熙選

畜德選錄二卷　（清）席啓圖輯
周學熙節錄

讀書樂趣約選二卷　（清）伍涵芬
　輯　周學熙節録
閱微草堂筆記約選二卷　（清）紀
　昀撰　周學熙節録
女千字文一卷　（清）□□撰
淺近録六卷　（清）張鑑輯
童蒙須知一卷　（宋）朱熹撰
宋五子節要　周馥節録
觀省録二卷　周馥輯
李荿猗女史全書　（清）李晚芳撰
周中丞集一卷　（唐）周繇撰
蜕軒集五卷續三卷　姚永樸撰
古文辭類纂約選十三卷　（清）姚
　鼐纂　周學熙選
張文端公詩文選二卷　（清）張英
　撰　周學熙選
小學弦歌約選一卷　（清）李元度
　輯　周學熙選
八家閒適詩選　周學淵選
唐詩矩五卷　（清）黃生撰
文辭養正舉隅二卷　周學熙輯

50017
雲在山房叢書十五種
　楊壽枏輯
　民國十七年（1928）無錫楊氏鉛
　印本
國圖　北大　中科院　清華　人大
天圖　遼寧　上圖　厦大
　醉鄉瑣志
　雲薆漫録
　外家記聞
　簪醉雜記

竹素園叢談
洪憲舊聞
春秋后妃本事詩
明事雜詠
扶桑百八吟
貫華叢録
福慧雙修庵小記
雲郎小史
論文瑣言
八旗畫録

50018
喜詠軒叢書五編三十八種
　陶湘輯
　民國十六年至二十年（1927—
　　1931）武進陶氏涉園石印本
國圖　天圖　南開　遼大　上圖
　校正原本紅梨記四卷
　秦樓月二卷
　紅梨花雜劇一卷
　繡襦記四卷
　鴛鴦縧傳奇二卷
　紅香館詩草一卷
　雙清閣詩一卷詩餘一卷
　芸香館遺詩二卷
　吟葒館遺詩一卷
　天工開物三卷
　欽定授衣廣訓二卷
　曹州牡丹譜一卷附記一卷
　寶硯堂硯辨一卷
　繡譜一卷
　雪宧繡譜一卷
　筆疇一卷

懺摩錄一卷

牧牛圖頌一卷又十頌一卷

問山亭主人遺詩正集一卷續集一
　卷補集一卷附錄一卷

月壺題畫詩一卷

捫搎集一卷

宣德鼎彝譜八卷附宣鑪博論一卷

宣德彝器圖譜二十卷

宣德彝器譜三卷附錄一卷

宣爐小誌一卷

明刻傳奇圖像十種

離騷經不分卷

離騷圖像一卷

欽定補繪離騷圖三卷

園冶三卷

菜根譚一卷

仙佛奇蹤八卷

凌煙閣功臣圖像一卷附錄一卷

無雙譜一卷

御製耕織圖詩一卷

御製避暑山莊詩二卷

雲臺二十八將圖一卷

經畧洪承疇奏對筆記二卷

50019

託跋廛叢刻十種

　陶湘輯

　民國武進陶氏涉園刻本

備註:書名據書名頁題,鈐"弢齋藏
書記"印。

國圖　北大　北師大　天圖　上圖
　童蒙訓三卷　(宋)呂本中撰　民
　　國十四年(1925)據宋紹定本

影刻

元城先生語錄三卷附錄一卷
　(宋)馬永卿輯　民國十五年
　(1926)據明嘉靖本影刻

會稽三賦一卷　(宋)王十朋撰
　(宋)周世則注　(宋)史鑄增
　注　民國十三年(1924)據宋本
　影刻

草莽私乘一卷　(明)陶宗儀輯
　民國十六年(1927)據抄校本
　影刻

髹飾錄二卷附箋證二卷　(明)黃
　成撰　(明)楊明注　闞鐸箋證
　民國十六年(1927)據舊抄本
　影刻

豐溪存稿一卷　(唐)呂從慶撰
　民國十七年(1928)據抄校本
　影刻

春卿遺稿一卷續編一卷　(宋)蔣
　堂撰　民國十七年(1928)據舊
　抄本影刻

張大家蘭雪集二卷附錄一卷
　(宋)張玉娘撰　民國十七年
　(1928)據舊抄本影刻

陳剛中詩集三卷附錄一卷　(元)
　陳孚撰　民國十七年(1928)據
　明洪武本影刻

慮得集四卷附錄二卷　(明)華宗
　韡撰　民國十六年(1927)據明
　嘉靖本影刻

50020

託跋廛叢刻十種

陶湘輯

1986年中國書店據民國武進陶氏
　涉園刻本影印本

蘇大

50021

**百川書屋叢書六種續編五種魏誌五
種**

陶湘輯

民國十九年至二十年(1930—
1931)武進陶氏涉園影印本

國圖　北大　北師大　天圖　南開
上圖　華師大

50022

未刻珍品叢傳十集二十卷

姚靈犀編

民國二十五年(1936)鉛印本

備註:吳曉鈴贈書。

首圖
閨艷秦聲
塔西隨記
麝塵記

50023

味虛簃叢書(薊州劉氏叢刻)十一種

劉化風編　　薊州區

清光緒二十八年(1902)活字本

國圖　吉大
識貧一卷　(清)李鬔撰
浮生四幻一卷　(清)鹿學尊撰
金田村匪紀略不分卷　(清)
　□□撰

焦雪軒詩不分卷　(清)張鵬翼撰
存存堂筆記一卷　(清)宋舒恂撰
秋壑吟一卷　(清)李孔昭撰
養菊說　(清)方德醇撰
鷺藤吟尺牘一卷　(清)史恩培撰
同人睗快二卷　(清)趙紳
　(清)李江撰
樂在其中一卷　(清)李江撰
懷友詩三十卷　(清)瑞徵撰

50024

國學叢編

吳英華編纂　　静海區

民國三十年(1941)天津出版

備註:吳英華,時静海縣閻家家村
人,曾任《天津益世報》《天津大中
時報》文藝專刊主編。(《静海县
志》)

國圖

郡邑之屬

50025

湖北先正遺書七十二種

盧靖輯

民國十二年(1923)沔陽盧靖慎始
　基齋影印本

國圖　天圖　上圖

50026

湖北先正遺書樣本附預約簡章

盧靖輯

民國十二年(1923)上海商務印書
　館鉛印暨影印本

國圖
補充著述

50027
續金華叢書六十種
　胡宗楙輯
　民國十三年（1924）永康胡氏夢選
　　廔刻本
國圖　北大　清華　天圖　南開
復旦
　周易窺餘十五卷
　書集傳或問二卷
　義門鄭氏家儀一卷
　左氏傳續說十二卷
　春秋經傳辨疑一卷
　孫威敏征南錄一卷
　敬鄉錄十四卷
　金華賢達傳十二卷
　金華先民傳十卷
　義烏人物記二卷
　金華赤松山志一卷
　職源撮要一卷
　麗澤論說集錄十卷
　格致餘論一卷
　局方發揮一卷
　丹溪先生金匱鉤玄三卷
　重修革象新書五卷
　地理葬書集注一卷
　欒城先生遺言一卷
　野服考一卷
　物異考一卷
　歷代制度詳說十五卷
　齊諧記一卷

　善慧大士傳錄三卷附錄一卷
　周易參同契通眞義三卷
　絳守居園池記註一卷
　默成文集四卷
　東萊呂太史文集十五卷別集十六
　　卷外集五卷附錄三卷
　金華唐氏遺書十四卷
　香山集十六卷
　倪石陵書一卷
　癖齋小集一卷
　靈巖集十卷
　雲谿稿一卷
　敏齋稿一卷
　魯齋王文憲公文集二十卷
　學詩初槀一卷
　史詠詩集二卷
　存雅堂遺槀五卷
　紫巖于先生詩選三卷
　竹溪稿二卷
　淵穎吳先生集十二卷附錄一卷
　金華黃先生文集四十三卷
　柳待制文集二十卷附錄一卷
　吳禮部文集二十卷附錄一卷
　屛巖小稿一卷
　藥房樵唱三卷
　樵雲獨唱詩集六卷
　白石山房逸稿二卷補錄一卷
　尚絅齋集五卷
　繼志齋集二卷
　瞢齋稿一卷
　齊山稿一卷
　竹澗先生文集八卷奏議四卷
　少室山房類槀一百二十卷

庚溪詩話二卷
吳禮部詩話一卷
龍川詞一卷補一卷
竹齋詩餘一卷
燕喜詞一卷

50028
續金華叢書
胡宗楙輯
1983 年揚州廣陵古籍刻印社據民
　　國十三年(1924)永康胡宗楙夢
　　選慶刻版重印本
國圖　山東大
補充著述

50029
畿輔叢書初編
（清）王灝輯　陶湘*重輯
清光緒刻民國二年(1913)武進陶
　　湘匯印本
國圖　北大
補充著述

50030
沔陽叢書十二種九十六卷
盧弼輯
民國沔陽盧氏慎始基齋刻本
十一行二十一字黑口左右雙邊
北大　北師大　天圖　南開　上圖
京大人文研
沔陽州志十八卷
內方先生集八卷附鈔一卷
市隱園集三十卷

默耕詩選二卷
補希堂文集四卷
玩草園詩鈔一卷文集一卷
陸文節公奏議五卷附錄一卷
聽春草堂詩鈔二卷
海嶽行吟草十卷
子銘先生遺集二卷
萬里游草殘稿三卷
展碧山房駢體文選二卷

50031
屏廬叢刻十五種
金鉞輯
民國十三年(1924)天津金氏刻本
備註:書名據書名頁及版心題。
國圖　北大　北師大　天圖　南開
天津社科院　天師大　上圖　東洋
文庫　京大人文研
詩禮堂雜纂二卷　（清）王又樸撰
介山自定年譜一卷　（清）王又
　　樸編
蓮坡詩話三卷　（清）查為仁撰
銅鼓書堂詞話一卷　（清）查禮撰
畫梅題記一卷　（清）查禮撰
書法偶集一卷　（清）陳玠撰
南宗抉秘一卷　（清）華琳撰
天臺雁蕩紀遊一卷　（清）金玉
　　岡撰
慇思錄一卷　（清）欒立本編
灶嫗解一卷　（清）沈峻撰
篷窗附錄二卷　（清）沈兆沄撰
吟齋筆存三卷　（清）梅成棟撰
耄學齋晬語一卷　（清）楊光儀撰

古泉叢考四卷 （清）徐士鑾輯

金剛滑公表忠錄一卷 （清）金頤
增輯 金鉞重輯

50032

屏廬叢刻十五種

金鉞輯

1985 年北京中國書店據民國十三
年（1924）天津金氏刊本影印本

武大 河南大

補充版本

自著之屬

50033

詩禮堂全集（王介山先生全集）
十九種

（清）王又樸撰

清刻本

國圖:存十種 天圖 天師大

易翼述信十二卷

大學原本讀法一卷

大學原本說略一卷

中庸總說一卷讀法一卷

孟子讀法十五卷

史記讀法二卷

詩禮堂古文五卷續一卷

詩禮堂雜詠七卷

春秋繁露求雨止雨考定一卷附
一卷

詩禮堂雜纂二卷

介山時文三卷

泰州縴堤說略一卷

介山自訂年譜一卷

繼配馮恭人實錄一卷

鄉會試硃卷一卷

聖諭廣訓一卷

聖諭廣訓衍一卷

明辨錄

論語廣義

50034

梅成棟稿存五種

（清）梅成棟撰

清抄本

中科院

補充著述

50035

念堂詩話一卷

（清）崔旭撰 （清）梅成棟* 選

清抄本

中科院

補充著述

50036

嚴仁波先生遺著二種

（清）嚴克寬撰

民國十年（1921）嚴氏石印本

備註:是書鈐"邱學士印"白文方印。

國圖 北大 天圖 天津社科院

論學書一卷

事餘小草一卷

50037

義州李氏叢刻七種

（清）李葆恂撰

民國五年（1916）義州李放京師
　　刻本
備註:《天津藝文志》著録子目書名
中"贏"誤爲"嬴"。
國圖:缺一種（三邑翠墨簃題跋）
中科院　上圖:存四種（津步聯吟集
一卷附詞一卷　紅螺山館詩抄一卷
遺詩一卷　舊學盦筆記一卷　海王
村所見書畫録一卷）　遼寧　吉大
關大　阪大總　石濱文庫　懷德堂
文庫　京大人文研
　　無益有益齋讀畫詩二卷
　　海王村所見書畫録一卷
　　舊學盦筆記一卷
　　津步聯吟集一卷附詞一卷　吳重
　　　熹　李葆恂撰　李放輯録
　　紅螺山館詩抄二卷
　　紅贏山館遺詩一卷
　　三邑翠墨簃題跋四卷

50038
杭州所著書三種附一種
　　王守恂撰
　　民國鉛印本
國圖　北大　中科院　天圖　山東
大　華師大
　　阮南自述
　　從政瑣記
　　杭居雜憶附鄉人社會談

50039
王仁安集七種
　　王守恂撰

民國十年（1921）天津金氏刻本
國圖　天圖　天師大
　　仁安詩稿二十一卷
　　仁安詞稿二卷
　　仁安文稿四卷
　　仁安文乙稿一卷
　　仁安筆記四卷
　　杭州雜著四卷（仁安自述一卷
　　　從政瑣記一卷　杭居雜憶一卷
　　　鄉人社會談一卷）
　　説詩求己五卷

50040
王仁安續集六種
　　王守恂撰
　　民國十六年（1927）天津金氏刻本
國圖　天圖　天師大
　　仁安詩續稿四卷
　　仁安詞續稿一卷
　　仁安文續稿三卷
　　仁安續筆記二卷
　　仁安文續乙稿一卷
　　乙丑避署小記一卷

50041
王仁安三集五種
　　王守恂撰
　　民國二十二年（1933）天津金氏屏
　　廬刻本
國圖　天圖　天師大
　　集外雜存一卷
　　任自然齋賸稿一卷
　　戊辰海天集一卷

待終草一卷
拙老人餘話二卷

50042
王仁安四集四種
　王守恂撰
　民國二十六年（1937）天津金氏
　刻本
國圖　天圖　天師大
　八甲遊戲集一卷
　乙亥隨錄一卷
　丙子新夢集一卷
　集外文補遺一卷

50043
王筱汀先生所著書七種附年譜家傳
　王錫彤撰
　民國二十七年（1938）鉛印本
南開
補充版本

50044
夢選樓叢刻八種
　胡宗楙撰
　民國二十一年（1932）夢選樓刻本
國圖　天圖
　昭明太子年譜一卷附錄一卷
　東陽記拾遺一卷
　東陽記攷一卷
　胡正惠公年譜一卷附錄一卷
　永康人物記五卷
　説文雋言一卷
　張宣公年譜二卷附錄二卷

段氏說文正字二卷

50045
雲在山房類稿二十種
　楊壽枏撰
　民國十九年（1930）刻本
清華　天圖　上圖　復旦　鄭大
　雲薖漫錄二卷
　學花寮雜記四卷
　貫華叢錄一卷
　秋草齋詩鈔一卷
　秋草唱和集一卷詩一卷續唱和集
　　一卷續唱和詩一卷
　思沖齋文鈔一卷文補鈔一卷文別
　　鈔一卷
　思沖齋駢體文鈔一卷文補鈔一卷
　思沖齋詩鈔一卷詩補鈔一卷
　鉢社偶存一卷
　鴛摩館詩鈔一卷詞補鈔一卷
　藏盦幸草一卷
　雲薖詩話一卷

50046
王綸閣先生稿本彙錄四十種
　王襄撰
　稿本
天圖

50047
王襄著作選集
　王襄撰
　2005年天津古籍出版社影印本
天圖

50048
寬於一天下室文稿不分卷
　劉后同(劉文垕)撰
　稿本
天圖
　武備學堂月課一卷
　隴右殘稿一卷
　南游心畫一卷
　寬於一天下室函稿不分卷

50049
后同焚餘稿十四卷
　劉后同(劉文垕)撰
　稿本
天圖
補充著述
　國難戰策一卷
　避地漫記二卷
　史記選讀十卷
　詩詞聯語雜文賸稿一卷

50050
裴學海先生遺著五種
　裴學海撰
　油印本
備註:是書爲二十世紀八十年代油
印本。
私人收藏
切音淺説
　古書疑義舉例續補
　左傳札記
　大學疑義訂解
　中庸疑義訂解

50051
培根堂全稿(寄泉類稿)九種
　(清)高繼珩撰　　寶坻區
　清道光至同治高氏刻本
國圖　北大　清華　石家莊
　培根堂詩鈔十二卷
　海天琴趣詞一卷
　詞餘一卷
　養淵堂古文一卷
　養淵堂駢體文二卷
　味經齋制藝一卷　道光二十七年
　　(1847)刊
　鑄鐵硯齋詩二卷續編二卷
　演教諭語一卷　　咸豐十年
　　(1860)刊
　蝶階外史四卷續編二卷
　附翠微軒詩稿三卷　(清)高順
　　貞撰

50052
寧河廉琴舫侍郎遺書
　(清)廉兆綸撰　　寧河區
　清抄本
國圖
　奏議不分卷
　軍務稿不分卷
　評點兵書五種十九卷
　六韜六卷逸文一卷
　孫子三卷
　吳子二卷
　司馬法三卷

50053
郭家聲先生遺稿
　（清）郭家聲撰　　　武清區
　　2022 年北京學苑出版社出版
備註：是書包括《忍冬書屋詩集》

《忍冬書屋詩續集》《忍冬書屋日記
選錄》，以及其珍藏的約 40 份碑帖
拓片。
補充著述

新學類

史志類

60001
普法戰史
　　齊燮元撰　　寧河區
　　民國石印本
　天圖
　補充著述

60002
記原子彈下的廣島
　　〔美國〕約翰·赫爾賽撰　　董秋
　斯*譯　　静海區
　　民國三十五年(1946)上海合群出
　　　版社出版
　天圖

60003
傑克倫敦傳
　　〔美國〕斯通撰　　董秋斯*譯
　静海區
　　1949年上海海燕書店出版
　天圖　復旦

60004
傑克倫敦傳
　　〔美國〕斯通撰　　董秋斯*譯
　静海區
　　1951年上海新文藝出版社出版
　山東大

政治法律類

60005
共產主義的批評
　　宋則久(宋壽恆)撰
　　民國二十一年(1932)天津國貨售
　　　品所鉛印本
　天圖
　補充著述

60006
民氣
　　宋則久(宋壽恆)撰
　　民國二十一年(1932)天津國貨售
　　　品所鉛印本
　天圖

60007
民生主義研究的貢獻

宋則久(宋壽恆)撰
民國十八年(1929)天津民報社鉛
　印本
天圖
補充著述

60008
互愛主義不分卷
　劉后同(劉文昼)撰
　稿本
備註:是書有吳玉如等題識。
天圖

60009
社會問題
　陶孟和輯
　民國十三年(1924)上海商務印書
　　館出版
國圖

60010
人口問題
　陶孟和等撰
　民國二十二年(1933)上海商務印
　　書館出版
國圖　天圖

60011
社會進化史
　〔德國〕米勒利爾撰　陶孟和*等
　譯
　民國十三年(1924)上海商務印書
　　館出版

天圖

60012
社會學講義概要
　陶孟和*講　吳康筆述
　民國鉛印本
北大
補充著述

60013
職業指導論文集
　何清儒主編
　民國二十四年(1935)上海中華書
　　局出版
天圖

60014
現代職業
　何清儒撰
　民國二十一年(1932)上海新月書
　　店出版現代文化叢書本
天圖　臺圖

60015
職業教育學
　何清儒撰
　民國三十年(1941)長沙商務印書
　　館出版
國圖:縮微品

60016
職業指導學
　何清儒撰

民國二十八年（1939）長沙商務印
　書館出版
天圖　臺圖

60017
事務管理的實施
　何清儒輯
　民國二十六年（1937）上海商務印
　　書館出版
天圖

60018
人事管理
　何清儒撰
　民國二十二年（1933）上海商務印
　　書館出版
天圖　臺圖

60019
美國校外職業指導實況
　〔美國〕吉楨撰　何清儒*　鄭文
　漢譯
　民國二十七年（1938）長沙商務印
　　書館出版
天圖

60020
如何應付人
　〔美國〕卡尼基撰　何清儒*譯
　民國二十八年（1939）上海商務印
　　書館出版
天圖

60021
中國青年職業問題
　何清儒撰
　民國二十三年（1934）上海青年協
　　會書局出版青年叢書本
國圖：縮微品

60022
處世寶鑒
　劉髯公編
　民國二十二年（1933）天津新天津
　　叢書出版股出版
天圖
補充著述

60023
民治新論
　王贛愚撰
　民國三十五年（1946）上海大東書
　　局出版在創叢書本
國圖　湖北
補充著述

60024
新政治觀
　王贛愚撰
　民國三十五年（1946）上海大東書
　　局出版在創叢書本
國圖　湖北

60025
中國的政治改進
　王贛愚撰

民國三十年（1941）長沙出版社
　　出版
湖北

60026
中國的政治改進
　王贛愚撰
　民國三十六年（1947）上海商務印
　　書館出版文史叢書本
備註：《天津藝文志》著錄此書書名
"進"誤爲"造"。
國圖
補充著述

60027
民治獨裁與戰爭
　王贛愚撰
　民國三十年（1941）正中書局出
　　版
備註：《天津藝文志》著錄此書書名
"治"誤爲"主"。
湖北

60028
女戰士社會考
　〔英國〕坎特爾撰　董秋斯＊譯
　　靜海區
　民國十九年（1930）上海大江書
　　鋪出版
國圖：縮微品

60029
蘇俄的婦女

〔美國〕斯密斯撰　蔡詠裳　董秋
斯＊譯　　靜海區
民國十九年（1930）上海中華書局
　　出版
國圖：縮微品

學校類

60030
日本陸軍大學校論略一卷
　〔日本〕東條英教口述　〔日本〕
　　川島浪速譯　（清）張滄　（清）
　　查雙綏點＊定
　清光緒二十四年（1898）浙江書局
　　刻本
北大　福建　温州
補充著述

60031
日本陸軍大學校論略一卷
　〔日本〕東條英教口述　〔日本〕
　　川島浪速譯　（清）張滄　（清）
　　查雙綏＊點定
　清光緒二十七年（1901）小蒼山房
　　影印富強齋叢書續全集本
北大
補充著述

60032
高等小學理科教科書
　〔日本〕棚橋源太郎撰　王季烈＊
　　譯

清光緒二十九年（1903）文明書局
鉛印本
天圖
補充著述

60033
最新美式體育踐習筆錄一卷
華澤沅輯
民國九年（1920）天津勸學所石
印本
天圖
補充著述

兵制類

60034
陸軍第六師通令（民國三年十月份）
齊燮元撰　　寧河區
民國五年（1916）鉛印本
天圖
補充著述

60035
三十年四月八日會議指示事項
齊燮元撰　　寧河區
民國三十年（1941）出版
天圖

農政類

60036
植美棉簡法一卷
（清）周馥*譯　羅振玉潤色
清光緒石印本
哈師大　東洋文庫
補充著述

60037
農業園藝食品三館調查記一卷
陸文郁撰
民國十年（1921）鉛印巴拿馬賽會
直隸觀會叢編本
國圖　北大　人大　天津社科院

60038
水產動物化學
〔日本〕大島幸吉撰　劉綸*譯
1958—1959 年北京科學出版社
出版
國圖　天圖:存上冊

60039
蘇維埃式的現代農場
〔美國〕A. L. 斯特朗撰　董秋斯
蔡泳裳譯　　静海區
民國二十一年（1932）上海良友圖
書印刷公司出版
北大　天圖

工藝類

60040
天津地毯工業
方顯廷編

民國十九年(1930)天津南開大學社會經濟研究委員會出版工業叢刊本

天圖　天津社科院　天博　天津檔案

60041
天津針織工業
方顯廷編

民國二十年(1931)天津南開大學經濟學院出版工業叢刊本

天圖　天津社科院　天津檔案

60042
天津織布工業
方顯廷編

民國二十年(1931)天津南開大學經濟學院出版工業叢刊本

天圖　天津社科院　天津檔案

60043
天津之糧食業及磨房業
方顯廷撰

民國二十三年(1934)天津南開大學經濟學院出版工業叢刊本

天圖　天津檔案

60044
天津之工業
方顯廷撰

民國十九年(1930)天津南開大學經濟學院鉛印本

天津社科院

60045
中國之棉紡織業
方顯廷撰

民國二十三年(1934)上海國立編譯館出版

國圖　南開

60046
中國之工業講義大綱
方顯廷[*]　谷源田合編

民國二十三年(1934)南開大學經濟研究所出版

南開

60047
華北鄉村織布工業與商人僱主制度
方顯廷撰

民國二十四年(1935)南開大學經濟研究所出版

南開　天津社科院

60048
由寶坻手織工業觀察工業制度之演變
方顯廷[*]　畢相輝撰

民國二十五年(1936)南開大學經

濟研究所出版

南開

60049

中國科學技術發明和科學技術人物論集

李光璧* 錢君曄輯

1955 年北京三聯書店出版

國圖

財經類

60050

中國勞工生活程度

陶孟和撰

民國二十一年(1932)上海中國太平洋國際學會出版

國圖:縮微品

60051

北平生活費之分析

陶孟和撰

民國十九年(1930)上海社會調查所出版

天圖

60052

進步與貧困

〔美國〕佐治撰 樊弘譯 陶孟和*校

民國十九年(1930)上海商務印書館出版

天圖

60053

中國勞動年鑒

王清彬等編輯 陶孟和*校訂

民國十七年(1928)北平社會調查部出版

天圖

60054

天津棉花運銷概況

方顯廷*主編 華北農產研究改進社編

民國二十三年(1934)天津南開大學經濟研究所出版

天圖 南開 天博

60055

中國戰時物價與生產

方顯廷編

民國三十五年(1946)上海商務印書館出版南開大學經濟研究所叢書本

國圖 天圖

60056

中國戰後經濟問題研究

方顯廷等撰

民國三十五年(1946)上海商務印書館出版

國圖 天圖

60057

中國工業資本問題

方顯廷撰

民國二十八年(1939)長沙藝文叢
書編輯部出版藝文叢書本

國圖

60058

近代歐洲經濟史講義大綱

方顯廷編

民國二十二年(1933)天津南開大
學經濟學院出版

南開

60059

經濟地理講義大綱

方顯廷撰

民國二十二年(1933)天津南開大
學經濟學院出版

天津社科院

60060

中國之合作運動

方顯廷撰

民國二十三年(1934)南開大學經
濟學院出版

南開

60061

論華北經濟及其前途

方顯廷撰

民國二十五年(1936)南開大學經
濟研究所出版

天津社科院

60062

中國經濟研究

方顯廷撰

民國二十七年(1938)長沙商務印
書館出版

南開　天津社科院

60063

抗戈集

孙毓棠撰

1981年北京中國書局出版

天圖

格致類

60064

物理學三編十二卷

〔日本〕飯盛挺造撰　〔日本〕藤
田豐八譯　王季烈[*]編

清光緒二十六年(1900)江南機器
製造總局刻本

國圖　北大　清華　天圖　南京

補充著述

60065

溫度計與高熱計

謝寵澤撰

民國二十年(1931)上海商務印書
館鉛印百科小叢書本

北京中醫大　天圖　河南大　福建
貴州

補充著述

60066

精一辨一卷

（清）高賡恩輯　　寧河區

清光緒刻本

九行二十四字白口左右雙邊

天圖

60067

神秘的宇宙

〔英國〕琴斯撰　　邰光謨＊譯

武清區

民國二十四年（1935）上海商務印

書館鉛印自然科學小叢書本

首圖　天圖

補充著述

算學類

60068

新標準高級中學教本平面幾何學

謝寵澤撰

民國二十四年（1935）天津百城書

局鉛印本

備註：晚清民國教材全文庫收錄。

補充著述

60069

算學引論

邰光謨譯　　武清區

民國二十五年（1936）天津國立北

洋工學院出版組出版國立北洋

工學院叢書本

天圖

補充著述

60070

算學史要

邰光謨譯　　武清區

民國二十五年（1936）天津國立北

洋工學院出版組出版國立北洋

工學院叢書本

天圖

補充著述

電學類

60071

通物電光四卷附圖一卷

〔美國〕莫耳登撰　　〔英國〕傅蘭

雅口譯　　王季烈＊筆述

清光緒二十五年（1899）上海江南

機器製造總局刻江南製造局所

刻書本

國圖　北大　北師大　首圖　天圖

化學類

60072

化學新理二卷

王季烈撰

清光緒刻朱印本

十行二十二字朱口左右雙邊

國圖

補充著述

60073
改訂近世化學教科書
　〔日本〕大幸勇吉編　王季烈＊譯
　清光緒三十四年（1908）上海商務
　　印書館鉛印本
天圖
補充著述

60074
無機化學
　〔瑞典〕新常富講授　王季烈＊譯
　清光緒三十一年（1942）上海商務
　　印書館鉛印本
天圖
補充著述

60075
血液化學分析法
　陳同度等譯　　武清區
　1959 年北京人民衛生出版社出版
天圖
補充著述

60076
普通生物化學
　鄭集　陳同度＊編　　武清區
　1961 年北京人民教育出版社出版
國圖　天圖
補充著述

60077
有機工業化學

　張克忠＊　趙鏞聲編　　静海區
　民國二十五年（1936）上海國立編
譯館鉛印本
天圖

60078
有機工業化學
　張克忠＊　趙鏞聲編　　静海區
　1950 年上海商務印書館出版
國圖　天圖

60079
無機工業化學
　張克忠＊　蘇元復編　　静海區
　民國二十五年（1936）上海國立編
　　譯館鉛印本
清華　天圖

60080
無機工業化學
　張克忠＊　蘇元復編　　静海區
　1950 年上海商務印書館出版
國圖

60081
工業化學（第一冊）
　張克忠編　　静海區
　1951 年上海商務印書館出版
國圖　北師大　天圖　浙大

60082
工業化學（第二冊）
　張克忠編　　静海區

1952 年上海商務印書館出版

國圖　北師大　天圖　浙大

60083

工業化學(第三冊)

張克忠編　　静海區

1953 年上海商務印書館出版

國圖　北師大　天圖　浙大

動植物學類

60084

謀創中國保護動物會緣起

呂碧城撰

民國二十年(1931)鉛印本

國圖

醫學類

60085

現代治療方法

〔美國〕麥克法登撰　何清儒 * 譯

1950 年上海商務印書館出版家庭
健康叢書本

國圖

議論類

60086

現代心理學

陶孟和編

民國十二年(1923)北京大學出版
部出版

國圖　天圖　臺圖

60087

人心能力論一卷

〔德國〕康德撰　〔德國〕尉禮賢
周叔弢 * (周暹)合譯

民國三年(1914)上海商務印書館
鉛印哲學叢書本

國圖　北大　人大　天圖

補充著述

60088

人心能力論一卷

〔德國〕康德撰　〔德國〕尉禮賢
周叔弢 * (周暹)合譯

1987 年建德周氏影印本

國圖

補充版本

60089

印度哲學概論講義不分卷

許季上 *　梁漱溟編

民國鉛印本

北大　上圖

補充著述

60090

實用心理學

〔美國〕克倫撰　何清儒 * 譯

民國二十六年(1937)上海商務印

書館出版

天圖　臺圖

60091

哲學概論

溫公頤編

民國二十六年（1937）上海商務印
書館鉛印大學叢書本

首圖

60092

道德學

溫公頤撰

民國二十六年（1937）上海商務印
書館鉛印大學叢書本

國圖　首圖

60093

中國哲學史二卷

溫公頤撰

民國國立北京大學文學院鉛印本

北大　遼大

補充著述

60094

邏輯學

溫公頤撰

1958 年北京高等教育出版社出版

國圖　首圖　天圖

60095

類比推理在實踐中的運用

溫公頤撰

1959 年河北人民出版社出版邏輯
學叢書本

國圖　首圖　天圖

60096

先秦邏輯史

溫公頤撰

1983 年上海人民出版社出版

國圖　首圖　天圖

60097

邏輯學基礎教程

溫公頤主編

1987 年天津人民出版社出版

國圖　首圖

60098

中國邏輯史教程

溫公頤主編

1988 年上海人民出版社出版

國圖　首圖　天圖

60099

中國中古邏輯史

溫公頤撰

1989 年上海人民出版社出版

國圖

60100

中國近古邏輯史

溫公頤撰

1993 年上海人民出版社出版

國圖　首圖

60101

科學的新背景

〔英國〕琴斯撰　邰光謨＊譯

武清區

民國二十四年（1935）上海開明書

店鉛印本

首圖　天圖

補充著述

60102

現代科學的世界觀

邰光謨譯　　武清區

民國二十五年（1936）天津國立北

洋工學院出版組出版國立北洋

工學院叢書本

天圖

補充著述

60103

科學論叢

邰光謨撰　　武清區

民國二十五年（1936）天津國立北

洋工學院出版組出版國立北洋

工學院叢書本

私人收藏

補充著述

60104

精神分析學與辯證唯物論

〔英國〕R・奧茲本撰　董秋斯＊

譯靜海區

民國二十九年（1940）上海讀書出

版社出版

吉大

60105

精神分析學與辯證唯物論

〔英國〕R・奧茲本撰　董秋斯＊

譯靜海區

民國三十六年（1947）上海讀書出

版社出版

國圖　北師大

60106

性教育新論

〔德國〕布式克　雅各生撰　董秋

斯＊譯　　靜海區

民國三十六年（1947）上海生活書

店鉛印本

清華

雜撰類

60107

阿麗思漫遊奇境記

〔英國〕卡羅爾撰　趙元任＊譯

民國十一年（1922）上海商務印書

館出版

天圖

60108

往星中

李霽野譯

民國十五年（1926）北平未名社

出版

中科院

60109
文學與革命
　〔俄羅斯〕托洛茨基撰　韋素園
　李霽野*譯
　民國十七年（1928）北平未名社
　　出版
國圖　北大　天圖

60110
黑假面人
　〔俄羅斯〕安特列夫撰　李霽
　野*譯
　民國十七年（1928）上海北新書局
　　出版
北大

60111
不幸的一群
　〔俄羅斯〕陀思妥耶夫斯基撰　李
　霽野*譯
　民國十八年（1929）北平未名社出
　　版部出版
北大　中科院　天圖

60112
被侮辱與被損害的
　〔俄羅斯〕陀思妥耶夫斯基撰　李
　霽野*譯
　民國二十年（1931）上海商務印書
　　館出版
北大　天圖

60113
虎皮武士
　〔格魯吉亞〕盧斯達維里撰　李霽
　野*譯
　民國三十三年（1944）南方印書館
　　出版
北大

60114
虎皮武士
　〔格魯吉亞〕盧斯達維里撰　李霽
　野*譯
　1954年北京作家出版社出版
天圖

60115
我的家庭
　〔俄羅斯〕阿克撒科夫撰　李霽
　野*譯
　民國二十五年（1936）上海商務印
　　書館出版
天圖

60116
四季隨筆
　〔英國〕吉辛撰　李霽野*譯
　民國三十六年（1947）台灣省編譯
　　局出版
北大　中科院

60117
史達林格勒
　〔蘇聯〕涅克拉索夫撰　李霽野*

譯

1949 年上海文化工作社出版

北大　中科院

60118

簡·愛

〔英國〕勃朗特撰　李霽野*譯

民國三十五年（1946）上海文化生
活出版社出版

北大　天圖

60119

化身博士

〔英國〕史蒂文生撰　李霽野*譯

民國三十六年（1947）上海開明書
店出版

天圖

60120

難忘的一九一九

〔蘇聯〕維什涅夫斯基撰　李霽
野*譯

1951 年北京人民文學出版社出版

北大　天圖

60121

山靈湖

李霽野輯譯

1953 年上海平明出版社出版

北大　中科院　天圖

60122

衛國英雄故事集

李霽野輯譯

1953 年上海新文藝出版社出版

天圖

60123

在斯大林格勒戰壕中

李霽野譯

1953 年上海文化工作社出版

北大　中科院

60124

呼嘯山莊

〔英國〕勃朗特撰　李霽野*譯

1955 年上海平明出版社出版

天圖

60125

意大利訪問記

李霽野撰

1957 年上海人民出版社出版

天圖

60126

魯迅先生與未名社

李霽野撰

1980 年湖南人民出版社出版

天圖

60127

魯迅精神

李霽野撰

1951 年上海文化工作社出版

北大　中科院　天圖

60128
妙意曲
　李霽野譯
　1984 年四川人民出版社出版
天圖

60129
鄉愁與國瑞
　李霽野撰
　1986 年重慶出版社出版

60130
在工地上
　〔蘇聯〕安東諾夫撰　焦菊隱 * 譯
　1954 年上海平明出版社出版近代
　　文藝譯叢本
天圖

60131
現代日本小說
　韓侍桁選譯
　民國二十年(1931)上海開明書店
　　出版
國圖:縮微品

60132
鐵甲列車
　〔蘇聯〕伊凡諾夫撰　韓侍桁 * 譯
　民國二十一年(1932)上海神州國
　　光社出版現代文藝叢書本
國圖

60133
定評
　〔日本〕久米正雄撰　韓侍桁 * 譯
　民國三十年(1941)上海三通書局
　　出版三通小叢書本
國圖:縮微品

60134
愛情的火焰
　〔法國〕莫泊桑撰　韓侍桁 * 譯
　民國三十四年(1945)重慶國際文
　　化服務社出版
國圖:縮微品

60135
俄羅斯人剪影
　〔蘇聯〕高爾基撰　韓侍桁 * 譯
　1950 年上海國際文化服務社出版
國圖

60136
賭徒
　〔俄羅斯〕陀斯妥夫斯基撰　韓侍
桁 * 譯
　1951 年上海文光書店出版
國圖

60137
虎皮騎士
　〔格魯吉亞〕路斯塔威里撰　韓侍
桁 *　北芒譯
　1951 年上海國際文化服務社出版
國圖

60138

巨浪

〔蘇聯〕愛倫堡撰　韓侍桁＊　千
羽譯

1952 年上海國際文化服務社出版
國圖　天圖

60139

哈吉・慕拉

〔俄羅斯〕托爾斯泰撰　韓侍桁＊
譯

1953 年上海國際文化服務社出版
國圖　天圖

60140

紅字

〔美國〕霍桑撰　韓侍桁＊譯

1954 年上海文藝聯合出版社出版
國圖　天圖

60141

家庭的幸福

〔俄羅斯〕托爾斯泰撰　韓侍桁＊
譯

1955 年上海泥土社出版
國圖

60142

卡斯特橋市長

〔英國〕哈代撰　韓侍桁＊　淑勤
譯

1955 年上海出版公司出版
國圖

60143

婦女樂園

〔法國〕左拉撰　韓侍桁＊譯

1959 年上海文藝出版社出版
國圖

60144

英雄國

〔芬蘭〕凱萊維拉撰　韓侍桁＊譯

1962 年上海文藝出版社出版
國圖

60145

你往何處去

〔波蘭〕亨・顯克微奇撰　韓侍
桁＊譯

1980 年上海譯文出版社出版
國圖

60146

雪國

〔日本〕川端康成撰　韓侍桁＊譯

1981 年上海譯文出版社出版二十
世紀外國文學叢書本

國圖

60147

卡勒瓦拉

〔芬蘭〕隆洛德編　韓侍桁＊譯

1985 年上海譯文出版社出版
國圖

60148

古都

〔日本〕川端康成撰　韓侍桁[*]
金福譯
1985 年上海譯文出版社出版
國圖

60149
秘密怪洞
　〔日本〕曉風山人撰　（清）郭家
　聲[*]　孟文翰譯述　　武清區
　民國七年（1918）上海商務印書館
　　鉛印本
天圖

60150
相持
　〔美國〕斯坦倍克撰　董秋斯[*]譯
　静海區
　民國三十五年（1946）上海駱駝書
　　店鉛印本
復旦

60151
士敏土
　〔蘇聯〕革拉特珂夫撰　董秋斯[*]
　譯　　静海區
　民國三十五年（1946）北平中外出
　　版社出版
國圖

60152
士敏土
　〔蘇聯〕革拉特珂夫撰　董秋斯[*]
　譯　　静海區

民國三十六年（1947）北平志凱堂
　　出版
天圖　吉大

60153
大衛·科波菲爾（下）
　〔英國〕大衛·科波菲爾撰　董秋
　斯[*]譯　　静海區
　民國三十六年（1947）上海駱駝書
　　店鉛印本
武大

60154
紅馬駒
　〔美國〕斯坦倍克撰　董秋斯[*]譯
　静海區
　民國三十七年（1948）上海駱駝書
　　店鉛印本
天圖　四川大

60155
索特（索溪）
　〔蘇聯〕列昂諾夫撰　董秋斯[*]譯
　静海區
　民國三十五年（1946）重慶新知書
　　店出版
清華

60156
索特（索溪）
　〔蘇聯〕列昂諾夫撰　董秋斯[*]譯
　静海區
　1950 年北京三聯書店出版

國圖　天圖

60157
跪在上升的太陽下
〔美國〕加德維爾等撰　董秋斯[*]
譯　静海區
1949 年上海三聯書店出版
四川大

60158
跪在上升的太陽下

〔美國〕加德維爾等撰　董秋斯[*]
譯　静海區
1950 年北京三聯書店出版
國圖　天圖

60159
美國黑人生活紀實
〔美國〕加德維爾等撰　董秋斯[*]
譯　静海區
1951 年北京三聯書店出版
青海師大

《天津藝文志》增補津人及其小傳

（以生卒年排序）

一、房陸（1681—約 1755），清代醫家，字子由，山東益都（今屬山東濰坊）人，寄居津門。明代翟良再傳弟子。長於治痘。曾參訂唐威原所撰《痘科温故集》二卷，是書爲清乾隆十七年（1752）紹衣堂刻本，國家圖書館、中國中醫科學院圖書館及天津中醫藥大學圖書館等有藏。

二、王澤博，字卓庵，天津寶坻人。清康熙四十七年（1708）歲貢生。以歲貢通過考試，被授予内閣中書，出任廣東肇慶府同知，所到之處頗有政績，尤其善於審案。後擢升爲四川馬湖知府。《大清畿輔先哲傳》卷三十有其傳。所著有《陶情百友譜》，手稿本，現藏於臺灣圖書館。

三、白之紀（1730—?），字振斯，漁陽（今天津薊州區）人，清代名醫。據白之紀撰《小引》：“時嘉慶庚午夏月，漁陽八十一歲老人白之紀振斯氏自題於迪德堂”推之，其當出生於清雍正庚戌（1730）。白之紀一生致力於醫學，因獨子患痘，故而對於痘疹一科尤有研究。其曾於河北玉田得《劉氏輯要》一書，重加編次，遂爲前三卷，後又將自己生平所得心法、所歷治驗，訂爲第四卷，合成一書，爲《增訂痘疹輯要》四卷。《增訂痘疹輯要》四卷，首次刊印於清嘉慶十五年（1810），後陸續有多個版本問世。

四、劉壽眉，字春泉，天津寶坻人，約生活於清乾嘉時期。劉壽眉著有《春泉聞見録》四卷，是書爲志怪小説，記其所經歷的雜事。國家圖書館藏是書有周作人手書題記：“此書四卷，凡一百十條。雖亦多記鬼怪，談因果，而文筆質樸，情意誠實，讀之不至令人生厭，亦此類筆記中之佳作也。三十一年四月十五日，知堂記。”由題記可以看出周作人對於此書的喜愛，除了文筆好、情感真，更稱其爲此類志怪之書中的佳作。

五、查咸勤（1791—1863），查禮

曾孫,查榦之子,字貞復,號芙波,廩生,清道光元年(1821)恩科順天鄉試解元。[民國]《續修興化縣志》有其傳,云:"查咸勤,字芙波,宛平人。道光辛巳,首舉順天鄉試,名重一時。丙申夏,舅氏徐林春知縣事,招咸勤相襄校書院課卷,悉心改正,人服其精。次年,周繼華繼任,聘主講席。周固精文律者,咸勤尤過之,在院四年,日與諸生講文藝,批郤導窾,于諸名家外,尤瓣香江西五家議論。經史俱有根柢,諸生慶得師焉"。道光元年(1821),查咸勤中順天鄉試解元。道光十七年(1837),主講江蘇興化文正書院。在書院四年,曾授諸生文法之事,並任文正書院首屆山長。其編有《續墨譜》一卷,清光緒十八年(1892)滇南節署刻本。是書卷首有高釗中序及自序,內容是有關清人作文之法,現藏北京大學圖書館。

六、查恩綏(1839—1906),查爲義五世孫,查以觀長子,字承先,號蔭階,附貢生,清同治六年(1867)舉人,官江西廣信府知府。清光緒年間,查恩綏任廣信府知府期間,於信江書院創設了經訓堂,編有《經訓堂藏書總目》一卷,附《管書閱書章程》。是書爲清光緒二十七年(1901)刻本,現藏吉林大學圖書館。同時撰寫《重修信江書院記》《經訓堂記》等文。

七、張燾(約 1854—?),字赤山,號赤山畸士,亦號燕市閒人。祖籍浙江錢塘(今杭州),出生於北京,幼年隨父寓居天津。他博學多藝,工書善畫,通醫術,懂外文。在天津寓居期間,張燾勤於記錄身邊的故事和歷史,並在稗官野史中搜集有關天津古迹、奇事的記載,最終編成了《津門雜記》。

《津門雜記》記述了晚清天津社會生活、歷史狀況和風土人情。卷首附《天津縣境輿圖》《天津城廂圖》。上卷述天津沿革、形勝、古迹、官署、書院、兵營、稅關、鹽坨等,又錄吳惠元《天津制寇紀略》,記咸豐三年(1853)清軍與太平軍作戰事。中卷記水師學堂、機器局、輪船招商局、開平礦務局、電報等洋務新政。下卷記各國領事館、外國租界、工部局、天主教堂、耶穌教堂、洋行等。是書有清光緒十年(1884)刻本、清光緒十七年(1891)上海著易堂鉛印小方壺齋輿地叢鈔本、民國上海進步書局石印筆記小說大觀本。

津門如孩老人在《津門雜記敘》中稱讚張燾"工書善繪,知岐黃、識洋字",可見張燾是一位懂英文的作家。張燾輯錄的翻譯小說有兩種,一種《海國妙喻》,另一種是《海外拾遺》。在其序言中寫道:"余于館課之暇,集錄前卷《海國妙喻》,乃文人結撰之寓言也。此卷《海外拾遺》,乃實有其事之紀載也。各有至理,各有天趣,總名之曰《泰西美譚》,不過供人玩賞,聊作引玉之磚云耳。"據該序可知,《泰西美譚》爲《海國妙喻》與《海外拾遺》兩書總名。張燾雖然籍貫是杭州,但是幼年即隨父居住津城,深諳津門風俗,是一位在津門成長起來的作家,爲天津的文化事業作出了很大的貢獻。

八、龔曉山(1860—1920),亦作曉珊,字秉珍。秀才出身,清末民初天津著名國學家。龔望先生之祖父。龔曉山在津以講學課徒爲業,治學之餘還精於繪事。有《龔曉山先生畫册》存世,這本畫册共收入曉山先生畫作 28 幅,曉山先生是用飴汁在元書紙上作畫,畫作顯示出淺绛色。另有龔曉山原著、天津問津書院編《龔曉山先生起居注》。

九、查雙綏(1864—1928),查爲義五世孫,查丙章之子,字毅夫,號玉階,庠生,清光緒十四年(1888)舉人,曾在駐日使館供職,官至湖北蘄州知州。點定《日本陸軍大學校論略》一卷。是書有兩個版本:清光緒二十四年(1898)浙江書局刻本;清光緒二十七年(1901)小蒼山房影印富強齋叢書續全集本。現均藏於北京大學圖書館。另福建省圖書館及温州市圖書館藏有光緒二十四年(1898)本。

十、劉建封(1865—1952),字桐階,號芝叟、瘋道人、天池釣叟等,辛亥革命爆發時改名劉大同。祖籍山東諸城逢戈莊,爲清朝乾嘉時期官員劉墉的後裔。劉建封的一生,可以分爲前後兩部分。前半生作爲一位政治家和革命家,做了幾件大事。他踏勘長白山,尋找三江之源,以科學的論證維護了祖國疆域的完整;倡導移民殖邊,建設東北邊陲,成爲安圖縣首任知縣;發動辛亥安圖起義,首倡共和。後半生退居津門,成爲著名的收藏家和書畫家。

劉建封關於長白山的著作有:《長白山江岡志略》不分卷、《長白彙徵録》八卷、《長白山靈蹟全影》等。其中《長白山江岡志略》,全書詳細地介紹了長白山地帶的地名和豐富的動植物資源,是研究長白山文化不可或缺的文獻之一。劉建封亦被後人譽爲"全面科學考察長白山區第一人"。此外還有文物鑒賞著作《古玉辨》,詩作總集《劉大同詩集》等,流傳於世。

十一、查景綏(1866—1923),查璨之孫,查筠次子,字孝先,號星階,又號三階,國學生,分省試用通判,著有《詩本音補正》《醫學指歸》等。《詩本音補正》一卷,清稿本,文素松題跋,《中國古籍總目》著録是書,現藏浙江省圖書館。《醫學指歸》,今未見。

十二、王春園（1866—?），字乃鍠，號菊癡道人，河北獻縣人。曾任縣立醫院院長、北平市國醫公會執行委員、天津市中醫公會副會長、天津市中醫考試委員等職。精通内外各科，尤其擅長喉科、針灸。著有《咽喉指掌》《新編針灸學》《心經注解》等。

《咽喉指掌》，民國二十二年（1933）北平中華印書局鉛印本。王春園得其伯父王際平傳授喉科，加上個人經驗效方的總結，編爲此書。内有咽喉總論、治法禁忌、臨症看脉等，分述乳蛾、喉風、喉疳等病證的診治。後附口齒唇舌諸疾診治。《新編針灸學》，封面題名爲《針灸學編》，民國北平中華印書局鉛印本。

十三、張相臣（1867—1955），即張樹華，一名樹荺，字相臣，以字行，原籍河北青縣。張相臣自幼習醫，二十一歲開始坐診。1918年，張相臣被聘爲馮國璋代總統府醫官。離任督署後，張相臣在天津紫竹林開設診所"蘡蕖軒"，"貧不計謝，救人甚伙"。日後所著醫書，遂名爲《蘡蕖軒醫學叢書》。其中就包括積數十年之經驗，撰寫而成的《蘡蕖軒丸散真方彙録》，國家圖書館、天津圖書館等有藏。此外還有《醫藥衛生格言彙選》《經驗良方》附《六畜病經驗方》等仍存於世。

十四、唐載庭，生卒年不詳，清醫家，字毓厚，號静研。湖陵（今安徽太湖）人。博覽群書，兼工詩書畫，後習《内經》，遍訪名醫而醫術日精。後寓居津門，行醫問診，晚年治雜病有顯效。著《意解山房温疫析疑》四卷，清光緒九年（1883）刻本，國家圖書館、天津圖書館、天津中醫藥大學圖書館等收藏。著者認爲瘟疫重在血氣辨治，捨六經三焦之説。

十五、陳曾源（1873—1939），字澤東，道號達元子，河北青縣人。生於天津，自幼讀書鄉里。二十多歲時，堂叔因病被庸醫治死，便立志學醫。1926年組織成立天津中醫同業公會，當選會長。1927年出資創辦"中國醫學傳習所"，培養了大批中醫人才。1934年創刊《國醫正言》，爲天津歷史上第一份公開發行的醫學報刊，陳任主編。《國醫正言》成爲"岐黃護法之器械"。陳氏著述有《傷寒注解》《方脈講義》《温病講義》《瘟痧驗方彙編》等。

十六、張同書（1878—?），字玉裁，河北雄縣人，擅長詩文，曾受詩文法於陳衍、林紓。同時期的安徽合肥王揖堂在其《張同書詩》中説道："張玉裁内翰同書夙以能詩稱"。後流寓津門，爲天津"城南詩社"成員。有詩集《余懺樓詩鈔》《一漚閣詩存》流傳於世。《余懺樓詩鈔》一卷,民國四年(1915)鉛印本,國家圖書館藏;《一漚閣詩存》二卷,民國鉛印本,國家圖書館、天津圖書館、南京大學圖書館等收藏。

十七、孫秉彝,生卒年不詳,字祥麟,天津人。善陰陽術,並精於針灸。孫秉彝並不秘藏其針灸之術,前後授徒不下十人之多。民國十年(1921)孫秉彝駐防雁門(今山西代縣),與代縣的趙熙(字緝庵)、天津的王秉禮(字郁文)合著有《針灸傳真》八卷,於民國十二年(1923)印刷行世。是書包括《針灸傳真》《内經刺法》《名醫刺法》《考正穴法》各二卷。書内繪有圖解,以便於讀者學習。

十八、王秉禮(1879—?),字郁文,出生於天津東鄉范家莊。自幼聰敏好學,十一歲時考入天津醫學堂學習。1921年,被時任閻錫山所屬晉軍獨立騎兵團團長、同鄉孫慶書招募爲該團隨軍醫生。在長期的行醫過程中,王秉禮積累了豐富的經驗。1923年,與其同鄉好友孫秉彝以及山西代縣的趙熙合著《針灸傳真》八卷。

十九、施今墨(1881—1969),原名施毓黔,字獎生,浙江蕭山人。十三歲隨舅父李可亭學醫,後入京師法政學堂。辛亥革命後,引退從醫,

爲北京四大名醫之一。1920年後,施氏每年到天津行醫一二次,每次十餘日,一直持續二十餘年。1932年曾獨資創辦華北國醫學院,1940年與古今人開辦"天津國醫社",爲津門培養了諸多醫學人才。著述有《處方學講義》及其門人祝諶予整理的《祝選施今墨醫案》等。

二十、李術仁,生卒年不詳,其父爲京城儒醫李實之。李術仁自幼聰明穎悟,成年後就讀於華北國醫學院,是實驗班第一班學員,直接受教於學院院長施今墨先生。畢業後,即於天津市設"李術仁診所"行醫。在津行醫數載,詳察就診患者,多數病在胃腸,因之常感此病突有成立專書之必要,乃積數年診病之經驗,編成《胃腸病新診斷》一書,民國二十六年(1937)正文印刷局鉛印本,中國中醫科學院圖書館有藏。

二十一、趙沛霖,生卒年不詳,師從名醫施今墨,盡得其傳,在天津法租界北辰大飯店設有診所。名醫施今墨經常往來京津兩地行醫,來津時,入住趙沛霖醫寓。趙氏因此得其親身傳授,醫術日隆。編有《小兒育療法》一書。書中内容包括:小兒生理、營養法、衛生法、病兒看護法、治療法、家長平時如何保小兒健康,遇病時可知治療之法等。此書有民國三十一年(1942)東方印刷局

鉛印本。

二十二、王竹銘(1886—1971)，河北阜城人，寄居津沽。自幼聰穎好學，過目不忘，1905 年入讀保定直隸優級師範學堂，後來考取官費赴日留學，進入東京高等工業學校(即日後之國立東京工業大學)紡織科攻讀。1911 年畢業回國，歷任直隸省議會議員、天津河北工業學院教席、天津河北工業學院紡織實驗室主任、直隸模範紡紗廠廠長、全國棉業統制委員會委員、紡織學會理事長、天津市公營企業管理處技術顧問，以及中國紡織建設公司天津紡織技術訓練班主任等職。對我國紡織工業的創建以及技術人才的培養作出了重大貢獻。又以半生經驗之累積，撰寫了《紡紗廠實地經營法》《紡紗廠實地工作法》《棉業芻議》等專著。

二十三、陸觀虎(1889—1963)，字汝頤，江蘇吳縣(今蘇州)人。清代名醫陸九芝後裔。早年師從蘇州名醫李彤伯習醫多年，後又得族叔陸晉笙傳授。1929 年取得中醫執業證書，懸壺津門。陸氏專精中醫婦科與内科，診病審慎細緻，頗享時譽。歷任天津中醫進修學校副校長、天津市中醫門診部主任、天津市立中醫醫院院長、天津中醫學院附屬醫院院長等職。其弟子紀裕民整

理出《陸觀虎醫案》，共計 40 餘萬字，1986 年天津科學技術出版社出版。全書選載陸氏驗案七百零四則，分爲四十門，以内科爲主，兼及外科與五官科。每案按辨證、病因、證候、治法、處方、方解等項叙述，並加按語。

二十四、王趾周，生卒年不詳，天津人，幼讀詩書，於經史子集廣爲涉獵，精讀岐黃。後在天津二區陳家溝中街創辦中西醫學傳習所，行醫應診。王氏認爲中西醫各有所長，力倡中西醫匯通。現存著述有《國醫傷寒新解》《傳染病中西匯通三篇》《瘟疫病》等。

二十五、程价三(1891—1963)，又名介三，出生於山東禹城(今山東省禹城市)縣城西大程莊一中醫世家。年少因病，由儒入醫。後懸壺津門，每遇天災流行之際，輒施診捨藥。又師從王趾周學習西醫，遂得兼通中西醫。程氏著述頗多，惜多散佚，如今存世的有：二種稿本《程价三六十自述》《易氏醫案淺注》，天津中醫藥大學圖書館藏；稿本《价三日記》(民國間至 1960 年)，國家圖書館藏；《武訓全傳》，民國二十九年(1940)鉛印本，國家圖書館藏；《產科常識》，民國二十一年(1932)天津華新印刷局鉛印本，天津圖書館藏；《漢藥舊戲大觀》，天津市文聯

存其稿本,另有民國二十一年(1932)天津程氏醫寓鉛印本,天津圖書館藏。

二十六、王崇焕(1892—1953),字漢章,晚號娛堪老人,山東省福山縣(今煙台市福山區)古現村人。王懿榮之幼子。清宣統二年(1910),王崇焕考入天津鐵路局當練習生、文書課課員。後到上海與葉楚傖一起辦《太平洋報》,不久加入南社。中華人民共和國成立後,曾任天津鐵路學校校長。王懿榮藏書,多毁於庚子之亂。王崇焕亦富有收藏,曾收藏汪閬源(士鐘)舊藏宋槧數種,却秘不示人。今藏於山東省圖書館的珍本《文選》,存三卷,宋贛州州學刻宋元明遞修本,蝴蝶裝,有王懿榮、王崇焕題跋。王崇焕遺書多歸天津圖書館,天圖收藏其稿抄本達三十二種之多,尤其是六種清人年譜,皆爲稿本:《澹歸大師年譜》《劉繼莊年譜》《紀曉嵐年譜》《天南遯叟年譜》《福山王文敏公年譜》《盛意園先生年譜》,尤爲珍貴。

二十七、陸觀豹(1893—1963),字衣言,陸觀虎之胞弟,幼習家傳醫學,留心中西醫藥學。後來津投奔兄長,於泰豐里、永壽堂兩地坐診。其著述《食用本草學》《寄生蟲病學》,均於民國三十二年(1943)鉛印出版。

二十八、陳微塵(1896—1969),字振奇,湖北省浠水縣人。陳氏生於書香門第,少時文醫兼學。中華人民共和國成立前,因當局歧視中醫,陳氏只得依靠其他職業維持生計,業餘行醫。1934年到天津北寧鐵路局任總務秘書,1939年始在津門渤海大樓設立診所。1956年起在天津第二醫學院附屬醫院工作,曾任中醫科主任。其著述現存有《陳微塵醫書》五種,民國二十四年(1935)鼎新印刷局鉛印本。

二十九、楊達夫(1897—1966),名焕文,江蘇泰興人。父楊如侯客居山西,精岐黃術。楊達夫自幼隨父習醫,1924年於山西太原行醫,1928年至天津行醫。中華人民共和國成立後,任中醫學術委員會主委等職,1954年組建天津總醫院中醫科並任主任,1958年受到衛生部的嘉獎。中醫學術委員會主委等職。楊達夫整理刊行了其父楊如侯之遺著:《靈素生理新論》《靈素氣化新論》《醫學新論》《五色診鈎元》及《温病講義》,並著有《集註新解葉天士温熱論》。

三十、董曉初(1901—1968),江蘇武進(今屬江蘇常州)人。自幼習醫,十九歲去瀋陽,翌年考取中醫,"九一八"後來津行醫。中華人民共和國成立後參加天津中醫醫院工作,任内科主任及中醫學會副會長等職。董氏於内、婦、兒科造詣頗深,尤其對温熱病、心臟病更有獨到之長。因其長在於臨床,善窺病機,方藥精當,爲津門一時無雙之臨床家。晚年致力於冠心病研究,著述有油印本《舌診》流傳於世。

三十一、張重威(1901—1975),江蘇儀征人,原名張垕昌,字重威,號潛園、默園,著名金融家、收藏家。曾師從著名文人沈羹梅學習古文,亦問業于國學大師劉師培。1938 年升任中南銀行天津分行經理;1949 年離津赴上海任總行副總經理;1952 年回到天津,潛心于古籍研究,直至 1975 年因患白血病去世。著述存世的有《默園日記》《釋馬》等。

《默園日記》,2021 年江蘇鳳凰出版社影印近代名人稿本叢書本。本書是張重威先生記其 1954 年 1 月 1 日至 1966 年 8 月 23 日家居養疴的生活,筆調恬淡簡潔,記述其日常讀書交友、栽花植樹,其樂融融的閑適生活,偏重於古籍校勘、學術掌故、課子讀書、書畫收藏鑒別等,尤其用力於《清實録》、諸家《水經注》校讎成果,所得散見於日記中,有重要參考價值和史料價值。《釋馬》一卷,屬名物訓詁類著作,民國石印本,天津圖書館、南開大學圖書館及北京大學中國考古學研究中心收藏。

三十二、王華棠(1903—1991),河北趙縣石塔村人。1926 年畢業於唐山交通大學(現西南交通大學)土木系,1927 年獲美國康奈爾大學研究院土木工程碩士學位。1928 年回國後曾先後在趙縣中學、南京自來水工程處、遼寧省建設廳、唐山交通大學從事教學和技術工作。1931 年在華北水利委員會從事水利工作,任華北水利委員會工程師、處長、測繪組主任、華北水利工程總局局長等職。參加了永定河的規劃和治理,還參加了北運河屈家店塌河淀放淤工程,參與建設了農業試驗場及參與建立了“中國第一水工試驗所”。後擔任天津市人民政府水利處處長、市政工程局副局長等領導工作。其一生從事水利工作近六十年。積多年治水經驗,撰寫了《華北水利事業之檢討與展望》《黄河中游調查報告》等著述。

三十三、陳同度(1904—1969),生物化學家,營養學家,天津武清人。1916 年就讀於武清縣楊村小學,1926 年畢業於南開大學化學系,後任清華大學助教、協和醫學院助教。1930 年赴美國約翰斯·霍普金斯大學醫學院生物化學系學習,1933 年獲博士學位。先後於北京大學、天津化學廠、天津藥廠、天津醫學院、天津師範學院等單位工作。其一生兢兢業業,爲生物化學教學和科研工作作出了顯著的成績。與其友人鄭集共同編寫了教本《普通生物化學》，並翻譯有《血液化學分析法》。

三十四、邰光謨（1904—?），別號子嘉，天津武清人。曾就讀於武清縣楊村小學，1916 年與陳同度、諸葛沁、陳凱、杜建時等十餘人，被選出赴縣應考，考試結果是所有參賽的十幾名同學均名列優等。1925 年畢業於南開中學，中學就讀期間，曾擔任《南開周刊》出版委員會委員。1929 年畢業於清華大學工學系，隨即入職華北水利委員會，擔任文書課課員、工程員等職。之後轉至北方大港籌備處工作。後來曾擔任北洋工學院"出版組主任"、西北臨大出版組組長、國立西康技藝專科學校秘書等。1938 年曾參與國立西北工學院籌備工作。工作之餘，邰光謨投入巨大精力從事外文科技文獻的翻譯，爲天津學界現代科學文化的吸收和傳播作出了很大貢獻。譯著有《神秘的宇宙》《科學的新背景》《現代科學的世界觀》《算學引論》《算學史要》《科學論叢》等。

三十五、葉希賢（1904—1978），字楚樵，北京市人。自幼好學，崇尚醫術。先師從屆連海學習正骨，後又隨楊桂山學習按摩。1936 年懸壺津門，專職骨傷科，知名當世。有《骨科按摩講義》流傳於世，天津中醫學院附屬醫院油印本。

三十六、邢錫波（1906—1977），河北省青縣人。幼讀私塾，1921 年考進青縣師範，並從事教學工作。後對醫學產生濃厚興趣，1936 年參加北京中醫考試，獲得中醫師資格，遂在天津市南市一帶掛牌行醫。1954 年，應聘爲天津總醫院（即今天津醫科大學總醫院）中醫師；1958 年，被任命爲天津中醫學院（即今天津中醫藥大學）教務處副主任等職。從醫從教五十餘載，在中醫臨床醫療、醫學教育和科學研究等領域頗多建樹。著述有《脈學闡微》《傷寒論臨床實驗録》《邢錫波醫案集》，均已出版。

三十七、趙礎卿（1907—1983），河北青縣人，出身於中醫世家。幼讀私塾，十九歲隨父習醫。1932 年參加天津市政府中醫考試，取得合格證書。嗣後在天津開辦慈生醫社，懸壺濟世五十載，醫德高尚，求診者衆多。趙氏擅長診治内科、婦科、兒科等，亦善理脾胃、肝腎各證，以及氣血精氣津液的調整。著書立說數十萬言，惜大部分已散佚。今僅見其散落之餘的兩種手稿《醫知簡説》《四診提要》，現藏於天津中醫藥大學圖書館。

三十八、尉稼謙（1907—?），天津人。師從名醫施今墨，得其親傳。後在天津行醫應診，並開辦“天津國醫函授學院”。編有《新國醫講義教材》，民國天津國醫函授學院鉛印本，包括《內經病理論》《望色聞聲問症切脈學》《藥物學》《國藥科學製造法》《傷寒科》《時疫科》《內科雜病學》《婦女科》《小兒科》《外科》《眼科》《咽喉科》《臨證實驗錄》等，中國中醫科學院圖書館收藏。

三十九、謝寵澤，字祝宸，生卒年不詳，天津人。天津塘沽近代教育的先驅謝㵎章（1863—1935）之長子。1925 年《北京師大周刊》（第270 期）有則“謝寵澤啟事”：“澤於暑假前辭去直隸第九中學教職，現改就天津河東中學數理教員兼學監職務，如蒙師友賜函，請逕寄‘天津，河東，特二區河東中學’爲荷。”亦即謝寵澤曾先後任教於直隸第九中學、天津河東中學。之後任職於天津河北中學教務主任兼第一師範教員。謝寵澤及其弟所輯《天津謝㵎章先生周忌紀念刊》，此書分爲兩部分，前爲謝㵎章先生逝世週年徵文，後爲謝㵎章先生教導孫輩學作文章的文稿及其與親朋之間的應酬文字。

四十、王季儒（1910—1991），別名王慶鳴，山東省歷城（今屬山東濟南）人，其父爲津門名醫王靜齋。王季儒自幼習儒，後來到津門，隨父靜齋公學醫。1936 年經天津市中醫考試合格後，又師從北京名醫孔伯華，學醫三載。1940 年在天津行醫應診，聲譽日隆。中華人民共和國成立後，任天津長征醫院中醫科主任醫師。畢生致力於臨床，擅長診治溫病，亦精於內科、兒科等，尤其對“中風”有獨特見解。王氏積行醫數十年之經驗，編有《溫病刍言》《肘後積餘集》《中西醫結合治療流行性乙型腦炎》《育嬰秘錄》等。

四十一、哈荔田（1912—1989），回族，出生於河北省保定市一中醫世家。其父長於婦科。哈荔田自幼遵循家學，師古酌今，臨床先長於內科，後專攻婦科。1933 年考取中醫執照，1935 年畢業於華北國醫學院，隨即在津行醫。行醫期間診務興旺，名聲大振。哈氏曾任天津市衛生局副局長、天津中醫學院院長、天津市中醫研究所所長等職。先後籌建了天津中醫學校、天津中醫學院，開辦中醫帶徒班，爲發展中醫事業不遺餘力。其著述已出版的有《哈荔田婦科醫案醫話選》《扶正固本與臨床》等。

四十二、何世英（1912—1990），天津市人，幼時家貧，早年自學中醫。1935 年天津市國民政府中醫師千人會考第一名。1936 年華北國醫學院畢業,爲施今墨先生親傳最得意弟子之一。1937 年於津門行醫。中華人民共和國成立後,曾任天津市兒童醫院中醫科主任。何氏爲享譽津門的中醫學家,醫務涉及内科、婦科、兒科、腦病各領域。尤其是首創中醫腦病新學科,以中醫腦病專家而聞名於全國。其著述已出版的有《何世英兒科醫案》《歷代兒科醫案集成》《增訂幼科類萃》等。

四十三、卞慧新(1912—2015),字伯耕,又字僧慧,號質夫。晚署遲叟。1926 年考入天津南開中學,後又以優異成績考入清華大學,是國學大師陳寅恪、雷海宗諸先生的嫡傳弟子。卞老常年從事明清學術史和天津地方史的研究,是天津市具有代表性的文史專家,近百歲之年仍能筆耕不輟,編著出版了《吕留良年譜長編》(中華書局 2003 年版)、《陳寅恪先生年譜長編》(中華書局 2010 年版)、《天津史志研究文集》(天津古籍出版社 2011 年版)等多部專著。《陳寅恪先生年譜長編》是目前史料搜羅最全面、研究最深入的關於陳寅恪的一部學術專著。2013 年,該書被評爲天津市第十三屆社會科學優秀成果一等獎。2019 年天津市文史研究館"珍藏百年手稿出版工程"影印出版了卞老手稿《覺非廬叢稿》。

《覺非廬叢稿》開篇即是《〈吕留良年譜長編〉補遺》以及《〈朱批諭旨〉〈雍正上諭〉吕留良曾靜一案史料》,均爲《吕留良年譜長編》的增補資料。此外尚有劉繼莊、朱書、張霖、孫學顏等歷史人物的年譜,多爲《吕譜》的拓展研究,史料極爲豐富。《叢稿》是以卞慧新先生遺存手稿原貌影印出版,具有重要的參考價值。

四十四、邱學士(約 1913—1969),生年不詳。唐石父《中國錢幣學辭典》記載:"邱學士,近時天津市人。字伯唐。畢業於天津新學書院。任職郵政局多年。留心鄉土故實,頗喜收集泉幣,嗜好極爲廣泛,藏品又多,頗自珍秘。著《梅成棟年譜》。由同里龔望用鉛字排印出版。"邱學士不僅熱衷於收集泉幣,還積極收集整理鄉邦文獻,對保存鄉邦文獻作出了貢獻。邱學士之子邱思達深受其影響,也成爲著名的古錢幣鑒定專家。

四十五、王輝曾,天津人,生卒年不詳。據許之衡撰《淮海詞箋注·序》可知,王輝曾曾於民國二十一年(1932)就讀於北京大學,爲北京大學高材生,喜治詞學。所著有《淮海詞箋注》六卷、《李清照改嫁考》附《評近人輯本漱玉詞》。《淮海詞箋注》經許之衡及趙萬里校訂,許之衡對是書頗爲讚賞,認爲此書:"引據諸本之矜慎,編次之詳明,箋釋之賅洽,誠足爲《淮海詞》之最善本也"。《李清照改嫁考》爲巾箱本,平裝書,全書共計 48 頁。此書封面有許之衡題寫的書名,王輝曾在自序中特別致謝道:"蒙趙萬里先生借給我聖譯樓本的《梅苑》和其他善本書籍,又蒙許之衡先生爲我題字及訂正了許多錯誤。"此二書天津圖書館均有收藏。

四十六、龔望(1914—2001),原名望賓,字作家,一字迂公、大迂,號姜庵,又號沙曲散人、無漏居士,天津西于莊人,著名書法家。著述有《四寧草堂學術札叢》《陶淵明集評議》及《龔望臨漢石門頌》《龔望隸書楹聯集》《龔望遺墨》等書法作品。

四十七、寇夢碧(1917—1990),名家瑞,字泰逢,號夢碧、夢碧老人,齋號亥靈胎館、六合小漚,天津人。曾任天津崇化學會講師、天津教育學院教授、夢碧詞社社長、天津市文化館特約館員、天津詩詞社社長、中華詩詞學會顧問。寇夢碧畢生從事教育,專力治詞。主持津門吟壇五十餘年,獲得了"正宗雅詞在天津"的讚譽,與張伯駒(號叢碧)並稱詞壇"雙碧"。著有《夕秀詞》《六合小漚雜詩》。

四十八、楊軼倫,天津武清人,津沽詩詞名家。早年師從著名藏石家張輪遠。二十世紀三四十年代,先後於天津女子師範學院附中、私立含光中學擔任國文教員。1946年,楊軼倫參加了著名的夢碧詞社,與寇夢碧、李琴湘、姚靈犀等結爲詩友。曾任創辦於 1947 年的文藝周刊《文葉》的主編。著有《自怡悅齋詩稿》,是書前有友人李金藻、王猩酉、鄒映儒序及自序,後有牛竹溪(静海人)跋。

四十九、趙恩儉(1926—1999),字介安,別署"沽上下工",天津人。少從津門名醫周雅南、李仲甫學醫,並畢業於天津國醫學社。1946 年經國民政府考試院中醫考試,獲取中醫師證書,隨即於津門開始行醫,時年僅 20 歲。中華人民共和國成立後,先後在天津市立總醫院、天津南開醫院中醫科工作,任主任醫師、教授,急腹症研究所副所長等職。趙氏擅長内科、婦科及兒科,多年來從事臨床、教學、科研工作,頗具聲望。其著作主要有《中醫脈學研究》《診餘集》《中醫證候診斷治療學》《中醫脈診學》等。

五十、李遂良,生卒年不詳,天津人。自幼酷愛醫學,通曉中西醫理,醫德高尚。曾設新中醫學社,傳授醫學,並於天津河北三馬路聚福里醫寓行醫應診,深受歡迎。李遂良積十餘年臨證經驗,編注《新釋傷寒論》一書,刊於 1927 年。是書以日本吉益猷撰《刪定傷寒論》爲藍本,書首有張仲景原序,書末附《中西病理匯通説》。注文既引前賢之論,又參西醫之説,意在中西匯通。

五十一、趙仲麟,生卒年不詳,天津人。出自望族之家,自幼好學,尤其通曉醫術。多年來,因自患眩暈一症,便搜羅群書、集其治法,薈萃精華,編成《眩暈一夕談》一書,分爲經義、脉象、論證、醫案及處方、静攝法五個章節。是書爲民國二十一年(1932)天津鴻記印務工廠鉛印本。

五十二、李恩培,生卒年不詳,民國時期薊縣(今薊州區)人。其所輯《里黨藝文存略》,内容有關薊州藝文。是書於 1959 年由薊縣檔案館館長王雪鬆收集,現藏於薊州區檔案館。薊州名宿金鳳壽之著述《漁陽志略》《左氏韻聯》以及部分詩作皆因載於此書才得以保存下來。

《天津藝文志》增補著述、版本及藏地

補充著述

補 10001
易義泝源二十卷易說匯解二卷讀易雜錄二卷
（清）吳士俊撰
清吳士俊稿本
國圖
經部/易類/傳說之屬

補 10002
易理匯參臆言二卷
（清）周馥撰
民國十年（1921）天津華新印刷局鉛印本
國圖　北大　天圖　南開　上圖
經部/易類/傳說之屬

補 10003
讀易偶題一卷
（清）周馥撰
民國九年（1920）石印本
天圖　上圖
經部/易類/傳說之屬

補 10004
周易講義不分卷

陳哲甫（陳恩榮）撰
民國抄本
天圖
經部/易類/傳說之屬

補 10005
易學
陳哲甫（陳恩榮）撰
民國油印本
北大
經部/易類/傳說之屬

補 10006
易經音訓節本不分卷
（清）周馥撰
民國二十一年（1932）周氏師古堂刻本
人大
經部/易類/文字音義之屬

補 10007
書經六卷
（宋）蔡沈撰　（清）楊光儀*校
清光緒十四年（1888）天津文美齋刻本
九行十七字小字雙行同白口四周

雙邊
天圖
經部/書類

補 10008
詩經說約不分卷
　(清)李源撰
　清嘉慶元年(1796)刻本
國圖
經部/詩類

補 10009
詩本音補正一卷
　(清)查景綏 * 撰　(清)文素松跋
　稿本
浙江
經部/詩類

補 10010
春秋左傳杜注三十卷
　(清)姚培謙撰　嚴修 * 評點
　清同治五年(1866)金陵書局刻本
　十一行二十二字黑口左右雙邊
天圖
經部/春秋左傳類

補 10011
孝經注疏一卷
　齊燮元撰　　寧河區
　民國天津大公報承印股鉛印本
天圖
經部/孝經類

補 10012
孟子正義補正
　裴學海撰
　1978 年臺北學海出版社鉛印本
臺圖
經部/四書類/孟子之屬

補 10013
四書釋文□□卷
　(清)何焯考訂　(清)梅寶璐 *
　(清)楊光儀校字
　清光緒十四年(1888)天津文美齋
　　刻本
南開區
經部/四書類/總義之屬

補 10014
陝拓十三經考異
　(清)勵宗萬輯　　静海區
　2000 年海南出版社影印故宮珍本
　　叢刊本
京大人文研
經部/群經總義類

補 10015
臨文便覽
　(清)張啟泰輯　(清)王維珍 * 重
　訂
　清光緒五年(1879)刻本
　八行字不一白口四周單邊
國圖　日本國會
經部/小學類/類編之屬

補 10016

字學彙考□□卷

（清）吳士俊撰

清末稿本

天圖:存匡俗八卷,訂譌一卷

經部／小學類／文字之屬

補 10017

說文形聲表二卷附表

（清）華長卿輯

清抄本

天博

經部／小學類／文字之屬

補 10018

藤花小舫字學藏本不分卷

（清）王維珍撰

清光緒二年(1876)京都懿文齋刻
本

八行十三字小字雙行二十六字白
口左右雙邊

北大　上圖　南開　哈爾濱

經部／小學類／文字之屬

補 10019

重校字學舉隅不分卷

（清）龍光甸撰　　（清）王維珍*等
考訂

清光緒二年(1876)刻本

東洋文庫

經部／小學類／文字之屬

補 10020

字學舉隅續編不分卷

（清）龍光甸撰　　（清）王維珍*輯

清光緒元年(1875)天津刻本

東洋文庫

經部／小學類／文字之屬

補 10021

文法捷徑一卷

王季烈撰

清光緒二十四年(1898)上海蒙學
會石印蒙學書報本

日本國會

經部／小學類／文字之屬

補 10022

文法快捷方式一卷

王季烈撰

北大　東北師大　湖北

經部／小學類／文字之屬

補 10023

戰國楚帛書文字考證

陳邦懷撰

1964 年油印本

天圖

經部／小學類／文字之屬

補 10024

嗣樸齋叢稿

陳邦懷撰

2019 年天津人民出版社影印本

國圖　天圖

經部／小學類／文字之屬

補 10025
韻學一得二卷
　（清）殷秉鏞輯
　　清道光二十三年（1843）刻和樂堂
　　主人印本
南京
經部/小學類/音韻之屬

補 10026
韻字同異一卷
　（清）殷秉鏞輯
　　清道光二十三年（1843）刻和樂堂
　　主人印本
南京
經部/小學類/音韻之屬

補 10027
韻字同異一卷
　（清）殷秉鏞輯
　　清光緒十一年（1885）富順考雋堂
　　刻本
中科院
經部/小學類/音韻之屬

補 10028
韻籟四卷
　（清）華長卿撰
　　1995 年上海古籍出版社據清光緒
　　十五年（1889）華氏松竹齋刻本
　　影印續修四庫全書本
上圖
經部/小學類/音韻之屬

補 10029
合聲易字不分卷附補訂傳音快字
　盧靖撰
　　清光緒二十三年（1897）刻朱墨
　　印本
人大　中科院　天師大
經部/小學類/音韻之屬

補 10030
無師自通注音符號簡易讀習法
　劉孟揚撰
　　民國二十五年（1936）天津市市立
　　民眾教育館出版
天圖
經部/小學類/音韻之屬

補 10031
國語正音字典
　趙元任 * 正音　趙虎廷　孫珊聲
　編校
　　民國十五年（1926）上海商務印書
　　館出版
天圖
經部/小學類/音韻之屬

補 10032
國語發音學講義
　趙元任撰
　　民國十九年（1930）北京國立北平
　　師範大學鉛印本
華師大
經部/小學類/音韻之屬

補 10033

左氏韻聯

金鳳翥撰　　薊州區

民國三十年（1941）出版里黨藝文
存略本

薊州區檔案館

經部/小學類/音韻之屬

補 10034

問奇集不分卷

（明）張位撰　（清）杜立德*增續
寶坻區

清嘉慶十六年（1811）刻本

復旦

經部/小學類/音韻之屬

補 10035

類韻箋異三卷

（清）陳寅撰　　武清區

清陳氏忘尤館刻本

中科院

經部/小學類/音韻之屬

補 10036

湖北方言調查報告

趙元任撰

民國三十七年（1948）上海商務印
書館出版

天圖

經部/小學類/訓詁之屬

補 10037

釋馬一卷

張重威編

民國石印本

北大考古　天圖　南開

經部/小學類/訓詁之屬

補 20001

宋史校錄不分卷

章鈺撰

民國二十八年（1939）藍色曬印本

上圖

史部/紀傳類/正史之屬

補 20002

**清史稿校勘十一卷附關於修史意見
來函**

金梁校輯

民國稿本

天圖

史部/紀傳類/正史之屬

補 20003

清鑑前編四卷

王錫彤撰

民國鉛印本

備註:此書爲王錫彤代表作之一。

國圖　北大　北師大　吉大　上圖
東大東文研

史部/編年類/斷代之屬

補 20004

[金梁舊稿]

金梁撰

民國稿本

375

備註:書名本館自擬。書中夾有《會試墨卷·光緒甲辰恩科》一册,《關母錢太夫人七秩徵詩文畧》一册。
天圖
史部/雜史類/類編之屬

補 20005
五代史續補二卷附廢朱梁論一卷
(清)牛坤撰
清道光刻本
九行十八字白口四周雙邊
國圖　南京　京大文
史部/雜史類/斷代之屬

補 20006
籌辦粤匪軍需日記一卷
(清)張錦文纂
清光緒二十年(1894)華亭沈氏一硯齋刻本
北大
史部/雜史類/斷代之屬

補 20007
平贑要事記一卷
李廷玉撰
民國財政部印刷局鉛印本
國圖　天圖
史部/雜史類/斷代之屬

補 20008
光復廣東始末記不分卷
李準撰
1957 年上海人民出版社鉛印中國近代史資料叢刊本
一橋大　日本國會
史部/雜史類/斷代之屬

補 20009
清末遺聞不分卷
李準撰
稿本
南開
史部/雜史類/斷代之屬

補 20010
馬占山將軍抗日戰
徐棻　馬千里*撰
民國二十二年(1933)北平中北印書局鉛印本
吉大
史部/雜史類/斷代之屬

補 20011
加里弗尼亞見聞隨筆一卷
陸文郁撰
民國十年(1921)鉛印巴拿馬賽會直隸觀會叢編本
備註:《天津藝文志》著録著者"陸文郁"生年錯誤,當爲 1888 年。
國圖　北大　人大
史部/雜史類/外紀之屬

補 20012
咸熙錄一卷
(清)查禮輯
清乾隆四十二年(1777)刻本

清華
史部/傳記類/總傳之屬

補 20013
[浙江諸暨] 暨陽紫岩周氏宗譜
不分卷
　（清）周連茂等修　（清）周光裕*
等纂
　清光緒十四年（1888）余慶堂活字
　　本
　十三行二十七字白口四周雙邊
國圖
史部/傳記類/總傳之屬

補 20014
[河北蔚縣] 李氏家譜十卷
　（清）李源撰
　清乾隆四十年（1775）蔚州李氏
　　刻本
東洋文庫
史部/傳記類/總傳之屬

補 20015
[江蘇蘇州] 皋廡吳氏家乘六卷
　（清）吳士俊等編
　清刻本
蘇州：存三卷（卷四至卷六）
史部/傳記類/總傳之屬

補 20016
安徽石埭縣崇祀鄉賢祠先生事略
一卷
　王守恂輯

民國十一年（1922）鉛印本
天圖
史部/傳記類/總傳之屬

補 20017
陶氏遷常支譜五卷
　陶湘等輯
　清光緒三十四年（1908）武進陶氏
　　鉛印本
東洋文庫
史部/傳記類/總傳之屬

補 20018
[四川鄰水] 鄰水李氏懋熙堂族譜不
分卷
　李準纂修
　清宣統元年（1909）鉛印本
中科院　河北大
史部/傳記類/總傳之屬

補 20019
菊部人部志
　馬鍾琇輯
　民國十八年（1929）抄本
國圖
史部/傳記類/總傳之屬

補 20020
[江蘇] 劉氏宗譜二十八卷
　（清）劉楚寶　（清）劉玉珂*纂修
　清光緒三十二年（1906）劉氏五忠
　　堂活字本
人大

史部/傳記類/總傳之屬

補 20021
程氏族譜四卷
　程价三編修
　民國二十四年（1935）石印本
中國社科院歷史所
史部/傳記類/總傳之屬

補 20022
[山東福山]古現王氏家乘
　王崇焕輯
　王崇焕抄本
天圖
史部/傳記類/總傳之屬

補 20023
[山東福山]古現王氏世譜一卷
　王崇焕輯
　清稿本
備註：是書書衣有王崇焕題記。
天圖
史部/傳記類/總傳之屬

補 20024
思宜憶語
　王崇焕輯
　1949 年抄本
天圖
史部/傳記類/總傳之屬

補 20025
名伶影集

劉炎臣*　王月薔輯
　民國三十年（1941）天津三友美術
　社出版
天圖
史部/傳記類/總傳之屬

補 20026
[江蘇武進]晉陵高氏支譜二卷首一卷末一卷
　高毓澎纂修　　静海區
　清光緒二十一年（1895）活字本
日本國會　哥倫比亞大學
史部/傳記類/總傳之屬

補 20027
建德尚書七十賜壽圖不分卷附壽言
　（清）周馥撰
　清光緒三十三年（1907）石印本
天圖　南開
史部/傳記類/別傳之屬

補 20028
周愨慎公榮哀録不分卷
　（清）周馥撰
　民國十年（1921）鉛印本
天圖
史部/傳記類/別傳之屬

補 20029
周愨慎公事蹟圖詠四十八首
　（清）周馥撰
　民國油印本
天圖

史部/傳記類/別傳之屬

補 20030
程壯勤公[文炳]事略附遺摺
　（清）周馥編
　清末石印本
北大　湖南社科院
史部/傳記類/別傳之屬

補 20031
先考西雲府君行述
　王人文撰
　清末鉛印本
天圖
史部/傳記類/別傳之屬

補 20032
顧亭林祠記
　徐世昌撰並行書
　拓片
國圖
史部/傳記類/別傳之屬

補 20033
徐廷璿墓表
　徐世昌撰並行書
　拓片
國圖
史部/傳記類/別傳之屬

補 20034
錢能訓墓碑
　徐世昌撰並正書

　烏金拓本
國圖
史部/傳記類/別傳之屬

補 20035
周馥天津祠堂碑
　徐世昌*撰　華世奎正書　宋德
　裕刻
　拓本
國圖
史部/傳記類/別傳之屬

補 20036
常熟言仲遠先生哀輓錄不分卷
　徐世昌等撰
　民國鉛印本
復旦
史部/傳記類/別傳之屬

補 20037
石埭陳西甫先生榮哀錄二卷
　盧靖撰
　民國二十七年（1938）鉛印本
備註:陳西甫乃陳一甫之三兄。
天圖
史部/傳記類/別傳之屬

補 20038
揚芬錄二卷
　徐世光撰
　清宣統元年（1909）天津徐氏學劍
　　室鉛印本
煙臺　輝縣博

史部/傳記類/別傳之屬

補 20039
龔曉山先生起居注
　龔曉山*撰　魏暑臨整理
　2021 年天津問津書院鉛印本
備註：龔曉山，亦作曉珊，字秉珍，龔
望先生之祖父。
私人收藏
史部/傳記類/別傳之屬

補 20040
李子香先生七十壽言録四卷
　嚴修等輯
　民國天津華新印刷局鉛印本
人大　天圖
史部/傳記類/別傳之屬

補 20041
獨山胡民三世述署題詞不分卷
　嚴修等撰
　民國六年（1917）石印本
天圖
史部/傳記類/別傳之屬

補 20042
李仙舫先生輓辭一卷
　嚴修撰
　民國二年（1913）鉛印本
天圖
史部/傳記類/別傳之屬

補 20043
本先祖父宇香公事略不分卷

嚴修述
　民國石印本
天圖
史部/傳記類/別傳之屬

補 20044
長樂李星冶先生八十徵詩文啟
　嚴修等撰
　民國十五年（1926）鉛印本
國圖
史部/傳記類/別傳之屬

補 20045
誥授光録大夫學部侍郎嚴公行狀
　高淩雯撰
　抄本
天圖
史部/傳記類/別傳之屬

補 20046
奉化王母施太夫人七秩徵文啓
　曹錕等啓
　民國十一年（1922）刻本（朱印）
北大
史部/傳記類/別傳之屬

補 20047
**誥授通議大夫晉封光禄大夫花翎三
品銜子香李五先生徵壽文事略**
　曹錕等啓
　民國石印本
北大
史部/傳記類/別傳之屬

補 20048

林墨青先生壽言不分卷

　林墨青（林兆翰）輯

　民國天津廣智星期報社鉛印本

備註：是書包括林墨青先生四十壽言、六十壽言、七十壽言及七十一壽言。

天圖

史部／傳記類／別傳之屬

補 20049

林門貞孝謝女士事略一卷

　華世奎等輯

　民國鉛印本

天圖

史部／傳記類／別傳之屬

補 20050

劉鳳翰墓志銘一卷

　章鈺撰　華世奎*書

　民國二十三年（1934）石印本

上圖

史部／傳記類／別傳之屬

補 20051

馬頡雲輓詞

　王守恂等撰

　民國抄本

國圖

史部／傳記類／別傳之屬

補 20052

阮南自述三種

　王守恂撰

　民國鉛印本

天圖

從政瑣記

　杭居雜憶

　鄉人社會談

史部／傳記類／別傳之屬

補 20053

阮南自述一卷

　王守恂編

　秦翰才抄本

上圖

史部／傳記類／別傳之屬

補 20054

林兆仲林孟舒挽聯底稿一卷

　王守恂*　華鳳阿撰

　民國抄本

天圖

史部／傳記類／別傳之屬

補 20055

徐石雪妻沈宜人墓銘不分卷

　王守恂撰

　民國石印本

天圖

史部／傳記類／別傳之屬

補 20056

周甲贈言一卷

　王守恂等撰

　民國鉛印本

天圖
史部/傳記類/別傳之屬

補 20057
**嚴先生遺著不分卷林墨青壽言一卷
嚴範孫哀詞一卷**
　趙元禮　章鈺*等撰
　民國鉛印本
天圖
史部/傳記類/別傳之屬

補 20058
顯考竹齋府君行述一卷
　陳哲甫(陳恩榮)等撰
　清光緒十一年(1885)活字本
上圖
史部/傳記類/別傳之屬

補 20059
**蘧蕘軒主人年譜述略一卷附格言彙
錄一卷客遊隨錄一卷哀輓錄一卷**
　張樹華(張相臣)撰
　民國二十二年(1933)鉛印本
北師大　天圖
史部/傳記類/別傳之屬

補 20060
星源善公事略
　管鳳龢等撰
　清末朱絲欄抄本
備註:(清)管善聯(1846—1900),
字星源。
國圖

史部/傳記類/別傳之屬

補 20061
管鳳龢繼配訃告
　管鳳龢述
　民國二十四年(1935)鉛印本
南開
史部/傳記類/別傳之屬

補 20062
趙王靜生夫人挽言一卷
　趙元禮等撰
　民國二十四年(1935)鉛印本
天圖　南開
史部/傳記類/別傳之屬

補 20063
陳一甫傳記資料不分卷
　陳一甫(陳惟壬)撰
　民國抄本
備註:書名本館自擬。
天圖
史部/傳記類/別傳之屬

補 20064
陳一甫先生六秩壽言
　陳一甫等撰　陳范有輯
　民國二十二年(1933)影印本
南開
史部/傳記類/別傳之屬

補 20065
高繼宗墓碑

陳夔龍撰　高淩霨*正書

拓片

國圖

史部/傳記類/別傳之屬

補20066

顯考晉甫府君行述一卷

　陶湘等撰

　清光緒二十二年（1896）活字本

備註：是書爲陶恩澤行述。

上圖

史部/傳記類/別傳之屬

補20067

先兄寶如公事略一卷

　陶湘撰

　抄本

備註：是書爲陶瑢（1870—1925）事略。

上圖

史部/傳記類/別傳之屬

補20068

鄭沅繼室葛芬墓志

　鄭沅撰並正書　李準*篆蓋

　拓片

國圖

史部/傳記類/別傳之屬

補20069

金永墓誌

　吳闓生撰　孫奐仑正书　李準*篆蓋

拓片

國圖

史部/傳記類/別傳之屬

補20070

藏園居士七十自述一卷

　傅增湘撰

　民國三十年（1941）石印本

國圖　北師大　天圖　上圖

史部/傳記類/別傳之屬

補20071

天津朱君寶暨配鮑夫人墓表一卷

　傅增湘撰

　民國十九年（1930）石印本

天圖

史部/傳記類/別傳之屬

補20072

琢鹿呂君簹卿暨夫人全氏墓誌銘

　傅增湘撰

　拓本

北大

史部/傳記類/別傳之屬

補20073

邢以謙妻劉氏墓志

　馬浮撰　傅增湘*正書　章炳麟篆蓋

　拓片

國圖

史部/傳記類/別傳之屬

補 20074

徐世綱墓志

　曹秉章撰　傳增湘＊正書　徐世
襄篆蓋
　拓片
國圖
史部／傳記類／別傳之屬

補 20075

羅恭敏公家傳

　王季烈撰
　2005 年西泠印社影印羅雪堂合
　　集本
浙江師大
史部／傳記類／別傳之屬

補 20076

王頌蔚事略

　王季烈撰
　清刻本
北師大
史部／傳記類／別傳之屬

補 20077

伯兄木齋先生事略一卷

　盧弼撰
　1966 年鉛印本
上圖
史部／傳記類／別傳之屬

補 20078

王忠慤公哀挽録一卷

　金梁等撰

　民國十六年（1927）鉛印本
備註：王忠慤公即王國維。
天圖　復旦
史部／傳記類／別傳之屬

補 20079

**和平老人劉后同先生傳一卷我思録
三卷寬於一天下室雜抄一卷**

　劉后同（劉文垿）撰並書
　抄本
天圖
史部／傳記類／別傳之屬

補 20080

程价三六十自述

　程价三撰
　稿本
備註：程价三，又名介三。
天津中醫大
史部／傳記類／別傳之屬

補 20081

福山王文敏公年譜一卷

　王崇焕輯
　民國十三年（1924）稿本
備註：是書爲王懿榮年譜。於“桂緣
堂”藍格紙撰寫，鈐“王崇焕印”白
文方印、“漢章”朱文方印，避諱
“琛”“榮”。
天圖
史部／傳記類／別傳之屬

補 20082

澹歸大師年譜一卷附録二卷

王崇煥輯

1946 年謄清稿本

備註:是書用"天津鐵路局"公文紙撰寫,卷端題"福山王漢章編訂,丙戌三月"。鈐"漢章手抄書籍"朱文方印、"半耕半讀村翁"朱文方印等印記。

天圖

史部/傳記類/別傳之屬

補 20083

盛意園先生年譜稿一卷

　王崇煥[*]編　成全輯補

　1950 年稿本

備註:是書爲盛昱年譜稿。"北寧鐵路管理局"公文紙背面抄寫,書衣有巢章甫題識,并鈐"章甫題記"白文方印,卷末有王漢章庚寅《跋》。

天圖

史部/傳記類/別傳之屬

補 20084

天南遯叟年譜一卷

　王崇煥輯

　1951 年初編稿本

備註:是書爲王韜年譜。用"北寧鐵路"公文紙背面撰寫。

天圖

史部/傳記類/別傳之屬

補 20085

天南遯叟年譜一卷

　王崇煥輯

1951 年稿本

備註:是書爲王韜年譜。用"桂緣堂"藍格紙抄寫,封面有巢章甫題識,并鈐"章甫借讀"白文方印。

天圖

史部/傳記類/別傳之屬

補 20086

劉繼莊年譜初稿一卷附錄三卷

　王崇煥輯

　1951 年稿本

備註:是書爲劉獻廷年譜。

天圖

史部/傳記類/別傳之屬

補 20087

劉繼莊年譜一卷附錄三卷

　王崇煥輯

　1952 年謄清稿本

備註:是書爲劉獻廷年譜。用"桂緣室"藍格紙抄寫,書衣有巢章甫題識并鈐"章甫題記"白文長方印。

天圖

史部/傳記類/別傳之屬

補 20088

紀曉嵐年譜一卷

　王崇煥輯

　清稿本

備註:是書爲"樸茂堂文存"綠格紙抄寫。

天圖

史部/傳記類/別傳之屬

補 20089
劉翰怡哀輓録
　金鉞等撰
　1984 年復旦大學圖書館剪帖本
復旦
史部/傳記類/別傳之屬

補 20090
天津謝黻章先生周忌紀念刊一卷
　謝寵澤等輯
　民國二十五年(1936)鉛印本
備註:謝黻章(1863—1935),謝寵澤
之父。謝寵澤生卒年不詳,因其曾
做過劉炎臣所就讀的河東中學訓育
主任,故放置於劉炎臣之前。
天圖
史部/傳記類/別傳之屬

補 20091
覺非廬叢稿
　卞慧新撰
　2019 年天津人民出版社據其手稿
　　影印本
國圖　天圖
史部/傳記類/別傳之屬

補 20092
梅樹君先生年譜初稿
　邱學士撰
　1989 年鉛印本
私人收藏
史部/傳記類/別傳之屬

補 20093
李清照改嫁考附評近人輯本漱玉詞
　王輝曾撰
　民國二十一年(1932)北平中華印
　　書局鉛印三餘社叢書本
天圖
史部/傳記類/別傳之屬

補 20094
無錫談公荔孫墓誌銘
　李湛田撰　　寶坻區
　民國二十三年(1934)拓本
北大
史部/傳記類/別傳之屬

補 20095
武澄清墓誌
　(清)史夢蘭撰　(清)戴彬元＊正
書　(清)王仁堪篆蓋　　寧河區
拓本
國圖
史部/傳記類/別傳之屬

補 20096
德宗遺事
　王照＊口述　王樹枏録　　寧河
區
　民國鉛印本
國圖
史部/傳記類/別傳之屬

補 20097
寧河邵考子斌綏彰行録一卷

齊燮元等編　　寧河區

民國十三年(1924)鉛印本

備註:書名據書簽題。

天圖

史部/傳記類/別傳之屬

補 20098

黃龔氏哀輓錄一卷

　齊燮元撰　　寧河區

　民國十二年(1923)鉛印本

上圖

史部/傳記類/別傳之屬

補 20099

七奇老人傳附生平快事紀實

　張輪遠編　　武清區

　1989 年天津影印本

國圖

史部/傳記類/別傳之屬

補 20100

潜子祝壽文字一卷

　高毓浵 * 撰　張志潜輯　　静海

　區

　民國二十三年(1934)鉛印本

上圖

史部/傳記類/別傳之屬

補 20101

平頴日記一卷

　李廷玉撰

　民國五年(1916)財政部印刷局鉛

　　印本

天圖

史部/傳記類/日記之屬

補 20102

緣督廬日記抄十六卷

　葉昌熾撰　　王季烈 * 輯

　民國二十二年(1933)上海上虞羅

　　氏蟫隱廬石印本

備註:葉昌熾(1849—1917),號緣督

廬主人。

國圖　北大　人大　遼大　復旦

南京　東洋文庫　静嘉堂文庫

史部/傳記類/日記之屬

補 20103

价三日記(民國間至 1960 年)

　程价三撰

　稿本

國圖

史部/傳記類/日記之屬

補 20104

越縵堂日記補論學文字索引不分卷

　于鶴年撰

　民國三十一年(1942)油印本

天圖

史部/傳記類/日記之屬

補 20105

默園日記

　張重威撰

　2021 年南京鳳凰出版社影印近代

　　名人稿本叢書本

國圖　天圖
史部/傳記類/日記之屬

補 20106
徐氏歷科朱卷(乾隆戊午科鄉墨)
　(清)徐金楷撰
　民國十年(1921)壽豈堂刻天津徐
　　氏歷科朱卷本
國圖
史部/傳記類/科舉錄之屬

補 20107
徐氏歷科朱墨(乾隆乙卯恩科會墨)
　(清)徐炘撰
　民國十年(1921)壽豈堂刻本
國圖
史部/傳記類/科舉錄之屬

補 20108
徐氏歷科朱卷(乾隆壬子科鄉墨)
　(清)徐炘撰
　民國十年(1921)壽豈堂刻本
國圖
史部/傳記類/科舉錄之屬

補 20109
徐氏歷科朱卷(道光丙申恩科會墨)
　(清)徐廉鍔撰
　民國十年(1921)壽豈堂刻本
國圖
史部/傳記類/科舉錄之屬

補 20110
徐氏歷科朱卷(道光壬辰恩科鄉墨)

　(清)徐廉鍔撰
　民國十年(1921)壽豈堂刻本
國圖
史部/傳記類/科舉錄之屬

補 20111
道光十五年乙未恩科順天鄉試硃卷
一卷附道光十五年乙未恩科覆試卷
一卷
　(清)殷序之撰
　清道光刻本
上圖
史部/傳記類/科舉錄之屬

補 20112
會文書院試卷
　高淩雯撰
　清寫本
吉林
史部/傳記類/科舉錄之屬

補 20113
會試墨卷(光緒甲辰恩科)
　王季烈撰
　清光緒刻本
　九行二十五字白口四周雙邊
國圖
史部/傳記類/科舉錄之屬

補 20114
會試墨卷(光緒辛丑壬寅恩科並科)
　王季烈撰
　清光緒十三年(1887)刻本

行字不一白口四周雙邊

國圖

史部/傳記類/科舉録之屬

補 20115

順天鄉試硃卷(光緒癸巳恩科)

（清）曹彬孫撰　　武清區

清光緒刻本

私人收藏

史部/傳記類/科舉録之屬

補 20116

[光緒丁酉科]直省闈墨不分卷試帖一卷

（清）王焯　（清）郭家聲*評選

武清區

清光緒二十三年(1897)鉛印本

臨海

史部/傳記類/科舉録之屬

補 20117

[光緒壬寅補行庚子辛丑恩正併科]闈藝知新二集不分卷

（清）郭家聲輯　　武清區

清光緒二十八年(1902)京都琉璃

　　廠刻本

臨海

史部/傳記類/科舉録之屬

補 20118

直省新墨約選□□卷

高毓澎等撰　　静海區

清光緒二十九年(1903)北洋官報

局鉛印本

孔子博物館:存三卷(史論一、史論三至四)

史部/傳記類/科舉録之屬

補 20119

洪憲時代祭祀全書

徐世昌撰

民國四年(1915)政事堂禮制館鉛

　　印本

北師大

補充著述

　　忠烈祠祭禮

　　關岳合祀典禮

　　祀天通禮

　　祭祀冠服制

　　祭祀冠服圖

　　祀孔典禮

史部/政書類/類編之屬

補 20120

師範歷史講義二卷

（清）梁寶常輯

清末雙門底上街開敏公司鉛印本

備註:梁寶常(1798—1857),字楚香,天津人。是書目録頁題:"南海梁寶常編輯",此處"南海梁寶常"是否爲天津梁寶常?或因梁寶常曾任廣東布政使、巡撫,故曰"南海梁寶常"。由於尚未找到直接證據,對此存疑。

廣東　澳大

史部/政書類/儀制之屬

補 20121
山東周中丞勸學告示一卷
　（清）周馥撰
　　清光緒二十九年（1903）鉛印本
南開　山東
史部/政書類/儀制之屬

補 20122
天津河間兩級師範學堂一覽
　嚴修等撰
　　清光緒鉛印本
天圖
史部/政書類/儀制之屬

補 20123
天津縣勸學所官小學各項決算表
　林墨青*（林兆翰）　華澤沅撰
　　清光緒三十三年至宣統元年
　　（1907—1909）天津大公報館鉛
　　印本
天圖
史部/政書類/儀制之屬

補 20124
教育品分級編目一卷
　鄭菊如輯
　　清光緒三十二年（1906）天津鉛
　　印本
上圖
史部/政書類/儀制之屬

補 20125
初等小學生理教科書一卷

　（清）黃世基編著　胡宗梻*校閱
　　清光緒三十二年（1906）上海南洋
　　官書局石印本
桂林
史部/政書類/儀制之屬

補 20126
東安鄉土地理教科書
　馬鍾琇編
　　清光緒三十三年（1907）天津大公
　　報館鉛印本
國圖
史部/政書類/儀制之屬

補 20127
武訓全傳四卷
　程价三輯
　　民國二十九年（1940）鉛印本
國圖
史部/政書類/儀制之屬

補 20128
中心學校怎樣輔導國民學校
　金鉞編著
　　民國三十二年（1943）教育部國民
　　教育司出版
國圖：縮微品
史部/政書類/儀制之屬

補 20129
職業教育講話
　何清儒撰
　　民國三十六年（1947）上海世界書

局出版教育講話叢書本

國圖：縮微品

史部/政書類/儀制之屬

補 20130

入大學者須知

何清儒輯

民國二十四年（1935）上海中華職

業教育社出版

國圖：縮微品

史部/政書類/儀制之屬

補 20131

北平戲曲專科學校第一屆第二屆工作報告書不分卷

焦菊隱撰

民國十九年（1930）油印本

復旦

史部/政書類/儀制之屬

補 20132

治案部擬請建立武廟並擬訂武廟祀典議案不分卷武成王論不分卷

齊燮元撰　　寧河區

民國二十八年（1939）鉛印本

國圖　東大東文研

史部/政書類/儀制之屬

補 20133

初學適用經訓讀本

楊軼倫輯　　武清區

民國二十七年（1938）天津世界圖

書局鉛印本

天圖

史部/政書類/儀制之屬

補 20134

中國朝鮮商民水陸貿易章程

（清）周馥等議定

清光緒八年（1882）刻本

人大　天博　上圖

史部/政書類/邦計之屬

補 20135

介紹國貨

林墨青（林兆翰）編

民國五年（1916）天津國貨維持會

鉛印本

國圖

史部/政書類/邦計之屬

補 20136

潘伯寅先生鹽法議略

（清）潘祖蔭撰　　王守恂*輯

清末鉛印本

天圖

史部/政書類/邦計之屬

補 20137

啓新洋灰有限公司創辦立案章程一卷

周學熙等撰

清光緒石印本

天圖

史部/政書類/邦計之屬

補 20138

啓新洋灰有限公司擴充北分廠先設磚窯續股開辦簡章不分卷

周學熙等撰

清宣統鉛印本

天圖

史部／政書類／邦計之屬

補 20139

啓新洋灰有限公司擴充總廠新機添股開辦簡章不分卷

周學熙等撰

清末鉛印本

天圖

史部／政書類／邦計之屬

補 20140

啓新洋灰有限公司招股章程不分卷

周學熙等編

清末石印本

天圖

史部／政書類／邦計之屬

補 20141

實業叢談

陳哲甫（陳恩榮）編

民國十四年（1925）燕京大學油印本

北大

史部／政書類／邦計之屬

補 20142

長蘆鹽政紀要四卷

楊壽枏輯

民國二年（1913）鉛印本

北大

史部／政書類／邦計之屬

補 20143

財政清理處報告書表文件彙編不分卷

傅增湘等編

民國十三年（1924）京華印書局鉛印本

北大　人大　遼大

史部／政書類／邦計之屬

補 20144

紡紗廠實地經營法

王竹銘撰

民國八年（1919）天津新華書局鉛印本

天圖

史部／政書類／邦計之屬

補 20145

紡紗廠實地工作法

王竹銘撰

民國十九年（1930）上海中華書局鉛印本

天圖

史部／政書類／邦計之屬

補 20146

娛堪手寫資暇彙稿

王崇煥輯

清抄本

備註:是書鈐"漢章手抄書籍"印。

天圖

　　直隸旗租述略　　勞乃宣撰

　　直隸縣治要略　　褚玉璞撰

　　登萊二府義地善舉記　　王懿榮撰

史部/政書類/邦計之屬

補 20147

河北省事變後各縣移治有關事項輯要不分卷

　　陳鐵卿編

　　民國二十八年(1939)油印本

人大

史部/政書類/邦計之屬

補 20148

二十年來的南滿洲鐵道株式會社

　　吳英華編　　靜海區

　　民國十九年(1930)上海商務印書館出版

北京交大　天圖　復旦

史部/政書類/邦計之屬

補 20149

直隸隔境緝匪章程不分卷

　　(清)周馥撰

　　清光緒刻本

人大

史部/政書類/邦交之屬

補 20150

各國約章專條偶抄

　　章鈺編

　　清長洲章氏算鶴量鯨室綠絲欄抄本

備註:"算鶴量鯨室",爲章鈺齋號。

國圖

史部/政書類/邦交之屬

補 20151

徵兵章程

　　(清)周馥頒

　　清光緒三十一年(1905)鉛印本

北大

史部/政書類/軍政之屬

補 20152

軍隊營房各圖二十五種

　　徐世昌編

　　清宣統石印本

貴州

史部/政書類/軍政之屬

補 20153

杭州八旗駐防調查報告一卷

　　金梁編

　　清光緒鉛印本

上圖

史部/政書類/軍政之屬

補 20154

督軍訓示不分卷

　　齊燮元撰　　寧河區

　　民國鉛印本

備註:題名據封面題。

天圖
史部/政書類/軍政之屬

補 20155
直隷現行通飭章程三卷恤囚編一卷
　（清）周馥輯
　　清光緒十七年（1891）保定臬署
　　刻本
人大：存二卷（卷一至卷二）法務圖
東大東文研
史部/政書類/律令之屬

補 20156
恤囚編不分卷
　（清）周馥撰
　　清光緒十七年（1891）刻本
南開　天津社科院　復旦　陝西
史部/政書類/律令之屬

補 20157
森林法及施行細則附造林獎勵條例
　徐世昌頒布
　　民國四年（1915）安徽印刷局鉛
　　印本
北大　上圖
史部/政書類/律令之屬

補 20158
教育法規二十七編附錄一卷
　〔日本〕文部省編　盧靖*譯
　　清光緒鉛印本
國圖
史部/政書類/律令之屬

補 20159
國際公法
　盧弼*　黃炳言譯
　　清光緒三十四年（1908）上海昌明
　　公司出版
天圖
史部/政書類/律令之屬

補 20160
故唐律疏議序
　（清）勵廷儀撰　　靜海區
　　清雍正十三年（1735）鈔本
宮內廳書陵部
史部/政書類/律令之屬

補 20161
視察日本八幡製鐵所記錄
　齊燮元撰　　寧河區
　　民國鉛印本
天圖
史部/政書類/考工之屬

補 20162
管見編二卷
　（清）寇蘭皋撰
　　清抄本
復旦
史部/政書類/掌故瑣記之屬

補 20163
奏定黑龍江東省鐵路購地伐木煤礦合同
　徐世昌*　程德全奏

清光緒三十四年(1908)奉天中和
　印書館鉛印本
齊齊哈爾
史部/政書類/公牘檔册之屬

補 20164
天津社會教育辦事處書札粘存
不分卷
　　林墨青(林兆翰)撰
　　稿本
天圖
史部/政書類/公牘檔册之屬

補 20165
華新紡織有限公司津廠第三屆賬略
不分卷
　　周學熙等撰
　　民國十年(1921)鉛印本
天圖
史部/政書類/公牘檔册之屬

補 20166
啓新洋灰有限公司第一期帳略
　　周學熙等編
　　清光緒三十四年(1908)鉛印本
天博
史部/政書類/公牘檔册之屬

補 20167
啓新洋灰有限公司第二期帳略
　　周學熙等編
　　清宣統元年(1909)鉛印本
天博

史部/政書類/公牘檔册之屬

補 20168
[黑龍江通志編輯檔卷]
　　金梁輯
　　民國稿本
備註:書名爲天津圖書館自擬。
天圖
史部/政書類/公牘檔册之屬

補 20169
[旗務會議]
　　金梁撰
　　民國鉛印暨油印本
備註:書名爲天津圖書館自擬。
天圖
史部/政書類/公牘檔册之屬

補 20170
大婚檔案册一卷
　　金梁輯
　　民國十一年(1922)稿本
天圖
史部/政書類/公牘檔册之屬

補 20171
日本大正十三年度歲入歲出調查
一卷
　　齊燮元撰　　　寧河區
　　民國鉛印本
天圖
史部/政書類/公牘檔册之屬

補 20172

中華民國三十七年度天津市政府工作計劃不分卷

　杜建時* 　張子奇撰 　　武清區

　民國三十六年(1947)油印本

天圖

史部/政書類/公牘檔册之屬

補 20173

元秘書監志十一卷

　(元)王士點 　(元)商企翁編

　章鈺*抄

　清光緒三十三年(1907)章鈺抄本

國圖

史部/職官類/官制之屬

補 20174

宣統二年玉堂譜

　傅增湘編

　藏園傅氏抄本

北大

史部/職官類/官制之屬

補 20175

滿洲官品級考一卷漢官品級考五卷漢軍品級考一卷

　(清)杜立德撰 　　寶坻區

　清康熙刻本

北大 　中科院 　内閣文庫

史部/職官類/官制之屬

補 20176

滿洲漢軍漢官品級考不分卷

　(清)杜立德撰 　　寶坻區

　清抄本

臺圖

史部/職官類/官制之屬

補 20177

慶賀元旦令節摺一卷

　(清)徐炘撰

　清道光七年(1827)寫本

上圖

史部/詔令奏議類/奏議之屬

補 20178

周郁珊尚書撫東疏

　(清)周馥撰

　清光緒二十八年(1902)刻本

首圖

史部/詔令奏議類/奏議之屬

補 20179

金息侯甲子奏疏

　金梁撰

　民國抄本

天圖

史部/詔令奏議類/奏議之屬

補 20180

[道光]泰州志三十六卷首一卷

　(清)王有慶*等修 　(清)陳世鎔等纂

　清道光七年(1827)刻本

　十行二十一字小字雙行同白口左右雙邊

國圖　中科院　天圖　遼寧　復旦
上圖　南京　浙江　湖北　臺圖
史部/地理類/方志之屬

補 20181
[道光]泰州志三十六卷首一卷
　（清）王有慶*等修　（清）陳世鎔
　　等纂
　1990 年江蘇古籍出版社影印中國
　　地方志集成本
上圖
史部/地理類/方志之屬

補 20182
[宣統]安圖縣志十卷
　劉建封*修　吳元瑞纂
　清宣統二年（1910）稿本
中科院
史部/地理類/方志之屬

補 20183
安次縣舊志四種合刊
　趙元禮*編　陳寶泉纂
　民國二十四年（1935）鉛印本
鄭大
史部/地理類/方志之屬

補 20184
臨榆縣誌
　高淩霨*修　程敏侯等纂
　1968 年臺北成文出版社影印中國
　　方志叢書本
國圖

史部/地理類/方志之屬

補 20185
河北通志人物志稿
　高淩霨*　盧啟賢編纂
　民國鉛印本
北師大
史部/地理類/方志之屬

補 20186
[民國]綏遠通志稿
　傅增湘纂
　民國三十年（1941）稿本
內蒙古
史部/地理類/方志之屬

補 20187
漁陽志略
　金鳳壽撰　　薊州區
　民國三十年（1941）出版里黨藝文
　　存略本
薊州區檔案館
史部/地理類/方志之屬

補 20188
[康熙]寶坻縣志八卷
　（清）杜立德*　（清）牛一象修
　（清）張嘉生纂　　寶坻區
　清康熙十二年（1673）刻本
國圖　北大　天圖　內閣文庫
史部/地理類/方志之屬

補 20189

[咸豐]大名府志二十二卷首一卷續志六卷末一卷

　　(清)朱煐等纂修　　(清)武蔚文續修　　(清)郭程先續纂　　(清)高繼珩*增補　　寶坻區

　　清咸豐三年(1853)刻本

　　十行二十字小字雙行同白口四周雙邊

國圖　北師大　天圖　保定　遼寧　天一閣

史部/地理類/方志之屬

補 20190

[光緒]土默特旗志十卷

　　(清)貽穀修　　(清)高賡恩*纂

　　寧河區

　　抄本

北師大　內蒙古

史部/地理類/方志之屬

補 20191

長白彙徵錄八卷首一卷

　　劉建封等輯

　　清宣統二年(1910)鉛印本

首圖

史部/地理類/專志之屬

補 20192

長白山靈蹟全影

　　劉建封*等修　　王瑞祥攝影

　　清宣統三年(1911)鉛印本

吉林

史部/地理類/專志之屬

補 20193

北京宮殿志略

　　金梁撰

　　稿本

北大

史部/地理類/專志之屬

補 20194

北京城郊公園志略彙編

　　金梁編

　　稿本

北大

史部/地理類/專志之屬

補 20195

圓明園志料

　　金梁撰

　　稿本

北大

史部/地理類/專志之屬

補 20196

春明舊宅考一卷

　　王崇煥輯

　　民國三十二年(1943)抄本

天圖

史部/地理類/專志之屬

補 20197

河北省城址考證輯存

　　陳鐵卿*　張承謨　于鶴年編

民國二十八年（1939）張承謨油
印本
北大
史部/地理類/專志之屬

補 20198
兩浙輿圖（浙江郡邑道里圖）一卷
（清）伊靖阿　（清）周人驥＊撰
清乾隆二十年（1755）刻本
備註：書前有天津周人驥撰序。
國圖　北師大　浙江　天一閣
南京
史部/地理類/雜志之屬

補 20199
津門紀略十二卷
（清）華鐸孫撰
清光緒二十四年（1898）石印本
天圖　天津社科院　天師大　南大
史部/地理類/雜志之屬

補 20200
津門紀略十二卷
（清）華鐸孫撰
清光緒抄本
清華
史部/地理類/雜志之屬

補 20201
津門雜記三卷
（清）張燾撰
清光緒十年（1884）刻本
國圖　北大　北師大　首圖　天圖

南開　天師大　天津社科院　天博
河南大
史部/地理類/雜志之屬

補 20202
名跡錄七卷
（明）朱珪編　章鈺＊抄
清光緒三十三年（1907）算鶴量鯨
室抄本
國圖
史部/地理類/雜志之屬

補 20203
大北京
金梁編
1955 年油印本
清華
史部/地理類/雜志之屬

補 20204
河北省劃分道區管見不分卷
陳鐵卿撰
民國油印本
人大
史部/地理類/雜志之屬

補 20205
河北省改劃道區經過紀要不分卷
陳鐵卿撰
民國二十九年（1940）鉛印本
人大
史部/地理類/雜志之屬

補 20206

北方大港港址氣象潮位年報（第一期、第二期）

　李書田　邰光謨*輯　　武清區

　　民國二十二年（1933）天津交通鐵

　　　道部北方大港籌備委員會出版

天圖

史部／地理類／雜志之屬

補 20207

北方大港港址氣象潮位年報（第三期）

　李書田　邰光謨*輯　　武清區

　　民國二十三年（1934）天津交通鐵

　　　道部北方大港籌備委員會出版

天圖

史部／地理類／雜志之屬

補 20208

華北水利事業之檢討與展望

　王華棠撰

　　民國油印本

天圖

史部／地理類／水利之屬

補 20209

黃河中游調查報告

　王華棠等撰

　　民國二十三年（1934）天津華北水

　　　利文員會出版

天圖

史部／地理類／水利之屬

補 20210

長白山江岡志略不分卷

　劉建封撰

　　民國財政部印刷局鉛印本

國圖　北大　首圖　天圖　遼寧

新鄉

史部／地理類／山川之屬

補 20211

塞上行程錄二卷

　傅增湘撰

　　民國二十九年（1940）刻朱印本

華師大

史部／地理類／游記之屬

補 20212

塞上行程錄一卷

　傅增湘撰

　　抄本

上圖

史部／地理類／游記之屬

補 20213

北戴河遊記一卷

　呂碧城撰

　　1961 年臺灣中華書局影印古今遊

　　　記叢鈔本

東大東文研　日本國會

史部／地理類／遊記之屬

補 20214

台山遊一卷

　（清）釋智朴撰　　薊州區

清康熙刻本

十行二十字小字雙行同黑口四周

單邊

國圖

史部/地理類/游記之屬

補 20215

日耳曼地理民俗志四十六節

〔意大利〕塔西佗撰　于鶴年*譯

民國二十五年（1936）複寫本

天圖

史部/地理類/外紀之屬

補 20216

長白臨江全境圖一卷

徐世昌編

清宣統石印本

貴州

史部/地理類/輿圖之屬

補 20217

長白江岡詳＝圖附長白山記

劉建封製

清光緒三十年（1908）繪本

備註：是書爲輿圖。

國圖

史部/地理類/輿圖之屬

補 20218

[擬勘]中韓國界詳密圖

劉建封製

清宣統二年（1910）繪本

備註：是書爲輿圖。此圖注有十字

碑之"華夏金湯固"五字碑址。

國圖

史部/地理類/輿圖之屬

補 20219

黑龍江金石志摘要一卷

金梁輯

稿本

南開

史部/金石類/總志之屬

補 20220

欒城金石志不分卷

（清）高繼珩撰　　寶坻區

1979 年臺灣新文豐出版公司影印

石刻史料新編本

北大

史部/金石類/總志之屬

補 20221

周季木藏銅器集

周叔弢（周暹）藏釋

拓本

南開

史部/金石類/金之屬

補 20222

天壤閣收藏記一卷

王崇煥輯

民國紅格稿本

天圖

史部/金石類/金之屬

補 20223
虢盤攷釋一卷
　王崇煥撰
　民國三年(1914)稿本
天圖
史部/金石類/金之屬

補 20224
蝶訪居古泉拓本
　(清)徐士鑾輯
　清光緒拓本
天博
史部/金石類/錢幣之屬

補 20225
大清一統古泉題識一卷
　金梁輯
　民國三十一年(1942)稿本
備註:是書由原稿粘貼而成。
天圖
史部/金石類/錢幣之屬

補 20226
萬柳山莊拓泉不分卷
　陸文郁輯
　民國二十六年(1937)拓本
備註:是書有陸文郁手書題識。
天圖
史部/金石類/錢幣之屬

補 20227
寒雲泉簡
　袁克文輯

　民國鉛印本
上圖
史部/金石類/錢幣之屬

補 20228
御璽譜
　金梁輯
　民國鈐印本
國圖　南開　上圖
史部/金石類/璽印之屬

補 20229
王雪民印存
　王釗*篆　楊魯安編
　1984 年影印本
國圖　天圖
史部/金石類/璽印之屬

補 20230
諸家藏印匯輯
　周叔弢輯
　民國三十年(1941)拓印本
天圖
史部/金石類/璽印之屬

補 20231
弢翁續得印一集
　周叔弢輯
　鈐印本
天圖
史部/金石類/璽印之屬

補 20232
汜鳧亭印摭

劉希淹篆刻　周叔弢*（周暹）
勞篤文輯
民國影印本
備註：書名據書名頁等處題，輯者據
序題。
國圖
史部／金石類／璽印之屬

補 20233
清代官印集粹
　王崇煥輯
　民國十六年（1927）鈐印本
國圖
史部／金石類／璽印之屬

補 20234
謁孔廟詩贊
　（清）王鴻敬　（清）王大淮*同撰
　並書
　清道光十九年（1839）刻墨拓本
備註：石存山東曲阜。
臺圖
史部／金石類／石之屬

補 20235
慈勝寺羅漢金剛殿碑
　（清）吳士俊*撰　（清）張焜行書
　拓本
國圖
史部／金石類／石之屬

補 20236
慈勝寺大雄殿天王殿碑

　（清）吳士俊*撰　（清）張焜正書
　拓本
國圖
史部／金石類／石之屬

補 20237
月心塔碑
　（清）王祖光撰　（清）王祖光正書
　拓片
國圖
史部／金石類／石之屬

補 20238
廣化寺戒壇碑
　（清）王祖光正書
　拓片
國圖
史部／金石類／石之屬

補 20239
玉行长春会馆碑
　（清）孟繼壎*撰並正書　（清）高
　學鴻刻
　拓片
國圖
史部／金石類／石之屬

補 20240
周馥祠堂碑
　嚴修撰　李士鉁*正書　宋德裕
　刻
　民國十三年（1924）拓本
國圖

史部/金石類/石之屬

補 20241
白云觀碑
　徐世昌撰並行書
　拓片
國圖
史部/金石類/石之屬

補 20242
戒壇寺碑
　徐世昌撰並行書
　拓片
國圖
史部/金石類/石之屬

補 20243
清儒學案節文刻石
　徐世昌*撰　李兆麟草書
　拓片
國圖
史部/金石類/石之屬

補 20244
姜[桂題]祠堂碑
　徐世昌撰並正書
　拓片
國圖
史部/金石類/石之屬

補 20245
壽字中堂
　(清)葉志詵草書　徐世昌*撰並

行書
　拓本
國圖
史部/金石類/石之屬

補 20246
亭字榜書
　徐世昌正書
　拓本
國圖
史部/金石類/石之屬

補 20247
語石校讀別録一卷
　章鈺撰
　民國十七年(1928)抄本
天圖
史部/金石類/石之屬

補 20248
國家圖書館章鈺藏拓題跋集録不分卷
　章鈺撰
　2008 年北京國家圖書館出版社影
　　印本
史部/金石類/石之屬

補 20249
古泉山館石刻跋
　(清)瞿中溶撰　章鈺*抄
　清光緒三十二年(1906)算鶴量鯨
　　室抄本
國圖

補充著述

史部/金石類/石之屬

補 20250

涉園藏石目一卷

　　陶湘＊編　顧廷龍校

　　民國十一年（1922）武進陶氏刻本

北大　北師大　上圖

史部/金石類/石之屬

補 20251

舊拓顏魯公多寶塔碑

　　陶湘藏

　　民國三十七年（1948）上海商務印

　　　書館影印本

國圖

史部/金石類/石之屬

補 20252

金州孫處士元配畢氏墓誌銘並書

　　王季烈撰

　　民國二十六年（1937）刻石並精

　　　拓本

復旦

史部/金石類/石之屬

補 20253

清故文林郎金州華君（世珙）墓誌銘
並額

　　王季烈撰

　　民國刻石初拓本

復旦

史部/金石類/石之屬

補 20254

木齋蠲建圖書館碑

　　盧弼＊撰　鄭沅正書　宋常舜勒

　　天津市南開大學拓本

國圖

史部/金石類/石之屬

補 20255

法華寺碑

　　（清）杜立德撰　　寶坻區

　　清康熙拓片

國圖

史部/金石類/石之屬

補 20256

武廟碑

　　齊燮元＊撰　齊振林正書　　寧

　　河區

　　拓片

國圖

史部/金石類/石之屬

補 20257

開元寺瞻拜碑

　　齊燮元撰並行書　　寧河區

　　拓本

國圖

史部/金石類/石之屬

補 20258

景忠堂碑

　　齊燮元撰並行書　　寧河區

　　烏金拓

國圖
史部/金石類/石之屬

補 20259
朝真觀碑
(清)勵杜訥撰　　静海區
拓片
國圖
史部/金石類/石之屬

補 20260
子午進善會碑
(清)宮鴻曆撰　　静海區
拓片
國圖
史部/金石類/石之屬

補 20261
定慧寺碑
(清)勵廷儀撰　　静海區
拓片
國圖
史部/金石類/石之屬

補 20262
王進玉墓碑
(清)勵宗萬*撰　(清)戴臨正書
静海區
拓片
國圖
史部/金石類/石之屬

補 20263
古玉辨不分卷

劉建封撰
民國二十九年(1940)東武劉大同
　待價軒鉛印本
國圖　北大　北師大　天圖　南開
上圖
史部/金石類/玉之屬

補 20264
綸閣藏龜不分卷
王襄輯
民國拓本
人大
史部/金石類/甲骨之屬

補 20265
摹廬藏陶捃存一卷附考釋補正一卷
陳直輯　陳邦懷*撰考釋補正
1983 年濟南齊魯書社影印本
國圖　一橋大　京大人文研
史部/金石類/陶之屬

補 20266
審閲德化李氏藏書說帖
傅增湘撰並書
民國稿本
北大
史部/目録類/通論之屬

補 20267
四庫全書纂修攷
金梁撰
民國稿本
天圖

史部／目録類／通論之屬

補 20268
經訓堂藏書總目一卷附管書閲書章程
　（清）查恩綏輯
　清光緒二十七年（1901）刻本
　九行二十八字黑口四周雙邊
吉大
史部／目録類／總録之屬

補 20269
四部叢刊提要
　盧靖撰
　民國十三年（1924）抄本
清華
史部／目録類／總録之屬

補 20270
錢遵王讀書敏求記校證四卷補目一卷
　（清）錢曾撰　（清）管庭芬輯
　章鈺 * 補輯
　1987 年江蘇廣陵古籍刻印社影印本
國圖
史部／目録類／總録之屬

補 20271
佳趣堂書目
　（清）陸漻藏並編　章鈺 * 抄
　清宣統元年（1909）章鈺抄本
國圖

史部／目録類／總録之屬

補 20272
涉園藏殿版書目一卷
　陶湘 * 藏　憶園編
　民國抄本
國圖
史部／目録類／總録之屬

補 20273
涉園所見宋版書影二輯
　陶湘 * 編
　1998 年江蘇廣陵古籍刻印社據民
　　國二十六年（1937）陶湘影印本
　影印本
國圖
史部／目録類／總録之屬

補 20274
天津圖書館書目三十二卷末一卷附天津圖書館叢書總目
　傅增湘 *　譚新嘉編
　民國二年（1913）鉛印本
天圖
史部／目録類／總録之屬

補 20275
景宋元本詩餘四種
　傅增湘輯
　民國三年（1914）影印本
東洋文庫
　酒邊集一卷　（宋）向子諲撰
　石屏長短句一卷　（宋）戴復古撰

梅屋詩餘一卷　（宋）許棐撰
中州樂府一卷　（金）元好問輯
史部/目録類/總録之屬

補 20276
德化李氏木樨軒藏書目録
　傅增湘輯
　民國稿本
北大
史部/目録類/總録之屬

補 20277
詩餘總目提要三卷
　傅增湘輯
　民國油印本
吉大
史部/目録類/總録之屬

補 20278
四庫全書目録續編
　金梁撰
　民國朱絲欄稿本
天圖
史部/目録類/總録之屬

補 20279
自莊嚴堪明版書目
　周叔弢（周暹）輯
　民國抄本
天圖
史部/目録類/總録之屬

補 20280
庫籍遺珍不分卷

王崇焕書
　民國抄本
天圖
史部/目録類/總録之屬

補 20281
**海岱人文冊目一卷札記二卷續一卷
之餘一卷**
　王崇焕輯
　民國抄本
天圖
史部/目録類/總録之屬

補 20282
思闇集詩目
　華世奎撰　王文光 * 書
　抄本
天圖
史部/目録類/總録之屬

補 20283
里黨藝文存略
　李恩培輯　　薊州區
　民國三十年（1941）出版
備註：李恩培生卒年不詳。是書于
1959 年由薊縣檔案館館長王雪鬆收
集，内容有關薊州藝文。
薊州區檔案館
史部/目録類/總録之屬

補 20284
小穿芳峪藝文彙編初編
　薊州區

2017 年天津社會科學院出版社
　出版
備註:是書爲當代出版,收錄有諸多
未見於各個圖書館的薊州人及相關
著述。
史部/目錄類/總錄之屬

補 20285
小穿芳峪藝文彙編二編
薊州區
　2017 年天津社會科學院出版社
　　出版
備註:是書爲當代出版,收錄有諸多
未見於各個圖書館的薊州人及相關
著述。
史部/目錄類/總錄之屬

補 20286
小穿芳峪藝文彙編三編
薊州區
　2018 年社會科學文獻出版社出版
備註:是書爲當代出版,收錄有諸多
未見於各個圖書館的薊州人及相關
著述。
史部/目錄類/總錄之屬

補 20287
小穿芳峪藝文彙編四編
薊州區
　2020 年天津古籍出版社出版
備註:是書爲當代出版,收錄有諸多
未見於各個圖書館的薊州人及相關
著述。

史部/目錄類/總錄之屬

補 30001
蝶訪居所輯書
　(清)徐士鑾輯
　清光緒刻民國二十一年(1932)增
　　刻本
　九行二十一字黑口四周雙邊
備註:此書爲匯印本。
國圖
子部/叢編類

補 30002
諸子識小錄
　胡宗楙輯錄
　稿本
北大
子部/總論類

補 30003
玉山老人節錄五子近思錄
　(清)周馥書
　稿本
天圖
子部/儒家儒學類

補 30004
[八十老人錄小學善行]
　(清)周馥書
　民國寫本
國圖
子部/儒家儒學類

補 30005
止菴家語
　　（清）周馥撰
　　民國油印本
南開
子部/儒家儒學類

補 30006
教女歌不分卷
　　嚴修撰
　　民國抄本
天圖
子部/儒家儒學類

補 30007
龍泉園語摘鈔一卷
　　林墨青（林兆翰）撰
　　民國天津社會教育處鉛印本
天圖
子部/儒家儒學類

補 30008
治平統鑑十二卷
　　楊鍾鈺　楊壽枏＊輯
　　民國二十二年（1933）上海人文印
　　　書館鉛印本
北大　人大　吉大　復旦　華師大
山東大
子部/儒家儒學類

補 30009
江蘇常熟言氏家塾讀本
　　言敦源輯

　　民國十七年（1928）鉛印本
吉大
子部/儒家儒學類

補 30010
國學月刊
　　李廷玉主編
　　民國二十六年（1937）天津國學研
　　　究社出版
國圖
子部/儒家儒學類

補 30011
聖諭附律易解
　　傅增湘等書
　　民國稿本
南開
子部/儒家儒學類

補 30012
啓蒙讀本三卷
　　王崇煥輯
　　民國王崇煥抄本
天圖
子部/儒家儒學類

補 30013
龍泉園語摘鈔一卷
　　（清）李江撰　　薊州區
　　清光緒三十四年（1908）天津社會
　　　教育辦事處鉛印本
天圖　上圖
子部/儒家儒學類

補 30014

道藏本五子

　傅增湘輯

　民國七年（1918）雙鑑樓影印本

北師大　上圖

子部/道家類

補 30015

老子通詁

　汪桂年撰

　2011 年北京宗教文化出版社出版

　　老子集成本

子部/道家類

補 30016

輜重勤務不分卷

　李梅　劉玉珂*　謝紹安編

　民國江蘇陸軍補助教育團石印本

天圖

子部/兵家類/操練之屬

補 30017

營教練校閱記錄一卷

　齊燮元撰　　寧河區

　民國七年（1918）南京宜春閣鉛

　　印本

天圖

子部/兵家類/操練之屬

補 30018

祝融佐治真詮十卷

　（清）吳士俊輯

　清刻本

　十行二十四字白口四周雙邊

備註：原書未署作者姓名，只題“傅

野山房纂輯”。

國圖　天圖　遼寧

子部/兵家類/兵器之屬

補 30019

步隊彈擊效力學十八章

　（清）賀良忠編　金紹曾*修

　清光緒三十二年（1906）北洋陸軍

　　編譯局刻本

北大

子部/兵家類/兵器之屬

補 30020

捕蝗備要一卷

　（清）沈兆澐撰

　清宣統二年（1910）姚彤章刻本

陝西

子部/農家農學類

補 30021

栽桑問答一卷

　（清）潘守廉輯

　清光緒二十八年（1902）南陽縣署

　　刻本

　十四行二十六字白口四周雙邊

陝西

子部/農家農學類

補 30022

養蠶要術一卷

　（清）潘守廉輯

清光緒二十八年(1902)南陽縣署
　刻本
十二行二十四字小字雙行同黑口
　左右雙邊
備註:《天津藝文志》著錄此書書名
"養蠶要術"誤爲"桑蚕要求"。
陝西
子部/農家農學類

補 30023
農業通論
　陳哲甫(陳恩榮)撰
　民國燕京大學油印本
北大
子部/農家農學類

補 30024
棉業芻議
　王竹銘編
　民國鉛印本
天圖
子部/農家農學類

補 30025
陳微塵醫書五種
　陳微塵撰
　民國二十四年(1935)鼎新印刷局
　　鉛印本
私人收藏
補充著述
　舌苔新訣
　脈訣提綱
　傷寒簡要

温病抉微
泔澼良規
子部/醫家類/類編之屬

補 30026
靈素生理新論
　楊如侯*撰　楊達夫整理
　民國十三年(1924)山西中醫改進
　　研究會鉛印本
私人收藏
子部/醫家類/醫經之屬

補 30027
靈素氣化新論
　楊如侯*撰　楊達夫整理
　民國二十年(1931)天津楊達夫醫
　　社鉛印本
中醫科學院
子部/醫家類/醫經之屬

補 30028
內經病理論
　尉稼謙編
　民國天津國醫函授學院鉛印新國
　　醫講義教材本
備註:根據《中醫圖書館聯合目錄》
補充。
中醫科學院
子部/醫家類/醫經之屬

補 30029
國醫傷寒新解
　王趾周注解

民國二十八年(1939)天津中西醫
　學研究社鉛印本
中科院　中醫科學院　北京中醫大
天圖　河南中醫大
子部/醫家類/傷寒金匱之屬

補 30030
傷寒論臨床實驗錄
　邢錫波編
　1984 年天津科學技術出版社出版
國圖　天圖
子部/醫家類/傷寒金匱之屬

補 30031
傷寒科
　尉稼謙編
　民國天津國醫函授學院鉛印新國
　醫講義教材本
備註:根據《中醫圖書館聯合目錄》
補充。
中醫科學院　青島　四川
子部/醫家類/傷寒金匱之屬

補 30032
新釋傷寒論
　李遂良編
　民國十六年(1927)天津新中醫學
　社鉛印本
私人收藏
子部/醫家類/傷寒金匱之屬

補 30033
痘疹輯要補正

程价三撰
稿本
備註:《津門醫粹文物圖集》著錄
子部/醫家類/診法之屬

補 30034
五色診鈎元
　楊如侯 * 撰　楊達夫整理
　民國二十年(1931)天津楊達夫醫
　社鉛印本
中醫科學院
子部/醫家類/診法之屬

補 30035
舌診
　董曉初撰
　油印本
私人收藏
子部/醫家類/診法之屬

補 30036
脈學闡微
　邢錫波編
　1976 年天津市醫藥科學技術情
　報站
天圖
子部/醫家類/診法之屬

補 30037
四診提要
　趙礎卿撰
　稿本
天津中醫大

子部/醫家類/診法之屬

補 30038

望色聞聲問症切脈學

尉稼謙編

民國天津國醫函授學院鉛印新國
醫講義教材本

備註:根據《中醫圖書館聯合目錄》
補充。

中醫科學院

子部/醫家類/診法之屬

補 30039

中醫脈診學

趙恩儉主編

1990 年天津科學技術出版社出版

國圖　天圖

子部/醫家類/診法之屬

補 30040

中醫證候診斷治療學

趙恩儉主編

1984 年天津科學技術出版社出版

國圖　天圖

子部/醫家類/診法之屬

補 30041

中醫脈學研究

崔玉田　趙恩儉*編

1965 年天津河北人民出版社出版

國圖　天圖

子部/醫家類/診法之屬

補 30042

新編針灸學二卷

王春園編

民國北平中華印書局鉛印本

備註:封面題名《針灸學編》。

國圖　私人收藏

子部/醫家類/針灸之屬

補 30043

針灸傳真

孫秉彝　趙熙　王秉禮*撰

民國十二年(1923)石印本

私人收藏

子部/醫家類/針灸之屬

補 30044

骨科按摩講義

葉希賢

天津中醫學院附屬醫院油印本

私人收藏

子部/醫家類/推拿按摩外治之屬

補 30045

醫案草

張樹華(張相臣)撰

抄本

天津醫專

子部/醫家類/本草之屬

補 30046

本草補遺

張樹華(張相臣)撰

稿本

中醫科學院
子部/醫家類/本草之屬

補 30047
食用本草學
　陸觀豹撰
　民國三十二年(1943)鉛印中國醫
　　學叢書本
備註:是書内容是有關傳統食療
本草。
國圖　私人收藏
子部/醫家類/本草之屬

補 30048
食用本草學
　陸觀豹撰
　2017 年香港心一堂有限公司影
　　印本
國圖
子部/醫家類/本草之屬

補 30049
藥物學三卷
　尉稼謙編
　民國天津國醫函授學院鉛印新國
　　醫講義教材本
備註:根據《中醫圖書館聯合目録》
補充。
首圖　中醫科學院　四川
子部/醫家類/本草之屬

補 30050
國藥科學製造法

尉稼謙編
民國天津國醫函授學院鉛印新國
　醫講義教材本
備註:根據《中醫圖書館聯合目録》
補充。
中醫科學院
子部/醫家類/本草之屬

補 30051
蔞萸軒丸散真方彙録十八卷
　張樹華(張相臣)撰
　民國十九年(1930)天津鉛印蔞萸
　　軒醫學叢書本
國圖　天圖
子部/醫家類/方論之屬

補 30052
經驗良方附六畜病經驗方
　張樹華(張相臣)輯
　民國二十二年(1933)天津鉛印蔞
　　萸軒醫學叢書本
天圖
子部/醫家類/方論之屬

補 30053
身理衛生論一卷
　王季烈撰
　清光緒二十四年(1898)上海蒙學
　　會石印蒙學書報本
日本國會
子部/醫家類/方論之屬

補 30054
處方學講義

施今墨撰

民國三十年(1941)光華國醫學社
鉛印本

甘肅

子部/醫家類/方論之屬

補 30055

施今墨臨床經驗集

施今墨＊撰　祝諶予整理

1982 年北京人民衛生出版社出版

國圖　天圖

子部/醫家類/方論之屬

補 30056

漢藥舊戲大觀

程价三撰

稿本

天津市文聯

子部/醫家類/方論之屬

補 30057

漢藥舊戲大觀

程价三撰

民國二十一年(1932)天津程氏醫
寓鉛印本

天圖

子部/醫家類/方論之屬

補 30058

治病要方

程价三撰

稿本

備註:《津門醫粹文物圖集》著錄。

子部/醫家類/方論之屬

補 30059

臨證實驗錄

尉稼謙編

民國天津國醫函授學院鉛印新國
醫講義教材本

備註:根據《中醫圖書館聯合目錄》
補充。

中醫科學院

子部/醫家類/方論之屬

補 30060

肘後積餘集

王季儒編

1984 年天津科學技術出版社出版

國圖　天圖

子部/醫家類/方論之屬

補 30061

扶正固本與臨床

哈荔田＊　李少川主編

1984 年天津科學技術出版社出版

國圖　天圖

子部/醫家類/方論之屬

補 30062

意解山房溫疫析疑四卷

(清)唐載庭(毓厚)撰

清光緒九年(1883)刻本

備註:唐載庭,清醫家,字毓厚,號
靜研。

國圖　天圖　天津中醫大　天津醫

專　天津濱海新區　保定
子部/醫家類/溫病之屬

補 30063
時症簡要二卷
　張樹華（張相臣）輯
　清光緒二十一年（1895）稿本
備註:張樹華,一名樹荺,字相臣,以
字行。
天津中醫大
子部/醫家類/溫病之屬

補 30064
增補瘟疫論二卷
　（明）吳有性撰　丁子良*（丁國
　瑞）集注增補
　清光緒三十二年（1906）天津大公
　　報館鉛印竹園叢書本
北師大　天津中醫大　遼寧
子部/醫家類/溫病之屬

補 30065
增補瘟疫論五卷
　（明）吳有性撰　丁子良*（丁國
　瑞）集注增補
　清光緒鉛印本
天津濱海新區
子部/醫家類/溫病之屬

補 30066
溫病講義
　陳曾源撰
　抄本

天津衛職
子部/醫家類/溫病之屬

補 30067
溫病講義
　陳曾源編
　抄本
天津醫專
子部/醫家類/溫病之屬

補 30068
傳染病中西匯通三篇
　王趾周撰
　民國十七年（1928）天津中西醫學
　　傳習所鉛印本
天圖
子部/醫家類/溫病之屬

補 30069
瘟疫病
　王趾周撰
　抄本
天津醫專　天津衛職
子部/醫家類/溫病之屬

補 30070
溫病講義
　楊如侯*撰　楊達夫整理
　民國二十年（1931）天津楊達夫醫
　　社鉛印本
中醫科學院
子部/醫家類/溫病之屬

補 30071
集註新解葉天士溫熱論
　　楊達夫編
　　1963 年天津人民出版社出版
　天圖
　子部/醫家類/溫病之屬

補 30072
時疫科
　　尉稼謙編
　　民國天津國醫函授學院鉛印新國
　　　醫講義教材本
　備註:根據《中醫圖書館聯合目錄》
　補充。
　中醫科學院　湖南　四川
　子部/醫家類/溫病之屬

補 30073
溫病刍言
　　王季儒編
　　1981 年天津科學技術出版社出版
　國圖　天圖
　子部/醫家類/溫病之屬

補 30074
中西醫結合治療流行性乙型腦炎
　　王季儒*　遠建德編
　　1979 年天津科學技術出版社出版
　國圖　天圖
　子部/醫家類/溫病之屬

補 30075
胃腸病新診斷

　　李術仁撰
　　民國二十六年(1937)正文印刷局
　　　鉛印本
　中醫科學院　私人收藏
　子部/醫家類/內科之屬

補 30076
寄生蟲病學
　　陸觀豹撰
　　民國三十二年(1943)鉛印中國醫
　　　學叢書本
　私人收藏
　子部/醫家類/內科之屬

補 30077
內科雜病學
　　尉稼謙編
　　民國天津國醫函授學院鉛印新國
　　　醫講義教材本
　備註:根據《中醫圖書館聯合目錄》
　補充。
　中醫科學院
　子部/醫家類/內科之屬

補 30078
眩暈一夕談
　　趙仲麟撰
　　民國二十一年(1932)天津鴻記印
　　　務工廠鉛印本
　備註:《津門醫生文物圖集》著錄。
　子部/醫家類/內科之屬

補 30079
外科

尉稼謙編

民國天津國醫函授學院鉛印新國
醫講義教材本

備註:根據《中醫圖書館聯合目録》
補充。

中醫科學院

子部/醫家類/外科之屬

補 30080

咽喉指掌

王春園編

民國二十二年(1933)北平中華印
書局鉛印本

天圖　私人收藏

子部/醫家類/五官科之屬

補 30081

眼科

尉稼謙編

民國天津國醫函授學院鉛印新國
醫講義教材本

備註:根據《中醫圖書館聯合目録》
補充。

中醫科學院

子部/醫家類/五官科之屬

補 30082

咽喉科

尉稼謙編

民國天津國醫函授學院鉛印新國
醫講義教材本

備註:根據《中醫圖書館聯合目録》
補充。

中醫科學院

子部/醫家類/五官科之屬

補 30083

產科常識

程价三撰

民國二十一年(1932)天津華新印
刷局鉛印本

天圖

子部/醫家類/婦產科之屬

補 30084

產寶淺注

程价三撰

稿本

備註:《津門醫粹文物圖集》著録。

子部/醫家類/婦產科之屬

補 30085

婦女科

尉稼謙編

民國天津國醫函授學院鉛印新國
醫講義教材本

備註:根據《中醫圖書館聯合目録》
補充。

中醫科學院　四川

子部/醫家類/婦產科之屬

補 30086

痘科溫故集二卷

(清)唐威原撰　(清)房陸*參訂

清乾隆十七年(1752)紹衣堂刻本

國圖　中醫科學院　天津中醫大

河北　上海中醫大
子部/醫家類/兒科之屬

補 30087
小兒育療法
　　趙沛霖編
　　民國三十一年(1942)東方印刷局
　　　鉛印本
私人收藏
子部/醫家類/兒科之屬

補 30088
小兒科
　　尉稼謙編
　　民國天津國醫函授學院鉛印新國
　　　醫講義教材本
備註:根據《中醫圖書館聯合目録》
補充。
中醫科學院　安徽
子部/醫家類/兒科之屬

補 30089
育嬰秘録
　　王季儒編
　　抄本
私人收藏
子部/醫家類/兒科之屬

補 30090
何世英兒科醫案
　　何世英撰
　　1979 年寧夏人民出版社出版
私人收藏

子部/醫家類/兒科之屬

補 30091
歷代兒科醫案集成
　　何世英等編
　　1985 年天津科學技術出版社出版
國圖　天圖
子部/醫家類/兒科之屬

補 30092
增訂幼科類萃
　　何世英主編
　　1986 年天津科學技術出版社出版
國圖　天圖
子部/醫家類/兒科之屬

補 30093
增訂痘疹輯要四卷
　　(清)白之紀輯　　薊州區
　　清嘉慶十五年(1810)裕余堂刻本
　　八行二十四字黑口左右雙邊單
　　　魚尾
國圖　中科院　中醫科學院　北京
中醫大　山東中醫大　桂林
子部/醫家類/兒科之屬

補 30094
醫藥衛生格言彙選
　　張樹華(張相臣)輯
　　民國二十二年(1933)天津鉛印虁
　　　奭軒醫學叢書本
天圖
子部/醫家類/養生之屬

補 30095

新生活與健康

　劉瑞恒撰

　民國二十三年（1934）南京出版新
　　生活叢書本

臺圖

子部/醫家類/養生之屬

補 30096

醫案講義

　丁甘仁撰　施今墨＊選輯

　民國二十五年（1936）華北國醫學
　　院鉛印本

中醫科學院

子部/醫家類/醫案之屬

補 30097

祝選施今墨醫案

　施今墨撰

　民國二十九年（1940）鉛印本

私人收藏

子部/醫家類/醫案之屬

補 30098

陸觀虎醫案

　陸觀虎＊撰　紀裕民整理

　1986 年天津科學技術出版社出版

國圖　河北　浙江

子部/醫家類/醫案之屬

補 30099

易氏醫案淺注

　程价三撰

　稿本

天津中醫大

子部/醫家類/醫案之屬

補 30100

邢錫波醫案集

　邢錫波撰

　2012 年北京中國中醫藥出版社
　　出版

國圖　天圖

子部/醫家類/醫案之屬

補 30101

哈荔田婦科醫案醫話選

　哈荔田撰

　1982 年天津科學技術出版社出版

國圖　天圖

子部/醫家類/醫案之屬

補 30102

國醫正言

　陳曾源主編

　民國二十三年至二十六年
　　（1934—1937）天津市國醫研究
　　會出版

備註：陳曾源，字澤東。

國圖　天圖

子部/醫家類/醫話醫論之屬

補 30103

醫學新論

　楊如侯＊撰　楊達夫整理

　民國二十年（1931）天津評報館鉛

印楊氏醫學叢書本
中醫科學院　私人收藏
子部/醫家類/醫話醫論之屬

補 30104
醫學雜記
　程价三撰
　稿本
備註:《津門醫粹文物圖集》著錄。
子部/醫家類/雜著之屬

補 30105
醫庫點滴
　程价三撰
　稿本
備註:《津門醫粹文物圖集》著錄。
子部/醫家類/雜著之屬

補 30106
醫學三字經集注
　程价三撰
　稿本
備註:《津門醫粹文物圖集》著錄。
子部/醫家類/雜著之屬

補 30107
醫知簡說
　趙礎卿撰
　稿本
天津中醫大
子部/醫家類/雜著之屬

補 30108
診餘集

趙恩儉撰
1978 年天津市中西醫結合急腹症
　研究所出版
國圖　天圖
子部/醫家類/雜著之屬

補 30109
筆花醫鏡四卷
　(清)江涵暾撰　(清)宋昌期補
　(清)高繼珩*校　　寶坻區
　清光緒十八年(1892)琉璃廠刻本
國圖　安陽
子部/醫家類/雜著之屬

補 30110
花隱菴隨筆一卷
　(清)牛坤撰
　稿本
山東
子部/雜家類

補 30111
義利法戒錄二卷
　(清)沈兆澐輯
　清同治四年(1865)山東德州刻本
　九行二十一字白口左右雙邊
天圖
子部/雜家類

補 30112
負暄閒語十二卷
　(清)周馥撰
　清宣統元年(1909)濟南鉛印本

備註:是書有牌記"宣統元年九月濟南排印"。

國圖　北大　首圖　天圖　南開

天津社科院　上圖　蘭州大　東大

東文研

子部/雜家類

補 30113

節錄身世金箴一卷

（清）周馥撰并書

清宣統元年（1909）石印本

國圖　天圖　南開

子部/雜家類

補 30114

鄉人社會談一卷

王守恂撰

民國天津社會教育辦事處鉛印本

天圖

子部/雜家類

補 30115

應酬雜存不分卷

王守恂撰

清末民初（1865—1917）稿本

天圖

子部/雜家類

補 30116

壬戌春丁講經錄不分卷

丁子良（丁國瑞）撰

民國天津社會教育辦事處鉛印本

天圖

子部/雜家類

補 30117

槐窗箋記一卷

（清）查默勤輯

清稿本

浙江

子部/雜著類

補 30118

雜錄

嚴修輯

清末民國初稿本

天圖

子部/雜著類

補 30119

章安雜記

（清）趙之謙撰　章鈺*抄

清光緒三十二年（1906）算鶴量鯨

室抄本

國圖

子部/雜著類

補 30120

安蹇齋隨筆一卷

英斂之（英華）撰

民國九年（1920）石印本

北師大　天圖　上圖　華師大

子部/雜著類

補 30121

天人通

金梁撰

民國二十五年（1936）紅格稿本

備註：有丙子（1936）孟夏金梁《自序》。

天圖

子部/雜著類

補 30122

文史偶存不分卷

　金梁撰

　1958 年油印本

上圖

子部/雜著類

補 30123

方是閒居漫筆五卷

　王崇煥撰

　稿本

天圖

子部/雜著類

補 30124

小敷山堂叢鈔

　王崇煥輯

　抄本

天圖

子部/雜著類

補 30125

最新希奇古怪四卷

　（清）李慶辰撰

　民國三年（1914）石印本

上圖

子部/小説家類

補 30126

海外拾遺

　（清）張燾撰

　清光緒十四年（1888）天津時報館

　鉛印本

國圖　　北大　　南開　　東北師大

新疆

子部/小説家類

補 30127

娑婆生傳一卷

　袁克文撰

　1986 年上海書店影印虞初志合

　集本

一橋大

子部/小説家類

補 30128

牙牌參禪譜二卷

　（清）閻智撰

　清道光十四年（1834）刻本

　九行二十字白口四周單邊

國圖

子部/術數類

補 30129

奇門原古二卷

　（宋）趙普撰　　薊州區

　清抄本

天一閣

子部/術數類

補 30130
棣華堂地學五種十二卷
元祝垚撰　　静海區
民國七年(1918)石印本
國圖
補充著述
辨正疏批論
天玉經寶照經
天元歌歸厚錄
囫圇語
陽宅覺
子部/術數類

補 30131
棣華堂地學五種十二卷
元祝垚撰　　静海區
民國抄本
國圖
子部/術數類

補 30132
陽宅覺元氏新書二卷
元祝垚撰　　静海區
清光緒二十三年(1897)刻本
九行二十二字白口四周雙邊
天圖
子部/術數類

補 30133
地理玄龍經五卷
趙魯源撰　　　静海區
民國十四年(1925)石印本
上圖
子部/術數類

補 30134
辛家彥等書法
(清)辛家彥書　(清)盧恩溥書
(清)王恩湝書　(清)王維珍*書
清寫本
天圖
子部/藝術類/書畫之屬

補 30135
周慤慎公百齡紀念圖詠一卷
(清)周馥撰
民國二十五年(1936)影印本
天圖
子部/藝術類/書畫之屬

補 30136
玉山老人手書竇諫議錄一卷
(清)周馥撰
民國九年(1920)影印本
天圖
子部/藝術類/書畫之屬

補 30137
玉山老人手書張文端語
(清)周馥書
民國石印本
天圖
子部/藝術類/書畫之屬

補 30138
玉山老人手書先賢論

（清）周馥書
民國據書稿影印本
天圖
子部/藝術類/書畫之屬

補 30139
周玉山摘録篤素堂集文一卷
（清）周馥書
民國石印本
上圖
子部/藝術類/書畫之屬

補 30140
石門山人臨千字文
徐世昌臨書
民國影印本
天圖
子部/藝術類/書畫之屬

補 30141
石門山人臨書譜
徐世昌臨書
民國影印本
天圖
子部/藝術類/書畫之屬

補 30142
沽上名人墨蹟
孟廣慧　徐世昌*　楊家瑞　戴
錫章撰並書
清光緒二十六年至民國二十八年
　（1900—1939）稿本
天圖

子部/藝術類/書畫之屬

補 30143
徐世昌行草孝經
徐世昌書
民國寫本
天博
子部/藝術類/書畫之屬

補 30144
尚古山房十大名人墨寶
徐世昌書
民國上海尚古山房石印本
中山大
子部/藝術類/書畫之屬

補 30145
龔曉山先生畫冊
龔曉山書
影印本
私人收藏
子部/藝術類/書畫之屬

補 30146
孟樹村七秩壽言不分卷
嚴修等撰並書
稿本
天圖
子部/藝術類/書畫之屬

補 30147
林墨青壽辰徵言不分卷
嚴修等撰

稿本

天圖

子部/藝術類/書畫之屬

補 30148

王丙田先生暨德記趙宜人家傳

　華世奎＊　佟甫田　張念祖撰並

書

　民國稿本

天圖

子部/藝術類/書畫之屬

補 30149

周氏家譜序一卷

　華世奎撰

　民國五年（1916）石印本

天圖

子部/藝術類/書畫之屬

補 30150

名人書法真跡不分卷

　（清）曹鴻勛　華世奎＊　丁佛言

等書

　稿本

煙臺

子部/藝術類/書畫之屬

補 30151

書函珍存不分卷

　王守恂＊　金鉞　趙元禮撰

　民國稿本

天圖

子部/藝術類/書畫之屬

補 30152

章式之先生臨明徵君碑

　章鈺書

　民國二十六年（1937）影印本

國圖　天圖　上圖

子部/藝術類/書畫之屬

補 30153

負翁書課

　章鈺書

　民國二十二年（1933）影印本

上圖

子部/藝術類/書畫之屬

補 30154

萬松老人贈志清二妹冊頁

　英斂之（英華）書

　稿本　經折裝

天師大

子部/藝術類/書畫之屬

補 30155

零金碎玉

　趙元禮＊　沈泰　陳乙金書

　清光緒二十六年至民國二十九年

　　（1900—1940）稿本

天圖

子部/藝術類/書畫之屬

補 30156

［味秋信札］不分卷

　溫忠翰　趙元禮＊撰

　清光緒二十六年至民國二十八年

（1900—1939）稿本
天圖
子部／藝術類／書畫之屬

補 30157
[書劄]
　　吳士鑑　趙元禮*　林世濤撰並書
　　清光緒十四年至民國二十三年（1888—1934）稿本
天圖
子部／藝術類／書畫之屬

補 30158
恕齋贈言
　　趙元禮等撰並書
　　寫本
天圖
子部／藝術類／書畫之屬

補 30159
趙元禮手劄
　　趙元禮手書
　　稿本
南開
子部／藝術類／書畫之屬

補 30160
漢碑不分卷
　　李準臨摹
　　民國寫本
天圖
子部／藝術類／書畫之屬

補 30161
李直繩先生臨張遷碑一卷
　　李準書
　　民國秀文齋李氏寫本
天圖
子部／藝術類／書畫之屬

補 30162
篆書心經
　　李準篆書
　　民國石印本
天圖
子部／藝術類／書畫之屬

補 30163
藏園手寫宋刊唐六典元刊五服圖解跋
　　傅增湘撰
　　稿本
天圖
子部／藝術類／書畫之屬

補 30164
傅增湘等致止庵書
　　傅增湘等撰並書
　　寫本
天圖
子部／藝術類／書畫之屬

補 30165
張遷表頌對文三百聯不分卷
　　張壽撰
　　民國二十二年（1933）稿本

天圖
子部/藝術類/書畫之屬

補 30166
華嚴經普賢行願品偈
　李叔同書
　1985 年曙光印刷廠影印本
國圖
子部/藝術類/書畫之屬

補 30167
弘一大師寫經集
　釋弘一(李叔同)書
　1993 年影印本
上圖
子部/藝術類/書畫之屬

補 30168
弘一大師手寫佛經三種
　釋弘一(李叔同)書
　民國十年(1921)　影印本
上圖
子部/藝術類/書畫之屬

補 30169
弘一大師書華嚴集聯三百首一卷
　釋弘一(李叔同)書
　民國十九年(1930)　影印本
天圖　上圖
子部/藝術類/書畫之屬

補 30170
弘一大師手書格言

　釋弘一(李叔同)書
　1999 年北京綫裝書局影印中國名
　　家格言系列叢書本
河南大
子部/藝術類/書畫之屬

補 30171
弘一法師手書經典五種
　釋弘一(李叔同)書
　2002 杭州浙江古籍出版社影印本
復旦
子部/藝術類/書畫之屬

補 30172
李叔同當湖書印文輯三卷
　釋弘一(李叔同)*書　王維軍主
　編
　2015 年杭州西泠印社出版社影
　　印本
北大
子部/藝術類/書畫之屬

補 30173
袁克文等致金坡書
　袁克文等撰並書
　民國稿本
天圖
子部/藝術類/書畫之屬

補 30174
張大千青城十景神品畫冊
　周叔弢輯
　民國海天樓影印本

天圖
子部/藝術類/書畫之屬

補 30175
周叔弢先生書簡
　　周叔弢 *（周暹）撰　　王貴忱編
　　1994 年廣州王貴忱影印本
北大
子部/藝術類/書畫之屬

補 30176
貼鑑三卷
　　王崇煥撰
　　1950 年至 1952 年稿本
天圖
子部/藝術類/書畫之屬

補 30177
袁規厂藏名人書畫冊
　　袁克權收藏
　　民國十八年（1929）上海中華書局
　　　影印本
臺圖
子部/藝術類/書畫之屬

補 30178
龔望臨漢石門頌
　　龔望書
　　1988 年天津楊柳青畫社出版
天圖
子部/藝術類/書畫之屬

補 30179
龔望書法集

龔望書
　　1997 年天津人民出版社出版
天圖
子部/藝術類/書畫之屬

補 30180
龔望隸書楹聯集
　　龔望書
　　2000 年天津古籍出版社出版
天圖
子部/藝術類/書畫之屬

補 30181
龔望遺墨
　　龔望書
　　2005 年天津人民美術出版社出版
私人收藏
子部/藝術類/書畫之屬

補 30182
鮮于樞書楔帖周馳題跋
　　（元）鮮于樞 *　　（元）周馳書
　　薊州區
　　民國十七年（1928）神州國光社影
　　　印本
國圖
子部/藝術類/書畫之屬

補 30183
鮮于樞草書
　　（元）鮮于樞書　　薊州區
　　民國二十年（1931）據裴氏壯陶閣
　　　藏本影印本

備註:書名據書籤題。

國圖

子部/藝術類/書畫之屬

補 30184

元鮮于伯機石鼓歌墨跡

　(元)鮮于樞書　　薊州區

　民國二十年(1931)影印本

上圖

子部/藝術類/書畫之屬

補 30185

元鮮于伯機草書唐詩

　(元)鮮于樞書　　薊州區

　日本昭和九年(1934)京都小林寫

　　真製版所據元元貞二年(1296)

　　鮮于樞稿本影印本

備註:書名據書籤題。

國圖　關大

子部/藝術類/書畫之屬

補 30186

元鮮于樞書透光古鏡歌

　(元)鮮于樞書　　薊州區

　民國二十五年(1936)國立北平故

　　宮博物院影印本

國圖　北大　上圖　中山大

子部/藝術類/書畫之屬

補 30187

鮮于樞章草千字文

　(元)鮮于樞*書　〔日本〕下中彌

　　三郎編　　薊州區

　民國二十五年(1936)日本平凡社

　　影印本

備註:書名據版權頁。

國圖　南開

子部/藝術類/書畫之屬

補 30188

鮮于樞行草真跡

　(元)鮮于樞書　　薊州區

　民國二十五年(1936)北平故宮博

　　物院影印本

備註:書名據書籤題。

國圖　上圖

子部/藝術類/書畫之屬

補 30189

元趙孟頫鮮于樞行草合冊不分卷

　(元)趙孟頫　(元)鮮于樞*書

　　薊州區

　民國二十五年(1936)國立北平故

　　宮博物院影印本

國圖　北大　天圖　上圖

子部/藝術類/書畫之屬

補 30190

元鮮于伯機草書唐詩墨跡

　(元)鮮于樞書　　薊州區

　民國影印本

上圖

子部/藝術類/書畫之屬

補 30191

鮮于氏臨蘭亭敘

（元）鮮于樞摹　　薊州區
　民國影印本
備註：書名據書衣題。
國圖
子部/藝術類/書畫之屬

補 30192
鮮于樞盤谷序墨跡
　（元）鮮于樞書　　薊州區
　民國影印本
上圖
子部/藝術類/書畫之屬

補 30193
鮮于樞趙孟頫合書千字文
　（元）鮮于樞＊書　（元）趙孟頫書
　薊州區
　民國石印本
上圖
子部/藝術類/書畫之屬

補 30194
元鮮于樞書杜詩不分卷
　（元）鮮于樞書　　薊州區
　1959 年北京文物出版社影印故宮
　博物院藏歷代法書選集本
國圖　北師大　天圖
子部/藝術類/書畫之屬

補 30195
元鮮于樞書王安石詩不分卷
　（元）鮮于樞書　　薊州區
　1961 年北京文物出版社影印遼寧

省博物館藏法書選集本
國圖　北師大　天圖
子部/藝術類/書畫之屬

補 30196
元鮮于樞行書詩贊不分卷
　（元）鮮于樞書　　薊州區
　1964 年北京文物出版社影印上海
　博物館藏歷代法書選集本
國圖　北大　天圖　愛媛大
子部/藝術類/書畫之屬

補 30197
元鮮于樞行書送李願歸盤谷序
　（元）鮮于樞書　　薊州區
　1982 年北京文物出版社影印上海
　博物館藏歷代法書選集本
國圖
子部/藝術類/書畫之屬

補 30198
元鮮于樞書蘇軾海棠詩
　（宋）蘇軾撰　（元）鮮于樞＊書
　薊州區
　1982 年北京文物出版社影印故宮
　博物院藏歷代法書選集本
國圖　天圖
子部/藝術類/書畫之屬

補 30199
范氏心箴
　（清）戴彬元書　　寧河區
　清末刻本

天圖
子部/藝術類/書畫之屬

補 30200
味古廬印譜
　（清）查禮輯
　　攝影底片
天博
子部/藝術類/篆刻之屬

補 30201
艸木名印楮葉集
　（清）趙垫 *輯刻　（清）趙諤編
　　清嘉慶二十二年（1817）鈐印本
北大　南開
子部/藝術類/篆刻之屬

補 30202
紅椒館印存二卷
　（清）解道仔篆刻
　　清嘉慶鈐印本
東大總
子部/藝術類/篆刻之屬

補 30203
心齋印存（墨癡生印存）
　（清）王祖光篆
　　清末至民國鈐印本
備註:《天津藝文志》著録此書著者
名"王祖光"誤爲"王光祖"。
國圖
子部/藝術類/篆刻之屬

補 30204
守硯生印存四卷
　（清）王祖光訂
　　清光緒十年（1884）大興王氏鈐
　　印本
北大　首圖　遼寧
子部/藝術類/篆刻之屬

補 30205
四當齋心印一卷
　章鈺輯
　　民國二十五年（1936）鈐印本
上圖
子部/藝術類/篆刻之屬

補 30206
福山王氏劫餘印存一卷
　王崇煥輯
　　民國十七年（1928）河北第一博物
　　館影印本
天圖
子部/藝術類/篆刻之屬

補 30207
篆刻常識與篆隸筆法
　俞祖鑫撰
　　1979 年天津社會科學院圖書館油
　　印本
私人收藏
子部/藝術類/篆刻之屬

補 30208
海天樓藏秦漢印譜

433

巢章甫輯

民國三十年(1941)巢章甫鈐印本

備註:巢章甫,名章,字章甫、章父、鳳初,號一藏,堂號名"海天樓""靜觀自得齋",江蘇武進人,後久居天津。

國圖

子部/藝術類/篆刻之屬

補30209

海天樓印譜

巢章甫輯

民國三十年(1941)巢章甫鈐印本

備註:首册書前貼浮簽一紙,中有墨筆小字跋文:"辛巳冬日,以家藏漳州宿印泥借拓建德周氏所收海豐吳氏雙虞壺齋舊藏印,手拓十二部,此其第三也。吳印歸周時略有散失,然亦有舊譜所失載者。總取未誠,菁英俱在,而此每紙一印,則又勝于舊譜者也。 海天樓主人記。章甫拓印。"

北大

子部/藝術類/篆刻之屬

補30210

琴學不分卷

(清)余作恭輯

清咸豐九年(1859)抄本

備註:余作恭,字肅齋,余堂之子。

中國藝研院音研所

子部/藝術類/樂譜之屬

補30211

七巧集成八卷

(清)周承基輯

清道光二十六年(1846)天津周氏怡性園刻本

國圖 安徽師大 京大人文研

子部/藝術類/游藝之屬

補30212

退耕堂硯譜

徐世昌藏拓

民國天津徐氏退耕堂拓本

北大

子部/譜録類

補30213

巧工偶記一卷

袁克文撰

1986年上海書店影印虞初志合集本

一橋大

子部/譜録類

補30214

古董録一卷

王崇焕撰

民國抄本

天圖

子部/譜録類

補30215

古董録一卷

王崇焕撰

劉渭清黏綴本
南開
子部/譜録類

補 30216
陶情百友譜不分卷
　（清）王澤博撰　　寶坻區
　清稿本
備註：王澤博，清康熙四十七年
（1708）歲貢。
臺圖
子部/譜録類

補 30217
陶情百友譜不分卷
　（清）王澤博撰　　寶坻區
　1974 年臺北文海出版社影印清代
　稿本百種彙刊本
國圖
子部/譜録類

補 30218
淨土清鐘二卷
　（清）潘守廉纂
　民國十三年（1924）天津大公報館
　　鉛印本
北大　上圖
子部/宗教類/佛教之屬

補 30219
心經注解
　王春園輯
　民國二十三年（1934）石印本

國圖
子部/宗教類/佛教之屬

補 30220
盜戒釋相概略問答一卷
　釋弘一（李叔同）書
　民國影印本
上圖
子部/宗教類/佛教之屬

補 30221
地藏菩薩聖德大觀一卷
　釋弘一（李叔同）撰
　民國二十二年（1933）鉛印本
上圖
子部/宗教類/佛教之屬

補 30222
弘一大師書藥師本願功德經一卷
　釋弘一（李叔同）＊書　葉恭綽題
　跋夏丏尊題跋　夏敬觀題跋　圓
　瑛題跋　豐子愷題跋
　民國二十五年（1936）稿本
上圖
子部/宗教類/佛教之屬

補 30223
金剛般若波羅密經
　釋弘一（李叔同）書
　民國二十五年（1936）影印本
上圖
子部/宗教類/佛教之屬

補 30224
千手千眼無礙大悲心陀羅尼一卷
　釋弘一（李叔同）書
　民國二十四年（1935）影印本
上圖
子部／宗教類／佛教之屬

補 30225
印光法師淨土決疑論一卷
　釋弘一（李叔同）* 示綱　（清）
　釋印光撰　尤惜陰演譯
　民國二十五年（1936）刻本
上圖
子部／宗教類／佛教之屬

補 30226
四分律行事鈔資持記扶桑集釋
　釋弘一（李叔同）* 集釋　釋妙因
　輯録
　1965 年香港法界學苑出版
東北大
子部／宗教類／佛教之屬

補 30227
勸發菩提心文一卷觀音菩薩靈籤一卷山中白雪詞選一卷
　呂碧城撰
　民國鉛印夢雨天華室叢書本
上圖
子部／宗教類／佛教之屬

補 30228
百愚禪師語録二十卷附蔓堂集四卷

（清）釋智操　（清）釋智朴* 輯
薊州區
　明萬曆十七年（1589）至清乾隆間
刻本
北京市法源寺　臺圖
子部／宗教類／佛教之屬

補 30229
盤山拙菴朴大師電光録一卷
　（清）釋智朴撰　　薊州區
　清康熙三十八年（1699）　刻本
首圖　上圖
子部／宗教類／佛教之屬

補 30230
白話譯解古蘭天經三十卷
　王靜齋譯
　民國三十一年（1942）石印本
上圖
子部／宗教類／伊斯蘭教之屬

補 30231
真鏡花園
　（波斯）薩迪撰　　王靜齋* 譯
　2017 年北京華文出版社出版
天圖
子部／宗教類／伊斯蘭教之屬

補 30232
白話宗教談一卷
　宋則久（宋壽恆）撰
　民國五年（1916）鉛印本
天圖

子部/宗教類/其他宗教之屬

補 40001
馬虞臣詩
　(唐)馬戴撰　馬鍾琇*輯
　民國安次馬氏抄本
國圖
集部/別集類/唐宋別集

補 40002
陳文惠公集
　(宋)陳堯佐撰　馬鍾琇*輯
　民國綠絲欄抄本
國圖
集部/別集類/唐宋別集

補 40003
晏元獻遺文三卷
　(宋)晏殊撰　馬鍾琇*輯
　民國油印本
國圖
集部/別集類/唐宋別集

補 40004
橫槊集
　(宋)劉季孫撰　馬鍾琇*輯
　民國綠絲欄抄本
國圖
集部/別集類/唐宋別集

補 40005
遺山詠杏詩
　(金)元好問撰　馬鍾琇*抄錄

　民國三十一年(1942)抄本
國圖
集部/別集類/金元別集

補 40006
魯齋遺書約鈔二卷
　(元)許衡撰　周學熙*選錄
　清抄本
南開
集部/別集類/金元別集

補 40007
綠豔亭詩文合集
　(清)張霔*撰　(清)梅寶璐輯
　清末抄本
國圖
集部/別集類/清別集

補 40008
壯游草不分卷讀畫編不分卷鴻雪山房集不分卷薤露集不分卷鴻雪山房近草薤露遺音不分卷讀書舫詩未定稿不分卷讀書舫詩未定稿補遺不分卷
　(清)胡捷*撰　(清)胡承勳錄
　民國天津一瓻樓鈔本
備註：是書有丁巳(1917)高淩雯《跋》。
天圖
集部/別集類/清別集

補 40009
洪吉人先生遺文一卷

（清）洪天錫撰

清乾隆刻本

九行二十五字白口四周雙邊

天津社科院

集部/別集類/清別集

補 40010

蔗塘詩集二卷

（清）查爲仁撰

清康熙五十七年（1718）刻本

上圖

集部/別集類/清別集

補 40011

垤進齋詩集□卷

（清）金文淳撰

抄本

備註:金文淳爲金志章之子,原籍浙

江仁和（今杭州市）。

中科院

集部/別集類/清別集

補 40012

垤進齋詩集殘存二卷

（清）金文淳撰

2010 年上海古籍出版社影印清代

詩文集彙編本

集部/別集類/清別集

補 40013

錦川集二卷

（清）金文淳撰

清抄本

中科院

集部/別集類/清別集

補 40014

遊虞山詩

（清）查禮撰並行書

拓本

國圖

集部/別集類/清別集

補 40015

林於舘詩草二卷

（清）查昌業撰

清抄本

備註:是書有高淩雯、孫默庵題識,

卷端鈐"樸園秘笈"白文方印。

天圖

集部/別集類/清別集

補 40016

東軒詩稿六卷

（清）查善和撰

稿本

臺圖

集部/別集類/清別集

補 40017

無怪時文

（清）楊一崑撰

清乾隆稿本

首圖

集部/別集類/清別集

補 40018

磊砢餘情不分卷愛竹山房詩草不分卷

（清）馮嘉蘭撰

稿本

中科院

集部／別集類／清別集

補 40019

讀史雜詠一卷

（清）牛坤撰

清大興牛氏刻本

九行十八字小字雙行同白口四周雙邊

國圖

集部／別集類／清別集

補 40020

花隱菴詩草一卷

（清）牛坤撰

稿本

山東　上饒

集部／別集類／清別集

補 40021

雪門偶然草一卷

（清）徐炘撰

清嘉慶刻本

南京

集部／別集類／清別集

補 40022

藹吉詩稿八卷附悼亡百首一卷

（清）查梧撰

清嘉慶抄本

中科院

集部／別集類／清別集

補 40023

樹君先生稿二卷

（清）梅成棟撰

清抄本

中科院

集部／別集類／清別集

補 40024

愈愚蓬舍詩稿一卷

（清）李佛桐撰　（清）梅成棟＊選

清抄本

中科院

集部／別集類／清別集

補 40025

欲起竹間樓文集四卷

（清）梅成棟撰

影印本　龔望題識

天圖

集部／別集類／清別集

補 40026

查花農別駕詩鈔

（清）查林撰

民國抄黔南游宦詩文征本

國圖

集部／別集類／清別集

補 40027

雲巢館課存稿一卷

　（清）沈兆澐撰

　清咸豐九年（1859）刻本

中科院

集部／別集類／清別集

補 40028

可竹軒詩録一卷

　（清）王大淮撰

　清道光二十三年（1843）孔憲庚

　　刻本

中科院　首圖

集部／別集類／清別集

補 40029

傅巖學吟詩草二卷

　（清）吳士俊撰

　清道光二十二年（1842）刻本

　九行二十五字小字雙行同白口左

　　右雙邊

寧夏

集部／別集類／清別集

補 40030

小草廬陔餘鼓草不分卷

　（清）吳士俊撰

　稿本

上圖

集部／別集類／清別集

補 40031

蘭喜亭詩草一卷

　（清）王增年撰

　稿本

上圖

集部／別集類／清別集

補 40032

秋園隨録四卷

　（清）張桐撰

　清光緒十年（1884）遂閒堂刻本

首圖

集部／別集類／清別集

補 40033

緑豔亭詩文合集

　（清）梅寶璐輯

　清末抄本

國圖

集部／別集類／清別集

補 40034

雪泥鴻爪不分卷

　（清）梅寶璐等撰

　清末稿本

天津社科院

集部／別集類／清別集

補 40035

守硯齋試貼初集四卷二集二卷

　（清）王祖光撰

　清光緒二十三年至二十四年

　　（1897—1898）刻本

國圖　北大　人大　天圖　上圖

臺圖

集部/別集類/清別集

補 40036
寄盦試律賸二卷附刻一卷
（清）王祖光撰
清光緒二十六年（1900）鹿城巡署
　之且園刻朱印本
八行二十字白口四周雙邊
國圖　北大　人大　首圖
集部/別集類/清別集

補 40037
喝月樓詩稿□卷
（清）王鵠（鴻）撰
清道光黑格稿本
復旦：存三卷（辛丑至癸卯）
集部/別集類/清別集

補 40038
喝月樓詩餘一卷
（清）王鵠（鴻）撰
清刻本
復旦
集部/別集類/清別集

補 40039
荻湄詩草
（清）徐思稗撰
清抄本　清周天麟題識
天圖：存二卷（卷三、卷十一）
集部/別集類/清別集

補 40040
荻湄殘稿二卷

（清）徐思稗撰
民國十四年（1925）徐氏退耕堂鉛
　印本
北大　天圖
集部/別集類/清別集

補 40041
翰香詩社試律課存六卷
（清）陳塏輯
清光緒二十三年（1897）刻本
九行二十二字白口四周雙邊
天圖
集部/別集類/清別集

補 40042
海粟樓詩階六卷
（清）郭恩第輯
清光緒十三年（1887）刻本
八行十八字黑口四周雙邊
備註：中國人民大學圖書館著録“清
光緒十一年（1885）天津郭氏刻
本”，故爲天津人。重慶圖書館著者
“郭思第”，爲誤。
天津社科院　人大　重慶
集部/別集類/清別集

補 40043
北山草堂詩記三卷首一卷
（清）楊昌邠撰　（清）周馥＊等評
周叔弢等校
清宣統元年（1909）寧国學舍活字
　本
十一行二十字白口左右雙邊

441

天圖
集部/別集類/清別集

補 40044
玉山詩集四卷玉山文集二卷
　(清)周馥撰
　民國九年(1920)上海聚珍仿宋印
　　書局鉛印本
國圖　北大　天圖　復旦
集部/別集類/清別集

補 40045
生日偶成十絕一卷
　(清)周馥撰
　民國九年(1920)石印本
天圖　上圖
集部/別集類/清別集

補 40046
猛庵文畧二卷
　(清)李葆恂撰
　民國六年(1917)刻本
首圖
集部/別集類/清別集

補 40047
方望溪先生文集約選不分卷
　(清)方苞撰　周學熙*選
　清稿本
南開
集部/別集類/清別集

補 40048
梅花館詩集一卷詩餘一卷

　(清)汪韻梅撰　言敦源*輯
　清光緒三十四年(1908)鉛印本
國圖　中科院　天圖
集部/別集類/清別集

補 40049
**忘庵遺詩輯存一卷續輯一卷誦芬拾
遺一卷**
　(清)王武撰　王季烈*輯
　民國十八年(1929)王季烈刻本
中科院　復旦　華師大
集部/別集類/清別集

補 40050
德馨逸老吟稿
　(清)劉煦撰　馬鍾琇*輯
　民國安次馬氏綠絲欄抄本
國圖
集部/別集類/清別集

補 40051
石蓮文鈔不分卷
　(清)吳重憙撰　王崇煥*輯錄
　民國王崇煥抄本
備註:是書鈐"半耕半讀村翁"朱文
方印、"王崇煥印"白文方印。
天圖
集部/別集類/清別集

補 40052
求闕文齋文存不分卷
　(清)王懿榮撰　王崇煥*輯
　民國十年(1921)王崇煥抄本

天圖
集部/別集類/清別集

補 40053
辛壬蔓草一卷
（清）釋智朴撰　　薊州區
清康熙四十二年（1703）刻本
上圖
集部/別集類/清別集

補 40054
盤谷後集一卷
（清）釋智朴撰　　薊州區
清康熙刻本
中央民大
集部/別集類/清別集

補 40055
盤山盤谷寺拙菴朴禪師尺牘一卷
（清）釋智朴＊撰　（清）德盛記録
薊州區
清康熙天津薊縣孫門羅刻本
人大
集部/別集類/清別集

補 40056
王竹舫自書詩册一卷
（清）王晉之書　　薊州區
清稿本
蘇州
集部/別集類/清別集

補 40057
南村詩稿

（清）王煐撰　　寶坻區
稿本
備註:此書共二十册,現藏於天津市
文聯,索書號 S0160。書衣題"茸山
堂詩鈔　出塞吟"。
天津市文聯
集部/別集類/清別集

補 40058
羅浮紀游詩一卷
（清）王煐撰　　寶坻區
清康熙刻本
上圖
集部/別集類/清別集

補 40059
蕉亭閒詠不分卷
（清）芮熊占撰　　寶坻區
清道光刻本
復旦
集部/別集類/清別集

補 40060
且住爲佳軒詩鈔
（清）王殊渥撰　　寶坻區
清刻本
國圖
集部/別集類/清別集

補 40061
培根堂學古文一卷
（清）高繼珩撰　　寶坻區
清末朱絲欄稿本

國圖
集部/別集類/清别集

補 40062
鑄鐵硯齋詩集
　　（清）高繼珩撰　　寶坻區
　　清末抄本
備註：書名、著者據書衣題。
國圖
集部/別集類/清别集

補 40063
從吾所好齋試帖詩二卷
　　（清）成琦撰　　（清）廉兆綸＊評
　　（清）楊能格選　　寧河區
　　清同治七年（1868）主善堂刻本
北大
集部/別集類/清别集

補 40064
李彰九先生遺稿
　　（清）王照鑒定　　寧河區
　　民國鉛印本
國圖
集部/別集類/清别集

補 40065
近野軒詩鈔二卷
　　（清）曹傳撰　　武清區
　　清抄本
備註：書名據題記題。
國圖
集部/別集類/清别集

補 40066
蘭雪齋詩鈔八卷
　　（清）陳寅撰　　武清區
　　民國七年（1918）京華印書局鉛
　　印本
國圖　北大　中科院　天圖　上圖
補充著述
　　閒居集
　　彈鋏集
　　息影集
　　鐵人集
　　蓬幕集
　　望瀛集
　　起夢集
　　趣園集各一卷
集部/別集類/清别集

補 40067
寄傲軒詩稿
　　（清）曹彬孫撰　　武清區
　　2021 年天津古籍出版社出版津沽
　　詩集六種本
備註：曹彬孫，字藹臣，號卓璘，同治
己巳（1869）年生。
集部/別集類/清别集

補 40068
恕堂詩鈔四卷
　　（清）宮鴻曆撰　　静海區
　　清嘉慶二十一年（1816）王世豐
　　刻本
首圖
集部/別集類/清别集

補 40069

恕堂詩存十三卷

（清）宮鴻曆撰 静海區

稿本

南京

集部/別集類/清別集

補 40070

柱笏樓詩不分卷

（清）宮懋言撰 静海區

抄本

上圖

集部/別集類/清別集

補 40071

柱笏樓詩集不分卷

（清）宮懋言撰 静海區

抄本

泰州

集部/別集類/清別集

補 40072

擬莆陽樂府一卷

（清）蕭重撰 静海區

清道光四年（1824）刻本

七行二十二字小字雙行同白口左

右雙邊

國圖 上圖

集部/別集類/清別集

補 40073

退一步草堂詩鈔二卷詞鈔一卷小唱

一卷

（清）王玉驥撰 静海區

清光緒刻本

九行二十字小字雙行同白口四周

雙邊

備註：王玉驥（1843—1895），字

雪譚。

國圖 北師大 天圖 天師大

上圖

集部/別集類/清別集

補 40074

退一步草堂詩鈔二卷詞鈔一卷小唱

一卷

（清）王玉驥撰 静海區

清光緒活字本

九行二十字白口四周雙邊

天圖

集部/別集類/清別集

補 40075

水竹邨人詩稿不分卷

徐世昌撰

清稿本

南開

集部/別集類/民國以來別集

補 40076

剛訓齋詩集十二卷文集六卷

高淩雯撰

抄本

私人收藏

集部/別集類/民國以來別集

補 40077

剛訓齋詩集十二卷文集六卷

　　高淩雯撰

　　1994 年平裝書

私人收藏

集部/別集類/民國以來別集

補 40078

王寅皆中翰尺牘

　　王守恂撰

　　民國十年（1921）石印本

天圖

集部/別集類/民國以來別集

補 40079

王仁安先生手稿

　　王守恂撰

　　稿本

天圖

集部/別集類/民國以來別集

補 40080

四當齋集節録不分卷

　　章鈺撰

　　抄本

上圖

集部/別集類/民國以來別集

補 40081

周止庵暮年詩偶存一卷

　　周學熙撰

　　民國三十三年（1944）鉛印本

復旦

集部/別集類/民國以來別集

補 40082

嶺南吟一卷

　　劉建封撰

　　民國八年（1919）廣州華寶閣鉛
　　印本

備註：劉大同，原名建封，字桐階，號
芝叟，1865 年出生于山東省諸城縣。
後半生退居津門。

上圖　中山大

集部/別集類/民國以來別集

補 40083

**嶺南吟一卷附嶺上榕枝一卷梅嶺詩
債一卷雜詠一卷**

　　劉建封撰

　　民國九年（1920）廣州南關太平沙
　　亞洲印務局鉛印本

中山大

集部/別集類/民國以來別集

補 40084

劉大同詩集

　　劉建封撰

　　2017 年天津古籍出版社出版

天圖

集部/別集類/民國以來別集

補 40085

安蹇齋叢殘稿三卷

　　英斂之*（英華）撰　張秀林輯

　　民國六年（1917）鉛印本

北大　北師大　人大　天圖　上圖
補充著述
　　安蹇齋文鈔一卷
　　詩鈔一卷
　　關外旅行記一卷
集部/別集類/民国以來別集

補 40086
宋則久論著
　　宋則久(宋壽恆)輯
　　2013 年北京瀚文典藏文化公司據
　　　民國二十二年天津國貨售品所
　　　鉛印本複印民國籍粹本
臺圖
集部/別集類/民國以來別集

補 40087
蓼莪軒主人詠懷引玉集一卷
　　張樹華(張相臣)撰
　　民國十八年(1929)鉛印本
國圖　首圖　天圖　上圖　華師大
集部/別集類/民國以來別集

補 40088
南行紀事詩一卷
　　言敦源撰
　　油印本
南京
集部/別集類/民國以來別集

補 40089
伏敬堂詩選一卷沈四山人詩選一卷
歸實齋遺集一卷

言敦源輯
　　民國十七年(1928)常熟言氏鉛
　　印本
國圖　中科院　上圖
集部/別集類/民國以來別集

補 40090
何求老人(呂留良)殘稿
　　言敦源輯
　　民國十九年(1930)鉛印常熟言氏
　　　祝莊叢書本
南開
集部/別集類/民國以來別集

補 40091
戊寅重九分韵詩存一卷
　　徐兆光等撰
　　民國二十八年(1939)城南詩社鉛
　　　印本
天圖
集部/別集類/民國以來別集

補 40092
灤陽小草一卷
　　傅增湘撰
　　民國鉛印本
北大　天圖
集部/別集類/民國以來別集

補 40093
震澤先生別集四種
　　王季烈輯
　　民國十年(1921)溪王氏刻本

上圖　日本岡山大　神户市立中央
吉川
集部/别集類/民國以來别集

補 40094
盧慎之暮年文存一卷
　　盧弼撰
　　1965 年石印本
復旦
集部/别集類/民國以來别集

補 40095
慎園吟草十卷
　　盧弼撰
　　1925—1956 年稿本
天圖
集部/别集類/民國以來别集

補 40096
慎園分體詩六卷附集外詩一卷
　　盧弼撰
　　1900—1967 年稿本
備註:版年據作者生平及卒年著録
天圖
集部/别集類/民國以來别集

補 40097
葉真園啟事二卷
　　盧弼撰
　　1962 年油印本
復旦
集部/别集類/民國以來别集

補 40098
余懺樓詩鈔一卷
　　張同書撰
　　民國四年(1915)鉛印本
備註:張同書,字玉裁。
國圖
集部/别集類/民國以來别集

補 40099
一漚閣詩存二卷
　　張同書撰
　　民國鉛印本
國圖　天圖　南大
集部/别集類/民國以來别集

補 40100
[詩文彙存]不分卷
　　金梁撰
　　民國稿本
備註:書名本館自擬,爲散葉粘貼
成册。
天圖
集部/别集類/民國以來别集

補 40101
金梁手稿三種
　　金梁撰
　　稿本
南開
集部/别集類/民國以來别集

補 40102
弘一大師書信手稿選集不分卷

釋弘一(李叔同)撰並書

1990 上海書畫出版社影印手稿本

南開　復旦　南京師大

集部/別集類/民國以來別集

補 40103

鐵庵詩存

劉鐵庵撰

2017 年廈門大學出版社影印本

國圖　天圖

集部/別集類/民國以來別集

補 40104

蘧廬集

陸文郁撰

2019 年天津人民出版社影印本

國圖　天圖

集部/別集類/民國以來別集

補 40105

弢翁訪書尺牘附梅泉訪書尺牘

周叔弢*(周暹)撰　李國慶　康

冬梅釋文

2018 年北京國家圖書館出版社

出版

國圖　天圖

集部/別集類/民國以來別集

補 40106

近思廬詩藁不分卷

王崇煥撰

民國稿本

天圖

集部/別集類/民國以來別集

補 40107

文敏公遺集集外續錄稿不分卷

王崇煥輯

民國三十一年(1942)王崇煥抄本

天圖

集部/別集類/民國以來別集

補 40108

[王氏先世存札]不分卷

王崇煥輯

民國抄本

備註:書名天津圖書館自擬。是書

鈐“漢章手鈔書籍”朱文方印。

天圖

集部/別集類/民國以來別集

補 40109

職思居文存不分卷

王崇煥撰

民國抄本

備註:是書鈐“漢章手鈔書籍”朱文

方印。

天圖

集部/別集類/民國以來別集

補 40110

娛堪文錄不分卷

王崇煥撰

1949 年抄本

備註:是書鈐“漢章手鈔書籍”朱文

方印。

天圖
集部／別集類／民國以來別集

補 40111
智雨斎存稿不分卷
　　王崇烈撰　　王崇焕*鈔
　　民國二十七年（1938）王崇焕鈔本
備註：是書爲毛裝。鈐"漢章手鈔書
籍"朱文方印，"王崇焕印"白文
方印。
天圖
集部／別集類／民國以來別集

補 40112
觀復齋文存不分卷
　　王崇焕撰
　　1950 年稿本
備註：是書鈐"漢章"朱文小圓印。
天圖
集部／別集類／民國以來別集

補 40113
銀幕漫話
　　何心冷撰
　　民國十六年（1927）冰廬出版社
　　　出版
國圖
集部／別集類／民國以來別集

補 40114
旭林存稿
　　杜聯喆撰
　　1978 年臺北藝文印書館出版

私人收藏
集部／別集類／民國以來別集

補 40115
他鄉
　　焦菊隱撰
　　民國十八年（1929）上海北新書局
　　　出版
天圖
集部／別集類／民國以來別集

補 40116
夜哭
　　焦菊隱撰
　　民國十六年（1927）上海北新書局
　　　出版
國圖
集部／別集類／民國以來別集

補 40117
劉炎臣文集
　　劉炎臣撰
　　2015 年天津古籍出版社出版
國圖　天圖
集部／別集類／民國以來別集

補 40118
四寧草堂學術札叢
　　龔望撰
　　2006 年天津文史館出版
備註：是書爲龔望先生遺著，由其子
女抄録、整理而成。其中第一卷爲
"詩文雜纂"，第二卷至第六卷爲

"經史札記"。
私人收藏
集部/別集類/民國以來別集

補 40119
六合小涵雜詩
　　寇夢碧撰
　　馬玉勇抄本
私人收藏
集部/別集類/民國以來別集

補 40120
余霞集
　　張輪遠編　　武清區
　　1980 年油印本
天圖
集部/別集類/民國以來別集

補 40121
自怡悅齋詩稿一卷
　　楊軼倫撰　　武清區
　　1957 年油印本
備註：是書前有友人李金藻、王猩
西、鄒映儒序及自序，後有牛竹溪
（靜海人，其有綠野草堂）跋。因楊
軼倫早年師從著名藏石家張輪遠，
故將其放置於張輪遠之後。
天圖
集部/別集類/民國以來別集

補 40122
自怡悅齋詩稿
　　楊軼倫撰　　武清區

2021 年天津古籍出版社出版津沽
　　詩集六種本
集部/別集類/民國以來別集

補 40123
歷朝詩選不分卷
　　（清）王增年輯
　　清王雲亭抄本
吳江
集部/總集類/通代之屬

補 40124
古文典範
　　徐世昌*編定　　吳闓生評點
　　2010 年北京中國書店據民國間刻
　　本影印本
國圖
集部/總集類/通代之屬

補 40125
濟南大學堂備齋古文讀本一卷
　　周學熙編
　　清光緒二十八年（1902）山東大學
　　堂刻本
重慶
集部/總集類/通代之屬

補 40126
軍用詩歌選注
　　齊燮元撰　　寧河區
　　民國三十一年（1942）北平治安總
　　署印刷所出版
國圖

集部/總集類/通代之屬

補 40127
唐人詩選不分卷
　（清）張霍輯
　清聽雨軒抄本
天圖
集部/總集類/斷代之屬

補 40128
湘漓合稿十六卷
　（清）查淳*等撰　（清）陸炳輯
　清嘉慶三年（1798）刻本
上圖
集部/總集類/斷代之屬

補 40129
蜀遊詩鈔六卷
　（清）查淳*等撰　（清）陸炳輯
　清乾隆刻本
國圖　福建
集部/總集類/斷代之屬

補 40130
名人書劄選青不分卷
　（清）徐炘*　（清）胡培翬等撰
　清稿本
國圖
集部/總集類/斷代之屬

補 40131
嘉蓮集詠一卷
　（清）李和春輯

　清道光二十六年（1846）刻本
　九行二十字白口四周雙邊
國圖　天圖
集部/總集類/斷代之屬

補 40132
唐律賦鈔不分卷
　徐世昌輯
　稿本
天圖
集部/總集類/斷代之屬

補 40133
思舊集十七種
　（清）張之洞選　高凌霨*編
　民國十二年（1923）刻本
上圖
集部/總集類/斷代之屬

補 40134
清詩選補一卷
　金梁輯
　民國紅格稿本
天圖
集部/總集類/斷代之屬

補 40135
同甲吟草一卷
　嚴智怡輯
　民國二十年（1931）影印本
上圖
集部/總集類/斷代之屬

補 40136

留行贈別二詩□卷

（清）宮偉鏐輯　　静海區

清順治刻本

泰州：存五卷（卷一至卷五）

集部/總集類/斷代之屬

補 40137

詩星閣詩不分卷

華世奎等撰

民國抄本

天圖

集部/總集類/郡邑之屬

補 40138

宣南鴻雪集二卷

（清）廉兆綸等撰　　寧河區

清同治三年（1864）大魁堂刻本

復旦

集部/總集類/郡邑之屬

補 40139

潘氏三君詩集三種

（清）潘守廉輯

民國十八年（1929）鉛印本

上圖

集部/總集類/氏族之屬

補 40140

毘陵周氏家集五種

陶湘輯

民國十七年（1928）鉛印本

華師大　椙山女

補充著述

鷗亭詩草四卷　（清）周溙撰

海上篇一卷　（清）周情撰

夫椒山館詩集二十二卷　（清）周

儀暐撰

餐芍華館詩集八卷　（清）周騰虎

撰

蕉心詞一卷　（清）周騰虎撰

春瀑山館詩存一卷　（清）周世

澂撰

集部/總集類/氏族之屬

補 40141

宜興任氏信稿附家傳

任鳳苞輯

稿本

天圖

集部/總集類/氏族之屬

補 40142

寶硯齋詩一卷附錄一卷

（清）商盤等撰　（清）查善和＊輯

清乾隆刻本

復旦

集部/總集類/酬唱之屬

補 40143

雨至滁陽酬倡集不分卷

（清）李樹安撰

清道光二十九年（1849）刻本

九行二十一字白口左右雙邊

天津社科院

集部/總集類/酬唱之屬

補 40144

**百八和聲集一卷附百八鐘聲補遺
一卷**

（清）潘守廉輯

民國二十三年（1934）鉛印本

上圖　華師大

集部/總集類/酬唱之屬

補 40145

翠微亭唱和集一卷

方汝霖輯　趙元禮*校

民國八年（1919）倦還別墅鉛印本

天圖

集部/總集類/酬唱之屬

補 40146

同聲續集一卷附自怡悅齋懷人詩

楊軼倫編次　　武清區

1959年油印本

天圖

集部/總集類/酬唱之屬

補 40147

十老圖詠一卷

（清）周馥等撰

民國寫本

備註:是書爲肖像攝影粘貼。

上圖

集部/總集類/題詠之屬

補 40148

坐菊圖題詠一卷

（清）陳寅撰　　武清區

民國鉛印本

上圖

集部/總集類/題詠之屬

補 40149

曹錕等致康南海書

曹錕等撰

民國（1911—1938）稿本

天圖

集部/總集類/尺牘之屬

補 40150

聶士成曹錕等書信

（清）聶士成　曹錕*等書

清稿本

天博

集部/總集類/尺牘之屬

補 40151

王守恂等致高彤階函札不分卷

王守恂*等撰　高淩雯輯

民國稿本

天圖

集部/總集類/尺牘之屬

補 40152

癸卯課藝全集六卷

（清）梁寶常編

清光緒二十九年（1903）粵東從新
　　書局石印本

廣東

集部/總集類/課藝之屬

補 40153

崇文課藝不分卷

（清）梁寶常編

清道光十五年（1835）刻本

景德鎮

集部/總集類/課藝之屬

補 40154

輔仁課藝式集二卷輔仁課藝童文二卷

（清）楊光儀*選評　陳塏等校刊

清光緒二十年（1894）刻本

人大　南開

集部/總集類/課藝之屬

補 40155

宛南書院課讀經義第論三種

（清）潘守廉輯

清光緒二十七年（1901）宛南書院
　　刻本

上圖

集部/總集類/課藝之屬

補 40156

章式之課藝稿一卷

章鈺撰

清末胡玉縉抄本

復旦

集部/總集類/課藝之屬

補 40157

日本漢诗選錄一卷

齊燮元輯　　寧河區

民國十四年（1925）鉛印本

天圖

集部/總集類/域外之屬

補 40158

漁村講授論文二卷

（清）洪天錫撰

清刻本

九行二十五字白口左右雙邊

備註:洪天錫,一名體仁,字吉人,別
號尚友山人,清天津人。是書卷端
著錄:"定海洪天錫吉人氏著"。

天圖

集部/詩文評類/文評之屬

補 40159

續墨譜一卷

（清）查咸勤編

清光緒十八年（1892）滇南節署
　　刻本

北大

集部/詩文評類/文評之屬

補 40160

陶淵明集評議

龔望撰

2011 年南開大學出版社出版

私人收藏

集部/詩文評類/文評之屬

補 40161

**妙蓮花室詞蕆一卷未刊稿一卷删餘
稿一卷**

（清）王增年撰
　清抄本
上圖
集部/詞類/別集之屬

補 40162
洹村詞一卷
　袁心武撰　袁克文＊題識
　民國紅格稿本
天圖
集部/詞類/別集之屬

補 40163
濡露詞一卷倦駝庵詞稿一卷
　顧隨撰
　民國三十三年（1944）鉛印本
國圖
集部/詞類/別集之屬

補 40164
淮海詞箋注六卷
　（宋）秦觀撰　王輝曾＊箋注
　民國二十三年（1934）北京文化學
　　社鉛印本
國圖　天圖　上圖
集部/詞類/別集之屬

補 40165
夕秀詞
　寇夢碧＊撰　魏新河編　王蟄堪
　劉夢芙校
　2009 年合肥黄山書社出版二十一
　　世紀詩詞名家別集叢書本

國圖　吉林　湖南　貴州
集部/詞類/別集之屬

補 40166
紅蓼花軒詞選
　（清）李樹屏撰　　薊州區
　清刻仿宋四家詞本
國圖
集部/詞類/別集之屬

補 40167
詞綜補遺二十卷
　（清）陶樑編輯　（清）李雲章＊參
　訂　（清）楊夔生辨訛　（清）吳
　長卿校定
　清道光十四年（1834）刻本
　十行二十一字小字雙行同黑口左
　　右雙邊
國圖　北大　清華　北師大　上圖
復旦　東大總
集部/詞類/總集之屬

補 40168
四愁吟樂府一卷
　（清）姜城撰
　清道光二十年（1840）刻本
備註：首圖原題：“（清）靜齋居士
撰”,靜齋爲姜城之號。
首圖　中國戲曲學院
集部/曲類/雜劇之屬

補 40169
孤本元明雜劇一百四十四種

王季烈編校

民國三十年(1941)上海商務印書
館鉛印本

北大　清華　澳大

集部/曲類/雜劇之屬

補 40170

紅樓眞夢傳奇八卷

郭則澐填曲　王季烈*製譜

民國三十一年(1942)石印本

復旦　鄭大　京大人文研

集部/曲類/傳奇之屬

補 40171

春泉聞見錄四卷

(清)劉壽眉撰　　寶坻區

清嘉慶五年(1800)渠陽劉氏迎暉
軒刻本

九行十八字白口左右雙邊

國圖　清華　天圖　石家莊　內蒙
古　遼寧　吉林　哈爾濱

集部/小說類/文言之屬

補 40172

脫離

萬曼撰

民國二十四年(1935)上海新文化
書社出版

國圖

集部/小說類/短篇之屬

補 40173

海國妙喻

(清)張燾撰

清光緒十四年(1888)天津時報館
鉛印本

國圖　北大　南開　東北師大
福建

集部/小說類/長篇之屬

補 40174

長相思

王研石撰

民國二十二年(1933)哈爾濱精益
書局出版

天圖:存上集

集部/小說類/長篇之屬

補 40175

千古奇丐

楊汝泉撰　　靜海區

1951年上海通聯書店出版

備註:楊汝泉(1895—1969),字時
中,筆名白水、柏水。《大公報》
記者。

國圖

集部/小說類/長篇之屬

補 50001

史駢箋正四卷

(清)徐鑑輯　　(清)華長卿箋

抄本

天博

類叢部/類書類/專類之屬

補 50002

聚珍堂選事物類玫十五卷

（清）盧有猷輯　　薊州區

清抄本

中央民大

類叢部/類書類/專類之屬

補 50003

讀書紀數略五十二卷

　（清）宮夢仁纂輯　　静海區

　稿本

故宮

類叢部/類書類/專類之屬

補 50004

讀書紀數略補□卷

　（清）宮夢仁纂輯　　静海區

　清抄本

南京

類叢部/類書類/專類之屬

補 50005

湖北先正遺書樣本附預約簡章

　　盧靖輯

　　民國十二年（1923）上海商務印書

　　　館鉛印暨影印本

國圖

類叢部/叢書類/郡邑之屬

補 50006

續金華叢書

　　胡宗楙輯

　　1983 年揚州廣陵古籍刻印社據民

　　　國十三年（1924）永康胡宗楙夢

　　　選慶刻版重印本

國圖　山東大

類叢部/叢書類/郡邑之屬

補 50007

畿輔叢書初編

　（清）王灝輯　　陶湘*重輯

　　清光緒刻民國二年（1913）武進陶

　　　湘匯印本

國圖　北大

類叢部/叢書類/郡邑之屬

補 50008

梅成棟稿存五種

　（清）梅成棟撰

　　清抄本

中科院

類叢部/叢書類/自著之屬

補 50009

念堂詩話一卷

　（清）崔旭撰　（清）梅成棟*選

　　清抄本

中科院

類叢部/叢書類/自著之屬

補 50010

后同焚餘稿十四卷

　　劉后同（劉文垕）撰

　　稿本

天圖

補充著述

　　國難戰策一卷

　　避地漫記二卷

史記選讀十卷

詩詞聯語雜文賸稿一卷

類叢部/叢書類/自著之屬

補 50011

郭家聲先生遺稿

（清）郭家聲撰　　武清區

2022 年北京學苑出版社出版

備註：是書包括《忍冬書屋詩集》

《忍冬書屋詩續集》《忍冬書屋日記

選錄》，以及其珍藏的約 40 份碑帖

拓片。

類叢部/叢書類/自著之屬

補 60001

普法戰史

齊燮元撰　　寧河區

民國石印本

天圖

新學類/史志類

補 60002

共產主義的批評

宋則久（宋壽恆）撰

民國二十一年（1932）天津國貨售

品所鉛印本

天圖

新學類/政治法律類

補 60003

民生主義研究的貢獻

宋則久（宋壽恆）撰

民國十八年（1929）天津民報社鉛

印本

天圖

新學類/政治法律類

補 60004

社會學講義概要

陶孟和[*]講　　吳康筆述

民國鉛印本

北大

新學類/政治法律類

補 60005

處世寶鑒

劉髯公編

民國二十二年（1933）天津新天津

叢書出版股出版

天圖

新學類/政治法律類

補 60006

民治新論

王贛愚撰

民國三十五年（1946）上海大東書

局出版在創叢書本

國圖　　湖北

新學類/政治法律類

補 60007

中國的政治改進

王贛愚撰

民國三十六年（1947）上海商務印

書館出版文史叢書本

備註：《天津藝文志》著錄此書書名

"進"誤爲"造"。
國圖
新學類/政治法律類

補 60008
日本陸軍大學校論略一卷
〔日本〕東條英教口述 〔日本〕
川島浪速譯 (清)張澮 (清)
查雙綏*點定
清光緒二十四年(1898)浙江書局
刻本
北大 福建 溫州
新學類/學校類

補 60009
日本陸軍大學校論略一卷
〔日本〕東條英教口述 〔日本〕
川島浪速譯 (清)張澮 (清)
查雙綏*點定
清光緒二十七年(1901)小蒼山房
影印富強齋叢書續全集本
北大
新學類/學校類

補 60010
高等小學理科教科書
〔日本〕棚橋源太郎撰 王季烈*譯
清光緒二十九年(1903)文明書局
鉛印本
天圖
新學類/學校類

補 60011
最新美式體育踐習筆錄一卷

華澤沅輯
民國九年(1920)天津勸學所石
印本
天圖
新學類/學校類

補 60012
陸軍第六師通令(民國三年十月份)
齊燮元撰 寧河區
民國五年(1916)鉛印本
天圖
新學類/兵制類

補 60013
植美棉簡法一卷
(清)周馥*譯 羅振玉潤色
清光緒石印本
哈師大 東洋文庫
新學類/農政類

補 60014
物理學三編十二卷
〔日本〕飯盛挺造撰 〔日本〕藤
田豐八譯 王季烈*編
清光緒二十六年(1900)江南機器
製造總局刻本
國圖 北大 清華 天圖 南京
新學類/格致類

補 60015
溫度計與高熱計
謝寵澤撰
民國二十年(1931)上海商務印書

館鉛印百科小叢書本

北京中醫大　天圖　河南大　福建

貴州

新學類/格致類

補 60016

神秘的宇宙

〔英國〕琴斯撰　邰光謨*譯

武清區

民國二十四年(1935)上海商務印

書館鉛印自然科學小叢書本

首圖　天圖

新學類/格致類

補 60017

新標準高級中學教本平面幾何學

謝寵澤撰

民國二十四年(1935)天津百城書

局鉛印本

備註:晚清民國教材全文庫收錄。

新學類/算學類

補 60018

算學引論

邰光謨譯　　武清區

民國二十五年(1936)天津國立北

洋工學院出版組出版國立北洋

工學院叢書本

天圖

新學類/算學類

補 60019

算學史要

邰光謨譯　　武清區

民國二十五年(1936)天津國立北

洋工學院出版組出版國立北洋

工學院叢書本

天圖

新學類/算學類

補 60020

化學新理二卷

王季烈撰

清光緒刻朱印本

十行二十二字朱口左右雙邊

國圖

新學類/化學類

補 60021

改訂近世化學教科書

〔日本〕大幸勇吉編　王季烈*譯

清光緒三十四年(1908)上海商務

印書館鉛印本

天圖

新學類/化學類

補 60022

無機化學

〔瑞典〕新常富講授　王季烈*譯

清光緒三十一年(1905)上海商務

印書館鉛印本

天圖

新學類/化學類

補 60023

血液化學分析法

陳同度等譯　　武清區
1959 年北京人民衛生出版社出版
天圖
新學類/化學類

補 60024
普通生物化學
　鄭集　陳同度*編　　武清區
1961 年北京人民教育出版社出版
國圖　天圖
新學類/化學類

補 60025
人心能力論一卷
　〔德國〕康德撰　〔德國〕尉禮賢
　周叔弢*(周暹)合譯
　民國三年(1914)上海商務印書館
　　鉛印哲學叢書本
國圖　北大　人大　天圖
新學類/議論類

補 60026
印度哲學概論講義不分卷
　許季上*　梁漱溟編
　民國鉛印本
北大　上圖
新學類/議論類

補 60027
中國哲學史二卷
　溫公頤撰
　民國國立北京大學文學院鉛印本
北大　遼大

新學類/議論類

補 60028
科學的新背景
　〔英國〕琴斯撰　邰光謨*譯
　武清區
　民國二十四年(1935)上海開明書
　　店鉛印本
首圖　天圖
新學類/議論類

補 60029
現代科學的世界觀
　邰光謨譯　　武清區
　民國二十五年(1936)天津國立北
　　洋工學院出版組出版國立北洋
　　工學院叢書本
天圖
新學類/議論類

補 60030
科學論叢
　邰光謨撰　　武清區
　民國二十五年(1936)天津國立北
　　洋工學院出版組出版國立北洋
　　工學院叢書本
私人收藏
新學類/議論類

補充版本

補 10038
周易函書補義八卷

（清）胡煦撰　（清）李源*補義

清光緒元年（1875）大梁李氏所愼
　齋刻本

十行二十四字白口四周雙邊

中科院　天圖　湖北　東北大

經部/易類/傳說之屬

補 10039

周易函書補義八卷

（清）胡煦撰　（清）李源*補義

清末至民國初抄本

國圖

經部/易類/傳說之屬

補 10040

周易函書補義八卷

（清）胡煦撰　（清）李源*補義

民國天津金氏抄本　金鉞題識

天圖

經部/易類/傳說之屬

補 10041

易理匯參臆言二卷

（清）周馥撰

民國二十四年（1935）刻本

十一行二十五字黑口四周單邊

人大　天圖

經部/易類/傳說之屬

補 10042

周易注二卷

李士鉁撰

1995 年據周氏師古堂所編書本影

印續修四庫全書本

上圖

經部/易類/傳說之屬

補 10043

孟子讀法附記十四卷

（清）周人麒撰

清道光四年（1824）啟心堂刻本

八行二十二字白口左右雙邊

北大　天圖

經部/四書類/孟子之屬

補 10044

聖哲微言六卷

周學熙輯

民國二十一年（1932）謄清稿本

南開

經部/群經總義類

補 10045

六書原始十五卷

（清）賀崧齡輯

稿本

重慶

經部/小學類/文字之屬

補 10046

六書原始十五卷

（清）賀崧齡輯

朱墨抄本

四川大

經部/小學類/文字之屬

補 10047

藤花小舫字學藏本不分卷
　（清）王維珍撰
　清光緒十一年（1885）長沙墨香簃
　　刻本
湖南
經部／小學類／文字之屬

補 10048

字學舉隅續編不分卷
　（清）王維珍輯
　清光緒二年（1876）京都琉璃廠懿
　　文齋刻本
內蒙古　寧波　紹興
經部／小學類／文字之屬

補 10049

段注說文正字二卷說文雋言一卷
　胡宗楙撰
　1993 年中國書店影印本
南開　華師大　南大　浙江師大
經部／小學類／文字之屬

補 10050

中阿新字典
　王靜齋編
　1977 年臺北南天書局有限公司影
　　印本
國圖
經部／小學類／文字之屬

補 10051

許學四種

金鈸輯
　1990 年北京中國書店影印本
吉大　復旦
經部／小學類／文字之屬

補 20288

史記七篇讀法不分卷
　（清）王又樸撰
　清孔氏嶽雪樓抄本
臺圖
史部／紀傳類／正史之屬

補 20289

張公[錦文]襄理軍務紀略四卷
　（清）張錦文撰　　（清）丁運樞*
　（清）陳世勛*　　（清）葛毓琦* 編
　民國四年（1915）鉛印雪堂叢刻本
國圖
史部／雜史類／斷代之屬

補 20290

張公[錦文]襄理軍務紀略六卷
　（清）張錦文撰　　（清）丁運樞*
　（清）陳世勛*　　（清）葛毓琦* 編
　1969 年臺北成文出版社影印清末
　　民初史料叢書本
國圖
史部／雜史類／斷代之屬

補 20291

津門聞見錄
　（清）郝福森撰
　清抄本

上圖
史部/雜史類/斷代之屬

補 20292
勝國文徵四卷
　（清）楊家麟輯
　清咸豐三年（1853）鉛印本
清華　鄭大
史部/雜史類/斷代之屬

補 20293
儲仁遜聞見錄
　儲仁遜撰
　2016 年國家圖書館出版社影印本
國圖
史部/雜史類/斷代之屬

補 20294
天津拳匪變亂紀事二卷
　劉孟揚撰
　1951 年上海神州國光社鉛印中國
　　近代史資料叢刊本
一橋大　日本國會
史部/雜史類/斷代之屬

補 20295
天津拳匪變亂紀事一卷
　劉孟揚撰
　1998 年影印四庫未收書輯刊本
天圖　上圖　臺圖　京大人文研
史部/雜史類/斷代之屬

補 20296
辛丙祕苑

袁克文撰
抄本
上圖
史部/雜史類/斷代之屬

補 20297
剿賊圖記一卷
　（明）元默撰　　靜海區
　2013 年重慶市西南師範大學出版
　　社據美國國會圖書館藏明崇禎
　　間刊本影印本
臺圖
史部/雜史類/斷代之屬

補 20298
中國古代紀年叢考
　劉坦撰　　武清區
　2018 年北京國家圖書館出版社影
　　印本
國圖　天圖
史部/史表類/類編之屬

補 20299
駢體鑑畧一卷
　（清）吳士俊撰
　清光緒刻本
　上欄十八行二十字下欄六行八字
　　白口四周雙邊
天圖
史部/史鈔類/通代之屬

補 20300
明史考證攟逸補遺一卷

王季烈撰

民國上海商務印書館影印百衲本

二十四史本

國圖

史部/史評類/考訂之屬

補 20301

明史考證攟逸補遺一卷

王季烈撰

1956 年臺北二十五史編刊館影印

仁壽本二十五史本

國圖

史部/史評類/考訂之屬

補 20302

息廬詠史(一息吟)一卷

金梁撰

稿本

南開

史部/史評類/詠史之屬

補 20303

查氏一門列女編一卷

(清)查禮編

清道光十一年(1831)雲南宛平查

林刻本

十二行二十三字白口四周雙邊單

魚尾

國圖

史部/傳記類/總傳之屬

補 20304

查氏一門列女編一卷

(清)查禮編

清咸豐七年(1857)刻本

上圖

史部/傳記類/總傳之屬

補 20305

[天津]續修天津徐氏家譜二卷

(清)徐墀纂修

清光緒十三年(1887)壽豈堂鉛

印本

哥倫比亞大學

史部/傳記類/總傳之屬

補 20306

[天津]天津華氏南支宗譜一卷

(清)華長卿等修

2001 年天津圖書館影印本

國圖

史部/傳記類/總傳之屬

補 20307

天津鄉賢贊一卷

李金藻(李琴湘)編

抄本

吉大

史部/傳記類/總傳之屬

補 20308

昭代名人尺牘小傳續集二十四卷

陶湘編

1985 年臺北明文書局影印清代傳

記叢刊本

國圖

史部/傳記類/總傳之屬

補 20309

杭州瓜爾佳氏節孝忠義合傳附述德記

　　金梁編

　　清稿本

天圖

史部/傳記類/總傳之屬

補 20310

洹上私乘七卷附圭塘倡和詩一卷圍鑪倡和詩一卷

　　袁克文撰并輯

　　民國十五年(1926)上海大東書局

　　　鉛印本

國圖:縮微品　臺圖　京大人文研

史部/傳記類/總傳之屬

補 20311

洹上私乘七卷附圭塘倡和詩一卷圍鑪倡和詩一卷

　　袁克文撰并輯

　　1966 年臺北文海出版社影印袁世

　　　凱史料匯刊本

一橋大　日本國會

史部/傳記類/總傳之屬

補 20312

[沈存圃自訂]年譜一卷

　　(清)沈峻＊編　(清)沈兆澐輯注

　　秦翰才抄本

上圖

史部/傳記類/別傳之屬

補 20313

慤思錄(先慈欒母王太安人言行紀略)一卷

　　(清)欒立本撰

　　1985 年北京中國書店影印本

武大　河南大

史部/傳記類/別傳之屬

補 20314

金剛慤公表忠錄一卷

　　(清)金頤增＊輯　金鉞重輯

　　1985 年北京中國書店影印本

武大

史部/傳記類/別傳之屬

補 20315

粹廬自訂年譜一卷

　　劉潛編

　　1999 年北京圖書館出版社影印北京圖書館藏珍本年譜叢刊本

臺圖

史部/傳記類/別傳之屬

補 20316

盧木齋先生事略一卷

　　盧弼撰

　　民國十八年(1929)刻本

清華

史部/傳記類/別傳之屬

補 20317

十瓶盦日記

（清）姚學源撰

清光緒五年（1879）稿本

天津私人藏書家曲振明收藏

史部/傳記類/日記之屬

補 20318

寒雲日記不分卷

袁克文撰

1998 年江蘇廣陵古籍刻印社影
印本

國圖　北師大　天圖　華師大

史部/傳記類/日記之屬

補 20319

津邑歷科選舉錄一卷

（清）陳塏*輯　（清）敖鄉書

清光緒二十一年至二十四年
（1895—1898）抄本

天博

史部/傳記類/科舉錄之屬

補 20320

**東三省政略十二卷目錄一卷附輿圖
一卷**

徐世昌*撰　李澍田等點校

1989 年吉林文史出版社影印本

吉大

史部/政書類/通制之屬

補 20321

皇朝謚法考續補編一卷

（清）徐士鑾輯

清抄本

浙江

史部/政書類/儀制之屬

補 20322

國民必讀不分卷

高步瀛　陳寶泉*編

清末鉛印本

國圖

史部/政書類/儀制之屬

補 20323

作新末議二卷

（清）潘守廉撰

清光緒三十二年（1906）鉛印本

國圖　首圖　南開　天津社科院
天博　徐州

史部/政書類/邦計之屬

補 20324

光緒辛丑辦理教案各電抄存不分卷

（清）周馥輯

清抄本

南開

史部/政書類/邦交之屬

補 20325

奉天邊務輯要一卷

李廷玉等輯

1968 年臺北成文出版社影印中國
方略叢書本

國圖　臺圖

史部/政書類/軍政之屬

補 20326

重詳定刑統三十卷

（宋）竇儀等撰　　薊州區

明抄本

臺圖

史部/政書類/律令之屬

補 20327

重詳定刑統三十卷

（宋）竇儀等撰　　薊州區

明抄本（膠片）

備註：舊國立北平圖書館所藏鈔本，
中國傳世法典之一。

立命館　日本國會

史部/政書類/律令之屬

補 20328

重詳定刑統三十卷附錄一卷

（宋）竇儀等撰　　薊州區

1995 年據民國十年（1921）劉氏
刻嘉業堂叢書本影印本

上圖

史部/政書類/律令之屬

補 20329

**光緒辛丑在京辦理和議教案函稿不
分卷**

（清）周馥撰

清稿本

南開

史部/政書類/公牘檔冊之屬

補 20330

北洋公牘類纂二十五卷目錄一卷

甘韓（甘厚慈）輯

1966 年臺北文海出版社影印袁世
凱史料匯刊本

國圖

史部/政書類/公牘檔冊之屬

補 20331

北洋公牘類纂二十五卷目錄一卷

甘韓（甘厚慈）輯

1997 年臺北文海出版社有限公司
影印近代中國史料叢刊本

國圖

史部/政書類/公牘檔冊之屬

補 20332

北洋公牘類纂續編二十四卷

甘韓（甘厚慈）輯

1966 年臺北文海出版社影印袁世
凱史料匯刊本

國圖

史部/政書類/公牘檔冊之屬

補 20333

北洋公牘類纂續編二十四卷

甘韓（甘厚慈）輯

1997 年臺北文海出版社有限公司
影印近代中國史料叢刊本

國圖

史部/政書類/公牘檔冊之屬

補 20334

北洋公牘類纂正續編

甘韓（甘厚慈）輯

2013 年天津古籍出版社影印本

國圖　天圖

史部/政書類/公牘檔册之屬

補 20335

周馥奏稿不分卷

　（清）周馥撰

　膳清稿本

北師大：存光緒三十年（1964）七八

月周氏奏稿

史部/詔令奏議類/奏議之屬

補 20336

[民國]石門縣志三卷

　（清）張霖纂修

　民國二十一年（1932）石門旅平同

　　鄉會鉛印本

國圖

史部/地理類/方志之屬

補 20337

[嘉慶]束鹿縣志十卷

　（清）李符清修　（清）斐顯相

　（清）沈樂善*纂

　民國二十六年（1937）鉛印束鹿五

　　志合刊本

國圖　北大　中科院　首圖　上圖

浙江　南京

史部/地理類/方志之屬

補 20338

[嘉慶]束鹿縣志十卷

　（清）李符清修　（清）斐顯相

　（清）沈樂善*纂

　1968 年臺灣成文出版社據民國二

　　十六年（1937）鉛印本影印中國

　　方志叢書本

北大

史部/地理類/方志之屬

補 20339

[道光]泰州志三十六卷首一卷

　（清）王有慶*等修　（清）陳世鎔

　　等纂

　清道光七年（1827）刻光緒三十四

　　年（1908）補刻本

國圖　北大　上圖　南京　復旦

湖北

史部/地理類/方志之屬

補 20340

[同治]續天津縣志二十卷首一卷

　（清）吳惠元*修　（清）蔣玉虹

　（清）俞樾纂

　民國十七年（1928）據清同治九年

　　（1870）刻版增修

國圖

史部/地理類/方志之屬

補 20341

[光緒]通州志十卷首一卷末一卷

　（清）高建勳等修　（清）王維珍*

　　纂　（清）陳鏡清等續纂修

　清光緒五年（1879）刻九年

　　（1883）增刻本

　十行二十二字小字雙行同白口四

周雙邊

國圖　中國民族　遼寧　上圖

史部/地理類/方志之屬

補 20342

[光緒]通州志十卷首一卷末一卷

　　（清）高建勳等修　（清）王維珍*

　纂　（清）陳鏡清等續纂修

　　民國三十年（1941）鉛印本

國圖　北大　北師大　人大　天圖

上圖

史部/地理類/方志之屬

補 20343

[光緒]青陽縣志十二卷圖一卷

　　（清）華椿*等修　（清）周贇纂

　　1985 年臺灣成文出版社據清光緒

　　十七年（1891）活字本影印中國

　　方志叢書本

北大　吉大

史部/地理類/方志之屬

補 20344

[光緒]青陽縣志十二卷圖一卷

　　（清）華椿*等修　（清）周贇纂

　　1990 年影印中國地方志集成本

上圖

史部/地理類/方志之屬

補 20345

天津政俗沿革記十六卷

　　王守恂纂

　　民國二十一年（1932）抄本

天圖

史部/地理類/方志之屬

補 20346

新民府志不分卷

　　管鳳龢纂修

　　1974 年臺北成文出版社影印中國

　　方志叢書本

國圖　臺圖　京大人文研　東洋文

庫　日本國會　一橋大

史部/地理類/方志之屬

補 20347

[民國]安次縣志十二卷

　　劉鍾英　馬鍾琇*等纂修

　　民國二十五年（1936）鉛印安次縣

　　舊志四種合刊本

人大　天圖

史部/地理類/方志之屬

補 20348

[民國]安次縣志十二卷

　　劉鍾英　馬鍾琇*等纂修

　　1969 年臺灣成文出版社據民國二

　　十五年（1936）鉛印安次縣舊志

　　四種合刊本影印

北大　吉大

史部/地理類/方志之屬

補 20349

吳山伍公廟志六卷首一卷附溧陽縣

誌一卷

　　（清）金志章修　（清）金文淳*纂

清同治據乾隆十九年（1754）刻本
　　重刻本
愛知大
史部/地理類/專志之屬

補 20350
長白山靈蹟全影
　劉建封*等修　王瑞祥攝影
　清宣統二年（1910）曬印本
清華
史部/地理類/專志之屬

補 20351
長白山靈蹟全影
　劉建封*等修　王瑞祥攝影
　清宣統三年（1911）影印本
北師大
史部/地理類/專志之屬

補 20352
津門小令一卷
　（清）樊彬撰
　1988 年天津圖書館影印本
天圖
史部/地理類/雜志之屬

補 20353
津門小令一卷
　（清）樊彬撰
　1994 年據中國史迹風土叢書本影
　　印叢書集成續編本
上圖
史部/地理類/雜志之屬

補 20354
南陽縣戶口地土物産畜牧表一卷附
南陽縣境全圖
　（清）潘守廉纂
　清光緒三十年（1904）徐家彙圖書
　　館石印本
南大
史部/地理類/雜志之屬

補 20355
津門雜記三卷
　（清）張燾撰
　清光緒十七年（1891）上海著易堂
　　鉛印小方壺齋輿地叢鈔本
國圖　北大
史部/地理類/雜志之屬

補 20356
津門雜記三卷
　（清）張燾撰
　民國上海進步書局石印筆記小説
　　大觀本
國圖　北大　河南大
史部/地理類/雜志之屬

補 20357
津門雜記三卷
　（清）張燾撰
　1982 年天津古籍書店影印本
國圖　復旦　河南大
史部/地理類/雜志之屬

補 20358
㦲題上方二山紀游集一卷

（清）查禮撰

清同治待清書屋褖鈔稿本

天圖

史部／地理類／游記之屬

補 20359

愙題上方二山紀游集一卷

（清）查禮撰

1994 年據昭代叢書本影印叢書集

成續編本

上圖

史部／地理類／游記之屬

補 20360

崑崙旅行日記一卷

溫世霖撰

1983 年北京中央民族學院圖書館

油印本

北大

史部／地理類／游記之屬

補 20361

醇親王巡閱北洋海防日記不分卷

（清）周馥輯

抄本

北大　東洋文庫

史部／地理類／防務之屬

補 20362

古泉叢考（藏雲閣識小錄）四卷

（清）徐士鑾＊輯　（清）張壽錄

1985 年北京中國書店據民國十三

年（1924）天津金氏刊本影印本

河南大　武大

史部／金石類／錢幣之屬

補 20363

穆壽山印選

穆雲谷＊刻　楊魯安輯

1985 年楊魯安影印本

國圖

史部／金石類／璽印之屬

補 20364

惡廠印存一卷

周明錦刻　周叔弢＊（周暹）輯

民國五年（1916）鈐印本

國圖　清華　天圖

史部／金石類／璽印之屬

補 20365

畿輔碑目二卷

（清）樊彬輯

清抄本　有張壽民國十四年校語

國圖

史部／金石類／石之屬

補 20366

畿輔碑目二卷待訪碑目二卷

（清）樊彬輯

清趙氏天放樓抄本

復旦

史部／金石類／石之屬

補 20367

畿輔碑目二卷待訪碑目二卷

（清）樊彬輯

民國抄本

天圖

史部/金石類/石之屬

補 20368

畿輔碑目二卷待訪碑目二卷

（清）樊彬輯

抄本

上圖

史部/金石類/石之屬

補 20369

兩漢殘石編不分卷

孟廣慧輯

清光緒二十五年（1899）孟氏錞于

室刻本

天圖　中山大

史部/金石類/石之屬

補 20370

清史稿藝文志四卷

吳士鑑　章鈺 *　朱師轍纂

民國鉛印本

上圖

史部/目録類/總録之屬

補 20371

金華經籍志二十四卷外編一卷存疑
一卷辨誤一卷

胡宗楙纂

1991 年中國書店影印本

浙江師大

史部/目録類/總録之屬

補 20372

雙鑑樓珍藏秘籍目録一卷

傅增湘藏並編

1958 年抄本

上圖

史部/目録類/總録之屬

補 20373

天津圖書館書目三十二卷

譚新嘉　韓梯雲 * 編

民國二年（1913）抄本

天圖

史部/目録類/總録之屬

補 20374

明集雜識

華鳳卜輯

民國二十九年（1940）北京梁溪華

氏油印本

北大　吉大

史部/目録類/總録之屬

補 20375

天春園方志目不分卷後編不分卷

任鳳苞撰

民國二十五年（1936）刻朱印本

天圖　華師大

史部/目録類/專録之屬

補 30233

資鏡録二卷

（清）沈峻輯

清咸豐四年（1854）天津沈氏刻本

九行二十一字小字雙行同黑口左
右雙邊

國圖

子部/儒家儒學類

補 30234

耄學齋晬語一卷

（清）楊光儀撰

1985 年北京中國書店據民國十三
年（1924）天津金氏刊本影印本

武大　河南大

子部/儒家儒學類

補 30235

中學正宗四種

周學熙輯

清末上海飛鴻閣鉛印本

首圖

子部/儒家儒學類

補 30236

畜德錄選二卷

（清）席啟圖輯　周學熙 * 節錄

清稿本

南開

子部/儒家儒學類

補 30237

皇朝經世文新編續集二十一卷

甘韓（甘厚慈）* 輯　楊鳳藻校正

1972 年臺北文海出版社影印近代

中國史料叢刊本

國圖　臺圖　東大總　一橋大　日
本國會

子部/儒家儒學類

補 30238

鄉塾正誤二卷

（清）李江撰　　薊州區

清同治八年（1869）北京文魁堂書
局刻本

山西

子部/儒家儒學類

補 30239

鄉塾正誤二卷

（清）李江撰　　薊州區

清同治八年（1869）斌陞書局刻本

哈爾濱

子部/儒家儒學類

補 30240

鄉塾正誤二卷

（清）李江撰　　薊州區

清同治刻本

國圖　天津社科院:缺一卷（下）

子部/儒家儒學類

補 30241

鄉塾正誤二卷

（清）李江撰　　薊州區

清光緒七年（1881）津河廣仁堂
刻本

國圖　吉林　復旦

子部/儒家儒學類

補 30242
鄉塾正誤一卷
　　（清）李江撰　　薊州區
　　清光緒二十二年（1896）惜分陰齋
　　　刻本
嘉興
子部/儒家儒學類

補 30243
廣三字經一卷
　　（清）蕉軒氏撰　　（清）王晉之*
　　（清）張諧之重訂　　薊州區
　　清光緒文聖堂刻本
國圖
子部/儒家儒學類

補 30244
孫子十家注十三卷
　　（春秋）孫武撰　　（宋）吉天保輯
　　（清）孫星衍　　（清）吳人驥*校
　　清咸豐五年（1855）淡香齋活字本
首圖　湖南　重慶
子部/兵家類/兵法之屬

補 30245
孫子十家注十三卷
　　（春秋）孫武撰　　（宋）吉天保輯
　　（清）孫星衍　　（清）吳人驥*校
　　清光緒十九年（1893）上海鴻文書
　　　局石印二十五子匯函本
國圖

補 30246
孫子十家注十三卷
　　（春秋）孫武撰　　（宋）吉天保輯
　　（清）孫星衍　　（清）吳人驥*校
　　清光緒浙江書局刻二十二子全
　　　書本
國圖
子部/兵家類/兵法之屬

補 30247
操槍程式十二條
　　（清）周盛傳撰
　　清光緒二十七年（1901）南洋軍械
　　　所刻本
北大
子部/兵家類/操練之屬

補 30248
火器真訣釋例一卷
　　（清）李善蘭撰　　盧靖*述
　　清抄本
南開
子部/兵家類/兵器之屬

補 30249
溝洫私議一卷圖說一卷
　　（清）王晉之撰　　薊州區
　　清抄本
南京
子部/農家農學類

補 30250

醫學衷中參西錄八卷

　張錫純撰

　民國抄本

上圖

子部/醫家類/類編之屬

補 30251

新刊竇漢卿編集鍼經指南一卷

　（宋）竇漢卿撰　　薊州區

　明成化八年（1472）刻鍼灸四種本

宮內廳書陵部　內閣文庫

子部/醫家類/針灸之屬

補 30252

醫方叢話八卷

　（清）徐士鑾撰

　1998 年據清光緒十五年（1889）

　　津門徐氏蜨園刻本影印四庫未

　　收書輯刊本

上圖

子部/醫家類/方論之屬

補 30253

驗方彙集七卷

　（清）戴緒安輯

　清末抄本

天圖

子部/醫家類/方論之屬

補 30254

補註瘟疫論四卷

　（明）吳有性撰　（清）洪天錫*補

註

　清道光二年（1822）綠杉野屋刻本

吉林　成都中醫大　貴州

子部/醫家類/溫病之屬

補 30255

治痢捷要新書一卷

　丁子良（丁國瑞）撰

　清光緒二十四年（1898）紫氣堂石

　　印本

天津中醫大

子部/醫家類/溫病之屬

補 30256

重校宋竇太師瘡瘍經驗全書十二卷

　（宋）竇漢卿撰　　薊州區

　明隆慶三年（1569）　刻本

上圖　內閣文庫

子部/醫家類/外科之屬

補 30257

重校宋竇太師瘡瘍經驗全書十二卷

　（宋）竇漢卿撰　　薊州區

　1997 年影印四庫全書存目叢書本

上圖　京大人文研

子部/醫家類/外科之屬

補 30258

瘡瘍經驗全書六卷

　（宋）竇漢卿*撰　（明）竇夢麟增

　訂　　薊州區

　清刻本

　十一行二十六字小字雙行同白口

左右雙邊
國圖　天圖　天津中醫大　上圖
內閣文庫
子部/醫家類/外科之屬

補 30259
瘡瘍經驗全書六卷
　（宋）竇漢卿*撰　（明）竇夢麟增
　訂　　薊州區
　清抄本
國圖
子部/醫家類/外科之屬

補 30260
瘡瘍經驗全書六卷
　（宋）竇漢卿*撰　（明）竇夢麟增
　訂　　薊州區
　民國五年（1916）石印本
上圖
子部/醫家類/外科之屬

補 30261
瘡瘍經驗全書十三卷
　（宋）竇漢卿撰　　薊州區
　清（？—1717）抄本
上圖
子部/醫家類/外科之屬

補 30262
瘡瘍經驗全書十三卷
　（宋）竇漢卿撰　　薊州區
　1992 年長沙岳麓書社影印中國醫
　　學大成續編本

京大人文研
子部/醫家類/外科之屬

補 30263
增訂痘疹輯要四卷
　（清）白之紀輯　　薊州區
　清同治六年（1867）刻本
　八行二十四字小字雙行字同黑口
　　左右雙邊單魚尾
備註：著者據序題，有墨筆眉批。
國圖　北京中醫大　河南中醫大
子部/醫家類/兒科之屬

補 30264
增訂痘疹輯要四卷
　（清）白之紀輯　　薊州區
　清光緒八年（1882）徐青塏刻本
吉林　上海中醫大
子部/醫家類/兒科之屬

補 30265
增訂痘疹輯要四卷
　（清）白之紀輯　　薊州區
　清光緒二十四年（1898）南海梁承
　　志堂刻本
江西　南京中醫大　廣東　廣州中
醫大
子部/醫家類/兒科之屬

補 30266
增訂痘疹輯要四卷
　（清）白之紀輯　　薊州區
　清光緒二十九年（1903）廣州宏經

閣書房刻本
天津中醫大
子部／醫家類／兒科之屬

補 30267
增訂痘疹輯要四卷
　（清）白之紀輯　　薊州區
　清光緒三十四年（1908）刻本
南京中醫大
子部／醫家類／兒科之屬

補 30268
篷窗隨錄十四卷續錄二卷附錄二卷
　（清）沈兆澐輯
　清咸豐七年至九年（1857—1859）
　　刻光緒十八年（1892）修補本
　十一行二十一字白口四周雙邊
國圖　復旦
子部／雜家類

補 30269
蓬窗隨錄十四卷續錄二卷附錄二卷
　（清）沈兆澐輯
　1969 年臺北文海出版社影印本
國圖
子部／雜家類

補 30270
蓬窗隨錄十四卷續錄二卷附錄二卷
　（清）沈兆澐輯
　1995 年據清咸豐刻本影印續修四
　　庫全書本
上圖

子部／雜家類

補 30271
敬鄉筆述八卷
　（清）徐士鑾撰
　清稿本
天圖
子部／雜家類

補 30272
敬鄉筆述八卷
　（清）徐士鑾輯
　1986 年中國書店據民國二十一年
　　（1932）津門徐氏濠園刻本影
　　印本
南大
子部／雜家類

補 30273
志餘隨筆六卷
　高淩雯撰
　1990 年天津圖書館影印本
國圖
子部／雜家類

補 30274
困學齋雜錄一卷
　（元）鮮于樞撰　　薊州區
　清同治十三年（1874）思補樓活字
　　本
　九行二十一字小字單雙行同黑口
　　左右雙邊
國圖

子部/雜家類

補 30275
山居瑣言一卷
　（清）王晉之撰　　薊州區
　清光緒七年（1881）滬江石埭陳氏
　　強本居鉛印本
北師大　天圖　南開　復旦　廣西
新疆
子部/雜家類

補 30276
山居瑣言一卷
　（清）王晉之撰　　薊州區
　清光緒十年（1884）津河廣仁堂刻
　　津河廣仁堂所刻書本
　十行二十三字白口四周雙邊
國圖　天圖　揚州
子部/雜家類

補 30277
山居瑣言一卷
　（清）王晉之撰　　薊州區
　清光緒抄本
東北師大
子部/雜家類

補 30278
庸行編八卷
　（清）史典輯　（清）牟允中 * 補輯
　1997 年影印四庫全書存目叢書本
天圖　上圖
子部/雜著類

補 30279
習勤齋記事
　（清）姚學源撰
　清光緒六年（1880）稿本
天津私人藏書家曲振明收藏
子部/雜著類

補 30280
萬松野人言善録一卷
　英斂之（英華）撰
　民國五年（1916）天津大公報館鉛
　　印本
北大　南開　上圖
子部/雜著類

補 30281
萬松野人言善録一卷
　英斂之（英華）撰
　民國二十一年（1932）鉛印本
北大　上圖
子部/雜著類

補 30282
辛酉雜纂三種
　金鉞撰
　1992 年北京中國書店據民國十年
　　（1921）天津金氏刻本影印本
國圖　南大　中山大
子部/雜著類

補 30283
春雨草堂筆記八卷
　（清）宮偉鏐撰　　静海區

抄本
東北師大
子部／雜著類

補 30284
庭聞州世說六卷
（清）宮偉鏐撰　　静海區
清康熙刻本
上圖
子部／雜著類

補 30285
庭聞州世說七卷先進風格一卷
（清）宮偉鏐撰　　静海區
清抄本
上圖
子部／雜著類

補 30286
庭聞州世說六卷
（清）宮偉鏐撰　　静海區
1997 年齊魯書社影印四庫全書存
　　目叢書本
上圖
子部／雜著類

補 30287
繪圖希奇古怪四卷
（清）李慶辰撰
清光緒十八年（1892）鉛印本
國圖
子部／小說家類

補 30288
繪圖希奇古怪四卷
（清）李慶辰撰
清光緒二十二年（1896）上海理文
　　軒鉛印本
吉大　上圖　復旦　揚州　湖南
子部／小說家類

補 30289
海外拾遺
（清）張燾撰
民國四年（1915）上海商務印書館
　　鉛印本
國圖　天圖
子部／小說家類

補 30290
鄉言解頤五卷
（清）李光庭撰　　寶坻區
清道光三十年（1850）刻本
備註：李光庭爲寶坻林亭口人。
國圖　首圖　天圖
子部／小說家類

補 30291
蝶階外史四卷
（清）高繼珩撰　　寶坻區
清宣統三年（1911）上海廣益書局
　　石印本
天圖　蘇州　紹興
子部／小說家類

補 30292

繪圖蝶階外史四卷蝶階外史續集二卷

 （清）高繼珩撰 寶坻區

 民國九年（1920）上海廣益書局石
  印本

國圖

子部/小説家類

補 30293

奇門遁甲煙波釣叟歌一卷

 （宋）趙普撰 薊州區

 民國十四年（1925）上海文明書局
  鉛印本

東洋文庫

子部/術數類

補 30294

地理玄龍經五卷

 趙魯源撰 静海區

 1998 年台灣新竹出版

臺圖

子部/術數類

補 30295

名畫二卷

 （清）安岐撰

 清抄本

天津市文聯

子部/藝術類/書畫之屬

補 30296

墨緣彙觀四卷

 （清）安岐撰

 清抄本

國圖 清華 中醫科學院 天圖

上圖 湖南師大

子部/藝術類/書畫之屬

補 30297

墨緣彙觀四卷

 （清）安岐撰

 清西古畫樓抄本

山西文物局

子部/藝術類/書畫之屬

補 30298

墨緣彙觀四卷

 （清）安岐撰

 清光緒十九年（1893）德化李氏木
  犀軒抄本

北大

子部/藝術類/書畫之屬

補 30299

墨緣彙觀四卷

 （清）安岐撰

 清光緒二十六年（1900）鉛印本
  姚大榮批校

天圖

子部/藝術類/書畫之屬

補 30300

墨緣彙觀四卷

 （清）安岐編

 民國九年（1920）上海廣雅書局石

印本
國圖
子部/藝術類/書畫之屬

補 30301
墨緣彙觀四卷名畫續録一卷
　（清）安岐撰
　　民國三年（1914）北京瑠璃廠翰文
　　齋鉛印本
上圖　關大
子部/藝術類/書畫之屬

補 30302
墨緣彙觀四卷名畫續録一卷
　（清）安岐撰
　　民國上海有正書局鉛印本
上圖
子部/藝術類/書畫之屬

補 30303
畫梅題跋一卷
　（清）查禮撰
　　清同治二年（1863）管庭芬抄本
南京
子部/藝術類/書畫之屬

補 30304
南宗抉秘一卷
　（清）華琳撰
　　民國十三年（1924）天津金氏刻屏
　　廬叢刻本
國圖　南京　華師大
子部/藝術類/書畫之屬

補 30305
南宗抉秘一卷
　（清）華琳撰
　　民國二十六年（1937）北平中華印
　　書局鉛印畫論叢刊本
國圖
子部/藝術類/書畫之屬

補 30306
南宗抉秘一卷
　（清）華琳撰
　　1985 年北京中國書店據民國十三
　　年（1924）天津金氏刊本影印本
河南大
子部/藝術類/書畫之屬

補 30307
南皮張氏雙烈女廟碑
　徐世昌＊撰　華世奎書
　　民國二十三年（1934）北平文成堂
　　書帖莊影印本
國圖
子部/藝術類/書畫之屬

補 30308
揀珠録一卷
　徐世昌書
　　稿本
天圖
子部/藝術類/書畫之屬

補 30309
弘一大師書華嚴集聯

釋弘一(李叔同)書

1989 上海書畫出版社影印本

北師大　南開　河南大　浙江師大

子部/藝術類/書畫之屬

補 30310

屏廬題畫

金鉞撰

民國十九年(1930)石印二十三年

(1934)增補本

國圖　北師大

子部/藝術類/書畫之屬

補 30311

歸雲樓硯譜不分卷

徐世昌輯

1999 年廣陵書社影印民國十五年

(1926)天津徐氏印本

復旦

子部/譜録類

補 30312

金剛般若波羅密經

釋弘一(李叔同)書

民國二十九年(1940)石印本

上圖

子部/宗教類/佛教之屬

補 30313

金剛般若波羅密經

釋弘一(李叔同)書

1992 北京華夏出版社影印本

南開

子部/宗教類/佛教之屬

補 30314

理門弘明集不分卷

蔡俊元撰

民國八年(1919)天津西根老公所

刻本

七行十七字白口四周雙邊

天圖

子部/宗教類/民間宗教之屬

補 30315

漢譯耳木代

穆奎齡譯

民國三年(1914)鉛印本

備註:用其字"穆伯祺"查到此條數

據,又名《而木代經釋義教門基礎》。

國圖

子部/宗教類/伊斯蘭教之屬

補 30316

漢譯耳木代

穆奎齡譯

民國十五年(1926)北平清真書報

社石印本

北大

子部/宗教類/伊斯蘭教之屬

補 30317

漢譯耳木代

穆奎齡譯

民國二十三年(1934)天津清真南

寺石印本

北大
子部/宗教類/伊斯蘭教之屬

補 30318
漢譯耳木代
穆奎齡譯
民國天津精美印字館鉛印本
北大
子部/宗教類/伊斯蘭教之屬

補 30319
古蘭經譯解
王靜齋譯注
1987 年天津古籍出版社影印本
國圖
子部/宗教類/伊斯蘭教之屬

補 30320
古蘭經譯解
王靜齋譯注
2006 年北京東方出版社出版
天圖
子部/宗教類/伊斯蘭教之屬

補 40176
秋壑吟一卷
(明)李孔昭撰　　薊州區
民國三十三年(1944)鉛印本
清華　上圖
集部/別集類/明別集

補 40177
讀書舫文藁

(清)胡捷撰
抄本
南開
集部/別集類/清別集

補 40178
珠風閣詩草不分卷
(清)查曦撰
清稿本
復旦
集部/別集類/清別集

補 40179
履閣詩集一卷
(清)張坦撰
清康熙刻百名家詩鈔本
備註:張坦,字逸峰,號眉州散人,更
號青雨,清天津人。遂閒唐張霖
之子。
國圖
集部/別集類/清別集

補 40180
湖山雜詠一卷附錄一卷
(清)王緯撰
1994 年據武林掌故叢編本影印叢
書集成續編本
上圖
集部/別集類/清別集

補 40181
銅鼓書堂遺稿三十二卷
(清)查禮*撰　(清)查淳輯

1995 年據清乾隆查淳刻本影印續
　　修四庫全書本
上圖
集部/別集類/清別集

補 40182
雪笠山人詩不分卷
　（清）釋智方撰
　清道光釋日愚抄本　錢萃恆跋
天圖
集部/別集類/清別集

補 40183
欣遇齋詩鈔十六卷
　（清）沈峻撰
　民國抄黔南游宦詩文征本
國圖
集部/別集類/清別集

補 40184
筥翹書屋試律存稿二卷
　（清）齊嘉紹撰
　清嘉慶十七年（1812）刻本
石家莊
集部/別集類/清別集

補 40185
小息舫詩草不分卷
　（清）查彬撰
　清光緒三十一年（1905）上海群益
　　印刷編譯局鉛印本
天圖　私人收藏
集部/別集類/清別集

補 40186
吟齋筆存一卷
　（清）梅成棟撰
　清抄本
中科院
集部/別集類/清別集

補 40187
吟齋筆存三卷
　（清）梅成棟撰
　民國十三年（1924）天津金氏刻屏
　　廬叢刻本
北大　天圖　天津社科院　天師大
遼大　華師大
集部/別集類/清別集

補 40188
吟齋筆存三卷
　（清）梅成棟撰
　1985 年北京中國書店影印本
武大
集部/別集類/清別集

補 40189
花農詩鈔六卷
　（清）查林撰
　2010 年上海古籍出版社影印清代
　　詩文集彙編本
集部/別集類/清別集

補 40190
見真吾齋詩草十卷
　（清）徐大鏞撰

清末抄本
天圖
集部/別集類/清別集

補 40191
見真吾齋詩草十卷詩餘二卷
（清）徐大鏞撰
2007 年南京市鳳凰出版社影印清
詞珍本叢刊本
集部/別集類/清別集

補 40192
石蓮集一卷
（清）董懷新*撰　（清）華長吉選
輯
清咸豐元年（1851）刻本
天津社科院
集部/別集類/清別集

補 40193
燕都雜詠一卷
（清）樊彬撰
民國二十八年（1939）東莞張江裁
燕歸來簃鉛印燕都風土叢書本
國圖　北大
集部/別集類/清別集

補 40194
妙蓮花室詩鈔一卷詞鈔一卷
（清）王增年撰
1993 年北京中國書店據民國十一
年（1922）王守恂刻本影印本
北大　上圖　復旦

集部/別集類/清別集

補 40195
妙蓮花室詩餘
（清）王增年撰
清宮子行刻本
國圖
集部/別集類/清別集

補 40196
梅莊詩鈔十六卷
（清）華長卿撰
清抄本
天圖:存一卷（卷八）
集部/別集類/清別集

補 40197
梅莊詩鈔十六卷
（清）華長卿撰
1995 年上海古籍出版社據清同治
九年（1870）華鼎元都門刻本影
印續修四庫全書本
上圖
集部/別集類/清別集

補 40198
南有吟亭詩草三卷
（清）于士祜撰
清稿本　清楊光儀等題識
天圖
集部/別集類/清別集

補 40199
南有吟亭詩草二卷

487

（清）于士祐撰

清紅格抄本

天圖

集部/別集類/清別集

補 40200

天全詩鈔一卷

（清）王鵠撰

清抄本

北大

集部/別集類/清別集

補 40201

蕰仙詩草一卷貞孝録一卷

（清）張玉貞撰

清光緒十年（1884）刻本

吉林

集部/別集類/清別集

補 40202

試茗吟廬詩稿一卷

（清）孟繼塤輯

清抄本

備註:南開大學圖書館著者著録爲

"孟志青",志青爲孟繼塤之字。

南開

集部/別集類/清別集

補 40203

雙清書屋吟草一卷

（清）王樾撰

1994 年北京中國書店據民國刻本

影印本

上圖　中山大

集部/別集類/清別集

補 40204

小鄒魯居詩集七卷

（清）張大仕撰

清宣統二年（1910）醒華報館石

印本

天津社科院　遼寧

集部/別集類/清別集

補 40205

紅螺山房詩鈔一卷

（清）李葆恂撰

清光緒二十一年（1895）李葆恂

抄本

天津社科院

集部/別集類/清別集

補 40206

廣雅堂詩集不分卷

（清）張之洞撰　嚴修*注

稿本

湖南

集部/別集類/清別集

補 40207

龍泉園集十二卷

（清）李江撰　　薊州區

清抄本

吉大

集部/別集類/清別集

補 40208

憶雪樓詩三卷衡遊草一卷幷鄉集一卷還庚集一卷少作偶存一卷

（清）王燧撰　　寶坻區

稿本

紹興

集部/別集類/清別集

補 40209

樸園感舊詩一卷

（清）李光庭*撰　（清）張維屏評

寶坻區

清刻本

十一行二十四字黑口四周雙邊

國圖　天津社科院

集部/別集類/清別集

補 40210

虛受齋詩鈔十二卷

（清）李光庭*撰　（清）張維屏評

寶坻區

清刻本

十一行二十四字黑口四周雙邊

國圖

集部/別集類/清別集

補 40211

松喬堂詩存稿一卷應制詩稿二卷

（清）勵杜訥撰　　静海區

清末抄本

國圖

集部/別集類/清別集

補 40212

恕堂詩二十六卷

（清）宮鴻曆撰　　静海區

清抄本

泰州　寶應

集部/別集類/清別集

補 40213

恕堂詩十六卷

（清）宮鴻曆撰　　静海區

稿本

泰州

集部/別集類/清別集

補 40214

恕堂詩□□卷

（清）宮鴻曆撰　　静海區

稿本

南京

集部/別集類/清別集

補 40215

雙清閣詩稿八卷

（清）勵廷儀撰　　静海區

清抄本

國圖

集部/別集類/清別集

補 40216

擬莆陽樂府一卷

（清）蕭重撰　　静海區

民國抄本

國圖

集部/別集類/清別集

補 40217

莆田樂府一卷

（清）蕭重撰　　静海區

清抄本

遼寧

集部/別集類/清別集

補 40218

遯盧詩存一卷

王人文 * 撰　趙藩評點

民國抄本

天圖

集部/別集類/民國以來別集

補 40219

冬青館詩存一卷

韓蔭楨撰

抄本

中國社科院文學所

集部/別集類/民國以來別集

補 40220

退思齋詩文存

陳寶泉撰

1970 年臺北文海出版社影印近代

中國史料叢刊本

國圖

集部/別集類/民國以來別集

補 40221

近思盧詩蘽不分卷

王崇焕撰

民國抄本

備註：是書鈐“王崇焕印”白文方印，

“漢章”朱文小圓印。

天圖

集部/別集類/民國以來別集

補 40222

戊午吟草一卷

金鉞撰

1992 年中國書店據民國八年

（1919）刻版重印本

國圖　南大

集部/別集類/民國以來別集

補 40223

明清八家文鈔二十卷

徐世昌輯

1986 年北京中國書店影印本

南大　南京師大　蘇大

集部/總集類/類編之屬

補 40224

蜀遊詩鈔六卷

（清）查淳 * 等撰　（清）陸炳輯

民國鉛印本

國圖

集部/總集類/斷代之屬

補 40225

古辭令學二編

盧靖纂

民國二十六年（1937）金華印書局

鉛印沔陽叢書本
清華　吉大
集部/總集類/斷代之屬

補 40226
津門詩鈔一卷
　（清）梅成棟輯
　　清咸豐十一年（1861）刻本
首圖
集部/總集類/郡邑之屬

補 40227
津門詩鈔三十卷
　（清）梅成棟輯
　　清抄本
南開：缺二卷（卷一、卷二）
集部/總集類/郡邑之屬

補 40228
津門詩鈔三十卷
　（清）梅成棟輯
　　1991 年北京中國書店據清道光四
　　年（1824）刻本影印本
南大　浙江師大
集部/總集類/郡邑之屬

補 40229
天津文鈔七卷附刻一卷
　（清）華光鼐*輯　王守恂編　金
　鉞校
　　1991 年北京中國書店據民國九年
　　（1920）天津金鉞刻本影印本
南大　蘇大　浙江師大　京大人

文研
集部/總集類/郡邑之屬

補 40230
致遠堂金氏家集詩略六卷附一卷
　（清）金際泰等輯
　　清同治屏廬綠絲欄抄本
國圖
集部/總集類/氏族之屬

補 40231
天津金氏家集四種
　金鉞輯
　　1993 年北京中國書店影印本
北大　南大
集部/總集類/氏族之屬

補 40232
昭代名人尺牘續集二十四卷
　陶湘輯
　　清宣統三年（1911）石印本
天圖
集部/總集類/尺牘之屬

補 40233
丁酉直省鄉墨知言不分卷
　（清）王焯　（清）郭家聲*評選
　武清區
　　清光緒著易堂鉛印本
遼寧
集部/總集類/課藝之屬

補 40234
蓮坡詩話三卷

（清）查爲仁撰

清乾隆六年（1741）刻蔗塘外集本

十行二十一字白口四周單邊

北大　清華　天圖　南開　遼大

集部/詩文評類/詩評之屬

補 40235

蓮坡詩話一卷

（清）查爲仁撰

清同治抄待清書屋雜鈔本

天圖

集部/詩文評類/詩評之屬

補 40236

蓮坡詩話三卷

（清）查爲仁撰

1985 年北京中國書店據民國十三

年（1924）天津金氏刊本影印本

武大　河南大

集部/詩文評類/詩評之屬

補 40237

蓮坡詩話三卷

（清）查爲仁撰

1995 年據清乾隆刻蔗塘外集本影

印本

上圖

集部/詩文評類/詩評之屬

補 40238

湖海草堂詞一卷

（清）樊景升撰

清末抄雲自在龕彙刻名家詞本

國圖

集部/詞類/別集之屬

補 40239

湖海草堂詞一卷

（清）樊景升撰

1994 年上海書店出版社據雲自在

龕叢書本影印叢書集成續編本

上圖

集部/詞類/別集之屬

補 40240

絕妙好詞箋七卷

（宋）周密輯　（清）查爲仁*

（清）厲鶚箋

清乾隆十五年（1750）查氏澹宜書

屋刻本

九行二十一字小字雙行十九字白

口四周單邊

國圖　天圖　南開　上海師大　南

京博　浙大

集部/詞類/總集之屬

補 40241

絕妙好詞箋七卷

（宋）周密輯　（清）查爲仁*

（清）厲鶚箋

清宣統元年（1909）慎修堂石印本

天圖

集部/詞類/總集之屬

補 40242

絕妙好詞箋七卷

（宋）周密輯　（清）查爲仁*

（清）厲鶚箋

清宣統元年（1909）上海沉記書莊

　石印本

遼寧

集部/詞類/總集之屬

補 40243

絕妙好詞箋七卷

（宋）周密輯　（清）查爲仁*

（清）厲鶚箋

清末刻本

九行二十一字白口四周單邊

北大　天圖

集部/詞類/總集之屬

補 40244

絕妙好詞箋七卷

（宋）周密輯　（清）查爲仁*

（清）厲鶚箋

清彭佑芳抄本

南京

集部/詞類/總集之屬

補 40245

絕妙好詞箋七卷

（宋）周密輯　（清）查爲仁*

（清）厲鶚箋

民國三年（1914）上海有正書局石

　印本

北大　遼大　南大

集部/詞類/總集之屬

補 40246

絕妙好詞箋七卷續鈔二卷

（宋）周密輯　（清）查爲仁*

（清）厲鶚箋

民國十二年（1923）上海啟新書局

　石印本

北師大　吉大　復旦

集部/詞類/總集之屬

補 40247

絕妙好詞箋七卷續鈔一卷補錄一卷
詞選二卷續詞選一卷附錄一卷

（宋）周密輯　（清）查爲仁*

（清）厲鶚箋

民國二十五年（1936）上海中華書

　局鉛印本

北大　人大　南開　遼大　華師大

集部/詞類/總集之屬

補 40248

絕妙好詞箋七卷

（宋）周密輯　（清）查爲仁*

（清）厲鶚箋

民國上海掃葉山房石印本

北大　北師大　天圖　南師大

集部/詞類/總集之屬

補 40249

絕妙好詞箋七卷續鈔二卷

（宋）周密輯　（清）查爲仁*

（清）厲鶚箋

1956 年北京文學古籍刊行社鉛

　印本

北大　清華　北師大　吉大　南
師大
集部/詞類/總集之屬

補 40250
影刊宋金元明本詞四十種補編三種
　　吳昌綬輯　　陶湘*續輯
　　1961 年北京中華書局刻本暨影
　　印本
備註:是書據清宣統三年至民國六
年(1911—1917)仁和吳氏雙照樓刻
民國六年至十二年(1917—1923)武
進陶氏涉園續刻版重印,補編三種
據陶氏初刻樣本影印。
國圖　天圖
集部/詞類/總集之屬

補 40251
影刊宋金元明本詞
　　吳昌綬輯　　陶湘*續輯
　　1965 年據民國間刻版重印本
國圖
集部/詞類/總集之屬

補 40252
影刊宋金元明本詞五十種
　　吳昌綬輯　　陶湘*續輯　　北京市
　　中國書店編
　　1981 年北京中國書店據民國間刻
　　版重印本
國圖
集部/詞類/總集之屬

補 40253
喜劇大幸福八幕
　　王守恂撰
　　民國抄本
天圖
集部/曲類/雜劇之屬

補 40254
暗香媒二十出
　　(清)王增年撰
　　清末至民國初抄本
國圖
集部/曲類/傳奇之屬

補 40255
珊瑚傳二十場
　　(清)尹湛撰
　　民國抄本
天圖
集部/曲類/俗曲之屬

補 40256
增删十粒金丹六十八回
　　(清)蕭晶玉撰　　　蓟州區
　　清抄本
中國藝術研究院　復旦
集部/曲類/彈詞之屬

補 40257
十粒金丹(宋史奇書、第一奇女傳)
十二卷六十六回
　　(清)蕭晶玉撰　　　蓟州區
　　清光緒十四年(1888)京都泰山堂

刻本

北大　中國藝術研究院　中國社科
院文學所　東洋文庫　京大人文研
集部/曲類/彈詞之屬

補 40258
十粒金丹（宋史奇書、第一奇女傳）
十二卷六十六回
　（清）蕭晶玉撰　　薊州區
　　清光緒三十四年（1908）書業公司
　　鉛印本
遼大
集部/曲類/彈詞之屬

補 40259
十粒金丹（宋史奇書、第一奇女傳）
十二卷六十六回
　（清）蕭晶玉撰　　薊州區
　　清光緒上海申報館鉛印申報館叢
　　書本
國圖　北大　人大　天圖:存三十
七回(一至三十七)　上圖
集部/曲類/彈詞之屬

補 40260
十粒金丹（宋史奇書、第一奇女傳）
十二卷六十六回
　（清）蕭晶玉撰　　薊州區
　　清文益堂刻本
中國藝術研究院
集部/曲類/彈詞之屬

補 40261
十粒金丹（宋史奇書、第一奇女傳）
十二卷六十六回
　（清）蕭晶玉撰　　薊州區
　　清抄本
備註:書名據書衣題。
國圖:存三十六回(一至十二、二十
五至二十八、三十三至五十二)北大
北師大
集部/曲類/彈詞之屬

補 40262
十粒金丹（宋史奇書、第一奇女傳）
十二卷六十六回
　（清）蕭晶玉撰　　薊州區
　　清末抄本
北師大
集部/曲類/彈詞之屬

補 40263
十粒金丹（宋史奇書、第一奇女傳）
十二卷六十六回
　（清）蕭晶玉撰　　薊州區
　　民國三年（1914）上海簡青齋書局
　　石印本
遼大
集部/曲類/彈詞之屬

補 40264
繪圖十粒金丹十二卷
　（清）蕭晶玉撰　　薊州區
　　民國三年（1914）上海錦章圖書局
　　鉛印本

北師大
集部/曲類/彈詞之屬

補 40265
清代抄本公案小說
　儲仁遜 * 撰　　張晨江整理
　1996 年天津百花文藝出版社
國圖
集部/小説類/類編之屬

補 40266
宋艷十二卷
　（清）徐士鑾撰
　清抄本
天博
集部/小説類/文言之屬

補 40267
春泉聞見録四卷
　（清）劉壽眉撰　　寶坻區
　1995 年據清嘉慶五年（1800）渠
　　陽劉氏迎暉軒刻本影印續修四
　　庫全書本
上圖
集部/小説類/文言之屬

補 40268
春泉聞見録一卷
　（清）劉壽眉撰　　寶坻區
　民國十四年（1925）石印本
上圖
集部/小説類/文言之屬

補 40269
**小五義全傳一百二十四回續一百二
十四回**
　（清）石玉崑 * 撰　　鄭理整理
　1991 年西安三秦出版社鉛印本
私人收藏
集部/小説類/長篇之屬

補 40270
三俠五義（忠烈俠義傳）一百二十回
　（清）石玉崑 * 撰　　俞平伯句讀
　民國二十二年（1933）上海亞東圖
　　書館鉛印本
京大人文研
集部/小説類/長篇之屬

補 40271
龍圖耳録一百二十回
　（清）石玉崑撰
　清光緒七年（1881）抄本
北師大
集部/小説類/長篇之屬

補 40272
龍圖耳録一百二十回
　（清）石玉崑撰
　清抄本
北大　上圖
集部/小説類/長篇之屬

補 40273
龍圖耳録一百二十回
　（清）石玉崑撰

1981 年上海古籍出版社鉛印本
京大人文研
集部/小説類/長篇之屬

補 40274
長相思
　王研石撰
　民國二十四年（1935）誠文信書局
　　出版
嘉興
集部/小説類/長篇之屬

補 50012
士庶備覽十四卷
　（清）〔佟氏〕輯
　清光緒十八年（1892）津門佟氏刻
　　本
　十行二十三字小字雙行同黑口四
　　周雙邊
國圖　　清華　　天圖　　南開　　遼寧
吉大　　臨海　　四川大　　東大東文研
類叢部/類書類/通類之屬

補 50013
屏廬叢刻十五種
　金鉞輯
　1985 年北京中國書店據民國十三
　　年（1924）天津金氏刊本影印本
武大　　河南大
類叢部/叢書類/郡邑之屬

補 50014
王筱汀先生所著書七種附年譜家傳

　王錫彤撰
　民國二十七年（1938）鉛印本
南開
類叢部/叢書類/自著之屬

補 60031
人心能力論一卷
　〔德國〕康德撰　〔德國〕尉禮賢
　周叔弢＊（周暹）合譯
　1987 年建德周氏影印本
國圖
新學類/議論類

補充藏地

補 20376
傅巖讀史閒評一卷
　（清）吳士俊撰
　清刻本
　九行二十三字小字雙行同白口四
　　周單邊
國圖　　天圖　　天師大　　東北師大
史部/史評類/史論之屬

補 20377
〔天津〕沈氏族譜六卷
　（清）沈兆澐纂修
　清道光二十八年（1848）刻本
　八行二十字白口左右雙邊
國圖　　中科院　　京大人文研
史部/傳記類/總傳之屬

補 20378
話柄

宮白羽撰

民國二十八年(1939)天津正華學
校出版

備註:此書爲宮白羽自傳。

天圖

史部/傳記類/別傳之屬

補 20379

注音字母教本

李金藻(李琴湘)編

民國八年(1919)天津教育學術編
譯社鉛印本

天圖

史部/政書類/儀制之屬

補 20380

考察日韓江浙教育筆記一卷

曹鴻年編

民國七年(1918)北洋印刷局鉛
印本

天圖　東京都立中央

史部/政書類/儀制之屬

補 20381

吟香書室奏疏八卷

(清)徐炘撰

清刻本

九行二十字白口四周雙邊

國圖　北大　清華　上圖　南大

史部/詔令奏議類/奏議之屬

補 30321

形意五行連環拳譜合璧

李存義述　杜之堂*編

2008 年臺北逸文武術文化影印武
備叢書本

臺圖

子部/兵家類/操練之屬

補 30322

三指捷編三卷

(清)朱耀榮輯

清光緒二十九年(1903)刻本

中醫科學院　天津衛職

子部/醫家類/診法之屬

補 30323

驗方彙集八卷續集四卷

(清)戴緒安選注

清光緒十年(1884)天津文利堂
刻本

首圖　中醫科學院　天津中醫大:
缺一卷(驗方彙集三)　天津醫專

吉林　南京中醫大

子部/醫家類/方論之屬

補 30324

外科心法真驗指掌四卷首一卷

(清)劉濟川撰

清光緒十三年(1887)天津全順堂
劉氏刻本

九行二十五字白口四周雙邊

國圖　北大　中醫科學院　北京中
醫大　天津中醫大一附屬　遼寧

子部/醫家類/外科之屬

補 30325

注禮堂醫學舉要四卷

（清）戴緒安輯

清光緒十二年（1886）刻本

九行二十四字小字雙行同白口四
周雙邊

國圖　中醫科學院　天津中醫大

天津醫專

子部／醫家類／醫話醫論之屬

補 30326

聖蹟圖不分卷

曹鋸摹

民國十二年（1923）影印本

清華　天圖　上圖　日本三康

子部／藝術類／書畫之屬

補 30327

印香閣印譜不分卷

（清）趙錫綬篆　　武清區

清嘉慶十八年（1813）趙錫綬鈐
印本

國圖　上圖　南開

子部／藝術類／篆刻之屬

補 30328

雲峰書屋集印譜不分卷

（清）趙錫綬篆刻　　武清區

清嘉慶九年（1804）德潤堂鈐印本

北大　上圖　重慶

子部／藝術類／篆刻之屬

補 30329

竹亭摹勒一卷

（清）趙錫綬篆刻　　武清區

清嘉慶十一年（1806）德潤堂鈐
印本

上圖　南京

子部／藝術類／篆刻之屬

補 40275

梅東草堂詩集九卷

（清）顧永年撰

清康熙刻增修本

十行二十字白口左右雙邊

國圖　中科院

集部／別集類／清別集

補 40276

筠翹書屋試律存稿二卷

（清）齊嘉紹撰

清道光二十七年（1847）刻本

九行十九字小字雙行同白口四周
雙邊

備註：《天津藝文志》著錄此書書名
誤爲《藥翹書屋存稿》。

南開

集部／別集類／清別集

補 40277

穉齋詩草一卷

（清）姚承豐撰

民國十一年（1922）上海中華書局
鉛印本

國圖　北大　中科院　天圖　南開

天津社科院　上圖　復旦

集部／別集類／清別集

補 40278

禪餘吟草四卷

（清）釋顯清撰

清道光三十年（1850）黃葉齋刻本

九行十九字白口四周雙邊

國圖　天圖　南開　天津社科院

上圖

集部/別集類/清別集

補 40279

脞録二卷

（清）華光鼐撰

清刻本

國圖　天津社科院

集部/別集類/清別集

補 40280

蓮西律賦二卷

（清）王維珍撰

清同治刻本

九行二十四字白口四周雙邊

北大　天津社科院　天博　日本

國會

集部/別集類/清別集

補 40281

歸去來集不分卷

（清）孫慶蘭撰　　薊州區

清道光二十三年（1843）刻本

九行二十一字小字雙行同白口四

周雙邊

國圖　中科院　天圖　天博　青海

集部/別集類/清別集

補 40282

渙堂文存不分卷

苑壹撰

民國鉛印本

天圖

集部/別集類/民國以來別集

補 40283

楊岐山詩集六卷拾遺一卷

楊鳳鳴撰

民國三十四年（1945）天津楊氏影

印本

北大　人大　天圖　南開　天師大

吉大

集部/別集類/民國以來別集

補 40284

聯鏢記

宮白羽撰

民國二十九年（1940）天津正華出

版部出版白羽小説叢書本

天圖

集部/小説類/長篇之屬

藏書單位名稱簡稱全稱對照表

本表爲《現存天津著作總錄》所收各書之收藏單位名稱簡稱全稱對照表。依簡稱四角號碼序列。

0

立命館：日本立命館大學
齊齊哈爾：齊齊哈爾市圖書館
廣西：廣西壯族自治區圖書館
廣島大：日本廣島大學
廣州中醫大：廣州中醫藥大學圖書館
廣東：廣東省立中山圖書館
京產大：日本京都產業大學
京大文：日本京都大學文學部
京大法：日本京都大學法學部
京大附圖：日本京都大學附屬圖書館
京大人文研：日本京都大學人文科學研究所
新疆：新疆維吾爾自治區圖書館
新疆大：新疆大學圖書館
新鄉：新鄉市圖書館
旅順博：旅順博物館

1

一橋大：日本一橋大學
天一閣：寧波市天一閣博物館
天師大：天津師範大學圖書館
天津市文聯：天津市文學藝術聯合會
天津文物：天津市文化遺產保護中心
天津武清：天津市武清區圖書館
天津衛職：天津衛生職工醫學院圖書館
天津濱海新區：天津市濱海新區塘沽圖書館
天津社科院：天津社會科學院圖書館
天津檔案：天津市檔案館
天津中醫大：天津中醫藥大學圖書館
天津中醫大一附屬：天津中醫藥大學第一附屬醫院圖書館
天津醫科大：天津醫科大學圖

書館

　　天津醫專：天津醫學高等專科學校圖書館

　　天津醫學信息：天津市醫學科學技術信息研究所圖書館

　　天津市委黨校：中共天津市委黨校圖書館

　　天博：天津博物館

　　天圖：天津圖書館

　　石家莊：石家莊市圖書館

　　石濱文庫：日本大阪大學附屬圖書館石濱文庫

　　西北師大：西北師範大學圖書館

　　西南大：西南大學圖書館

　　哥倫比亞大學：美國哥倫比亞大學東亞館

　　雲南：雲南省圖書館

　　北京交大：北京交通大學圖書館

　　北京中醫大：北京中醫藥大學圖書館

　　北碚：重慶市北碚區圖書館

　　北師大：北京師範大學圖書館

　　北大：北京大學圖書館

　　北大考古：北京大學中國考古學研究中心

　　武大：武漢大學圖書館

2

　　重慶：重慶圖書館

　　愛媛大：日本愛媛大學

　　愛知大：日本愛知大學

　　上海師大：上海師範大學圖書館

　　上海中醫大：上海中醫藥大學圖書館

　　上海醫學院：上海醫學院圖書館

　　上海第一醫學院：上海第一醫學院圖書館

　　上圖：上海圖書館

　　上饒：上饒市圖書館

　　山西：山西省圖書館

　　山西文物局：山西省文物局圖書館

　　山西大：山西大學圖書館

　　山東：山東省圖書館

　　山東大：山東大學圖書館

　　山東中醫大：山東中醫藥大學圖書館

　　保定：保定市圖書館

　　島根縣圖：日本島根縣立圖書館

　　紹興：紹興市圖書館

　　復旦：復旦大學圖書館

　　徐州：徐州市圖書館

3

　　寧夏：寧夏回族自治區圖書館

　　寧波：寧波市圖書館

　　安徽師大：安徽師範大學圖

書館

安徽:安徽省圖書館

安徽大:安徽大學圖書館

安陽:安陽市圖書館

宮內廳書陵部:日本宮內廳書陵部圖書館

寶應:寶應縣圖書館

江西:江西省圖書館

江西博:江西省博物館

河北:河北省圖書館

河北大:河北大學圖書館

河南大:河南大學圖書館

河南中醫大:河南中醫藥大學圖書館

福建:福建省圖書館

福建師大:福建師範大學圖書館

浙江師大:浙江師範大學圖書館

浙江:浙江圖書館

浙大:浙江大學圖書館

瀋陽航大:瀋陽航空航天大學圖書館

港中大:香港中文大學圖書館

法務圖:日本法務圖書館

法源寺:北京市法源寺

遼寧:遼寧省圖書館

遼大:遼寧大學圖書館

清華:清華大學圖書館

神外大:日本神戶市外國語大學

神戶市立中央　吉川:日本神戶市中央圖書館吉川文庫

神戶大:日本神戶大學

溫州:溫州市圖書館

湖北:湖北省圖書館

湖南:湖南省圖書館

湖南師大:湖南師範大學圖書館

湖南社科院:湖南省社會科學院圖書館

洛陽:洛陽市圖書館

澳大:澳門大學圖書館

4

臺北故宮:臺北故宮博物院

臺灣師大:臺灣師大圖書館

臺圖:臺灣圖書館

南京:南京圖書館

南京師大:南京師範大學圖書館

南京博:南京博物院圖書館

南京中醫大:南京中醫藥大學圖書館

南大:南京大學圖書館

南開:南開大學圖書館

南開區:天津市南開區圖書館

內蒙大:內蒙古大學圖書館

內蒙古:內蒙古自治區圖書館

內閣文庫:日本國立公文書館內閣文庫

嘉興:嘉興市圖書館

吉大:吉林大學圖書館

吉林:吉林省圖書館

吉林市:吉林市圖書館

吉林社科院:吉林省社會科學院圖書館

萍鄉:萍鄉市圖書館

蘭州大:蘭州大學圖書館

蓬左文庫:日本名古屋市蓬左文庫

蘇州:蘇州圖書館

蘇大:蘇州大學圖書館

韓國漢城大學:韓國漢城大學圖書館

華師大:華東師範大學圖書館

甘肅:甘肅省圖書館

桂林:廣西壯族自治區桂林圖書館

加州柏克萊:美國加州大學柏克萊分校東亞館

椙山女:日本椙山女學園大學

故宮:故宮博物院圖書館

榆陽:榆林市榆陽區星元圖書館

5

中科院:中國科學院圖書館

中山大:中山大學圖書館

中科院新疆分院:中國科學院新疆分院文獻信息中心

中央民大:中央民族大學圖書館

中國藝術研究院:中國藝術研究院藝術與文獻館

中國戲曲學院:中國戲曲學院圖書館

中國社科院文學所:中國社會科學院文學研究所圖書館

中國社科院近代史所:中國社會科學院近代史研究所圖書館

中國社科院歷史所:中國社會科學院歷史研究所圖書館

中國海大:中國海洋大學圖書館

中國藝研院音研所:中國藝術研究院音樂研究所

中國醫科院:中國醫學科學院圖書館

中國民族:中國民族圖書館

中醫科學院:中國中醫科學院圖書館

泰州:泰州市圖書館

青島:青島市圖書館

青海:青海省圖書館

青海師大:青海師範大學圖書館

貴州:貴州省圖書館

東京都立中央:日本東京都立中央圖書館

東北師大:東北師範大學圖書館

東北大:日本東北大學

東洋文庫:日本東洋文庫

東大總:日本東京大學圖書館

東大東文研:日本東京大學東洋文化研究所

成都中醫大:成都中醫藥大學

圖書館

揚州：揚州市圖書館

靜嘉堂文庫：日本靜嘉堂文庫

6

日本三康：日本三康圖書館

日本國會：日本國會圖書館

日本岡山大：日本岡山大學圖書館

國士館：日本國士館大學

國圖：中國國家圖書館

四川：四川省圖書館

四川大：四川大學圖書館

黑龍江：黑龍江省圖書館

吳江：蘇州市吳江區圖書院

景德鎮：景德鎮市圖書館

哈爾濱：哈爾濱市圖書館

哈師大：哈爾濱師範大學圖書館

哈佛燕京：美國哈佛大學燕京圖書館

7

廈大：廈門大學圖書館

阪大總：日本大阪大學

陝西：陝西省圖書館

陝西師大：陝西師範大學圖書館

同濟醫大：同濟醫科大學圖書館

開封：開封市圖書館

關大：日本關西大學

臨海：臨海市圖書館

8

人大：中國人民大學圖書館

前田育德會：日本財團法人前田育德會尊經閣

義烏：義烏市圖書館

首圖：首都圖書館

鎮江：鎮江圖書館

銅陵學院：銅陵學院圖書館

鄭州：鄭州圖書館

鄭大：鄭州大學圖書館

9

懷德堂文庫：日本大阪大學懷德堂文庫

常州：常州市圖書館

煙臺：煙臺圖書館

輝縣博：輝縣市博物館

參考文獻

一、天津地方文獻、書目及叢書

1. 高凌雯. [民國]天津縣新志藝文[M]. 刻本. 1912—1949(民國).

2. 金大本. 津人著述存目[M]. 抄本. 1912—1949(民國).

3. 宋藴璞. 天津志略[M]. 北京：藴興商行, 鉛印本. 1931(民國二十年).

4. [康熙]天津衛志[M]. 刻本. 1674(清康熙十三年).

5. [乾隆]天津府志[M]. 刻本. 1739(清乾隆四年).

6. [光緒]重修天津府志[M]. 刻本. 1899(清光緒二十五年).

7. [乾隆]天津縣志[M]. 刻本. 1739(清乾隆四年).

8. [同治]續天津縣志[M]. 刻本. 1870(清同治九年).

9. [乾隆]武清縣志[M]. 刻本. 1742(清乾隆七年).

10. [乾隆]寶坻縣志[M]. 刻本. 1945(清乾隆十年).

11. [道光]薊州志[M]. 刻本. 1831(清道光十一年).

12. [民國]重修薊州志[M]. 刻本. 1944(民國三十三年).

13. [乾隆]寧河縣志[M]. 刻本. 1779(清乾隆四十四年).

14. [光緒]寧河縣志[M]. 刻本. 1880(清光緒六年).

15. [同治]静海縣志[M]. 刻本. 1873(清同治十二年).

16. [民國]重輯静海縣志[M]. 刻本. 1924(民國二十三年).

17. 徐士鑾. 敬鄉筆述[M]. 天津：天津古籍出版社, 1986.

18. 梅成棟. 津門詩鈔[M]. 思誠書屋, 刻本. 1824(清道光四年).

19. 陶樑. 國朝畿輔詩傳[M]. 紅豆樹館, 刻本. 1839(清道光十九年).

20. 陳垣. 津門選舉録[M]. 刻本. 1644—1911(清).

21. 顧廷龍. 清人朱卷集成[M]. 臺北：成文出版有限公司, 1992.

22. 徐世昌. 大清畿輔書徵[M]. 天津：徐氏, 鉛印本. 1912—1949(民國).

23. 南炳文,高洪鈞,王洪濤. 天津古代人物録[M]. 天津:天津人民出版社,1993.

24. 中國人民政治協商會議天津市委員會文史資料研究委員會. 天津近代人物録[M]. 天津:天津市地方史志編修委員會總編輯室,1987.

25. 天津地方史資料聯合目録編委會. 天津地方史資料聯合目録[M]. 1980—1982.

26. 高洪鈞. 天津藝文志[M]. 北京:國家圖書館出版社,2019.

27. 李國慶,王振良. 天津文獻集成[M]. 天津:天津古籍出版社,2017.

二、大型古籍綜合書目

1. 中國古籍總目編委會. 中國古籍總目[M]. 北京:中華書局,上海:上海古籍出版社,2009—2013.

2. 永瑢,等. 四庫全書總目[M]. 北京:中華書局,1965.

3. 續修四庫全書總目提要編委會. 續修四庫全書總目提要[M]. 山東:齊魯書社,1997.

4. 上海圖書館. 中國叢書綜録[M]. 上海:上海古籍出版社,1982.

5. 陽海清. 中國叢書廣録[M]. 湖北:湖北人民出版社,1999.

6. 孫殿起. 販書偶記[M]. 上海:上海古籍出版社,1999.

7. 民國時期總書目編委會. 民國時期總書目[M]. 北京:書目文獻出版社,1986—1997.

三、大型古籍專題書目

1. 李靈年,楊忠. 清人別集總目[M]. 安徽:安徽教育出版社,2000.

2. 柯愈春. 清人詩文集總目提要[M]. 北京:北京古籍出版社,2001.

3. 薛清録. 中國中醫古籍總目[M]. 上海:上海辭書出版社,2007.

4. 中國科學院北京天文台、中國地方志聯合目録[M]. 北京:中華書局,1985.

四、主要參考論文

1. 張守謙. 天津鄉人著述書目考[J]. 天津師大學報,1986 年,第 2 期:74—78.

2. 耿華,徐文静. 古代天津鄉人著述舉要[J]. 農業圖書情報學刊,2010 年,第 10 期:261—263.

3. 趙沛霖. 天津清代詩人生卒年考索[J]. 天津師大學報,1986 年,1 期:80—83.

4. 謝敬. 天津醫家程介三傳略[J]. 中醫文獻雜志,2018 年,第 6 期:60—63.

5. 謝敬,王月香,曹亭. 津門儒醫趙礎卿及其手稿兩種[J]. 圖書館工作與研究,2012 年 10 月,總第 200 期:87—89.

6. 謝敬,董利利. 津門醫家張相臣傳略[J]. 中醫文獻雜志,2017 年,第 6 期:50—52.

附録:《天津藝文志》的增補與正訛

　　《天津藝文志》,高洪鈞著,2019 年 1 月國家圖書館出版社出版。此書乃著録天津歷代名人著述的一部專題文獻書目,它反映了一個地區的文化發展情況,同時亦反映了該地區歷史上有哪些文化名人,揭示天津古代文化底蘊,對促進地方史及地方文獻的研究,促進現代化精神文明建設均具有積極意義。是書填補了天津文化建設領域的一項空白。高洪鈞先生在這個領域取得的重要研究成果,功莫大焉。

　　《天津藝文志》共收録津人著作 3200 多種,作者 720 餘人。《天津藝文志》是天津鄉人著述的知見書目,是在諸多舊志藝文,如《大清畿輔書徵》《天津縣新志・藝文》《津人著述存目》等基礎上,同時參照《續修四庫全書總目提要》《清人詩文集總目提要》及《清人別集總目》等書目,足涉京津冀等地區,目驗館藏原本,歷數年之功,編纂而成。故是書所録之津人著述,大多來源有自,確定歷史上曾有過其人其書。高洪鈞先生用力之勤、造詣之深,令學界同仁敬佩。

　　因筆者供職于天津圖書館,從事天津地方文獻的服務與研究,經常需要查檢這部《天津藝文志》。近年以來,著録傳世古籍的《中國古籍總目》,以及著録各家圖書館收藏的《古籍普查登記目録》等大型古籍書目工具書的陸續出版,爲增補《天津藝文志》提供了先決條件。

　　爲了不斷揭示天津明清以來藝文志的傳世情況,進一步完善《天津藝文志》所收諸書,筆者不揣固陋,依據上舉大型古籍書目,試對《天津藝文志》所收録的天津地方文獻進行一些增補與正訛。《天津藝文志》未著録者予以增之,脱漏者予以補之,疏誤者予以糾之,訛誤者予以正之。旨在對津人及其著述、版本、藏地等進行補充完善,爲學界同仁研究,提供新的線索和便利。不妥之處,敬請大家不吝賜教!

一、《天津藝文志》的增補

對《天津藝文志》(以下稱《藝文志》)的增補,筆者計畫分三步來完成。第一步,是將《藝文志》中所有津人及其著述過録下來。第二步,依據國家圖書館、天津圖書館、上海圖書館、臺灣圖書館館藏目録及日本所藏中文古籍資料庫,將《藝文志》中所有津人及其著述逐人逐條重新核查一遍,遺漏的予以補充,錯誤的予以糾正。這樣做的原因是天津鄉人著述如今主要存藏地在國家圖書館及天津圖書館,尤其是未刊印的稿抄本,也以這兩個圖書館所藏居多。以各館館藏目録爲依據,民國及民國以後的著述亦可囊括進來,這樣可以從時間上較爲全面的搜集到津人著述。第三步,依據上海圖書館的"中文古籍聯合目録"、高校古文獻資源庫——"學苑汲古"及各圖書館《古籍普查登記目録》,再一次逐人逐條進行核驗(截止到目前,第三步尚未完成)。"中文古籍聯合目録"包含有《中國古籍總目》《中國古籍善本書目》《販書偶記》《販書偶記續編》《清史稿·藝文志》《哈佛大學哈佛燕京圖書館藏中文善本古籍》等。"學苑汲古"爲高校古文獻資源庫,包括有北京大學、南京大學、復旦大學等24家全國重點高校圖書館所藏古籍書目,而且還配有相應的書影。通過"學苑汲古"查詢到的津人著述,即相當於目驗原書,基本可以確信無疑。這樣做可以搜集到全國範圍内乃至海外現存津人著述,實現從空間上盡可能較爲全面地搜集津人著述。

《藝文志》收録津人著述3200餘種,但部分僅爲存目。截止到目前,在《藝文志》基礎上,筆者共整理出現存天津地方文獻資料2300餘條,其中補充資料674條,主要包括補充津人、著述、版本及藏地。這些增補的資料,一部分來源於《藝文志》未見或亡佚之著述,通過各方面搜集,重新發現了這些著作仍存於世。另一部分是《藝文志》未提及之著者與著述,對於這部分必須進一步確定是否爲天津人,避免同名不同人的舛誤,這是一個難點。

(一)補充津人

這裡"補充津人",是指《藝文志》未收録而其著作現今仍存世的天津人。如天津水西莊查氏家族,其文脉前後承續了一百多年,歷代主人均有著述流傳後世。查氏及其著述大部分已被《藝文志》收録,這裏僅增補仍有著作存世的查咸勤、查恩綏、查景綏、查雙綏。

查咸勤(1791—1863),查禮曾孫,查幹之子,字貞複,號芙波,廩生,清道光元年(1821)恩科順天鄉試解元。編《續墨譜》一卷,清光緒十八年(1892)

滇南節署刻本。卷首有高釗中序及自序。是書輯録了諸多清人作文之法。現藏北京大學圖書館,"學苑汲古"可查。

查恩綬(1839—1906),查默勤之孫,查以觀長子,字承先,號蔭階,附貢生,清同治六年(1867)舉人。編《經訓堂藏書總目》一卷,附《管書閲書章程》,清光緒二十七年(1901)刻本。現藏吉林大學圖書館。

查景綬(1866—1923),查璨之孫,查筠次子,字孝先,號星階,又號三階,國學生,分省試用通判。著有《詩本音補正》一卷,清稿本,文素松題跋。《中國古籍總目》著録是書,現藏浙江省圖書館。

查雙綬(1866—1928),查丙章之子,字毅夫,號玉階,庠生,清光緒十四年(1888)舉人,官至湖北蘄州知州。《日本陸軍大學校論略》一卷,〔日本〕東條英教口述,〔日本〕川島浪速初譯,(清)張澹、(清)查雙綬點定。是書有兩個版本:清光緒二十四年(1898)浙江書局刻本,清光緒二十七年(1901)小蒼山房影印富強齋叢書續全集本。現均藏北京大學圖書館,"學苑汲古"可查。另福建省圖書館及溫州市圖書館藏有光緒二十四年本。

又如天津市文史研究館館員卞慧新,未被《藝文志》收録。卞慧新(1912—2015),字伯耕,又字僧慧,號質夫,晚署遲叟。畢業於清華大學,是國學大師陳寅恪、雷海宗諸先生的嫡傳弟子。卞老常年從事明清學術史和天津地方史的研究,是天津市具有代表性的文史專家,近百歲之年仍能筆耕不輟,編著出版了《吕留良年譜長編》(中華書局 2003 年版)、《陳寅恪年譜長編》(中華書局 2010 年版)、《天津史志研究文集》等多部專著。2019 年天津市文史研究館"珍藏百年手稿出版工程"影印出版了其手稿《覺非廬叢稿》。

《覺非廬叢稿》開篇即是《〈吕留良年譜長編〉補遺》以及《〈朱批諭旨〉〈雍正上諭〉吕留良曾静一案史料》,均爲《吕留良年譜長編》的增補資料。此外尚有劉繼莊、朱書、張霖、孫學顔等歷史人物的年譜,多爲《吕譜》的拓展研究,史料極爲豐富。《叢稿》是以卞慧新先生遺存手稿原貌影印出版,具有重要的參考價值。

(二)補充著述

截止到目前,在《藝文志》基礎上,補充著述 430 餘種。"補充著述",是指《藝文志》已收録了的津人,在此增補其著述。如《清鑒前編》四卷,此爲王錫彤代表作之一,《藝文志》未收録。又如上文提到的"珍藏百年手稿出版工程",還影印出版了陳邦懷的《嗣朴齋叢稿》及陸文鬱的《蓬廬集》二部遺存手稿,均未被《藝文志》收録。

　　《嗣朴齋叢稿》收録了我國著名古文字學家陳邦懷先生潛心研究《説文解字》的手寫文稿,包括《説文解字古文校釋》《段氏説文解字注劄記》,及其他古文字研究手稿《金文拾補考釋》《古器物古文字考釋》。陳邦懷先生言:"《説文解字》,研究文字之淵藪也。段氏《説文解字注》,研究文字之管鑰也。"其對《説文解字》及段氏《説文解字注》均有自己獨特的見解。《金文拾補考釋》與《古器物古文字考釋》,皆有考釋,是爲讀者方便而作。這些著作都是首次面世,極具參考價值。

　　《蘧廬集》收録有陸文鬱著《詩草木今釋》《〈救荒本草〉〈野菜譜〉劄記》《稻作談餘》《鳥綱》等生物學著作,鄉邦題材的著作《天津市十四縣史料》《天津地區植物栽培沿革》《天津書畫家小記》《天津方言一斑》《蝸廬散文》,有關飲食方面的著作《食事雜談》《食事雜詩》《津門食單》等内容,全稿洋洋灑灑近七十萬字,全部細筆工楷謄抄,具有重要的史料價值。

　　補充著述的難點在於區別同名不同人的情況,此處增補的 430 餘種著述,都通過目驗原書或相關資料進一步驗證。如天津圖書館藏《唐人詩選》不分卷,清聽雨軒抄本,清張霔輯,《藝文志》未收録是書,此處張霔是否爲天津人? 查看原書卷端有"孤竹張霔藝史選",護頁題有:"張霔,字念藝,號笨山,撫寧人,與朱彝尊同時官内閣中書。有《帆齋逸稿》《晋史集》《欸乃書屋集》《緑艷亭集》"。張霔(1659—1704),字念藝,號帆史,又號笨山,一作笨仙,别號秋水道人,清天津人,是當時天津著名鹽商張霖的從弟,祖籍撫寧。故此處張霔爲天津人,是書予以收録。

　　又如《藝文志》中"牛坤"條目,著録其著述有《五代史續補》二卷附《廢朱梁論》一卷及《讀史雜詠》一卷。查上海圖書館的《中文古籍聯合目録》,有牛坤撰《花隱庵詩草》一卷、《花隱庵隨筆》一卷,現均藏於山東省圖書館,俱爲稿本,此處牛坤是否爲天津人? 據張曉彭著《張澍年譜》:"牛坤,字次原,天津人。……著有《花隱庵詩草》《讀史雜詠》。"山東圖書館藏稿本,後有牛東題識"此余曾王父之遺集也",原稿中夾有一紙,上有牛坤庚子年題識,提及津門有其故居。故牛坤爲天津人無疑,此二書予以收録。

　　此外,也有很多同名不同人之例。如天津圖書館藏有民國元年(1912)刻《喉證全書》一卷,爲清楊大年撰,此處楊大年是否即爲《藝文志》所著録清薊州布衣楊大年? 據《喉證全書》序,民國壬子年(1912),著者楊大年年八十,故其當生於清道光十三年(1833)。據《珍本醫書提要》,生於清道光年間的楊大年,爲山西介休人,老當益壯,至暮年以經驗所得,大著醫書,以利後世。著有《喉證全書》等。故此處楊大年非天津薊州的楊大年,《喉證全書》

不予收録。

(三)補充版本

如清賀崧齡輯《六書原始》十五卷,《藝文志》著録僅有清同治三年(1864)劍州賀崧齡刻本,國家圖書館藏。而重慶市圖書館藏有其稿本,四川大學圖書館藏有朱墨雙色抄本。這樣的實例還有很多,如明末清初時期的直隸静海籍人宮偉鏐,著有《庭聞州世説》六卷,《藝文志》僅著録有民國《海陵叢刻》本存世,其實上海圖書館還藏有其清康熙刻本及清抄本。又如《藝文志》著録清李源《周易函書補義》八卷,僅有清同治李氏所慎齋刻本,國家圖書館藏。實際上國家圖書館還藏有其清末至民國初抄本;天津圖書館藏有民國時期天津金氏抄本,有金鉞題識;此外還有清光緒元年(1875)大樑李氏所慎齋刻本,爲天津圖書館、中國科學院圖書館及湖北省圖書館等所藏。

(四)補充藏地

因《藝文志》先注明在天津的藏書單位;天津没有的,再注明外地的藏書單位(選擇一、二説明書存,不全列),以便讀者就近查閱。筆者贊同高先生這樣的安排,只是適當的增加了一些外地的藏書單位。這裡“補充藏地”,主要指《藝文志》没有著録存藏地的部分。如《藝文志》中牛坤所著《五代史續補》二卷附《廢朱梁論》一卷及《讀史雜詠》一卷,均爲未見,今查國家圖書館藏有此二書。清代津門著名詩人、畫家、篆刻家趙野,其著述傳世無多,《藝文志》著録其所篆刻《草木名印楮葉集》爲未見,今查北京大學圖書館及南開大學圖書館均藏有是書。又如華光鼐撰《脞録》二卷,是書所録天津人詩作多系華光鼐搜求而得,其留心文獻,以《津門詩鈔》久無續纂,此編所録多非彼書所有。意欲後人再匯輯津人詩者,可取材於此。此書甚有文學史料價值。高洪鈞先生曾感歎可惜津門無存,今查天津社會科學院圖書館藏有是書。

又如王鵠(原名王鴻)撰《喝月樓詩録》二十卷,《藝文志》著録:“目録作二十一卷,末卷原缺。清道光十九年(1839)刻。《清人詩文集總目提要》著録爲北京大學圖書館藏;《清人別集總目》著録爲中國科學院圖書館、北京師範大學圖書館、日本國會圖書館藏。”查《天津圖書館普查登記目録》,未見此書;查天津圖書館ALEPH編目系統亦無此資料;查天津圖書館排架目録卡片、書名目録卡片,皆無此書。後來在著者目録卡片查到有王鴻撰《唱月樓詩録》,“唱”爲“喝”之誤,該書的索書號爲P4173。就這一字之誤,導致該書未被收入任何目録,以致天津圖書館亦藏有是書,幾乎不爲人所知。

二、《天津藝文志》的正訛

王欣夫撰《文獻學講義》:"纂輯書目大非易事。范希曾評《清史稿·藝文志》,歷舉體例之誤外,又舉其小小疏失,有書名誤者,有卷數誤者,有撰人誤者,著録之書有以明初人書而誤作清人書者,有以外國人書而誤作國人書者,有一書而重複著録者,有一書二名遂誤爲二書而分别著録者,有諸書已散見各類又複列書之總名者,更有重複著録者。至於門類出入有界畫不清者,有部居舛誤者,有次序錯亂欠考者,每條各舉例證,都切中其弊。"著名的古典文獻學專家王欣夫先生以范希曾評《清史稿·藝文志》爲例,直接指出編輯書目絶非易事,可能會出現這樣那樣的舛誤。如此看來,編輯書目出現錯誤在所難免。今指出《藝文志》一些紕漏如下。

(一)書名之誤

1.《藝文志》書名錯誤之例:第 56 頁,書名《題上方二山紀游》缺"愁"字,應爲《愁題上方二山紀游》,查禮撰。愁題山,即今北京市房山區西南五十裡石經山,愁題山、上方山均位於北京市房山區。第 611—612 頁,天津寶坻縣王師旦,字淑莘,其詩文集自然應爲《淑莘文集》及《淑莘詩集》,《藝文志》誤爲《淑萃文集》及《淑萃詩集》。第 619 頁,天津寶坻縣高繼珩所著《演教諭語》誤爲《演教諭語》,《演教諭語》爲闡明福建謝金鑾著《教諭語》而作。此外還有清查爲仁輯《擬樂府補題》誤爲《擬樂部補題》、清潘守廉輯《養蠶要術》誤爲《桑蠶要求》、清薊州趙紳與李江合撰《同人睹快》誤爲《同人睹快樂》、清直隸寶坻蔣國祚撰《兩漢紀字句異同考》誤爲《兩漢紀字異同考》等。

2.《藝文志》書名重複之例一:《藝文志》著録天津静海高毓浤著述有:《潛子詩鈔》二卷,清宣統元年(1909)京華印刷館鉛印本;《潛子詩鈔》,清宣統二年(1910)京華印刷館鉛印本;《草廬韻言鈔存》一卷,清宣統二年(1910)京華印刷館鉛印本;《東游草》一卷,清宣統二年(1910)京華印刷館鉛印本;《草廬韻言鈔存》附《東游草》,清宣統年間京華印書局鉛印本。這五部書實際均爲清宣統二年(1910)印《潛子詩鈔》,二卷,京華印書局鉛印本,内收《草廬韻言鈔存》一卷及《東游草》一卷,現藏於國家圖書館、上海圖書館、中國科學院圖書館、浙江圖書館、温州市圖書館等。

《藝文志》書名重複之例二:清天津泥沽村人周人驥,《藝文志》著録其著述有《香遠堂詩鈔》八卷《雜著》一卷及《蓮峰宦稿》。據《續修四庫全書總目提要》記載:"《蓮峰宦稿》者,惟文數篇,附於詩稿之後。"天津圖書館所藏《薌遠堂詩》八卷《雜著》一卷,以詩爲主,有文八首,《蓮峰宦稿》當爲此處《雜著》一卷。是集乃周人驥之甥趙世然編校刊行,今僅天津圖書館藏有是書。

(二)著者之誤

1.《藝文志》著者錯誤之例一:《藝文志》中"王晋之"條目,列舉其著作有《珍珠囊補遺藥賦》及《雷公炮製藥性解》,二書皆由王晋之重訂。其實不然,重訂者不是"王晋之",而是"王子接晋三"。據《藝文志》記載:"王晋之字竹舫,晚號問青山人,清薊縣人。世爲望族。性友,好讀書,尤喜儒先性理之學。清咸豐五年(1855)乙卯科舉人。以城居煩擾,奉親携弟遷于城東穿芳峪,種樹開田,牽蘿補屋,與二弟躬親操作,以奉甘旨。時其同年友龍泉山人李江亦奉母居此,相與講求身心性命之學。歷掌樂亭、永平等處書院,從游多知名士。卒年五十四"。王晋之生平並没有涉及醫藥方面的記載,而王子接爲清代醫學家。王子接(1658—?),字晋三,清長洲(今江蘇蘇州)人,原習儒,制舉之餘致力於醫學,苦學者二十餘年,遂成名醫。王子接晋三更有可能重訂此二書。查詢天津圖書館所藏此二書,卷端題名分別爲《雷公藥性賦》及《雷公炮製藥性解》,著者均爲"吳門王子接晋三重訂"。故此二書重訂者,《藝文志》"王晋之"爲"王晋三"之誤也。此二書不予收録。

《藝文志》著者錯誤之例二:《藝文志》"元桂垚"條目,著録其著述有《棣華堂地學》。然而國家圖書館藏有的《棣華堂地學》五種,包含有《辨正疏批論》《天玉經寶照經》《天元歌歸厚録》《刱圖語》《陽宅覺》五種子目,是由"元祝垚"所撰。"元桂垚"與"元祝垚"是兩人? 還是同一人,其中一個姓名有誤? 查天津圖書館藏書,有"元祝垚"所著《陽宅覺元氏新書》二卷。天圖藏索書號爲 P12917 的《陽宅覺元氏新書》卷端題有"會川又元子元祝垚皡農氏著"。亦即元祝垚精通陰陽術數之學。《中國美術家大辭典》記載:"元祝垚,清代書法家,字皡農。直隸静海(今屬天津)人。工隸書,著有《棣華堂地學五種》,印行於世。"著有《棣華堂地學》的爲元祝垚,天津静海人,"元桂垚"爲"元祝垚"之誤。新編《静海縣志·文化》誤"元祝垚"爲"元桂垚",《藝文志》或因參照新編《静海縣志》亦誤爲"元桂垚"。

《藝文志》著者錯誤之例三:《稽瑞》一書,當爲唐代劉賡所輯著的一本歷數各個朝代有名的天降祥瑞的記載,《藝文志》誤爲清代的天津人劉庚所著。"劉賡"與"劉庚",二者所處朝代不同,一爲唐代,一爲清代,"賡"與"庚"形近字異,大概是直接參照國家圖書館的館藏目録而導致的錯誤。

2.《藝文志》著者非天津人之例一:《藝文志》著録有元薊邱人李衍,認爲元薊邱即今天天津薊縣。其實不然。關於薊邱,《辭源》解釋爲:"故地在今北京市德勝門外。""德勝門外有土城關,相傳古薊門遺址,亦曰薊邱。"亦即薊邱位於今北京市德勝門外西北隅,李衍非天津人。故此條目不予收録。

《藝文志》著者非天津人之例二:《藝文志》著録有清天津寧河人張洪陽,著有《問奇集》。據《明人傳記資料索引》:"張位字明成,號洪陽,新建人。隆慶二年進士。……有問奇集、詞林典故、警心類編……"著有《問奇集》的張洪陽,名張位,洪陽乃其號,明代人,隆慶二年(1568)進士,今江西南昌市新建區人。《藝文志》此條書目是依據《天津通志·出版志》附録《津版古今圖書選目》,轉引自《寧河縣志》所引杜立德所作《序》。《寶坻縣志》所載杜立德爲張洪陽所著《問奇集》作序,名爲"問奇集小引",並未提及張洪陽爲清寧河人(寧河縣原隸屬於寶坻縣)。故此條目不予收録。

3.《藝文志》著者以字爲名之例:天津静海王雪譚條目,《藝文志》著録其著述《退一步草堂》爲"未見"。據《中國詞學大辭典》記載:"王玉驥(? —1888後),字雪譚。其先江蘇上元(今南京)人,以宦遊直隸,家于大城王口鎮。著有《退一步草堂詩》《退一步草堂詞》各一卷。"1948年後王口鎮改屬天津市静海縣。以"王玉驥"查詢,其著述有《退一步草堂詩鈔》《退一步草堂詞鈔》各一卷,清光緒刻本,現藏於國家圖書館、天津圖書館及上海圖書館。王玉驥(1843—1895),字雪譚,《藝文志》以字爲名,故未搜集到其著述。

(三)版本問題

同一種書的版本重複著録,此種情況較多,如張夢元撰《敬恕齋遺稿》二卷,《藝文志》著録爲:"《販書偶記》卷十八著録作'光緒戊戌(1898)本宅刊。奏議居多'。北京圖書館藏清光緒二十四年(1898)津門張氏刻本,每半葉九行二十五字;又光宣間鉛印本,每半葉十行二十五字,見館藏目録。另見《東北地區古籍線裝書聯合目録》載,有清光緒山西機器印書局鉛印本,遼寧省圖書館藏。天津圖書館藏光緒二十三年(1897)鉛印本,二册,見館藏目録。"依據《藝文志》,《敬恕齋遺稿》有四個版本,分別是:清光緒二十四年(1898)津門張氏刻本、清光緒宣統間鉛印本、清光緒山西機器印書局鉛印本、清光緒二十三年(1897)鉛印本。實際僅有兩個版本,即"清光緒二十四年(1898)津門張氏刻本"與"清光緒二十三年(1897)山西機器印書局鉛印本",後三個版本爲同一版本。

　　此外，還有叢書及其子目重複著録；同一部書有多個不同著者，依著者多次重複出現。《藝文志》中叢書輯者與子目著者爲同一人時，叢書及其子目重複著録。如《詩禮堂全集》，清王又樸撰，十九種子目均由王又樸所撰，《藝文志》既著録了叢書《詩禮堂全集》，又將其子目作爲單獨一個條目來著録；又如《培根堂全稿》（一名寄泉類稿），清高繼珩撰，九種子目皆由高繼珩所撰，《藝文志》分別予以著録。對於叢書著者與子目著者爲同一人時，只需著録叢書，於其後列舉子目。若叢書子目由不同人所著，其中天津籍著者給予著録，並注明某某叢書本。

　　《藝文志》中同一部書有多個不同著者時，依著者多次重複出現。如《居易堂三周文稿》，爲周人龍、周人驥、周人麒三兄弟合稿，《藝文志》在三周條目下分別予以著録；又如《河北通志縣沿革表》，於鶴年、陳鐵卿與張承謨合撰，《藝文志》分別于陳鐵卿、於鶴年、張承謨條目下重複著録。

　　（此原文載《圖書館學刊》，2021 年第 7 期）

書名索引

（以拼音首字母排序）

C

花隱菴詩草一卷 40115, 補 40020

花隱菴隨筆一卷 30236, 補 30110

華北水利事業之檢討與展望 20765, 補 20208

華北鄉村織布工業與商人催主制度 60047

華粹深劇作選 40893

華葵生詩札 40183

華瑞安日記 20359

華氏家集五種 40720

華氏晴云派天津支宗譜不分卷 20128

華氏易學三種 10003

華新紡織有限公司津廠第三屆賬略不分卷 20590, 補 20165

華嚴經普賢行願品偈 30463, 補 30166

滑稽故事類編 30349

滑稽詩文集 40646

化身博士 60119

化學新理二卷 60072, 補 60020

畫梅題跋一卷 30383, 30384, 30385, 補 30303

畫梅題記一卷 30386, 30387, 30388

畫中緣(名士美人) 40861

話柄 20327, 補 20378

淮海詞箋注六卷 40820, 補 40164

淮上風雲 41006

槐窗箋記一卷 30290, 補 30117

懷甯張氏節孝忠烈傳 20342

洹村詞一卷 40814, 補 40162

洹上詞三卷 40813

洹上私乘七卷附圭塘倡和詩一卷圍鑪倡和詩一卷 20175, 20176, 補 20310, 補 20311

環青閣詩稿二卷 40133

環青閣詩稿四卷 40132

換巢鸞鳳 41094

渙堂文存不分卷 40516, 補 40282

荒山俠蹤 41080

荒原詞一卷附棄餘詞 40817

皇朝經世文新編續集二十一卷 30033, 30034, 補 30237

皇朝經世文新增時務續編四十卷洋務續編八卷 30035, 30036

皇朝諡法考續補編一卷 20434, 20435, 補 20321

皇清旌表節孝誥封宜人晉贈一品夫人劉太夫人行述一卷墓表一卷 20216

黃龔氏哀輓録一卷 20350, 補 20098

黃河中游調查報告 20766, 補 20209

黃金骨肉 40941

黃山紀游二卷 20778

黃衫客 40998

黃庭内景經一卷外景經三卷 30062

黃竹山房詩鈔六卷田盤紀游一卷補一卷 40066

黃竹山房詩鈔十二卷 40065

回頭崖 41009

回耶辨真 30620

回憶魯迅先生 40581

惠興女士徵文事略 20310

會計報告一覽表 20725

會試墨卷(光緒甲辰恩科) 20413, 補 20113

K

N

O

P

Q

書法偶集一卷 30370

書函珍存不分卷 30435,補 30151

書經六卷 10028,補 10007

書譜二卷 30371

書髓樓藏書目八卷附自著刊印刻
　石 20893

書劄 30444,補 30157

淑泉遺草二卷 40645

署理臨江縣兼籌長白府設治計劃一
　卷 20593

蜀道集一卷 40203

蜀山劍俠傳 41091

蜀文叢錄不分卷 20924

蜀學編二卷 20343,20344

蜀遊詩鈔六卷 40667,40668,補
　40129,補 40224

蜀中先正文選初集不分卷 40714

束鹿縣志十卷 20639,20640,20641,
　補 20337,補 20338

恕堂詩□□卷 40356,補 40214

恕堂詩鈔四卷 40357,補 40068

恕堂詩存十三卷 40358,補 40069

恕堂詩二十六卷 40354,補 40212

恕堂詩七卷 40352,40353

恕堂詩十六卷 40355,補 40213

恕齋贈言 30445,補 30158

樹君詩鈔一卷 40128,40129

樹君先生稿二卷 40122,補 40023

霜天雁影 41082

雙峰祠記一卷 20729

雙鳳殲仇 41034

雙鳳殲仇續集 41035

雙鑑樓藏書續記二卷 20918

雙鑑樓善本書目四卷 20917

雙鑑樓珍藏秘籍目錄一卷 20915,
　20916,補 20372

雙清閣詩稿八卷 40361,40362,
　補 40215

雙清書屋吟草一卷 40265,40266,
　補 40203

雙魚珮一卷 40904,40905

水產動物化學 60038

水東集初編五種十卷 40330

水滸戲曲集 40858

水香洲酬唱集四卷 40736

水運不分卷 20537

水竹邨人花卉扇圖冊 30413

水竹邨人集十二集 40398

水竹邨人集十二卷目錄一卷 40397

水竹邨人集五卷 40396

水竹邨人山水畫冊 30412

水竹邨人詩稿不分卷 40401,
　補 40075

水竹邨人詩選二十七卷附錄一
　卷 40388

順天鄉試同懷硃卷一卷 20401

順天鄉試硃卷(光緒丁酉科) 20411

順天鄉試硃卷(光緒癸巳恩科)
　20417,補 20115

順天鄉試硃卷(咸豐二年壬子科)一
　卷 20389

說文解字十二卷 10098

說文類鈔不分卷 10077

說文形聲表二卷附表 10071,
　補 10017

說疫一卷 30166,30167

X

猩酉老人詩文選 40638

駢角編一卷 40106

邢錫波醫案集 30223，補 30100

邢以謙妻劉氏墓志 20297，補 20073

形意五行連環拳譜合璧 30073，補 30321

醒來的時候 40625

幸福的泉源 40970

幸福的日子 40611

性教育新論 60106

性理精言一卷 30256

修武縣誌四卷 20700

繡像七俠五義傳十二卷 40980

繡像續小五義一百二十四回 40978，40979

虛受齋詩鈔十二卷 40315，補 40210

虛受齋詩鈔十四卷 40314

徐大總統詩集十二卷 40389

徐遯庵先生遺墨附題跋 30419

徐漢卿先生詩集四卷 40188

徐石雪妻沈宜人墓銘不分卷 20256，補 20055

徐氏家譜不分卷 20121

徐氏歷科朱卷（道光丙申恩科會墨）20385，補 20109

徐氏歷科朱卷（道光壬辰恩科鄉墨）20386，補 20110

徐氏歷科朱卷（光緒庚寅恩科會墨）20405

徐氏歷科朱卷（光緒己卯科鄉墨）20404

徐氏歷科朱卷（乾隆壬子科鄉墨）20383，補 20108

徐氏歷科朱卷（乾隆戊午科鄉墨）20380，補 20106

徐氏歷科朱卷（咸豐戊午科鄉墨）20390

徐氏歷科朱墨（乾隆乙卯恩科會墨）20382，補 20107

徐氏歷科朱卷（光緒丙戌科會墨）20399

徐氏歷科朱卷（光緒壬午科鄉墨）20400，20402

徐世昌等演說詞不分卷 30299

徐世昌行草孝經 30421，補 30143

徐世昌致韓鏡蓀等人信扎抄存本 40400

徐世綱墓志 20298，補 20074

徐廷璿墓表 20218 補 20033

徐園題詠一卷第二徐園題詠一卷 40745

旭林存稿 40575，補 40114

恤囚編不分卷 20557，補 20156

絮閣昆曲譜 30532

蓄墨複齋詩鈔四卷 40325

續補三體石經時代辨誤 10062

續金華叢書 50028，補 50006

續金華叢書六十種 50027

續墨譜一卷 40791，補 40159

續天津縣志二十卷首一卷 20646，20647，補 20340

續小五義一百二十四回 40977

續修天津徐氏家譜 20137

續修天津徐氏家譜不分卷 20135

續修天津徐氏家譜二卷 20124，補 20305

Z

梓里聯珠集五卷 40706
梓里聯珠集五卷首一卷 40705
紫簫聲館詩存一卷 40519
紫陽遺墨 30508
自怡曲譜 40921
自怡悅齋詩稿一卷 40640,40641,補 40121,補 40122
自治案件匯鈔 20583
自治常識講義 20567
自撰聯語不分卷 40421
自莊嚴堪明版書目 20943,補 20279
字學彙考□□卷 10066,補 10016
字學舉隅續編不分卷 10075,10076,補 10020,補 10048
字訓四卷字畫承變考一卷 10124
鄒縣志三卷 20631
奏辦京師自來水有限公司第一次工程告竣營業開始報告書不分卷 20509

奏定黑龍江東省鐵路購地伐木煤礦合同 20587,補 20163
奏疏不分卷 20628
祖父母遺事存略 20249
祖國—我的母親 40605
最新美式體育踐習筆錄一卷 60033,補 60011
最新日本教育法規二十八編 20562
最新希奇古怪四卷 30338,補 30125
醉茶吟草二卷 40264
醉茶志怪四卷 30333
醉古香齋未定稿一卷 40199
昨非齋草一卷 40052
左氏韻聯 10114,補 10033
作新末議二卷 20497,20498,補 20323
作新末議一卷續議一卷 20496
坐菊圖題詠一卷 40751,補 40148

著者索引
（以拼音首字母排序）

40897,40898,40899,
40900,40901,40902

巢星初 40615

巢章甫 30523,30524,
40614, 40615, 補
30208,補 30209

陳邦懷 10092,10093,
10094,20075,20816,
20884,20885,20886,
20887, 補 10023, 補
10024,補 20265

陳寶泉 20303,20448,
20449,20450,20451,
20452,20453,20454,
20455,20456,20668,
30611,40491,40492,
40493, 補 20183, 補
20322,補 40220

陳曾源 30170,30171,
30226, 補 30067, 補
30102,補 30066

陳德廣 30565

陳范有 20279,補 20064

陳恭澍 20080,20090,
20091,20092,20093

陳衡恪 20607

陳玢 30370

陳鏡清 20649,20650,
補 20341,補 20342

陳垲 20391,20392,
20393,40245,40761,
補 40041,補 40154

陳夔龍 20283,補 20065

陳聖宗 20636,20643,
20644, 20645, 補
20180, 補 20181, 補
20339

陳世勛 20036,20037,
20038

陳壽 20005,20006

陳鐵卿 20533,20534,
20685,20727,20753,
20754,20755,20756,
20757,20758,20826,
20868,20869,20870,
補 20147, 補 20197,
補 20204,補 20205

陳廷敬 40742

陳同度 60075,60076,
補 60023,補 60024

陳微塵 30102,補 30025

陳堯佐 40003,補 40002

陳一甫 20277,20278,
20279,20364,20669,
20670, 20671, 補
20063,補 20064

陳乙金 30442,補 30155

陳寅 10122,40339,
40751, 補 10035, 補
40066,補 40148

陳哲甫 10022,10023,
10031,20269,20516,
30090, 補 10004, 補
10005, 補 20058, 補
20141,補 30023

陳珍 40270

陳直 20887,補 20265

陳子芝 20631

成琦 40324

成全 20320,補 20083

程德全 20587,補 20163

程光瀅 20692

程价三 20177,20479,
20317,20376,30113,
30146,30147,30148,
30198,30199,30222,
30229,30230,30231,
補 20021, 補 20080,
補 20103, 補 20127,
補 30033, 補 30056,
補 30057, 補 30058,
補 30083, 補 30084,
補 30099, 補 30104,
補 30105,補 30106

程敏侯 20673,20674,
補 20184

程卓沄 30320

池紀解 30357,30359

仇錫廷 20688

儲仁遜 20059,20060,
20061,30260,40929,
40930, 補 20293, 補
40265

川島浪速 60030,60031,
補 60008,補 60009

川端康成 60146,60148

崔國良 20480

崔紅 20480

崔旭 50035,補 50009

郭程先 20691

郭恩第 40246，補 40042

郭家聲 20418，20419，
　20420，30096，40342，
　40343，40344，40767，
　40768，50053，60149，
　補 20116，補 20117，
　補 40233，補 50011

郭師泰 10001，40701，
　50013

郭允昌 20630

郭則澐 30415，40862，
　補 40170

H

哈代 60142

哈荔田 30151，30224，
　補 30061，補 30101

韓侍桁 10097，20185，
　20608，40594，40595，
　40596，40769，40796，
　40797，40798，40799，
　40800，40801，40892，
　60131，60132，60133，
　60134，60135，60136，
　60137，60138，60139，
　60140，60141，60142，
　60143，60144，60145，
　60146，60147，60148

韓梯雲（韓補菴）
　20932，20933，30262，

40863，40866，40867，
40868，40875，40904，
40905，40906，補
20373

韓蔭楨 40407，40408，
　補 40219

郝福森 20040，20041，
　20042，20043，20044，
　補 20291

郝緝榮 40184

何焯 10054

何鳳華 10119

何清儒 20482，20483，
　20484，60013，60014，
　60015，60016，60017，
　60018，60019，60020，
　60021，60085，60090，
　補 20129，補 20130

何世英 30205，30206，
　30207，補 30090，補
　30091，補 30092

何心冷 40562，40563，
　補 40113

何肇葆 40794

賀良忠 30085，補 30019

賀培新 40271

賀崧齡 10067，10068，
　10069，補 10045，補
　10046

賀濤 40271

亨·顯克微奇 60145

洪天錫 30152，30153，
　30154，30155，30156，

30157，30158，40044，
40789，40790，補
30254，補 40009，補
40158

胡承勳 40031，補 40008

胡捷 40028，40029，
　40030，40031，補
　40177

胡培翬 40669，補 40130

胡睿烈 40080

胡適 20452

胡樹屏 40374

胡嗣瑗 20873

胡煦 10008，10009，
　10010，10011

胡宗楙 10078，20907，
　20908，20443，30002，
　30029，40461，50027，
　50028，50044，補
　10049，補 20125，補
　20371，補 30002，補
　50006

許衡 40011，補 40006

許季上 30594，60089，
　補 60026

許湄 20633

許兆祿 40635

華北農產研究改進社
　60054

華長吉 40155，40156，
　補 40192

華長卿 10027，10070，
　10071，10104，10105，

補 30243

解道顯 40130

解道仔 30513，補 30202

金 淳 40150，40151，
40152，40153

金大本 20952，20953

金鳳翥 10114，20687，
補 10033，補 20187

金福 60148

金恭壽 40723

金際泰 40718，補 40230

金 梁 20007，20008，
20022，20023，20065，
20066，20067，20068，
20069，20070，20112，
20113，20161，20162，
20163，20164，20165，
20166，20167，20309，
20310，20311，20312，
20368，20526，20527，
20552，20553，20554，
20604，20605，20606，
20626，20677，20678，
20679，20714，20715，
20716，20717，20718，
20719，20720，20751，
20810，20822，20829，
20889，20934，20935，
20936，30039，30263，
30317，30318，30319，
30457，30458，40511，
40512，40513，40514，
40515，40683，40725，

40726，補 20002，補
20004，補 20078，補
20153，補 20168，補
20169，補 20170，補
20179，補 20193，補
20194，補 20195，補
20203，補 20219，補
20225，補 20228，補
20267，補 20278，補
20302，補 20309，補
30121，補 30122，補
40100，補 40101，補
40134

金平 40019，40020

金銓 30511，40085

金紹曾 10041，20103，
30085，30341，30581，
補 30019

金文淳 20705，20706，
40062，40063，40064，
補 20349，補 40011，
補 40012，補 40013

金頤增 20207，20208，
20209，補 20314

金玉岡 20772，40065，
40066，40729

金玉雯 20228

金 鉞 10090，10091，
20207，20208，20209，
20326，20481，30005，
30325，30326，30435，
30481，30482，40556，
40557，40558，40559，

40702，40703，40727，
40728，50031，50032，
補 10051，補 20089，
補 20128，補 20314，
補 30151，補 30282，
補 30310，補 40222，
補 40229，補 40231，
補 50013

金章 20630

金至元 40053，40054，
40055

金志章 20705

靳 以 40597，40598，
40599，40600，40601，
40602，40603，40604，
40605，40606，40607，
40608，40609，40610，
40611，40612，40613，
40954，40955，40956，
40957，40958，40959，
40960，40961，41110，
41111

久米正雄 60133

K

卡羅爾 60107

卡尼基 60020

凱萊維拉 60144

坎斯 20531，60028

康德 60087，60088，補
60025，補 60031

李樹屏 30283, 40711,
　40712, 40731, 40822,
　補 40143, 補 40166
李遂良 30110, 補 30032
李燾 10098
李廷玉 20052, 20281,
　20365, 20366, 20548,
　20549, 20550, 20551,
　20593, 20594, 20595,
　20672, 30032, 40765,
　補 20007, 補 20101,
　補 20325, 補 30010
李延興 40007
李元度 30026
李　源 10008, 10009,
　10010, 10011, 10029,
　20122, 補 10008, 補
　10038, 補 10039, 補
　10040, 補 20014
李雲楣 40671, 40672
李雲章 40836
李湛田 20187, 20340,
　20536, 20537, 補
　20094
李兆麟 20853, 補 20243
李　準 20055, 20056,
　20057, 20058, 20157,
　20287, 20288, 20289,
　30315, 30449, 30448,
　30450, 30451, 40861,
　補 20008, 補 20009,
　補 20018, 補 20068,
　補 20069, 補 30160,

補 30161, 補 30162
李紫珊 40224, 40225,
　40226
李紫溪 30103
利瑪竇 30613
厲　鶚 40824, 40825,
　40826, 40827, 40828,
　40829, 40830, 40831,
　40832, 40833, 40834,
　40835, 補 40240, 補
　40241, 補 40242, 補
　40243, 補 40244, 補
　40245, 補 40246, 補
　40247, 補 40248, 補
　40249
勵杜訥 20876, 40350,
　40351, 40742, 補
　20259, 補 40211
勵廷儀 20576, 20878,
　40361, 40362, 補
　20160, 補 20261, 補
　40215
勵宗萬 10064, 20730,
　20764, 20879, 補
　10014
廉佺 20105
廉兆綸 20105, 20627,
　30506, 30597, 40323,
　40324, 40713, 50052,
　補 40138
梁寶常 20433, 40759,
　40760, 補 20120, 補
　40152, 補 40153

梁申權 40515
梁漱溟 60089, 補 60026
列昂諾夫 60155, 60156
林墨青（林兆翰）
　20243, 20244, 20245,
　20246, 20440, 20502,
　20588, 20589, 30020,
　40677, 補 20048, 補
　20123, 補 20135, 補
　20164, 補 30007
林世濤 30444, 補 30157
劉楚寶 20174
劉富樑 40918
劉庚 40143
劉拱極 30551
劉后同（劉文垕）
　20314, 30068, 30069,
　30321, 50048, 50049,
　60008, 補 20079, 補
　50010
劉化風 40634, 50023
劉豁軒 30266
劉季孫 40005, 補 40004
劉濟川 30184, 補 30324
劉嘉琛 30430
劉建封 20663, 20708,
　20709, 20710, 20711,
　20769, 20807, 20808,
　20880, 40445, 40446,
　40447, 補 20182, 補
　20191, 補 20192, 補
　20210, 補 20217, 補
　20218, 補 20263, 補

20800,20823,20824,
30092,30093,30475,
40543, 60037, 補
20011,補20226,補
40104

路斯塔威里 60137

樂立本 20197,20198,
20199,40056,40057,
補20313

羅文思 20494

羅振玉 60036,補60013

呂碧城 20795,20799,
30591,30592,30593,
40536,40537,40538,
40539,40847,40848,
40849, 60084, 補
20213,補30227

呂叔湘 10131

呂湘 40721

M

馬戴 40001,補40001

馬浮 20297,補20073

馬千里 20072,20568,
補20010

馬元悌 20721

馬鍾琇 20168,20169,
20170,20171,20172,
20173,20466,20680,
20681,20682,20683,
20721,20937,20938,

20972,30264,30518,
30519,40001,40002,
40003,40004,40005,
40006,40007,40280,
40520,40521,40522,
40523,40524,40525,
40526,40527,40528,
40529,40530,40531,
40532,40533,40657,
40658,40685,40686,
40687,40688,40689,
40737,40842,40926,
40927,補20019,補
20126,補20347,補
20348,補40001,補
40002,補40003,補
40004,補40005,補
40050

麥克法登 60085

毛景義 30197,30228

毛士 10035,40365

梅寶辰 20129

梅寶璐 10054,20129,
30535,40024,40193,
40194,40195,40196,
40197, 40198, 補
40007,補40033,補
40034

梅寶熊 20129

梅成棟 40065,40118,
40119,40120,40121,
40122,40123,40124,
40125,40126,40127,

40128,40129,40649,
40671,40672,40695,
40696,40697,40698,
40699,50034,50035,
補40023,補40024,
補40025,補40186,
補40187,補40188,
補40226,補40227,
補40228,補50008,
補50009

梅貽琦 20373,20476

孟廣慧 20820,20861,
30420, 30440, 補
20369,補30142

孟繼坤 40249,40250,
40251,40252,40253

孟繼塤 20494,20779,
20780,20849,30087,
30295,30296,30539,
40259,40260,40261,
40262, 40263, 補
40202

孟文翰 60149

米勒利爾 60011

莫泊桑 60134

莫耳登 60071

莫友芝 20926

牟允中 30285,30286,
補30278

穆旦 40631, 40632,
40633

穆奎齡 30614,30615,
30616,30617,30618,

S

薩迪 30626, 補 30231

商盤 40730

商企翁 20614, 補 20173

邵冠祥 40628

沈 浮 40587, 40588,
　40887, 40888

沈 峻 20194, 20195,
　20196, 20636, 30003,
　30004, 30005, 40097,
　40098, 40099, 40100,
　40101, 補 30233, 補
　40183

沈起麟 40032

沈 銓 20778, 30389,
　40110

沈泰 30442, 補 30155

沈心海 30408

沈性仁 20531

沈永青 20706

沈樂善 20639, 20640,
　20641, 20642, 補
　20337, 補 20338

沈兆澐 10012, 20111,
　20123, 20194, 20195,
　20196, 20384, 30086,
　30237, 30238, 30239,
　30240, 30241, 30242,
　30243, 30390, 30391,
　40138, 40139, 40140,

40141, 補 20312, 補
　20377, 補 30020, 補
　30111, 補 30268, 補
　30269, 補 30270, 補
　40027

施今墨 30144, 30145,
　30218, 30219, 補
　30054, 補 30055, 補
　30096, 補 30097

石揮 30546, 40627

石井八萬次郎 20518

石永茂(石永梸)
10036, 10047, 10060,
　30060, 30061, 40802

石玉崑 40972, 40973,
　40974, 40975, 40976,
　40977, 40978, 40979,
　40980, 40981, 40982,
　40983, 40984, 40985,
　40986, 40987, 40988,
　補 40269, 補 40270,
　補 40271, 補 40272,
　補 40273

史蒂文生 60119

史典 30285, 30286, 補
　30278

史夢蘭 20341

史樂善 40783

釋傳燈 30601

釋弘一(李叔同)
　30460, 30461, 30462,
　30463, 30464, 30465,
　30466, 30467, 30468,

30469, 30470, 30471,
30472, 30473, 30582,
30583, 30584, 30585,
30586, 30587, 30588,
30589, 30590, 40517,
補 30166, 補 30167,
補 30168, 補 30169,
補 30170, 補 30171,
補 30172, 補 30220,
補 30221, 補 30222,
補 30223, 補 30224,
補 30225, 補 30226,
補 30309, 補 30312,
補 30313, 補 40102

釋懷則 30601

釋鳩摩羅什 30573

釋妙因 30590, 補 30226

釋倓虛 20348, 30598,
　30599, 30600, 30601,
　30602, 30603, 30604,
　30605, 30606

釋顯清 40201, 補 40278

釋印光 30589, 補 30225

釋元宏 40047

釋智操 30595, 補 30228

釋智方 40092, 40093,
　補 40182

釋智朴 20770, 20771,
　20797, 30595, 30596,
　40284, 40285, 40286,
　40287, 40288, 補
　20214, 補 30228, 補
　30229, 補 40053, 補

50029，補 20017，補
20066，補 20067，補
20250，補 20251，補
20272，補 20273，補
20308，補 40140，補
40232，補 40250，補
40251，補 40252，補
50007

陶知行 20452

陶仲明 10077

藤田豐八 60064，補
60014

田景仙 30613

佟甫田 30432，補 30148

佟氏 50002，50003，補
50012

托爾斯泰 60139，60141

托洛茨基 60109

陀思妥耶夫斯基
60111，60112，60136

W

萬家寶 40877

萬曼 10095，20329，
20330，40576，40692，
40793，40947，40948，
補 40172

汪桂年 10096，30059，
補 30015

汪墍 30257

汪韻梅 40278，補 40048

王鏊 40921

王彬 10060

王秉禮 30123，補 30043

王焯 20418，40767，
40768

王崇焕 20178，20179，
20180，20318，20319，
20320，20321，20322，
20323，20324，20325，
20532，20726，20814，
20815，20837，20944，
20945，30041，30323，
30324，30480，30520，
30562，30563，40282，
40283，40548，40549，
40550，40551，40552，
40553，40554，40555，
補 20022，補 20023，
補 20024，補 20081，
補 20082，補 20083，
補 20084，補 20085，
補 20086，補 20087，
補 20088，補 20146，
補 20196，補 20222，
補 20223，補 20233，
補 20280，補 20281，
補 30012，補 30123，
補 30124，補 30176，
補 30206，補 30214，
補 30215，補 40051，
補 40052，補 40106，
補 40107，補 40108，
補 40109，補 40110，

補 40111，補 40112，
補 40221

王崇烈 40554，補 40111

王崇綏 40700

王春瀛 40281，40475

王春園 30122，30194，
30580，補 30042，補
30080，補 30219

王大淮 20838，30392，
40142，40782，補
20234，補 40028

王大堉 40185，40186

王恩溥 30397，補 30134

王贛愚 60023，60024，
60025，60026，60027，
補 60006，補 60007

王賡綸 40786，40787

王貴忱 30479，補 30175

王灝 50029，補 50007

王鴻敬 20838

王鵠（鴻）40229，
40230，40231，40232，
40233，40234，40235，
40236，補 40037，補
40038，補 40200

王華棠 20765，20766，
補 20208，補 20209

王輝曾 20338，40820，
補 20093，補 40164

王季烈 10085，10086，
20108，20109，20110，
20158，20299，20300，
20367，20412，20413，

補 40190,補 40191

徐 菜 20072,補 20010

徐 風 40432

徐國相 20699

徐鴻泰 20404,20405

徐基纂 20121

徐鑑 50005,補 50001

徐金楷 20380,補 20106

徐廉鍔 20385,20386,
　補 20109,補 20110

徐士鑾 20390,20424,
　20434,20435,20620,
　20817,20818,20819,
　30001,30137,30138,
　30244,30245,30246,
　40026,40242,40243,
　40934,40935,40936,
　補 20224,補 20321,
　補 30001,補 30252,
　補 30271,補 30272,
　補 40266

徐世昌 20135,20136,
　20137,20138,20139,
　20140,20141,20142,
　20143,20214,20215,
　20216,20217,20218,
　20219,20220,20221,
　20222,20223,20224,
　20398,20399,20400,
　20401,20425,20428,
　20429,20430,20438,
　20500,20546,20558,
　20559,20560,20583,

20584,20585,20586,
20587,20613,20618,
20619,20657,20806,
20851,20852,20853,
20854,20855,20856,
20891,20892,20893,
20961,20962,20963,
20964,20965,30016,
30017,30249,30250,
30299,30409,30410,
30411,30412,30413,
30414,30415,30416,
30417,30418,30419,
30420,30421,30422,
30540,30552,30553,
30554,30555,30556,
30557,40271,40378,
40379,40380,40381,
40382,40383,40384,
40385,40386,40387,
40388,40389,40390,
40391,40392,40393,
40394,40395,40396,
40397,40398,40399,
40400,40401,40402,
40403,40404,40647,
40648,40651,40652,
40653,40654,40673,
50014,補 20032,補
20033,補 20034,補
20035,補 20036,補
20119,補 20152,補
20157,補 20163,補

20216,補 20241,補
20242,補 20243,補
20244,補 20245,補
20246,補 20320,補
30140,補 30141,補
30142,補 30143,補
30144,補 30212,補
30307,補 30308,補
30311,補 40075,補
40124,補 40132,補
40223

徐世光 20227,20401,
　20402,20707,20768,
　40745,補 20038

徐世襄 20298,補 20074

徐世章 20371,30322,
　30560

徐壽彝 40188

徐思稑 40239,40240,
　補 40039,補 40040

徐霆 20051

徐炘 20121,20381,
　20382,20383,20622,
　20623,40116,40669,
　補 20107,補 20108,
　補 20177,補 20381,
　補 40021

徐兆光 20603,40481,
　40482,40483,40736,
　補 40091

薛月樓 40857,40990

Y

雅各生 60106

言敦源 20280, 30031,
40278, 40469, 40470,
40471, 40472, 40473,
補 30009, 補 40048,
補 40088, 補 40089,
補 40090

閻德華 30080, 30081

閻智 30356, 補 30128

嚴家駿 40187

嚴克寬 50036

嚴 修 10077, 10033,
20144, 20230, 20231,
20232, 20233, 20234,
20235, 20236, 20237,
20356, 20357, 20358,
20406, 20439, 20850,
30018, 30019, 30300,
30301, 30302, 30426,
30427, 30428, 40274,
40275, 40410, 40411,
40412, 40413, 40414,
40415, 40416, 40417,
40418, 40419, 40420,
40421, 40422, 40423,
40424, 40709, 補
10010, 補 20040, 補
20041, 補 20042, 補
20043, 補 20044, 補

20122, 補 20240, 補
30006, 補 30118, 補
30146, 補 30147, 補
40206

嚴月瑤 40716

嚴智惺 20370

嚴智怡 20021, 20369,
20722, 20723, 20724,
20725, 40690, 40738,
補 40135

嚴智庸 40281

晏殊 40004, 補 40003

陽翰笙 40587

楊柏年 20702, 20703

楊昌邠 40254

楊承烈 30350

楊達夫 30104, 30105,
30114, 30174, 30175,
30227, 補 30026, 補
30027, 補 30034, 補
30070, 補 30071, 補
30103

楊鳳藻 20048, 20049,
20785, 30033, 30034,
40434, 40435, 40560,
補 30237, 補 40283

楊光儀 10028, 10054,
20200, 20389, 30006,
30007, 40208, 40209,
40761, 補 10007, 補
10013, 補 30234, 補
40154

楊恒占 10053

楊鴻綬 20304

楊家麟 20045, 20046,
20047, 30291, 補
20292

楊家瑞 30420, 補 30142

楊俊元 30536, 30537

楊夑生 40836

楊魯安 20828, 20830,
補 20229, 補 20363

楊能格 40324, 補 40063

楊如侯 30104, 30105,
30114, 30174, 30227,
補 30026, 補 30027,
補 30034, 補 30070,
補 30103

楊汝泉 20353, 30349,
30509, 30549, 41112,
40646, 補 40175

楊紹和 20942

楊慎 40917

楊壽枏 20275, 20276,
20517, 30030, 30313,
40462, 40463, 40464,
40465, 40466, 40467,
40468, 40812, 50017,
50045, 補 20142, 補
30008

楊文洵 20752

楊學川 30529, 30530,
30531, 30532, 30533

楊一崑 10053, 40106,
40107, 40108, 補
40017

Z

臧晉叔 40859

查 彬 10006, 10007, 30550, 40111, 40112, 40113, 補 40185

查 璨 40158

查昌業 40086, 40087, 40088, 40089, 補 40015

查 誠 40105

查 淳 40074, 40075, 40076, 40077, 40666, 40667, 40668, 補 40181

查恩綬 20890, 10030, 補 20268

查 禮 20115, 20116, 20117, 20118, 20119, 20773, 20774, 20775, 20776, 20777, 20798, 20827, 30287, 30383, 30384, 30385, 30386, 30387, 30388, 30510, 40073, 40074, 40075, 40076, 40077, 40078, 40079, 40664, 40665, 40843, 40844, 40845, 補 20358, 補 20359, 補 20012, 補 20303, 補 20304, 補 30200, 補 30303, 補 40014

查良鏞 30094

查 林 40135, 40136, 40137, 補 40026, 補 40189

查淩漢 30406, 30407

查陸炳 40668

查禄百 20182

查禄昌 20182

查默勤 30290, 補 30117

查綺文 40716

查日乾 20114

查容端 40716

查善和 20193, 30288, 40090, 40730, 補 40016, 補 40142

查樞纂 20637, 20638

查雙綏 60030, 60031, 補 60008, 補 60009

查爲仁 40048, 40049, 40050, 40051, 40052, 40054, 40771, 40772, 40773, 40774, 40775, 40776, 40777, 40778, 40779, 40780, 40781, 40823, 40824, 40825, 40826, 40827, 40828, 40829, 40830, 40831, 40832, 40833, 40834, 40835, 補 40010, 補 40234, 補 40235, 補 40236, 補 40237

查蔚起 40716

查梧 40117, 補 40022

查 曦 20731, 40033, 40034, 40035, 補 40178

查咸勤 40791, 補 40159

翟際華 40320

章炳麟 20297, 補 20073

章 儔 40203

章輯五 20477, 20478, 30076, 30077

章 鈺 20003, 20013, 20014, 20051, 20251, 20259, 20260, 20261, 20408, 20542, 20614, 20662, 20748, 20858, 20859, 20860, 20897, 20898, 20899, 20900, 20901, 20902, 20903, 20904, 20905, 20906, 20966, 30303, 30436, 30437, 30516, 30517, 30541, 40276, 40440, 40441, 40442, 40678, 40679, 40764, 補 20001, 補 20050, 補 20057, 補 20150, 補 20173, 補 20202, 補 20247, 補 20248, 補 20249, 補 20270, 補 20271, 補 20370, 補 30119, 補 30152, 補 30153, 補 30205, 補 40080, 補 40156

張伯苓 20457, 20458,

20459,20460,30455

張晨江 40930,補 40265

張承謨 20685,20727,20759,補 20197

張大仕 10055,40267,補 40204

張端卿 40326,50007

張恩成 10103

張弘弢 40572,40573

張鴻來 20313,20467,20468,20469,30474

張虎士 40717

張澮 60030,60031,補 60008,補 60009

張嘉謀 20654

張嘉生 20689,補 20188

張錦文 20035,20036,20037,20038,40453,補 20006

張克忠 60077,60078,60079,60080,60081,60082,60083

張焜 20846,20845,補 20235,補 20236

張霖 20632,20633,20634,補 20336

張輪遠 20351,30548,40639,補 20099,補 40120

張夢元 40210,40211,50001

張念祖 30432,補 30148

張彭春 20480,20543,

40877

張鵬翼 40340

張啟泰 10065

張式芸 40189

張守謙 40965,40966,40967,40968

張壽 20794,20817,20818,30429,30456,40508,40846,補 20362,補 30165

張樹華（張相臣）20270,30129,30130,30141,30142,30161,30215,40458,補 20059,補 30045,補 30046,補 30051,補 30052,補 30063,補 30094,補 40087

張坦 10063,40036,40037,40038,補 40179

張燾 20744,20745,20746,20747,30339,30340,40989,補 20201,補 20355,補 20356,補 20357,補 30126,補 30289,補 40173

張同書 40509,40510,補 40098,補 40099

張桐 40191,40192,補 40032

張維屏 40312,40313,

40314,40315,補 40209,補 40210

張位 10115

張文藻 20667

張錫純 20145,30097,30098,30099,30100,30101,補 30250

張諧之 30052,30053,補 30243

張昕 40015,40016

張秀林 40452,補 40085

張秀亞 40969,40970,40971

張壎 40039

張硯農 30014

張毅 40268,40269

張英 40742

張玉貞 40247,40248,補 40201

張元濟 40758

張樾蔭 40241

張允亮 20920

張兆祥 20102,30404,30405,30406,30407

張之洞 40680,40681,40274,40275,補 40133,補 40206

張志潛 20352,補 20100

張重威 10135,20378,補 10037,補 20105

張霍 40022,40023,40024,40025,40026,40027,40663,補

41084，41085，41086，
41087，41088，41089，
41090

仲偉儀 20258，30610

周寶善 40200

周焯 40040，40041，
40042

周承基 30534，補 30211

周馳 30489，補 30182

周紱 40046

周馥 10014，10015，
10016，10026，20201，
20202，20203，20204，
20205，20206，20436，
20493，20539，20541，
20540，20545，20556，
20557，20581，20582，
20624，20625，20767，
20803，20804，30008，
30009，30010，30011，
30012，30247，30248，
30294，30398，30399，
30400，30401，30402，
30403，40254，40255，
40256，40257，40258，
40743，60036，補
10002，補 10003，補
10006，補 10041，補
20027，補 20028，補
20029，補 20030，補
20121，補 20134，補
20149，補 20151，補
20155，補 20156，補

20178，補 20324，補
20329，補 20335，補
20361，補 30003，補
30004，補 30005，補
30112，補 30113，補
30135，補 30136，補
30137，補 30138，補
30139，補 40043，補
40044，補 40045，補
40147，補 60013

周光裕 20120，補 20013

周連茂 20120

周綸 40046

周密 40824，40825，
40826，40827，40828，
40829，40830，40831，
40832，40833，40834，
40835

周明錦 20831，20832，
補 20364

周明思 30008

周坪鎮 40991

周岐 40534

周人驥 20732，40058，
補 20198

周人龍 20635，40045，
40046

周人麒 10005，10032，
10049，10050，10051，
40061，補 10043

周盛傳 30071，40244，
補 30247

周叔弢 20813，20831，

20832，20833，20834，
20835，20836，20942，
20941，20943，30478，
30479，40254，40547，
60087，60088，補
20221，補 20230，補
20231，補 20232，補
20279，補 20364，補
30174，補 30175，補
40043，補 40105，補
60025，補 60031

周叔媜 20267

周學熙 10045，10046，
10057，10058，20262，
20263，20264，20265，
20266，20504，20505，
20506，20507，20508，
20509，20510，20547，
20590，20591，20592，
20749，20781，30021，
30022，30023，30024，
30025，30026，30027，
30057，30256，30294，
30304，30558，30579，
40011，40277，40443，
40444，40655，40746，
40792，50016，補
10044，補 20137，補
20138，補 20139，補
20140，補 20165，補
20166，補 20167，補
30235，補 30236，補
40006，補 40047，補

後　記

　　2018年,是筆者入職天津圖書館,從事古籍文獻工作的第十個年頭。此前一直做著管理古籍書庫、替讀者查詢文獻等基礎性工作。正當感到迷茫之際,部門李國慶主任提議,何不做一個關於"天津地方文獻"的項目?於是著手準備,幸運的是,所申請的課題《天津地方文獻收集、整理與研究》,獲得"天津市藝術科學規劃辦公室"批准並立項。

　　該項目研究是建立在《天津藝文志》基礎之上。《天津藝文志》(以下簡稱《藝文志》),高洪鈞著,2019年1月國家圖書館出版社出版,此書乃著録天津歷代文化名人著述的一部專題文獻書目。《藝文志》收録津人著述3200餘種,但部分僅爲存目。近年以來,著録傳世古籍的《中國古籍總目》,以及著録各家圖書館收藏的古籍普查登記目録等大型古籍書目工具書的陸續出版,爲增補《藝文志》提供了先決條件。爲了不斷揭示天津明清以來"藝文志"的傳世情況,進一步完善《藝文志》所收諸書,筆者不揣固陋,依據上舉大型古籍書目,試對《藝文志》所收録的天津地方文獻進行一些增補與正訛。《藝文志》未著録者予以增之,脱漏者予以補之,疏誤者予以糾之,訛誤者予以正之。旨在對津人及其著述、版本、藏地等進行補充完善,爲學界同仁研究,提供新的線索和便利。

　　對《藝文志》的增補,筆者分爲四步來完成。第一步,是將《藝文志》中所有津人及其著述過録下來。第二步,依據國家圖書館、天津圖書館、上海圖書館、臺灣圖書館館藏目録及日本所藏中文古籍數據庫,將《藝文志》中所有津人及其著述逐人逐條重新核查一遍,遺漏的予以補充,錯誤的予以糾正。這樣做的目的是天津鄉人著述如今主要存藏地在國家圖書館及天津圖書館,尤其是未刊印的稿抄本,也以這兩個圖書館所藏居多。以各館館藏目録爲依據,民國及民國以後的著述亦可囊括進來,這樣可以從時間上較爲全面地搜集到津人著述。第三步,依據上海圖書館的"中文古籍聯合目録"、高校古文獻資源庫——"學苑汲古"及各圖書館古籍普查登記目録,再一次逐人、逐條反復進行檢索、查驗和比對。"中文古籍聯合目録"包含有《中國古籍總目》《中國古籍善本書目》《販書偶記》《販書偶記續編》《清史稿·藝文志》《哈佛大學哈佛燕京圖書館藏中文善本古籍》等。"學院汲古"爲高校古文獻資源庫,包括有北京大學、南京大學、復旦大學等24家全國重點高校圖書館所藏古籍書目,而且還配有相應的書影。通過"學苑汲古"查詢到的津人著述,即相當於目驗原書,基本可以確信無疑。這樣做可以搜集到全國範圍内乃至海外現存津人著述,實現從空間上盡可能較爲全面地搜集津人著述。第四步,依據現代出版的文獻專題研究,來補充津人及其著述。由於尚有一部分津人著述爲私人收藏之稿本,或爲内部印刷的非賣品,或爲著者後人、弟子等整理的自印本,這些文獻未見載於各類書目,存世極爲稀少,不易挖掘,故彌足珍貴。後經專家學者的不斷深挖,亦有所發現。如天津市文史研究館"珍藏百年手稿出版工程",以原貌形式影印出版了陳邦懷、陸文郁、卞慧新三位先生遺存手稿。又如天津社會科學院學者羅海燕與苑雅文整理的《小穿芳峪藝文彙編》,現已出版了四編,其中有諸多薊州籍著者及其著述未見藏於各大圖書館。

　　在收集整理天津文獻過程中,偶爾會有書名、著者、版本或藏地的新發現,那樣一整天都會興奮不已,這就是當天的新收穫了,也是進行下去的動力。如此日復一日,集腋成裘,歷時五年終於完成對《藝文志》的增補。在《藝文志》基礎上,筆者共整理出現存天津地方文獻款目 3059 條,其中經部135 條、史部 972 條、子部 628 條、集部 1112 條、類叢部 53 條、新學類 159 條。相比《藝文志》,補充款目 1090 條,主要包括補充津人、著述、版本及藏地。在補充的過程中,若對書名、著者、版本等有疑問,則通過各種途徑予以核實,哪怕一個很小的細節,都要通過查詢資料來印證。或通過國家圖書館的"中華古籍資源庫"、高校古文獻資源庫——"學苑汲古"等查看書影;或通過"讀秀學術搜索""知網"等,查詢其他人的著述,找到可靠的依據;若是天津圖書館館藏文獻,則進庫翻看原書加以核實。比如清釋智方撰《雪笠山人詩集》,其書名有著録爲《禪餘八居吟》,後通過查看書影,發現是集前爲《禪餘八居吟》,其後則名《蓮喻閣詩草》,多爲與津人倡和之作。故書名當爲能較爲全面概括全書内容的書名葉題名《雪笠山人詩集》。又如《藝文志》有關津人"仲偉儀"條目,著録稱"因不知其編輯出版時間,無法考知其生年"。然而,據仲偉儀之孫仲維暢撰寫的《我的祖父仲偉儀》一文,可以了解到仲偉儀的生平。仲偉儀,字子鳳,別號昶軒,又號補衮子,山東黄縣西鄉仲家集人,清同治四年(1865)五月出生,卒於民國二十五年(1936)十二月。同時得知仲偉儀所輯的《仲補衮堂七十雙慶壽言録》,爲民國二十五年(1936)於北京出版。再如天津武清楊軼倫編《同聲續集》,同聲集可爲地方詩歌總集,亦可爲多人唱和總集,此書在分類上是總集類中的郡邑之屬還是酬唱之屬?目驗原書,發現此書卷首有 1959 年楊軼倫之友人牛竹溪撰寫的《同聲續集序》:"君嘗取歷年師友贈答唱酬之詩足以代表其人者,都爲一册,油印,分贈友好,名曰《同聲集》。今續集又哀然成編矣。"故此處的《同聲續集》爲師友間的唱酬之詩,當屬總集類中的酬唱之屬。通過大量的如此反復核驗,確保了著録以及分類的準確性,以期能夠更爲全面、真實地揭示文獻内容,爲研究者們提供更多的線索。

本項目的最終成果《現存天津著作總録》,是收集整理現存津人著述,是一種書目形式,該書目有三層現實意義。一是掌握現存天津地方文獻的基本情况,爲編纂天津地方文獻類書籍提供遴選依據。李國慶、王振良主編的《天津文獻集成》已出版,但此書僅收録各類天津地方文獻 80 種。今後若條件具備,可以編纂收録較爲全面的天津文庫。盛世修典,太平纂帙。近些年,全國各地都在如火如荼地編纂出版大型地方文獻叢書。如已於 2015 年編撰完成的《廣州大典》、正在編撰中的《江蘇文庫》《荆楚全書》《紹興大典》等。二是了解圖書的本身狀况,了解圖書的簡要内容、各個時代的版本和流傳情况、存藏數量及存藏地,爲天津歷史文化的研究提供相關信息。比如可以在此書目的基礎上,搜集每種書的所有序跋並進行研究,據此可以研究當時天津文人之間的交游情况,也是研究天津籍著者的第一手資料。在此書目文獻的基礎上,亦可以對某些津人進行專題性研究。通過這些著述,我們可以更加深入地了解津人及其所處的時代。三是爲鄉邦文獻的搜訪提供準確目標。已經出版的《徐世昌文獻輯刊》共收録徐世昌著述二十八種,而該書目中收録徐世昌著作多達百餘種。由此可見,該書目可爲學者提供更多搜訪鄉邦文獻的途徑。

《現存天津著作總録》也有很多不足之處,如民國以後出版的文獻,僅僅查詢國家圖書館、天津圖書館、上海圖書館及"學苑汲古"中各高校圖書館,其他圖書館尚未查詢。雖然也通過查詢"大學數字圖書館國際合作計劃"進行了補充,但遺漏之處在所難免。敬請各位學界同仁批評指正!

此書稿能夠入選 2024 年"天津地方史研究叢書"選題,是又一次幸運。感謝天津市檔案館(天津市地方志工作辦公室)資助本書出版;感謝年鑑指導部老師對本書提出的寶貴而中肯的意見,爲本書嚴把質量關。天津圖書館歷史文獻部原主任李國慶老師對項目的申請及完成均給予了悉心指導,並爲本書撰寫了序言;同事王永華老師幫忙完成《藏書單位名稱簡稱全稱對照表》的四角號碼排序;天津社會科學院出版社領導及老師對本書的出版給予了大力支持,尤其是責任編輯李思文女士對書稿進行了認真的校對並參與編制《書名索引》《著者索引》,在此一併表示深深的謝意!

王國香

2024 年 12 月 28 日於天津